國家出版基金資助項目

中國琉球文獻史料集成

【第一卷】

賀聖遂 李夢生 主編

賀聖遂 李夢生 張喆 秦潔 賀詩菁 熊輝 校點

寧波出版社
復旦大學出版社

圖書在版編目(CIP)數據

中國琉球文獻史料集成 / 賀聖遂，李夢生主編.
寧波 : 寧波出版社 ; 上海 : 復旦大學出版社，2024.7.
ISBN 978-7-5526-5439-4

Ⅰ. K928.6

中國國家版本館 CIP 數據核字第 2024JF1576 號

中國琉球文獻史料集成

賀聖遂　李夢生　主編

出 版 人	袁志堅　嚴　峰
策劃編輯	袁志堅　馬玉娟
封面題簽	鄧　明
責任編輯	陳金霞　王　蘇　張愛妮　俞静嫻　霍佳梅　沈建國
特約編輯	宋文濤
責任校對	鄭　孜　葉呈圓
責任印製	陳　鈺
封面設計	金字齋
内文排版	南京展望文化發展有限公司
出版發行	寧波出版社(寧波市甬江大道 1 號寧波書城 8 號樓 6—7 樓) 復旦大學出版社(上海市楊浦區國權路 579 號)
印　　刷	浙江新華數碼印務有限公司
開　　本	710 毫米×1000 毫米　1/16
總 印 張	236.25
總 字 數	2768.5 千字
版　　次	2024 年 7 月第 1 版
印　　次	2024 年 7 月第 1 次印刷
標準書號	ISBN 978 - 7 - 5526 - 5439 - 4
審 圖 號	GS(2020)1945 號
總 定 價	3200.00 圓(共七卷)

序

「琉球」一名始見於《隋書》，但大量漢文史料的形成和流傳是在明洪武五年（一三七二）琉球入貢後。由於被日本吞併前琉球的全部或一部始終是中國的藩屬，加上琉球與周邊地區長期處於漢字文化圈，最正式、最重要、數量最多的史料都是用漢文記録的，成爲傳世琉球史料中最大、最主要部分。這些漢文史料主要是在中國、琉球和日本形成的。琉球被日本吞併後，所存漢文史料爲日本所有。

復旦大學出版社已出版《琉球王國漢文文獻集成》（第一輯），彙集了琉球人用漢文編著或刊印的漢文史料。明清檔案中的史料已由臺灣聯經出版公司的《明清檔案》、中華書局等出版社的《清代中琉關係檔案》（一至七編）、中國第一歷史檔案館整理的《軍機處檔案》《内閣題本》等以及臺北故宮博物院整理的各種檔案等收録，琉球編輯的《歷代寶案》正在整理併將出版。隨着這部《中國琉球文獻史料集成》的問世，有關琉球的漢文文獻史料收羅殆盡，世人將可查閱全部漢文琉球史料。

《中國琉球文獻史料集成》彙輯歷朝使琉球記述，包括出使琉球記録及有關琉球的地志、史志十六種，詩文集六種；歷朝有關琉球的專著，包括經部一種、史部正史類五種、別史類二種、雜史類二種、奏議類一種、地理類二十一種、職官類一種、政書類六種、子部二種；《明實録》、《清實録》及《籌辦夷務始末》中的相關史料；散見於史書、專著、詩文集、筆記、檔案中有關琉球的記載論述，包括唐代三種、明代四十四種、清代四十六種。要將分散在浩如烟海、數以萬卷計的中國古籍中相關史料輯録出來，不僅需要持之以恒的苦功，大海撈針的技巧，更需要敏鋭的鑒别能力，尤其是對一些並非直接却有價值的史料。如《清實録》卷帙浩繁，琉球史料僅其中極小部分，且大多散見各年，編者逐年鈎稽羅列，形成完整的官方記録。

查閲和理解琉球歷史文獻，除需具備一般閲讀中國古籍的能力外，還必須瞭解、掌握其特殊用詞用語、書寫格式、相關習俗制度等。根據我有限的查閲範圍，就曾發現其中有些漢字的含義和用法是琉球、日本所特有的，有的則是著録時就存在或在流傳過程中産生的訛誤，涉及禮儀、祭祀、出使、朝貢、爵職、姓氏、文書、方言、地名、用具、習俗、物産、航海、氣候、水文、船舶等方面的詞彙和句式。如僅根據一般通用的含義和解釋，非但不能正確理解，有時連句子都點不斷。《集成》雖不可能一一作出注釋，已經以不同版本作了校勘，採用新式標點作了整理，爲讀者掃清了大部分障礙。

在中日關係和東亞格局的研究中，琉球史料有其不可替代的作用。儘管琉球早已被日本吞併，第二次世界大戰早已結束，美國已將沖繩的行政管轄權歸還日本，琉球歷史依然是一個相當敏感、錯綜複雜的問題。無論是着眼當前，還是面向未來，歷史事實總是繞不過的前提。《中國琉球文獻史料集成》爲我們瞭解、理解這段歷史提供了極大的便利。賀聖遂、李夢生等先生多年的編校之勞和這項重要成果理應得到格外重視和充分肯定。

葛劍雄

二〇一八年六月

編輯説明

數年前，復旦大學出版社出版了《琉球王國漢文文獻集成》第一輯，所收爲琉球人用漢文編著或刊印的漢文文獻。與之呼應，特編本書，所收則爲中國人纂述的有關琉球國的文獻。兩者合璧，無疑對研究琉球歷史、人文及中琉交流史提供了更爲廣泛的視角及豐富的第一手資料。《琉球王國漢文文獻集成》因所收均爲琉球人完整的著作，國内很少有收藏，因而採用影印出版，目的是「存真」；本書所收中國人著作，因資料來源比較分散，很大一部分是從浩如烟海的古籍中爬梳所得，甚至有些是片鱗隻爪，故特意加以標點整理，排印出版。

中國人什麼時候開始與琉球交往，没有確切的記載，現在見到最早介紹琉球的是唐初所編的《隋書》。此後，唐、宋，甚至元代，對琉球的記載與認識，都幾乎停留在《隋書》所述，没有實質性的進展。直到明太祖洪武五年（一三七二），琉球派人入貢，明廷遣使往琉球，封琉球中山、山南、山北三王，琉球成爲中國屬藩，於是雙方交往日益頻繁，中國人對琉球的認知才逐步清晰、準確。因而，在介紹本書所收中國官、私涉及琉球的文獻前，有必要對此認知過程作一番簡單的梳理。

首先是對琉球地理位置的認定。《隋書·東夷傳》云隋煬帝令朱寬入海，始訪知流求，其地當建安郡東，水行五日而達。此後記載，國名或作「流求」（唐鄭樵《通志》、韓愈《送鄭尚書序》、《宋史·外國傳》等），或作「瑠求」（《元史·外夷傳》），或作「留仇」（唐張鷟《朝野僉載》）、流虬（唐劉恂《嶺表録異》），明及以後則均稱「琉球」。其距離中國大陸方向、路程，宋趙汝适《諸蕃志》卷上《流求國》云：「當泉州之東，舟行五六日程。」《元史》則云：「瑠求，在南海之東。漳、泉、興、福四州界内彭湖諸島，與瑠求相對，亦素不通。天氣清明時，望之隱約若煙若霧，其遠不知幾千里也。」明代以前一些記載，包括明代中期以前的不少著作（如《明一統志》等），都與《元史》等書所述大同小異。（詳參本書第二部分「史部」）

明中期後作者以至今天的不少研究者懷疑《隋書》及上述記録均得之傳聞，以訛傳訛，尤其是説琉球與澎湖島相對（有的記録甚至説澎湖島爲琉球諸島之一），遂認爲明前及明代部分著作所述琉球均指後世所稱之小琉球，即今臺灣島及其附近島嶼。因此，明代不少著述在指出前誤的同時，將今天所稱的琉球稱爲大琉球，將臺灣島稱爲小琉球。如明夏子陽、王士禎《使琉球録》卷下駁《集事淵海》所記云：

琉球去彭湖不知幾千里，無論海蜃作霧，光景晦冥，即雲净天空，一碧萬頃，而淼茫浩蕩，亦莫可窮極，詎有烟火相望而近易若斯者。閩中士大夫常曰：霽日登鼓山可望琉球。蓋所望者小琉球也，其去梅花所水程僅七更耳。（按：一更六十里。）

而明嚴從簡《殊域周咨録》卷四指出：

《祖訓》中載有大琉球、小琉球之别。小琉球不通往來，未嘗朝貢，則今之奉敕封爲中山王者，乃大琉球國也。

此外，《皇明四夷考》、《三才圖會》等書記載大致與上述二書同。自明陳侃於嘉靖十一年（一五三二）出使琉球後作《使琉球録》，詳録海上針路及所經島嶼，并專闢「群書考異」一欄，對前人記述糾繆駁誤，琉球的地理位置也日益清晰準確。但有些官方記載仍將「大琉球」「小琉球」混爲一談，如清中葉，琉球與臺灣之判已涇渭分明，琉球爲海上屬國，臺灣設府，屬福建管轄，而《嘉慶一統志》却仍照抄《隋書》、《元史》，更發揮云琉球國所屬島有大琉球、小琉球，與當時認知相去不能以道里計，其粗疏隨意不能不令人拍案感歎。

其次，争論較多的還有有關琉球之風俗、物産等記載。同上所述，如《隋書》所記王姓歡斯，土人呼爲可老，王居波羅檀洞，王宫堆積骷髏；張鷟《朝野僉載》所云緝木皮爲布等等，亦爲唐、宋諸書如杜佑《通典》、趙汝适《諸蕃志》等書承襲，直到明代。尤其是陳侃親臨其境後，才對種種傳聞進行駁斥糾正。隨着各種親歷者所撰書文等增多，琉球國的山川建築、風俗物産、政治體制等真實情況也日益被人瞭解。有關情況，可參本書所收歷次出使使臣所作使録，此不贅述。

綜觀明清兩朝對隋至元人記録的駁論，以今天的眼光予以折中，可概括爲三。

其一，有關琉球距離中國的遠近問題。如謂五日程、七日程太近的争論，實際上古代計算海程受順、逆風及風力的大小影響，在航海耗時上難以一概而論，不足以作爲琉球離中國遠近的唯一依據。

如歷次使臣往琉球，從福建開洋至那霸，嘉靖四十年（一五六一）郭汝霖等用了九天，萬曆七年（一五七九）蕭崇業等用了十三天；最慢的是乾隆二十一年（一七五六）周煌等用了幾乎一個月，最快的是康熙二十一年（一六八二）汪楫等僅用了四天不到。衹是記載泉州可眺見之琉球，顯係臺灣，言澎湖隸屬琉球，亦是張冠李戴。

其二，有關風俗、物産，隨着時間的遷移、文明的進步，其中包括與中國交往所受漸染，物産自必日益豐富，風俗習慣自必日趨文明，不可以後繩古。衹是一些純屬傳聞、荒謬不經的描寫，應予以鑒別。

其三，前後對琉球本國島嶼山川記載之不同，是由於親歷其地者的記録日益豐富，從而日益準確真實。正如清汪楫《使琉球雜録》卷二云前此多得之傳聞臆測，非身到眼見不能得其真，「竊謂他制或可漸更，而山川不能驟變，乃往籍謬妄如此，甚矣，不如無書也」。

本集成所收各種書籍，正是對上述認識的具體闡述，爲方便閱讀使用，將其大致分爲以下幾個部分。

第一部分　歷朝使琉球記述

本部分所收爲歷次受朝廷任命出使琉球的使臣及其幕僚所作的出使記録及有關琉球的志書、雜記、詩文。這些著作均係作者親歷其地的所見所聞，因而也是現存中國人有關琉球的記載描述的文獻中最可靠也最全面的部分。本部分共收出使琉球記録及有關琉球的地志、史志十六種，詩文集六種。

明代自洪武五年（一三七二）琉球入貢以來，即不斷派使臣往琉球，起初或應琉球請求賚詔書往，或派使前往收購馬匹、磨刀石等。至中葉後，一般僅册封琉球中山王方例遣使往。使臣也由行人、内官等改爲例以給事中、行人司行人爲正副使。清代承明，使臣則由翰、詹擔任。早期出使琉球者所作今不見有著述傳世，現存最早的是嘉靖十三年（一五三四）陳侃、高澄出使歸國後所作上呈帝覽、留存史館的《使琉球録》，以後使臣歸國，除武臣外（如崇禎元年派福州左衛指揮使閔某往琉球開讀登基詔書），均依例作出使録，至清未斷。明末戰亂，琉球進貢使羈留福建。順治初入京投誠，清廷於順治六年、九年派通事謝必振赴琉球，敕令上繳明頒敕印，未作著述。此後僅道光十八年（一八三八）林鴻年、高人鑑出使未見有著作問世。同治四年（一八六五）趙新出使時，即云未見林作，緣由不詳。在陳侃以前，根據嚴從簡《殊域周咨録》等書載，即至少有下述批次官員出使琉球：洪武五年行人楊載，十五年奉御路謙，又内使監丞梁民；永樂元年行人邊信、劉亢，二年行人時中，十三年行人陳秀芳，二十二年行人周彝；洪熙元年内官柴山、阮鼎；宣德五年内官柴山，八年柴山、阮鼎；正統八年給事中俞忭、行人劉遜，十三年給事中陳傳、行人萬祥；景泰三年給事中陳謨、行人董守宏，七年給事中李秉彝、行人劉儉；天順七年給事中潘榮、行人蔡哲；成化八年給事中管榮、行人韓文，十五年給事中董旻、行人司副張詳，十七年行人左輔（使者姓名各書記載略有不同）。這些人僅保留了數篇文章見於後人記述，而有關出使詳情，由于火災等原因，陳侃在出使前已遍覓不得，陳侃《使琉球録》高澄後序云董旻等有「記傳世，而時已遺失，莫之可稽」。

明代使録，一般由出使經過，琉球本國地理人文、物産風俗，及有關詔敕文書等三個部分组成。清代使臣的著作，雖然也不離此三部分，但往往分而述之，如康熙年間汪楫歸國後，即分作《使琉球雜録附册封疏鈔》、《中山沿革志附中山詩文》，乾隆年間周煌則将琉球事以志書形式分類編輯爲《琉球國志略》，齊鯤、趙新出使歸，則僅對周煌《志略》作補充。這些使録、史志，均記載了中琉兩國交往中有關進貢、册封、文化交流、海道針路等事，同時介紹了琉球國政治、官制、民俗、山川、祠廟、學校等。在具體結撰上，有簡單記録出使經過的，也有追述以往、詳加考證的，更有詳细查檢中、琉各種資料，概述總括的。正是這些第一手見聞資料，見證了中琉兩國的緊密關係。這些資料，不僅被中國史臣採入正史，由於使臣的記録大量引用了琉球本國當時尚存的歷史資料，也爲後來琉球修史所採用，如琉球史作《中山世鑑》（編成於清順治年間，於康熙年間重編，改名《中山世譜》）及大型史料集《歷代寶案》均大量引用了這些作品，由此可見其爲兩國史家重視的程度。

出使記及志略等書偏重於史，而使臣及其幕僚所作詩文，更突顯藝術的真實。這些作品，無論是寫航海的驚險，還是記載琉球山川、土産及專詠民俗的《竹枝歌》，均生動地展示了琉球社會的原貌。更何况這些人中如汪楫、周煌、李鼎元等人均是享有盛名的詩人，他們的杰作成爲詠域外詩中極爲璀璨的明珠，他們與琉球學者詩人的唱和，留下了中琉文化交流不朽的篇章。

中琉遠隔重洋，中琉的交往史與造船、航海技術發展的軌迹幾乎是同步的，因而中琉之間的友好往來的記載，也是中外交通史的一個重要的组成部分，是中國人逐步認識世界的過程的集中反映，這些，在本部分所收的出使記中表现十分豐富。歷代出使記所載有關造船材料、船隻規模結構、航海針路，及航海所用羅盤、沙漏等儀器形狀，也都是航海史、造船史的珍貴資料。

此外，有的親歷者所作有關琉球的作品，或散见於其文集中，或原作已佚而爲他書輯存、引用，因非專集，本書一概收入文獻輯録部分。

第二部分　歷朝有關琉球的專著

這一部分收入歷朝有關琉球的專門論述記載，無論是獨立成書的，還是在書中獨立成卷或自成章節的，均收入本部分。編排則依四部分類，依作者年代爲序；又因所收大部分爲史部書，故史部下復分小類，以清眉目。本部分共收經部一種；史部正史類五種，別史類二種，雜史類二種，奏議類一種，地理類二十一種，職官類一種，政書類六種；子部二種。

經部所收《琉球譯》一種，是中文字詞短語的琉球音釋，仿《爾雅》分類。琉球字母及常用詞，自陳侃《使琉球録》予以記録後，隨後的兩種使録基本照抄，清周煌《琉球國志略》亦有專卷，以本書所收最爲全面。

史部正史類，所收爲自《隋書》至《清史稿》的外夷（或外國、屬國）傳。《隋書》是最早也較全面記載琉球的史書，雖或得之傳聞爲多，不免失真，但直至明代，大多數記録都源自此書，影響幾達八九百年之久。宋、元二史簡略無稽。明、清二史所記以交往史爲主，可視作實録的提煉概括。雜史二種，是正史的補充。

奏議類的一種《擬表》，并非已上呈的奏章，而是模擬琉球國朝貢、祝賀、致謝等各類奏章的程式，由此可見中琉兩國交往的内容與禮節，而本書之出現，更從側面反映了琉球與中國交往的密切程度。

材料最豐富的是地理類。此類書基本記録琉球國的地理位置、島嶼山川、風俗物産。其總的特點是明中葉以前基本承襲《隋書》，至明中葉起，記録漸趨準確，但大多數作品，相互抄襲，如出一手。清人著作，则精於考證，各抒己見。有關情況，請参各書前之「説明」。

職官類收一種《福建市舶提舉司記》。福建市舶提舉司是明代專門負責接待琉球國入貢使團的機構，它的建置、沿革、職責等記録，以及琉球入貢物品的處理，留福建人員的生活等情況的記載，對琉球與中國交往提供了翔實的史料。而政書類的《通典》、《文獻通考》等，其有價值的是後編的幾種，記録了琉球王的傳承，歷次入貢、敕封，及有關典章制度，系統地梳理了明、清兩代中琉兩國來往狀況，可視作研究中琉兩國往來的綱領性文獻。

不能不提的是子部所收的兩種醫書，其内容是琉球醫生向當時蘇州名醫曹存心請教各種疑難雜症，曹存心所作的回答。書中病例多爲多發於海島炎熱多濕地區的獨特症狀，於此可見當時琉球人的健康狀況，也反映了中琉兩國在科學技術上交流已十分深入。

第三部分　明清實録

本部分收《明實録》、《清實録》及《籌辦夷務始末》。

琉球國自明洪武初即與中國建立了不同尋常的關係。中國歷史上，對周邊地區，除「羈縻」外，史書稱爲「外夷」。因爲中國古代的華夷觀，認爲互通使節、頻繁來往的國家是遠國投順，從而規定這些國家朝貢日期、使員人數等，皇帝照例接見、賜宴、賞物。最緊密的則爲「屬藩」，這些國家向中國稱臣，用中國正朔年號，與中國往來使用漢文，凡王位更替、册立王世子均須中國批准敕命，該國有戰争、外侮亦通報中國，得到中國支持幫援。這類國家最典型的是朝鮮及遠在海外的琉球。明、清兩代實録則幾乎完整地記録了中琉兩國這種緊密的往來中發生的大小事件。

實録是以編年體記録一朝史實的史書。在明以前，記載本朝史實的著作，在唐是由史官修國史，宋有三朝、四朝史及日曆，明、清則代之以實録。《明實録》與前代史書比，雖内容更爲豐富，但往往綴連章奏而少史斷，編寫時常由權臣操縱，編寫者多爲翰林官員而少有名家，故比唐、宋史大爲遜色。如焦芳主持之實録，於何喬新、彭韶、謝遷多有詆毁，張居正主持之實録則於郭希顔、唐順之等多加貶辭。此外，太祖實録三修，光宗再修，是非混淆顛倒，革除、復辟兩朝竟付之闕如，故自錢謙益、潘檉章始，不少人歷舉其失，評騭其史官的低劣。清代有鑒於明人之失，且歷代皇帝均十分注重修史，主持實録編修者多一代名臣，故較之《明實録》大有提高。好在本書輯録的是有關琉球的資料，與帝王、權臣之争無關，而實録内容廣泛，兼收并蓄，使之成爲歷來研究中琉兩國交往史之寶藏。清代汪楫、趙文楷所作使録，即大量使用了實録所載事實，故此將明、清兩代實録逐年鈎稽臚列，可視作一部中琉兩國交往的編年史。

此外，清中葉以後，外國日益覬覦中國。鴉片戰争爆發後，與外國交涉事務日多，清廷在修實録的同時，組織人員將有關外交的章奏令諭彙編爲《籌辦夷務始末》，共編有道光、咸豐、同治三朝，與實録并行。本書從中輯出有關琉球事若干篇，於此可見中國對琉球的關注與愛護。

第四部分　歷代文獻輯録

本部分收録散見於史書、專著、詩文集、筆記、檔案中有關琉球的記載論述，因這些資料內容繁雜，故按年代順序編排，共收唐代三種，明代四十四種，清代四十六種。

本書第一部分親歷琉球者所作使録、史志及詩文，集中反映了明清兩代史實，足以讓研究者視爲球琳琅玕；本書第二、第三部分專著及實録，也同樣反映了中國人對琉球的認知過程及中琉交往的各個方面，起了串起和彌補使録所缺的作用，是研究中琉問題不可或缺的瑰寶；而散見於各書中的文獻，有時甚至祇是片言隻語，也對豐富前者起了難以估量的效果。因而，將其檢索輯録，可謂聚沙成塔、集腋成裘。

這些文獻資料，內容大致有四。

其一，對琉球地理、政治及中琉交往等方面的記録，如《龍飛紀略》、《順風相送》、《三才圖會》、《萬曆野獲編》等書。

其二，官方對中琉交往的政策、典章、法規等規定，朝會、敕諭、貢期、貢物等禮儀章程，如《大明會典》、《大清會典》、《大清會典事例》等書。

其三，明清兩代使臣及幕僚詩文集中有關琉球的吟詠記述，如明郭汝霖的《石泉山房集》、清黄子雲的《長吟閣詩集》、李鼎元的《師竹齋集》；亦有民間詩人與琉球詩人唱和交往的作品，如清陳元輔的《枕山樓詩文集》。

其四，是清光緒四年（一八七八）日本占領琉球後，清政府及官員對此作出的反應，如《清光緒朝中日交涉史料》，李鴻章、王韜、薛福成、何如璋等人的奏章、信函，如實披示了球案的全過程及清政府與涉事官員的對策與建議，將其集中，可作爲琉球淪陷事件的專门檔案。

此外，本集成於明清兩朝使臣出使時同時人所贈詩文，均附該使臣所作使録等著作後；由於明陳侃以前使臣未見著作存世，故此類詩文亦收入本部分。

以上四部分所收一百多種著作，應該説已刊刻或整理印行的有關琉球的中國人著述文獻基本收羅彙集，但尚有不少未公佈資料待進一步查考，如日本津留健二《明清檔案中的琉球國史料》（載《南島史学》三）、名嘉正八郎等《關於中國第一歷史檔案館的琉球相關同時代史料》（載《歷代寶案研究》創刊號）等文均揭示了明清檔案中尚有豐富的資料待發掘。近年來，這些檔案的整理有了突破性進展，如臺灣聯經出版公司之《明清檔案》，中華書局等出版社之《清代中琉關係檔案》（一至七編），以及中國第一歷史檔案館整理之《軍機處檔案》、《内閣題本》等，臺灣故宫博物院整理之各種檔案，均爲研究中琉交往的重要史料，對這些檔案歸併整理校勘，已列入下一步計劃，故本書僅選存民國時所公佈部分檔案，未將此部分列入。此外，琉球編輯的大型資料集《歷代寶案》也收入了大量中國給琉球的敕諭咨文，因《歷代寶案》正在進行整理，故此亦未予收入。

由於歷史的發展，人類的進步，當年遥在海外、鮮爲人知的琉球，已朝發而午可至。在今天，閲讀自隋朝以來一千四百多年中國與琉球官方及民間交往文獻，不能不令人感歎中琉友誼之源深流長，歷史上的中國政治、文化、經濟對琉球的發展所起的不可替代的作用；也不能不令人感慨，由於近代中國内憂外患，國勢日衰，以致作爲屬國的琉球被日强占、緊急求救而朝廷束手無策之無能。歷史的經驗值得反思，自强方能强人，這也是我們集中收集史實編纂本書的目的之一。

本集成所收文獻均採用新式標點整理排印，凡一書有不同版本的，均取以校刊；每種書前均撰有簡單的説明，以供研究者使用時參考。本書標點整理由賀聖遂、李夢生、張喆、秦潔、賀詩菁、熊輝等承擔；張喆負責資料檢索鈎稽，趙樂平、李麗峰參加了資料收集整理工作。二〇一四年，海洋出版社影印出版了方寶川、謝必震所編《琉球文獻史料彙編》，收明清兩代文人所作贈答出使琉球者之詩文，本集成部分資料直接轉自該書，加以標點。特此説明，并致謝忱。

賀聖遂　李夢生

二〇一六年二月

總目

第四卷

第五卷

第六卷

第七卷

第一卷目録

一、歷朝使琉球記述

使琉球録

〔明〕陳侃　撰

校點説明

《使琉球録》不分卷，明陳侃撰。

陳侃，字汝言，一字思賢，浙江鄞縣人。嘉靖五年（一五二六）進士，歷官吏科左給事中、光禄寺少卿。嘉靖五年，琉球國王尚真去世，世子尚清求封。十一年，帝遣陳侃、高澄爲正、副使往琉球祭、封。十三年五月八日於福建開洋，二十五日至琉球。使事畢，於九月二十日返，十月初二日至福建。陳侃於覆命後，又撰本書上呈。從本書序，書當爲陳侃、高澄合撰。

全書分四部分。第一部分爲「使事紀略」，詳叙銜命、造船、往返海上及祭祀、册封等典禮，與日常見聞。第二部分「群書質異」，録《大明一統志》、《星槎勝覽》等七書所載事，與本人目見耳聞，兩相對照而疏其同異，一掃前人謬論臆説。第三部分則爲所撰《天妃靈應記》，記海上遇風，天妃顯靈獲平安事。末附常用夷語若干。第四部分是回國後所上奏章及禮部有關奏章批覆，有晚至嘉靖十四年七月者，當係書成後所增。明代出使琉球，自洪武五年（一三七二）起，至此已有十餘次，然所有出使資料，因禮部失火，蕩然無存，故本書是存世最早的出使記，既無參考，又成書倉促，尚嫌疏略，清汪楫《使琉球雜録序》謂是書面世，「於是中山風土間爲學士大夫所稱説，然其言弗質也」，可謂的評。

本書存世版本有四：一爲北平圖書館善本叢書第一集影印明嘉靖刻本，一爲明刊《紀録彙編》

本，一爲國朝典故六十種本（明朱當編），一爲清徐氏烟嶼樓抄本（以上兩種均爲國家圖書館藏）。彙編本刊校粗疏，錯訛比比皆是，且無第四部分。今以嘉靖本爲底本，校以彙編本，凡彙編明顯錯訛不出校，主要異文則列校附於書後。又，此後郭汝霖、李際春出使琉球歸，以本書爲基礎，加以增補，題「重編使琉球録」，所録陳録原文，時有異文，今本書於郭録之校記中已大致臚列，可參考。又，此次出使琉球，屠應埈、唐順之等有送行詩、序，今附録於後，以備掌故。陳侃所上乞祭海神疏、進《使琉球録》疏原疏及禮部覆議，又見夏言《夏桂洲先生文集》卷十四，知禮部覆議出夏言手。

（李夢生）

目録

使琉球録序

皇明德化誕敷，際天所覆，聲教咸暨。琉球越在海表，世奉正朔唯謹，每易代抗章乞封〔一〕，則遣近臣將事。嘉靖壬辰，世子尚清以嗣國請。皇上仁覆無外，聿脩舊章，時侃待罪左省，俾充正使往，而以行人高君副之。銜命南下，歷詢往迹，則自成化己亥清父真襲封時，距今五十餘禩〔二〕，獻亡文逸〔三〕，倀倀莫知所之。考《一統志》、《星槎勝覽》等書，登載互異〔四〕，罔可據依。迺甲午仲夏〔五〕，解纜閩江，賴天子威靈，海若效順，再旬達其國，宣詔敕錫章服如儀，尚清率國人稽首，踊躍歡呼，稱職貢匪懈。已事遄返，十月朔還閩，可以卜日齋沐而見上矣。惟前輩使外國，率有紀録，或賦咏，非以炫詞華也，窮荒絶裔，亦造物者之所陶鎔，而風聲曠邈，品藻弗及，若道途之險易，山川之怪奇，風俗之媺惡，人物之醜好，以至昆蟲草木之變，安居和味、宜服利用、備器之不齊，非特探奇好事者所欲知，而使事之周爰咨諏，自不可少也。因與高君日紀聞見，凡道途山川、風俗人物之實，起居日用飲食之細，皆得諸耳目之所親究，乃知舊存紀載，殆郢書燕説之類，志其略，辨其異，此録之所以不容已也，君子之飽道腴者或寓目焉。其大烹之筵，薦以海錯，庶幾一下箸乎？不然言之無文，行之不遠，覆瓿之具爾，若繼今使者取以爲擿埴索塗之助，容可乎？

嘉靖甲午陽月望日，四明陳侃書于閩之長春堂。

詔敕

奉天承運皇帝詔曰：朕恭膺天命，爲天下君，凡推行乎庶政，必斟酌夫古禮，其於錫爵之典，未嘗以海内外而有間焉。爾琉球國遠在海濱，久被聲教。故國王尚真，夙紹顯封，已踰四紀，兹聞薨逝，屬國請封。世子清德惟克類，衆心所歸，宜承國統。朕篤念懷柔之義，用嘉敬順之誠，特遣正使吏科左給事中陳侃、副使行人司行人高澄，齎詔往封爾爲琉球國中山王，仍賜以皮弁、冠服等物。王宜慎乃初服〔六〕，益篤忠勤，有光前烈。凡國中耆俊臣僚，其同寅翼贊，協力匡扶，尚殫事上之心，恪盡臣藩之節，保守海邦，永底寧謐，用弘我同仁之化，共享太平之休。故兹詔示，俾咸知悉。

皇　帝

嘉靖十一年八月　日

之　寶

皇帝敕諭琉球國故中山王尚真世子尚清：惟爾世守海邦，繼膺王爵，敬順天道，臣事皇明。爾父尚真自襲封以來，恭勤匪懈，比者薨逝，良用悼傷。爾以冢嗣，國人歸心，理宜承襲。兹特遣正使吏科左給事中陳侃、副使行人司行人高澄，齎詔封爾爲琉球國中山王，并賜爾及妃冠服綵幣等物。爾宜祗承君命，克紹先業，修職承化，保境安土，以稱朕柔遠之意。欽哉！故諭。

頒　賜

國王

紗帽一頂展角全

金廂犀束帶一條

常服羅一套

大紅織金胸背麒麟圓領一件

青褡褸一件

緑貼裏一件

皮弁冠服一副

七旒皂皺紗皮弁冠一頂旒珠金事件全

玉圭一枝袋全

五章絹地紗皮弁服一套

大紅素皮弁服一件

素白中單一件〔七〕

纁色素前後裳一件

纁色素蔽膝一件玉鈎全

纁色粧花錦綬一件金鈎玉玎璫全

紅白素大帶一條

大紅素紵絲舄一雙襪全

丹礬紅平羅銷金夾包袱四條

紵絲二疋

黑緑花一疋

深青素一疋

羅二疋

黑緑一疋

青素一疋

白氁絲布十疋

妃

紵絲二疋

黑緑花一疋

深青素一疋

羅二疋

黑緑一疋

青素一疋

白氁絲布十疋

廣　運

嘉靖十一年八月十七日

之　寶

諭祭文

維嘉靖十一年歲次壬辰　月　朔　日，皇帝遣正使吏科左給事中陳侃、副使行人司行人高澄，諭祭琉球國中山王尚真曰：惟王嗣守海邦四十餘載，敬天事上，誠恪不渝，宜永壽年，爲朕藩屏，胡爲遘疾，遽爾告終。訃音來聞，良用悼惜。遣官諭祭，特示殊恩，靈其有知，尚克歆服。

祭品

牛一隻　猪一口
羊一羫　饅頭五分
粉湯五分　蜂糖糕一盤
象眼糕一盤　高頂茶食一盤
響糖五箇　酥餅酥錠各四箇
纏碗五箇　降真香一炷
燭一對重一斤　焚祝紙一百張
酒二瓶

使事紀略

嘉靖丙戌冬，琉球國中山王尚真薨。越戊子，世子尚清表請襲封，下禮部議。禮部恐其以奚齊奪申生也，又恐其以牛易馬也，令琉球長史司覆覈其實，戒毋誑。越辛卯，長史蔡瀚等覈諸輿民達于勳戚〔八〕，同然一辭，僉曰：「尚清乃先王真之冢嗣，立爲世子有年。昔先王辱徼福於天朝，願終惠於義嗣者。」具文申部，宗伯韙之。越壬辰春，禮部肇上其議，請差二使往封，給事中爲正，行人爲副，侃與澄適承乏焉。命下之日，時夏五望也。有爲予等深憂者〔九〕，曰：「海外之行，險可知也。天朝之使遠冒乎險而小國之王坐享其封，恐非以華馭夷之道，盍辭之，以需其領。」予等曰：「君父之命無所逃於天地之間，況我生各有命在天，豈必海外能死人哉？領封之説出於他人之口則爲公議，出於予等之口則爲私情，何以辭爲？」勿聽。六月，各賜一品服一襲，侃以麒麟，澄以白澤，俱大紅織金羅爲表，絹爲裹，緑羅褡䙱青羅摺子〔一〇〕，裹亦用絹。使外國必加服者，欲其稱國王位賓主也。帶以玉，則舊制〔一一〕。又各賜家人口糧四名，憫茲遐役，優以緝御，恩至渥也。八月，侃等始治裝戒行。行之若是徐徐者，因封琉球舊案，禮部失於回禄，請查頒賜儀物於内府各監局，彌月而後克明，復分造於所司，亦難卒製，故弗克行，其敢久稽君命？

越癸巳五月，侃至三山，澄亦以六月至。閩之三司諸君承禮部咨文，已將過海事宜會裁，已定造船之制，訪於耆民得之大小廣狹，惟其制價計二千五百兩有奇。予等初欲各具一艘，見其費之廣也，而遂不敢無益於國而侈其費財之蠹也。惟舊制以鐵梨木爲舵桿，取其堅固厚重，今以輕價索之而艱於得，易以他木，予等必欲倍價以購，後果得之，財固當惜，舵乃一船司命，其輕重有不難辨者。七月二日，定䑸，䑸即船之底木。福州府備祭豕一羊一，予等主祭，三司諸君率府縣官亦與陪焉，重王事也。定䑸之後，方鳩舟人偈功矣，侃等與衆官時巡督之。

十一日，遣承差齎本赴京，謹題爲求封事：切照嘉靖十一年琉球國世子尚清奉表請封，欽蒙差臣等充正副使，齎捧詔敕前往琉球，封尚清爲中山王。臣等隨即辭朝前來福建造船，船完之日過海行禮。所有齎去詔敕，聞弘治、正德年間脩撰倫文叙、編脩沈燾等曾差往安南國，因彼國欲留詔敕爲鎮國之寶，俱曾題奉欽依，聽其請留。臣等思得琉球國襲封事例，遠年無從查考，萬一尚清亦如彼國請留詔敕，臣等堅執不從，恐拂彼敬奉之心，聽其請留又非臣等所敢專擅。如蒙乞敕禮部查議應否聽其請留，庶臣等有所遵守，而臨期不至錯誤矣。爲此具本，專差承差鄭珂齎捧。謹題請旨。九月承差至京，赴通政司投進，奉聖旨：「禮部看了來說。」欽此。隨該禮部覆題云：看得欽差吏科等衙門左給事中等官陳侃等題稱，齎捧詔敕前往琉球國封世子尚清爲中山王，惟恐請留詔敕，乞要查議一節。既查有倫文叙等事例，合無准其所奏，本部行令各官臨時斟酌，如彼國王請留之意果出誠懇，亦宜俯順夷情，聽其請留等因。奉聖旨：「是。」欽此。十一月承差齎儀制司手本至閩，侃等伏覩睿旨，馭夷以誠，敢不祇若明命。

是月，琉球國進貢船至，予等聞之喜。閩人不諳海道，方切憂之，喜其來，得詢其詳。翼日又報琉球國船至，乃世子遣長史蔡廷美來迓予等〔一二〕，則又喜其不必詢諸貢者而有爲之前驅者矣。長史進見，道世子遣問外，又道世子亦慮閩人不善操舟，遣看針通事一員，率夷稍善駕舟者三十人代爲之役，則又喜其不必藉諸前驅而有同舟共濟者矣。大蹇朋來，憂用以懌，即此而觀世子其賢矣乎！敬使所以敬君也，敬君所以保國也，懷德畏威，邦其永孚于休。

越甲午三月，舟始畢工。其舟之形制與江河間座船不同，座船上下適均，出入甚便，坐其中者八窗玲瓏，開爽明霽，真若浮屋然，不覺其爲舟也。此則艙口與船面平，官艙亦止高二尺，深入其中，上下以梯，艱於出入。面雖啓牖，亦若穴之隙。所以然者，海中風濤甚巨，高則衝低則避也。故前後艙外猶護以遮波板，高四尺許，雖不雅於觀美，而實可以濟險，因地異制，造作之巧也。長一十五丈，闊二丈六尺，深一丈三尺，分爲二十三艙。前後竪以五桅，大桅長七丈二尺，圍六尺五寸，餘者以次而短。舟後作黄屋二層，上安詔敕，尊君命也。中供天妃，順民心也。舟之器具，舵用四副，用其一，置其三，防不虞也。櫓用三十六枝，風微逆，或求以人力勝，備急用也。大鐵猫四，約重五千斤。大棕繚八，每條圍尺許，長百丈，惟舟大，故運舟者不可得而小也。小艕船二，不用則載以行，用則藉以登岸也。水十四櫃〔一三〕，海中惟甘泉爲難得，勺水不以惠人，多備以防久泊也。通船以紅布爲圍幔，五色旗大小三十餘面，刀鎗、弓箭之類多多益辦，佛郎機亦設二架，凡可以資戎事者靡不周具，所以壯國威而寒外醜之膽也。二十五日出塢，塢即造舟之所，亦設祭如定艤之時。其間若竪桅，若浮水〔一四〕，若治繚，皆有祭，行祭禮皆如初，靡神不舉，靡愛斯牲者，王事孔艱，利涉大川故也〔一五〕。四月十八日，舟先發於南臺。南臺距海百餘里，大舟畏淺，必潮平而後行，日行數里，故先之。駕舟民稍用一百四十人有奇，護送軍用一百人，通事、引禮、醫生、識字各色匠役亦一百餘人，官三員，千户一員，百户二員。官各給銀十二兩爲衣裝費，餘各給工食銀五兩三錢五分。舊時用四百餘人，今革其十分之一，從約也。舊例猶有金銀九十餘器，金廂帶四條，備二使過海之用，福州府造册開報，回文與之，云職等素守清約，無事華侈，茶鍾酒盞用銀飾者相應備辦，銀酒素、銀撒盞、銀節盂、金廂帶皆不必用，雖舊有成案，似宜遵奉，但裁而行之，存乎其人，毋得妄斂妄費，以污職等名節。造完之日，令首領官一員齎領前去，回還之日照數給領。若此者貞行也，非以要譽也。

二十六日予等啓行，三司諸君送至南臺，㷅肉于几，釃酒于尊，爵三行，予等起謝曰：「曩時海國之役，必數年而始克竣事，聞之舟不易成也。今未及期月而有航海之期，誰之功也，敢不再拜？」諸君皆歌《烝民》之詩以贈，亦再拜，遂别。是晚宿于舟中。翼日至長樂〔一六〕，長史舟亦隨行，中途爲淺所傷，臭厥載，具狀伏於階下，求爲之援。予等欲藉其爲前驅，即日將行，事已亟，不可辭，判詞於提舉司，令申海道假環海衛所禦寇之舟，暫遣其歸，此固爲趙，亦爲楚意也〔一七〕。適分守海道都閫諸君繼至，海道亦以王事爲亟，遂遣之。五月朔，予等至广石，大舟亦始至。二日，祭海登舟，守巡諸君設宴爲餞〔一八〕。是日北風大作，晝昏如夕，舟人皆疑，予等亦有懼心。有愛之者勸遲遲其行，遲而得已於行，姑少待焉可也，終不能已，遲之何益？今人既集矣，涣之恐難卒萃，舟不速行，器具易窳，有司費已侈，緩則更倍之，遂别諸君，慨然登舟。連日風逆，五日始發舟，不越數舍而止，海角尚淺。至八日出海口，方一望汪洋矣。風順而微，波濤亦不洶湧，舟不動而移，與夷舟相爲先後。出艙觀之，四顧廓然，茫無山際，惟天光與水光相接耳。雲物變幻無窮，日月出没可駭，誠一奇觀也。雖若可樂，終不能釋然於懷。九日，隱隱見一小山，乃小琉球也。十日，南風甚迅，舟行如飛，然順流而下，亦不甚動。過平嘉山，過釣魚嶼，過黄毛嶼，過赤嶼，目不暇接，一晝夜兼三日之程，夷舟帆小，不能及，相失在後〔一九〕。十一日夕見古米山，乃屬琉球者。夷人鼓舞于舟，喜達于家。夜行徹曉，風轉而東，進寸退尺，失其故處。又竟一日始至其山，有夷人駕小舠來問，夷通事與之語而去。十三日，風少助順，即抵其國，奈何又轉而北，逆不可行，欲泊於山麓，險石亂伏於下，謹避之，遠不敢近。舟蕩不寧，長年執舵甚堅，與風爲敵，不能進不能退〔二〇〕，上下於此山之側。然風不甚厲，浪亦未及於舟，人尚未懼〔二一〕。

相持至十四日夕，舟刺刺有聲，若有分崩之勢。大桅原非一木，以五小木攢之，束以鐵環，孤高衝風，摇撼不可當，環斷其一，衆恐其遂摺也，驚駭叫囂，亟以釘鉗之，聲少息。原舟用釘不足，艌麻不密，板聯不固，罅縫皆開，以數十人轆轤引水，水不能止。衆曰不可支矣，齊呼天妃而號，剪髮以設誓。予等不能禁，徹夜不寐，坐以待旦。忽一家人匍匐入艙，抱予足，口噤不能言，良久方云：「速求神佑，船已壞矣。」予等聞此，心戰神怖，無可奈何，嘆曰：「各抱詔敕以終吾事，餘非所計也，於此將焉求之，而又將焉逃之？」是時惟長年數人色不少動，但云風不足懼，速求罅縫而塞之，可保無虞。衆亦知其然，舟蕩甚，足不能立，心悸目眩，何罅之求？於是有倡議者曰：「風逆則蕩，順則安，曷回以從順，人心少寧，衣袽有備，尚可圖也。」有一人執舵而云：「海以山爲路，一失此山，將無所歸，漂於他國，未可知也，漂於落漈，未可知也。守此尚可以生，失此恐無以救。」夷通事從旁贊之，予等亦知其言有據，但衆股栗啼號不止，姑從衆，以紓其懼，彼亦勉强從之。旋轉之後，舟果不蕩，執燭尋罅，皆塞之固，水不能入，衆心遂定。翼午風自南來，舟不可往，又從而北，始悔不少待也。

計十六日旦，當見古米山。至期四望惟水，杳無所見。執舵者曰：「今將何歸？」衆始服其先見，徬徨躑躅，無如之何。予等亦憂之，亟令人上桅以覘，云：「遠見一山巔微露，若有小山伏於其旁。」詢之夷人，乃曰：「此熱壁山也。亦本國所屬，但過本國三百里，至此可以無憂，若更從而東，即日本矣。」申刻果至其地泊焉。十八日，世子遣法司官一員來，具牛羊酒米瓜菜之物，爲從者犒，亦有酒果奉予等。通事致詞曰：「天使遠臨，世子不勝訢踊。聞風伯爲從者驚，世子益不自安，欲躬自遠迓，國事不能暫離，謹遣小臣具菜菓將問安之敬。」予等愛其詞雅，受之。時予之舟已過王所之東，欲得東風爲順，夏月誠不易得〔二二〕。世子復遣夷衆四千人，駕小舟四十艘，欲以大纜引予之舟。通事乃曰：「海中變出不測，豈宜久淹從者？世子不遑寢食，謹遣衆役挽舟以行。敢告。」船分左右，各維一纜，迤邐而行，若常山蛇勢，亦一奇觀也。一晝夜亦行百餘里。十九日，風逆甚，不可以人力勝，遂泊於移山之嶴。法司官率夷衆環舟而宿，未嘗敢離左右。泊至五日，予衆苦之，在舟日久，鬱隆成疾，求登岸以避之而不可得，泣訴於予。予曰：「乘桴浮海，子路喜之，未知浮海之險若此也。人至四千，力亦衆矣，不能挽一舟以行；虎賁三千，猶足以成武功，孰謂浮海爲易耶？」二十三日，世子復遣王親一員，益以數舟而來，風亦微息，始克行。法司官左右巡督，鼓以作氣，自夕達旦，夷衆亦勇於用力，無少懈。至二十四日，猶未克到。世子復遣長史來曰：「世子聞至移山，刻期拱俟，六日不詹，中心孔棘，恐爲從者憂，謹遣小臣奉慰。」予等謝之。二十五日方達泊舟之所，名曰那霸港，計广石登舟至此，幾一月矣。予二人局於一艙，不便出入，暑氣薰蒸，脾胃受疾，寢食弗安，兼以風濤之險，日驚于心，得保殘喘，以終王事，嗚呼艱哉！

是日登岸，岸上翼然有亭〔一三〕，扁曰迎恩，世子遣衆官大小百餘員隨龍亭候於亭下，予等捧詔敕安於龍亭，衆官行五拜三叩頭禮，前行導引，至天使館。館距港約五里，不移時而至，龍亭安於中堂，衆官復行禮如初進見，予等亦行禮而退。予等呼長史問曰：「世子不迎詔敕何也？」對曰：「洪武禮制，凡詔敕至國，世子候於國門之外。數代相承，不敢違制以行。」予等曰：「守制，國之經也，臣之良也。大以字小，惟信之懷，敢惟一己是便而裂信毁制乎？」聽之。然世子雖不至館，館中皆官正涖事，禮無不肅，用無不周，下逮從人，各有寢舍，時給廪餼，亦使之安。每三日遣大臣一員問安，具酒二壺，菓合二架，酌酒於斗，跪而言曰：「世子念天使舍崇麗而卑庳是就，恐不能安朝夕，令小臣問候起居。」予受其酒，乃曰：「賓至如歸，不惟其物惟其誠。世子誠矣，胡弗安之有？」飲畢，復獻牛羊菜菓，初皆麾之，後見其意勤懇，間亦或受。每一饋予等，亦遍及於從人，無弗均。六月哉生明，報長史舟至北山。又越五日，始抵國。較之予舟浹旬之隔，詢之，乃知桅摺帆傾，非夷衆之熟於操舟，幾何而不飫魚腹也。

越既望，行祭王禮。王墓不知所在，有寢廟一所在國門外，即於廟祭焉。封其生者而又祭其薨者，厚也，所以勸天下之忠也。祭先於封者，尊也，所以勸天下之孝也。忠孝之道，行於四夷，胡越其一家矣。祭品皆欽定之數，牲牷維腯，酒醴維醹，罔敢弗潔，先迎至廟，俟設定後，用龍亭迎諭祭文，予等隨行，將至廟，世子素衣黑帶候於門外〔二四〕，慼乎其容，儼然若在憂服之中。予等拱而入，至寢廟，神主居東西向，予等居西東向，龍亭居中南向，世子居南北向。宣諭祭文畢，世子出露臺，北面謝恩〔二五〕，進與予等交拜，揖至中堂。予等南向坐定，世子令長史致詞曰：「清蝸處海角，辱玉趾遠臨，當匍匐奔迓，有制不敢違越，徒懷慚竦。今又辱賁及先人，幽明倍感，敬具清酤二卣，以獻左右，聊用合歡，其敢曰休享。」予等曰：「朝廷之制，臣子所當共守而弗斁焉者也。人欲爲善，誰不如我，敢奪人之守乎？賓主初覿，良用合歡，玄堂在邇，恐非其時，敢辭〔二六〕。」世子又曰：「『我有嘉賓，鼓瑟吹笙。吹笙鼓簧，承筐是將』，禮也。斯可以燕樂嘉賓之心，今皆無之，正以此耳，幸毋辭。」予等愛其言敬不踰制，忠也；樂不忘親，孝也。忠孝之人，可以言禮，諾之。酒數行，皆親獻，禮儀卒度罔弗恭。坐少頃別，隨遣法司官同長史至館致世子詞曰：「今日勞從者爲先人寵光，小國無以爲獻，戔具黃金拾兩爲壽。」予等訝曰：「世子知道而亦以此浼我乎？」令持去不從，作書與之曰：「君子交際之間有禮焉，有義焉。禮以將敬，義以揆物，賓主各欲自盡而已。今日之舉，君命是將，敬共王事，乃其職也。款我以華筵，亦云厚矣，而又惠我以褭蹄，不已過乎？在賢世子行之固爲盡禮，在侃等受之則爲非義。授受之間，天理人欲判焉。辨之明而守之固，敢自欺乎？辭不更贄，惠無再貽。」世子果知禮義者，得是書不復再饋。

祀事畢，越七月二日封王。是日黎明，世子令衆官候於館門之外，導引詔敕之國。國門距館路三十里，介在山海之間，險側高卑不齊，不能如砥如矢。將至國五里外，有牌坊一座，扁曰中山，自此以往，路皆平坦，可容九軌。旁壘石墻，亦若百雉之制。世子候於此，龍亭至，行五拜三叩頭禮，導之國門〔二七〕。門曰歡會，門内逶迤數步即王之宫。宫門三層，層有數級之堦至正殿，巍然在山之巔。設龍亭于正中，行大封拜禮，國王升降進退，舞蹈祝呼，肅然如式。先期五日，長史已請儀注，習之熟矣。禮畢，揖予等至別殿，復行見禮，衆官亦拜見如初。王暫退出臨群臣。是日維良，受天子新命與一國正始，群臣但四拜爲賀。臣之尊者親者捧觴爲壽，夷俗以此爲敬，君臣之間亦行之。朝罷，別殿設宴，金鼓笙簫之樂翕然齊鳴。王奉酒勸坐，酒清而烈〔二八〕，來自暹羅者，比之麯米春醺人，更不須一盞，予等但嘗之而已。籩豆之實，備水陸之珍，臙臐膮炙之膳，既旨且多，然不能自製也，皆假予等所帶庖人爲之。蓋夷俗席地而坐，無燕享醼會之事，不知烹調和劑之味，故假以文其陋耳。獻酬交錯，至晡而止。予等令儀從迎詔敕至館，王再拜曰：「小國無以爲寶，璽書以爲寶。先朝詔敕，藏之金匱已八葉于茲矣。今辱賁臨，幸留鎮國，不爾予小子自底不類，爲先人羞。」予等見其詞意雖誠，猶未信也，令啓其金匱之藏以驗其留否之實〔二九〕。長史數臣各捧一道而來，奎璧輝映，絢采一堂，遂許留之。王喜甚，重拜而別。

予等至館，王親一員同長史來饋禮物，厲色麾之，長跪不起，不得已，姑取扇布二物，以答其誠，餘不之受。復與一書曰：「士君子立身大節不過禮義二者，前書備布，想已知之。賢王亦知朝廷之大法乎？今聖天子御極，議禮制度，萬物維新，群工濟濟，皆秉羔羊之節晉如，鼫鼠者愁如摧如而已。侃等叨居近侍，萬里銜命，正欲播君德於無疆，守臣節於不辱，爲天朝增重，乃敢自冒非義，以貽滿橐之譏耶？與者受者，其戾一也。欲馨清議，甘罪不恭。」王見書，令長史來言曰：「聖天子威德被海外，清聞之常虢虢不自安，唯恐不道，爲聖朝棄，况天使之陟降左右者乎？敬君之心，華夷無二。昨聞高論，敢犯朝箴？」

廿二日，復設宴，名曰拂塵。使琉球與使他國不同，安南、朝鮮之使開讀詔敕之後，使事畢矣，陸路可行，已事遄返，不過信宿。琉球在海外，候北風而後可歸，非可以人力勝者。日久不免會多，會多不無情褻，勢所必至也。踽踽凉凉，豈能一日安耶？是宴之設，籩豆尚楚而方物不復陳矣，但令四夷童歌夷曲爲夷舞以侑其觴，傴僂曲摺，亦足以觀。舞罷，令世子介子執弟子禮，奉酒三斝，將行，復躬捧玉盃，乃武宗所賜者，引滿勸白，辭以不善飲，一酌而止。越二十五日之夕，颶風暴雨倏忽而至，茅舍皆席捲，予館亦兀兀不安，寢不能寐，起坐中堂，門牖四壁蕩然無存。因念港口之舟恐不及繫，遣人視之，僉曰昏黑不辨牛馬，而岐路安可分？盍待之。風雨果惡，亦不可强。質明而往，王已差法司官率夷人數百守於舟側矣。詢之舟人，乃夜半時至也。法司亦夷官之尊者，路且遥，不避而來，予因嘆曰：「華夏之人，風雨晦冥之夕，塞向閉户以避之，猶恐未安〔三〇〕，衝風冒雨而行者，必其骨肉顛沛而不容已，孰能視他事如家事，而艱險不辭者乎？夷之君臣，其亦可感也夫！」

八月中秋節，夷俗亦知爲美，請賞之，因得徧遊諸寺。寺在王宮左右，不得輕易往來。有曰天界寺，有曰圓覺寺，此最鉅者，餘小寺不暇記。二寺山門殿宇弘厰壯麗，亞於王宮。正殿五間，中供佛像一座，左右皆藏經數千卷，夷俗尚佛，故致之多。上覆以板，繪以五彩，下用薦數重，清潔不可容履。殿外亦鑿小池，甃以怪石，池上雜植花卉，有鳳尾蕉一本，樹似棕而葉似鳳尾，四時不改柯易葉，此諸夏所無者。徜徉良久，塵慮豁然，但僧皆鄙俗，不可與語，亦不敢見，然亦知烹茶之法，設古鼎於几上，煎水將沸，用茶末一匙於鍾，以湯沃之，以竹刷瀹之，少頃奉飲，其味甚清。是日王因神降，送迎無暇，遣王親侍遊。至未刻，邀坐宴，不甚豐，而情意則款洽矣。諸從人皆召至堦下，令通事勸飲，旅進旅退，各以班序，至醉而止。向夕回館，月明如晝，海光映白，松影篩青，令輿人緩步徐行，縱目所適，心曠神怡，樂兹良遇[三二]，忘其身之在海外也。二十三日，王始至館相訪，令長史致詞曰：「清欲謁左右久矣，因日本人寓兹，狡焉不可測其衷，俟其出境而後行，非敢慢也。」予等但應曰已知之矣。海外之國唯彼獨尊，深居簡出，乃其習也，井底之蛙，豈可與語天日之高明哉？亦具殽核，留坐移時別去。

二十九日，請餞行。陳席於水亭中，觀龍舟之戲。舟之制與運舟之法皆效華人，亦知奪標以爲樂，但運舟者俱小吏與大臣子弟也。各簪金花，具彩服，雖濡於水而不顧，以示誇耀之意。越九月七日，復請餞。予等訝其煩也，深拒之，懇之再三而後行。至則見其席之所列皆非昔比，山蔬海錯，糗餌粉酏，雜陳於前者，製造精潔，味甚芳旨，但止數品，不能如昔之豐。詢之左右，乃知前此之設皆假諸閩人，此則宮中妃嬪親製，以表獻芹之敬耳。臨行，長史捧黃金四十兩，王乃言曰：「送贐之禮，振古有之，非清敢自褻，其毋辭。」予等曰：「於義可受，軻氏受薛之餽不以爲嫌。但予等以君命來，受此而歸，是以君命貨之也，惡乎敢！」王愕然曰：「天使言必稱君，動必比義，清知過矣。」遂不敢强，復手持泥金倭扇二柄，乃曰：「天使遠來，賜清以弁服，即清之師也。此別不復再會，揮此或可以繫一念耳。」予等憫其情，受之，各答以所持川扇，彼喜不自勝，再拜而别。

十二日登舟，官民送者如蟻，皆以漢官威儀，不可復覩，至有泣下而不忍去者，亦足以見夷人天性之良，莫不羡衣冠文物之美，拘于法而不得入，是可哀也。泊舟之港出海僅一里，中有九曲，夾岸皆石，惟滅風而後可行。坐守六日，王日使人侍於其側，且致慰詞，仍遣看針通事一員、夷稍數人護送，又遣王親長史等官駕昔日所假之舟進表謝恩。十八日，風少息，挽舟而出，亦斜倚於岸。衆恐其傷于石，大驚，幸前月親督脩艌，不爲所傷，復止。二十日始克開洋，夷舟同行。

二十一日夜，颶風陡作，舟蕩不息，大桅原以五木攢者，竟摺去，須臾舵葉亦壞，幸以鐵梨木爲柄，得獨存。舟之所恃以爲命者桅與舵也，當此時舟人哭聲震天，予輩亦自知決無生理，相顧嘆曰：「天命果如此，以計免者得之矣。狐死尚正首丘，嗚呼，狐之不能若也！」舟人無所庸力，但大呼天妃求救。予等爲軍民請命，亦叩首無已。果有紅光燭舟，舟人相報曰：「天妃至矣，吾輩可以生矣！」舟果少寧。翼日，風如故，尚不敢易舵，衆皆廢寢食以待斃，不復肯入艙上水。同行夷舟遂相失，不知所往。二十三日，黑雲蔽天，風又將作，有欲易舵者，曰：「舵無尾不能運舟，風弱猶可以持，烈則不可救。」有不欲易者，曰：「當此風濤，去其舊而不得安其新，將奈何？」衆不能決，請命於予等。予等曰：「風濤中易舵，静則可以生，動則可以死。」中心惶惑，亦不能決，令其請珓於天妃，乃得吉兆。衆遂躍然起舵，舵柄甚重，約有二千餘斤，平時百人舉之而不足，是時數十人舉之而有餘，兼之風恬浪止，倏忽而定，定後風浪復厲，神明之助，不可誣也。舵既易，衆始有喜色。

二十六日，忽有一蝶飛繞於舟，僉曰山將近矣。有疑者曰：「蝶質甚微，在樊圃中飛不過百步，安能遠涉滄溟？此殆非蝶也，神也，或將有變，速令舟人備之。」復有一黄雀立於桅上，雀亦蝶之類也，令以米飼之，馴馴啄盡而去〔三二〕。是夕果疾風迅發，白浪拍天，巨艦如山，漂蕩僅如一葦，稍後距水不下數丈，而水竟過之，長年持舵者衣盡濕，則艙中受水又可知也。風聲如雷，而水聲助之，真不忍聞。舟一斜側，流汗如雨，予等懼甚，衣服冠而坐，欲求速溺以紓其懼。又相與歎曰：「聖天子威德被海内外，百神皆爲之效職，天妃獨不救我輩乎？當此風濤中而能保我數百民命，真爲奇功矣，當爲之立碑，當爲之奏聞于上。」言訖，風若少緩，舟行如飛，徹曉已見閩之山矣。舟人皆踊躍鼓舞，以爲再生，稽首於天妃之前者若崩厥角也。二十八日至定海所。十月初二日入城。痛定思痛，不覺傷感。凡接士大夫叙其所以，無不爲之慶幸〔三三〕。區區二人，何德獲此？實荷聖天子威福以致神明之佑，不偶然也。今越旬日，同行之舟尚未至，或不免漂溺之患焉。嗚呼危哉！嗚呼危哉！

予因是而有所感。浮海以舟，駕舟以人，二者濟險之要務也。今官府造作什器，官之尊者視爲末務，而不屑於查理；官之卑者視爲奇貨，而惟巧於侵欺。以故種種皆不如法，不久即壞。房舍器用之物，壞則可脩，猶未甚害，惟舟之壞即有覆溺之患，雖有般師在舟，亦無及矣。前之所云古米山之險，其明效也。後之使海外者，軍官不必三員隨行，先擇有司賢者二員，委其造舟，舟完令其同行，彼軀命所關，督造必不苟且。萬一藩臬不從，以之請於上命可也。從予駕舟者閩縣河口之民約十之八，因夷人駐泊於其地，相與情稔，欲往爲貿易耳，然皆不知操舟之術。上文所云長年數人，乃漳州人也。漳人以海爲生，童而習之，至老不休，風濤之驚見慣，渾閑事耳。其次如福清，如長樂，如鎮東，如定海，如梅花所者，亦皆可用。人各有能有不能，唯用人者擇之，果得其人，猶可少省一二，此貴精不貴多之意也。一則可以節國之費，一則可以衛衆之生，故不惜辭之煩，爲後使者忠告。

群書質異

大明一統志

琉球國在福建泉州之東海島中，其朝貢由福建以達于京師。國之沿革未詳。漢魏以來不通中華，隋大業中令羽騎尉朱寬訪求異俗，始至其國，語言不通，掠一人以返。後遣武賁郎將陳稜率兵至其國，虜男女五百人還。唐、宋時未嘗朝貢。元遣使招諭之，不從。本朝洪武中，其國分爲三，曰中山王、山南王、山北王，皆遣使朝貢。嗣是惟中山王來朝，其二山蓋爲所併矣。

風俗：男子去髭鬚，婦人以墨黥手爲龍虎文，皆紵繩纏髮，從頂後盤至額。男以鳥羽爲冠，裝以珠玉赤毛，婦以羅紋白布爲帽，織鬬鏤皮并雜毛爲衣，以螺爲飾，而下垂小貝，其聲如佩。無君臣上下之節、拜伏之禮。父子同床而寢。婦人産乳，必食子衣。食用手，無匙筯。得異物先進尊者。死者浴其屍，以布帛纏之，裹以葦草，上不起墳。無他奇貨。尤好摽掠，故商賈不通。不駕舟楫，惟縛竹爲筏，急則群舁之，泅水而逃。俗事山海之神，祭以殽酒。戰鬬殺人，即以所殺人祭其神。王所居壁下多聚髑髏以爲佳。所居曰波羅檀洞，塹柵三重，環以流水，樹棘爲藩，殿宇多刻禽獸。無賦歛，有事則均稅。無文字，不知節朔，視月盈虧以知時，視草榮枯以計歲。

山川：黿鼊嶼在國西，水行一日。高華嶼在國西，水行三日。彭湖島在國西，水行五日。落漈水至彭湖漸低，近琉球謂之落漈。漈者水趨下不回也。凡兩岸漁舟至彭湖，遇颶風作，漂流落漈，回者百無一二。

土產：鬬鏤樹，硫黄，胡椒，熊羆，豺狼。

按琉球國在泉州之東，自福州視之則在東北，是以去必孟夏，而來必季秋，乘風便也。國無典籍，其沿革不能詳。然隋兵劫之而不服，元使招之而不從，我太祖之有天下也，不加兵，不遣使，首效歸附，其忠順之心，無以異於越裳氏矣。故特賜以閩人之善操舟者三十有六姓焉，使之便往來，時朝貢，亦作指南車之意焉耳。在昔其國三分，今中山併而爲一者，得非沃强晉弱之故歟〔三四〕？風俗男子不去髭，亦不羽冠，但結髻於首之右。凡有職者簪一金簪，漢人之裔髻則結於首之中，俱以色布纏其首，黄者貴，紅者次之，青緑者又次之，白斯下矣。王首亦纏錦帕。衣則大袖寛博，製如道服然，腰束大帶，亦各如纏首之布之色，辨貴賤也。足則無貴賤皆着草履，入室宇則脱之，一則席地而坐恐塵污，一則以跣足爲敬。故王見神、臣見王及賓主相見，皆若是也。唯接見余等，則加冠具服履，揖遜之間，每見其疾首蹙額，蓋弗勝其束縛之勞矣。婦人真以墨黥手爲花草鳥獸之形，而首足反無飾，髻如童子之角總於後，而簪珥不加。不知足而爲之屨，男女皆可用也。第富室則以蘇席藉屨底，少加皮緣，即爲美觀。上衣之外更用幅如帷，蒙之背上，見人則以手下之而蔽其面。下裳如裙而倍其幅，褶細而制長，覆其足也。其貴家大族之妻出入則戴箬笠，坐於馬上，女僕三四從之，俱無布帽毛衣螺佩之飾，亦無産乳必食子衣之事也。其君臣之分雖非華夏之嚴，而上下之節亦有等級之辨。王之下則王親，尊而不與政也。次法司官，次察度官，司刑名也。次那霸港官，司錢穀也。次耳目之官，司訪問也。此皆土官而爲武職者也。若大夫、長史、通事等官，則專司朝貢之事，設有定員而爲文職者也。王并日而視朝，自朝至於日中昃凡三次，陪臣見之皆搓手膜拜，尊者親者則延至殿内賜坐賜酒，其卑疏者則移時長跪于階下焉。凡遇元旦、聖節、長至日，王率衆官具冠服設龍亭行拜祝禮〔三五〕，蓋久漸文教，非復曩者之陋矣。父之於子少雖同寢，及長而有室則異居。食亦用匙筯，得異味先進尊者。及子爲親喪，數月不肉食，亦其俗之可嘉。死者以中元前後日溪水浴其屍，去其腐肉，收其骸骨，以布帛纏之，裹以葦草，襯土而殯，上不起墳。若王及陪臣之家，則以骸匣藏於山穴中，仍以木板爲小牖户，歲時祭掃則啓鑰視之，蓋恐木朽而骨暴露也。地無貨殖，是以商賈不通。若以爲防摽掠則其國小法嚴，凡有竊物者即加以劓刵之刑，人誰敢犯？朝貢往來，俱乘大航，海邊漁鹽，亦泛小艇，未嘗不駕舟楫而縛竹爲筏也。俗畏神，神皆以婦人爲尸，凡經二夫者則不之尸矣。王府有事則哨聚而來，王率世子及陪臣皆頓首百拜。所以然者，以國人凡欲謀爲不善，神即夜以告王，王就擒之。聞昔倭寇有欲謀害中山王者，神即禁錮其舟，易而水爲鹽，易而米爲沙，尋就戮矣。惟其守護斯土，是以國王敬之而國人畏之也。尸婦名女君，首從動經三五百人，各戴草圈，攜樹枝，有乘騎者，有徒行者，入王宫中以遊戲，一唱百和，聲音哀慘，來去不時，唯那霸港等處不至，以此多不良者家，兼有漢人故也。閩人爲王倩作宴者，身親見之。且傳聞封王日必見天使，是日不來，此則真有，而殺人祭神則非也。王之宫室建於山巔，國門扁曰歡會，府門扁曰漏刻，殿門扁曰奉神。四圍皆石壁，無有波羅檀洞之名，亦無聚髏爲佳之説也。門外有石砌，砌下有小池，泉自石龍口中噴出，名曰瑞泉，王府汲之供飲食，取其甘潔也。道路坦夷，曾不設塹樹棘以爲險，殿宇朴素，亦不雕禽刻獸以爲奇。至於賦斂，則寓古人井田之遺法，但名義未詳備。王及臣民各分土以爲禄食，上下不交征，有事如昨封王所用布帛粟米力役之征，則暫取諸民而不常也。雖無經生卜士之流，然亦諳漢字，奉正朔，豈至視月盈虧以知時，視草榮枯以計歲哉！

山川則南有太平山，西有古米山、馬齒山，北有硫黄山、熱壁山、灰堆山〔三六〕、移山、七島山，蓋不止黿鼉等嶼、彭湖等島而已。落漈不知所在，殆遠去琉球，而非經過之處也。昨見古米山，水急礁多，聞舟有至此而敗者，亦不亞於落漈之險矣。

土産無闘鏤樹，亦無胡椒，硫黄雖産自北山，而取之亦甚艱。無熊羆、豺狼、虎豹等猛獸，是以多野馬、牛、豕，價廉甚，每一值銀二三錢而已。牲雖賤，人有終歲不獲食者，貧約故也。凡殺牲不血刃，但以水泅之而火其毛。不畜犬，亦鮮鵞、鴨，鶯、燕、鸛鵲之族俱無，鳥唯烏鴉、麻雀而已。有蛇、蝎，蝎亦螫人，蛇則不爲害，聞前使遭蛇怪之驚，無是事也。穀則有稻、秫、稷、麥、菽，蔬則有瓜、茄、薑、蒜、葱、韭等品，果則有芭蕉、甘蔗、石榴、橘、柿之類。人言冬瓜可以解渴，甘蔗巨如盌形，皆非也。至於壁間有蟲形如中國之蝎虎者，聲噪如雀，則罕異焉。

瀛蟲録

琉球當建安之東，水行五百里。土多山峒，峒有小王，各爲部隊而不相救援。國朝進貢不時，王子之陪臣之子皆入太學讀書，禮待甚厚。

按福州梅花所開洋順風七晝夜始可至琉球，以水程計之，殆將萬里矣。若夫建安則建寧屬邑也，又在福州之西北，而云水行五百里，不知自何洋以發舟而若是乎其近易耶？琉球固多山而崆峒則少。王之子弟雖出分各山而未嘗不聽徵調，如祭王、封王等日則各率所部戎服而列伍以防衛，則其有事而相爲救援可知矣。歸附國家之初，朝貢固無定期，今每二年而一舉，至於令子姪入太學，僅於洪武二十二年而創見之，嗣是唯遣陪臣之子進監讀書，大司成教以誦詩學禮，處以觀光之館，夏葛而冬裘，朝饔而夕飧，禮待不亦厚乎？邇如蔡廷美、鄭賦、梁梓、蔡瀚等皆俊秀可教，曾北學中國，授業名儒，今皆補爲長史、都通事等官，進見之時，儀不忒而言有章，未必不自讀書中來也。其他則苦禮法之拘、衣冠之縛矣。

星槎勝覽

琉球國山形抱合而生，一曰翠麗，一曰大崎，一曰斧頭，一曰重曼。高聳叢林，田沃穀盛，氣候常熱。酋長遵理不科民下，釀甘蔗爲酒，煮海爲鹽。能習讀中國書，好古畫、銅器，作詩效唐體。地産沙金、黄蠟。

按琉球國之山形雖南北一帶而生，不甚抱合，亦無翠麗等四山之名，且形勢卑小，不高聳林木，欉樕不茂密。厥田沙礫不肥饒，是以五穀雖生而不見其繁碩也。氣候不常熱，雨過即凉，秋冬亦雨霜雪，其地近北故也。政令簡便，各食分土，故曰酋長遵理不科民下。造酒則以水漬米，越宿令婦人口嚼手搓取汁爲之，名曰米奇，非甘蔗所釀，亦非美姬含米所製。其南番酒則出自暹羅，釀如中國之露酒也。陪臣子弟與凡民之俊秀者則令習讀中國書，以儲他日長史、通事之用，其餘但從倭僧學書番字而已。古畫、銅器非其所好，其所好者唯鐵器、綿布焉，蓋其地不産鐵，土不植綿，故民間炊爨多用螺殼，紅女織絍惟事麻縷，如欲以釜甑爨以鐵耕者，必易自王府而後敢用之，否則犯禁而有罪焉。至於作詩則弄文墨、參禪乘者間亦能之，而未必唐體之效矣。地不産金，亦無黄蠟及玻璃等物。通國貿易惟用日本所鑄銅錢，薄小無文，每十摺一，每貫摺百，殆如宋季之鵝眼綖貫錢也。曾聞其國用海巴，今弗用矣。然與其用是錢，孰若用海巴之猶涉於貝哉。

集事淵海

琉球與泉州之島曰彭湖者煙火相望，其人驍健，以刀稍矢劒鼓爲兵器。旁有毗舍那國，語言不通，袒裸盱睢，殆非人類。

按地之相去近則可望，遠則視之而弗見也。琉球去彭湖不下數千里，山川出雲，蜃氣作霧，則光景且伏矣，煙火可得而相望乎？閩中士夫常曰霽日登鼓山可望琉球，蓋所望者小琉球也，若大琉球則雖離婁之目亦豈能明見萬里之遠哉？若曰其人驍健則誠是也。蓋生有膂力，耐飢渴勞苦，熱壁挽舟之時，雖終日不食，終夜不寢，而亦未嘗告病。匪直賤者若是，雖酋長之貴，亦慣勤動，大風暴雨，雖夜必興，相與徒行露立於港邊，以防舟之漂蕩焉，而寒濕不能使之疾也。國無醫藥，民亦不夭札，或壯或老，始生痘疹。地雖卑濕，而不見有疲癃殘疾之人。是豈盡出於禀賦哉，亦由其薄滋味，寡嗜慾，元氣固而腠理密也。第人尚忿爭，有不平即以刃殺人，度不免亦剖腹自斃。所用兵器如刀劍弓矢之類，亦嚴利勁直。弓稍長如握檐，射則樹於地而兩手彎之，矢可至二百步許。盔甲製以皮革，進退節以金鼓，鄰國目爲勍敵焉。其國西南則暹羅，東北則日本。聞東隅有人，鳥語鬼形，不相往來，豈即所謂毗舍那國耶？

杜氏通典

琉球國王姓歡斯氏，名渴剌兜，土人呼之爲可老羊。妻曰多拔荼。居舍大十有六間。王乘木獸，令左右輿之。凡宴會，執酒者必得呼名而後飲，上王酒者亦呼王名然後銜杯共酌，歌呼蹋蹄，音頗哀怨。扶女子上膊，摇手而舞。又曰民間門户必安獸頭。

按琉球國嗣王姓尚氏，名清，父名真，祖名圓，自上世以來皆命名以漢字。妃皆選自民間女子充之。土人稱王曰敖那，稱妃曰札喇，無可老羊并多拔荼之稱也。至於陪臣則無姓氏，但以先世及己所轄之地爲姓名。如王親孔加迷益器、法司官寧沽安丹也，皆地名也。若大夫金良，長史蔡瀚、蔡廷美，都通事鄭賦、梁梓、林盛等，凡有姓者皆出自欽賜三十六姓者之後裔焉。王之居舍向南者七間，向西者七間，以南者舊制不利於風水，反以西者爲正。殿閣二層，上爲寢室，中爲朝堂，末與臣下坐立。凡閣門俱五色土珠爲簾櫳，中三間略加金碧，傍有側樓，亦有平屋，皆以板代瓦。廉不遠地而階亦近除，僅如中國公侯之宅，無越制也。王出入乘肩輿，非木獸，以十六人扛之。傘蓋用五色，從者數百人，鼓吹導前，戈矛擁後，仍以土珠小團扇四柄，貼金葫蘆一對爲儀衛，不知何所取義焉〔三七〕。宴會不時，禮亦簡朴，陪臣遇吉每稱觴以壽王，王亦與之坐而共飲，但不至於呼名也。樂用絃歌，音頗哀怨。嘗譯其曲有「人老不少年」之句，亦及時爲樂之意，如《唐風》之《山有樞》也。更以童子四人，手擊柝而足婆娑以爲舞焉。所謂蹋蹄之歌，女子之戲，皆非也。大抵琉球俗朴而忠，民貧而儉，富室貴家僅有瓦屋二三間，其餘則茅茨土堦，不勝風雨飄搖之患。人不善陶，雖王屋亦無獸頭，況民間乎？傳者訛矣。

使職要務

洪武、永樂時，出使琉球等國者，給事中、行人各一員，假以玉帶、蟒衣極品服色，預於臨海之處經年造二鉅舟，中有艙數區，貯以器用若干。又藏棺二副，棺前刻天朝使臣之柩，上釘銀牌若干兩，倘有風波之惡，知其不免，則請使臣仰卧其中，以鐵釘錮之，舟覆而任其漂泊也，庶人見之，取其銀物而棄其柩于山崖，俟後使者因便載歸。邇者鑒汨没之禍，奏准待藩王繼立，遣陪臣入貢丐封，乃命使臣齎詔敕駐海濱以賜之，此得華夷安危之道，雖萬世守之可也。

按我朝封錫藩王之制，如安南、朝鮮則遣編修、給事中等官爲使，占城、琉球則遣給事中、行人等官爲使，各給以麒麟、白澤公侯伯駙馬之服，恩榮極矣。故感激圖報之下，往往有人。且安南、朝鮮固陸路可通矣，若占城及琉球則海邦也，必於廣東、福建臨海之處經年造二鉅舟，以涉大川。余等以一舟所費已及二千五百兩有奇，若人各一舟，非唯倍其費，抑亦不克共濟矣，故止造一舟。至於藏棺、釘牌之事，原無此例，縱有之亦無益也，故令有司不設備焉。大抵航海之行亦危矣，凡親愛者爲之慮靡不周，有教之以舟傍設桴如羽翼者，有教之以造水帶者，有教之以多備小舠者。殊不知滄溟萬里，風波莫測，凡此舉不足恃也，所恃者唯朝廷之威福，與鬼神之陰騭焉耳。乃若領封之説，則肇自前使占城者，正副畏難，不肯航海以畢事，曠日持久，渠國不獲已而領自海濱，非俞旨也。嘗稽古諸侯，凡嗣立俱以士服入見天子，而後受封。今之四夷即古荒服諸侯也，雖不克入覲天王，俾其於海濱領封，亦無不可。蓋中國尊而當安，外夷賤而當危也，豈直省不貲之費而已哉，經國者爲之建白可也。

大明會典

琉球自洪武年間，其中山王、山南王、山北王皆遣使奉表箋貢馬及方物。洪武十六年，賜國王鍍金銀印并文綺等物，山南王亦如之。後賜中山王、山南王、山北王紵絲紗羅冠服，王妃紵絲紗羅，王姪、王相、寨官絹公服。永樂以來，國王嗣立，皆請命册封，自是惟中山王來，每二年朝貢一次，每船一百人，多不過百五十人。

貢物

馬　硫黄　蘇木　胡椒　螺殼　海巴　生紅銅　牛皮　櫂子扇　刀　錫　瑪瑙　磨刀石　烏木　降香　木香

按琉球貢物唯馬及硫黄、螺殼、海巴、牛皮、磨刀石乃其土産，至於蘇木、胡椒等物，皆經歲易自暹羅、日本者，所謂櫂子扇，即倭扇也。蓋任土作貢，宜其惟正之供，而遠取諸物，亦其獻琛之敬。則夫符璽之賜，章服之頒，得非顯忠嘉善之典歟？

天妃靈應記

神怪之事，聖賢不語，非忽之也，懼民之惑於神而遺人道也。侃自蚤歲承父師之傳，佩敬而遠之之戒，凡禱祠、齋醮、飛符、噀水、誦經禮佛之類，閭黨有從事者，禁之不可，則出避之，或過其宫則致恭效程子焉。

迺者琉球國請封，上命侃暨行人高君澄往將事。飛航萬里，風濤叵測，璽書鄭重，一行數百人之生，厥繫匪輕，爰順輿情，用閩人故事，禱于天妃之神，且官舫上方爲祠事之，舟中人朝夕拜禮必虔，真若懸命於神者。靈貺果昭，將至其國，逆風蕩舟，漏不可禦，群譟乞神〔三八〕，風定塞袽乃得達。及成禮還，解纜越一日，中夜風大作〔三九〕，檣摺舵毀，群譟如初，須臾紅光若燭籠自空來舟，皆喜曰：「神降矣，無恐。」顧風未已。又明日，黑雲四起，議易舵未決，卜珓於神，許之，易之時風恬浪静，若在沼沚，舵舉甚便，若插籌然，人心舉安，允荷神助。俄有蝶戲舟及黄雀止檣，或曰山近矣，或曰蝶與雀飛不百步，山何在，其神使報我以風乎？予以其近於載鳴鳶之義，頷之曰謹備諸。已而飈夜作，人力罔攸施，衆謂胥及溺矣。予二人朝服正冠坐祝曰：「我等貞臣〔四〇〕，恪共朝命，神亦聰明正直而一者，庶幾顯其靈。」語畢，風漸柔，黎明達閩。神之精英烜赫，能捍大患如此，謂非皇上懷柔百神，致兹效職哉！然非身遇之，安敢誣也。撰之《祭法》，廟而事之允宜。在宋、元時已有封號廟額，國朝洪武、永樂中屢加崇焉。予二人縮廩附造舟餘直新之广石，望崎行祠則從行者斂錢以脩，行當聞之朝，用彰神貺，因紀其概。高君讓侃援筆舉以告，巡按侍御方君涯韙之，又命福郡倅姚一和視勒諸石。

夷語附

天文門

天甸尼　日非禄〔四一〕　月都急

風鹽濟〔四二〕　雲姑木〔四三〕　雷刊眉〔四四〕

雨嗑乜　雪由其　星波世

霜失母　雹科立　霧氣力

露禿有　電波得那　霞噶嗑尼

起風嗑濟福禄姑　天陰甸尼奴姑木的　天晴甸尼奴法立的

下雨嗑乜福禄　下雪由其福禄　明日阿者

昨日乞奴　風雹嗑濟科立

地理門

地只尼　土足只　江密乃度

河嗑哇　海吾乜　山牙馬奴
水民足　冰谷亦里　路密集
石依石　井依嗑喇　墻拿别
城遶　泥乜禄　沙是那
灰活各力　橋松只　磚牙及亦石
瓦嗑哇喇　岸倭嗑〔四五〕　遠它加撒
近即加撒　長拿嗑失　短密失拿失
前馬乜　後吾失禄　左分達里
右民急里　上吾乜　下世莫
東加失　西尼失　南米南米
北乞大

時令門

春法禄　夏拿都　秋阿及
冬由福　冷辟牙撒　熱嗑子撒
寒辟角禄撒　暑奴禄撒　陰姑木的

陽法立的
晝皮禄
夜由禄
早速多
晚約姑里的
時吐急〔四六〕
氣亦急〔四七〕
年多失
節些谷尼即
正月燒哇的
二月寧哇的
三月撒哇的
四月升哇的
五月惡哇的
六月禄谷哇的
七月式的哇的
八月法只哇的
九月谷哇的〔四八〕
十月柔哇的
十一月失木都及
十二月失哇思

花木門

茶札
花法拿
米谷米
樹拿急
果吾乜
松馬足
柏馬足那急
竹達急
笋達急
棗那都乜
草谷撒
瓜吾利
菜菜
梅吾乜
葉尼
香槁
蓮花花孫奴法拿
龍眼龍暗
荔枝利是
甘蔗翁急
胡椒谷燒

蘇木司哇

鳥獸門

龍達都
虎它喇
鹿加目
馬吾馬
獅失失
牛吾失
兔吾撒急
熊谷馬
象槽
鷄它立
鵞苔嗑
猪吾哇
驢仐
騾仐
狗亦奴
皮嗑哇
鼠聶〔四九〕
鶯打苔噶
魚亦窩
羊非都知
蛇密密
猴撒禄
龜嗑乜
雀孫思乜
鳳凰失窩
麒麟其粦
孔雀公少
獅子失失
獬豸害宅
仙鶴司禄
象牙查查華
玳瑁嗑乜那各
牛角吾失祖奴
喜雀孔加查思
鶴頂它立奴谷只

宮室門

門勤那

窗慢多

房亦兼〔五〇〕

樓塔嗑牙

井依嗑喇

河嗑哇

御路密集

丹墀密集

御橋杋只

皇城谷俗谷

館驛館牙

瓦房嗑哇喇亦葉

器用門

盔不力千

甲約羅衣

刀荅知

箭牙

弓由迷

弦禿奴

鎗牙立

卓代

盤杋只

盆大箣

瓶飄

床墮各〔五一〕

船福尼

桅花時

舵看失

櫓羅

篷賀

筯杋只

帶文必〔五二〕

畫葉

書福蜜

筆分帖

字開的

墨思墨

紙嗑乜
硯孫思利
鎖沙舍奴
碗麻佳里
屏風〔五三〕飄布
香爐稿爐
花瓶法拿飄
香盒福法各
倭扇昂季
箱子凱
酒鍾撒嗑子急
茶鍾溥嗑子急
棋子乞是
玉帶衣石乞各必
金鍾孔加尼麻加里

人物門

皇帝倭的每
王妃扎喇〔五四〕
國王敖那
王子敖那吾哇
朝廷倭每奴
大夫大福
長史丈思
使者使臣
通事度日
正使申司
副使付司
唐人大刀那必周
師父〔五五〕失農包
和尚鮑子
父親阿舍都〔五六〕
母親阿乜
琉球人倭急拿必周
日本人亞馬奴必周
大明帝王大苗倭的每
朝貢使臣嗑得那使者
兄先托
妻眠多木
子吾哇
琉球國王倭急拿敖那

人事門

跪非撒慢都急
興吾達里唆亦
來外亦利
有阿力
歹哇禄撒
睡眠不里
入朝大立葉密達
立住荅只歪立
朝貢嗑得那
表章彪烏
進貢嗑得那
報名包名
早起速多蜜的
敕書着谷少

説嗑達里
走乜姑
你吾喇哇
無乃
買烏利
請來子蓋失〔五七〕
鞠躬〔五八〕烏遜皮
叩頭嗑藍子
平身各失吾奴必約
賞賜非進的
進表漂那阿傑約
辭朝慢多羅
下程林斤
拿來莫只个

拜排是
去亦急
我昂哇
好約達撒
賣高葉
見朝大立葉亦急
底頭烏其利
謝恩蜜温普古里〔五九〕
慶賀蜜由歪利
起來揭知
進本盆那阿傑的
回去慢多羅
筵宴札半失
好看約達撒

不好哇祿撒
放下吾着刻
作揖撒哇利是禮
給賞非近的
方物木那哇
多少亦如撒
言語谷只
曉的失達哇
不曉的民納失達哇
聖旨由奴奴失
御前謝恩惡牙蜜温普谷里
且慢走烏其利耐〔六〇〕
上緊走排姑亦急
上御路惡牙蜜即約里
再叩頭麻達嗑藍子其馬

衣服門

段怹司
紗撒
羅羅
紬柔
絹活見
布木綿
靴谷足
韈都谷乜
鞋三杁
帽帽
紗帽紗帽
帶文必
綢巾綢巾
員領急那
衣服急那
彩段法拿那怹司
綿布奴奴木綿
夏布拿都木綿
竹布達急木綿
葛布嗑布
官絹活見
改機蓋乞
倭絹活見
西洋布尼失木綿

飲食門

酒撒急　肉失失　茶札

飯翁班尼　麵以利蒙已　菓吾乜

菜菜　水民足〔六一〕　酒飯撒急翁班尼

鮮魚必沙莫知　喫茶昂乞利比　喫飯昂乞利翁班尼

喫肉昂乞利失失

身體門

頭嗑藍子　耳眉　眉馬由

目乜　口谷之　牙華

鼻花那　手帖　脚惡失

心各各羅　身度　髮加藍

眉毛不潔　鬍子品其

珍寶門

金孔加尼　銀南者　銅嗑加加尼

鐵谷祿嗑尼
錫失祿加尼
錢熱尼〔六二〕
鈔支尼〔六三〕
玉衣石
珠達馬
石衣石
瑪瑙吾馬那達馬
珊瑚牙馬那達馬
珍珠達馬
水晶民足達馬
玉石達馬衣石
琥珀它喇
犀角吾失祖奴
倭刀荅知
硫黄魚敖

數目門

壹的子
貳荅子
叁蜜子
肆由子
伍亦子亦子
陸木子
柒拿拿子
捌甲子
玖姑姑奴子〔六四〕
拾吐
拾壹吐的子
拾貳吐荅子〔六五〕
拾叁吐蜜子
拾肆吐由子
拾伍吐亦子子〔六六〕
拾陸吐木子
拾柒吐拿拿子
拾捌吐甲子
拾玖吐姑奴子
貳拾荅子吐
壹錢亦止買每
貳錢尼買每
叁錢衫買每
肆錢深買每

伍錢五買每　陸錢祿谷買每　柒錢式止買每
捌錢法只買每　玖錢姑買每　壹兩就買每
拾兩辟牙谷就每　壹百兩辟牙姑　壹千箇森那〔六七〕
壹萬箇麻柔吐失　千歲森那　萬萬歲麻油吐失〔六八〕

通用門

買吾利　賣高葉　來外亦利
去亦急　説嗑達力　看蜜只
求討荅毛里　起身榻知亦急　起去榻知亦急
起來榻知　回去慢多羅　説話嗑達立
不敢揚蜜撒　曉的失達哇　知道失知
付荅仝　回賜仝　好看約達撒
不好哇祿撒　買賣亞及耐　有無阿力乃
東西加尼尼失　不知道失監子　明早起身阿者速多蜜的榻知

夷字附

い以　ろ路　は罷　に尼　ほ布
へ比　と度　ち知　り利　ぬ奴
る而　を倭　わ哇　か加　お有
た他　れ呂　そ甦　つ了　ね尼
な那　ら剌　む武　う烏　ゐ倚
の恕　お窩　く古　や牙　ま末
け去　ふ不　こ孤　え依　て的
あ亞　さ沙　き其　ゆ又　め未
み美　し實　ゑ泄　ひ庇　も母
せ世　す是　京敲

夷國上下文移往來書札止寫此數字，凡音韻略相類者即通用也。

奏疏

欽差吏科等衙門左給事中等官臣陳侃等謹題，爲出使海外事。切照嘉靖十一年五月内，琉球國世子尚清上表請封，欽蒙差臣侃爲正使，臣澄爲副使，各賜一品服一襲，齎捧詔書一道、敕書一道、諭祭文一道，并頒賜儀物等項，前往琉球國祭中山王尚真，封尚真子尚清爲中山王。臣等隨即陛辭，先至福建造舡。船大而費亦巨，經始於嘉靖十二年五月，至嘉靖十三年四月始克造完。舡完之日，遂至長樂縣广石地方登舡。先期尚清已遣長史蔡廷美等過海迎接，令通事林盛帶夷稍三十人爲臣等駕舡。在五月初八日解纜開洋，洋中偶值逆風，舡不可往，放回數百里，後遇順風復往，因失針路，漂過琉球國交界地方名曰熱壁山，遂泊于此。尚清聞之，差大臣一員，帶夫四千餘名，駕小舡四十餘隻至熱壁，將舡挽回，五月二十五日方到彼國。尚清即遣儀從及文武陪臣隨龍亭迎詔敕、諭祭文至天使館奉安，擇日行禮。六月十六日行祭王禮。七月初二日行封王禮，是日尚清皆迎至國門外，一見龍亭，先行五拜三叩頭禮，步行前導，迎至正殿，一如儀注。行禮開讀已畢，設宴款留，禮意懇至。臣等令儀從迎詔敕回館，尚清令通事致詞，欲留爲鎮國之寶。臣等猶未允，復令長史捧先朝詔敕來看，臣等始知留詔敕爲先朝故事，况已奉有明旨，始許其留。行禮既畢，似應即回，因海中風浪不測，惟順風而後可行，非可以人力勝者。琉球在福建之北，去以南風，回以北風，故至九月二十日方可開舡，計在彼國停泊一百十五日。日有廩餼之供，旬有問安之禮，月有筵宴之設，隨行人役皆給口糧，使之安飽。行時復具黄金四十兩爲贐，臣等在福建時例有金帶、銀器等物送用，尚不敢妄受，況外國之物乎？故責以大義，陳以國法，彼亦知敬而不敢强。仍遣通事林盛帶夷稍十人爲臣等駕舡，又遣王親寧古、長史蔡瀚、通事梁梓等另駕一舡進表謝恩。開船之後，二十一日晚颶風陡作，將臣等舡中大桅吹摺，舵亦損壞。舟人皆震恐無措，荷皇上威福，以致神明默佑，得保生還，在十月初二日入福建省城。同行夷舡今尚不到，或未免漂溺之患矣。除彼自行補謝外，臣等切思，自三代以降，聖王不作，治化陵夷，以文德被海内者尚不多見，況覃敷海外者乎？若越裳氏之重譯而來，以中國之有聖人耳。琉球國在海外無慮數千里，漢、唐、宋時皆未嘗内附，至元時遣將伐之而亦不從，至我太祖登極，首先臣附，率子弟來朝，此豈區區勢力所能服哉？要必有所以感之者耳。我太祖悦其至誠，待亦甚厚，賜以符印，寵以章服，遣閩人三十六姓爲彼之役，又許其遣子弟入國學讀書習禮。彼亦感激，久而匪懈。迨今皇上御極以來，制禮作樂，聲教四敷。彼知中國之聖人復生，故欲竊餘光以誇耀他國，是以不避風濤之險，貢獻益勤，請封益篤。今日之舉，尤出誠懇，聞欽命奔迎於海曲，見龍亭匍匐於道周，非但不敢如緬甸之倨傲無禮，而亦不敢如尉佗之較量勝負也。臣等忝與使事，亦竊尊榮，無任感荷慶幸之至。緣係出使海外事理，備將使事顛末，謹具題知。

琉球國中山尚清奏，爲謝勞事。伏念臣清僻居海邦，荷蒙聖育，封臣爲中山王，不勝感戴。除具表謝恩外，今有差來使臣二員，正使吏科左給事中陳侃、副使行人司行人高澄，冒五月之炎暑，衝萬里之波濤，艱險驚惶，莫勞於此。臣等小國荒野，無以爲禮，薄具黄金四十兩，奉將謝意。此敬主及使，乃分之宜，酬德報功，亦理之常。二使懼聖明在上，堅不敢受。微臣情不能盡，無以自安，令陪臣順齎貢奉，伏乞天語叮嚀，賜彼二使，庶下情盡而遠敬伸。無任激切感仰之至等因。奉聖旨：「覽。奏謝足見敬慎，金着陳侃等收了。禮部知道。」

光禄寺等衙門少卿等官臣陳侃等謹題，爲謝勞事。侃原任吏科左給事中，高澄原任行人司行人，於嘉靖十一年蒙欽命差往琉球國封世子尚清爲中山王。往返三年，已於今年五月二十四日復命。訖近中山王尚清差陪臣謝恩，順齎臣等所却黄金四十兩，具本進呈，欲天語叮嚀，下賜臣等。節奉聖旨：金着陳侃等收了。欽此。欽遵。切念臣等奉皇上之命，遠使琉球。琉球乃素知禮義之國，臣等至彼，正欲敷揚聖德，恪守臣節，爲中華增重，安敢受彼非禮之餽？故筵宴之設，必陳方物，具書固却至再至三，書備於《使琉球録》中，已塵御覽矣。臨行以金四十兩爲贐，堅不肯受，彼心不自安，冒瀆天聽，蒙皇上鑒彼敬慎之心，特下收受之命。臣等聞命自天，措躬無地，敢不拜受，以爲家寶？但奉使奔走乃臣等職分之常，自揣無功，曷敢受兼金之惠？伏乞皇上將此金收儲内帑，或命彼帶回，庶遂臣等之初心，而於君命斯不辱矣。無任感激敬懇之至等因。奉聖旨：「已有旨了，不准辭，該衙門知道。」

吏科等衙門左給事中等官臣陳侃等謹奏，爲乞祠典以報神功事。竊念臣等奉命往琉球國封王。

琉球遠在海外，無路可通，往來皆由於海。海中四望惟水，茫無畔岸，深無底極，大風一來，即白浪如山，舟𤋮忽震蕩，人無以庸其力，斯時也，非神明爲之默祐，幾何而不顛覆也耶？臣等往來于海，驚險數次，皆藉神明之助，得保生還。是豈臣等菲德致此，皆由皇上一念精誠，感格天地，以致百神呵護，非偶然者。臣等不敢隱其功，謹歷數爲陛下陳之。

嘉靖十三年，臣等初去時，五月初八日開洋，至十二日將底其國，忽逆風大作，舟摇撼不可當，遂爾發漏，數十人以轆轤引水不能止。舟蕩甚，足不能立，衆欲塞漏而不可得。於是群呼求救於神，剪髮以設誓。俄而風遂息，舟少寧，執燭尋罅，皆塞之固，水不能入，得保無虞。使是風更移時不息，舟之沉必矣。此其功一也。回時九月二十日，在彼開洋，二十一日夜即遇颶風，將大桅吹摺，須臾舵葉又壞。舟之所恃以爲命者桅與舵也，當此時舟人哭聲震天，大呼神明求救。臣等亦知决無生理，爲軍民請命，叩首無已。忽有紅光若燭籠然者自空來舟，舟人驚報曰：「神已降矣，吾輩可以生矣。」舟得無事。當風雨晦冥之時，紅光何自而發？謂非神之精靈不可也。此其功二也。二十三日，黑雲蔽天，風又將作。衆皆知舵當易而不敢任，蓋風濤中易舵，一動即覆矣。於是請命於神，得吉兆，衆遂躍然起易。舵柄甚重，約有二千餘斤，平時百人舉之而不足，是時數十人舉之而有餘。兼之風恬浪止，倏忽而定，定後風浪復厲，神明之助不可誣也。此其功三也。二十六日，忽有一蝶飛繞於舟，僉曰：「蝶質甚微，在樊圃中飛不百步，安能遠涉滄溟？此殆非蝶也，神也，或將有變。」速令舟人備之。復有一雀立於桅上，雀亦蝶之類也，令以米飼之，馴馴啄盡而去。是夜果疾風迅發，白浪拍天，巨艦如山，飄蕩僅如一葦，風聲如雷，而水聲助之，真不忍聞，舟一斜側，流汗如雨。臣等懼甚，衣服冠而坐，相與嘆曰：「聖天子威德被海内外，百神皆爲之效職，海神獨不救我輩乎？當此風濤中而能保我數百民命，真爲奇功矣，當爲之立碑，當爲之奏聞于上。」言訖，風若少緩，舟行如飛，徹曉已見閩之山矣。此其功四也。有夷舟進表謝恩者，與臣等同行，遇二十一日之風，漂回本國，至今年三月方到福建。臣等之舟止行八日，直底閩江，不至漂流失所者，皆神之功也。

臣等感其功，不敢不厚其報，在福建時已嘗致齋設醮，脩廟立碑矣。但奏聞之言既出于口，不敢有負于心，謹摭顛末，上瀆聖聽。詞若涉于荒唐，心實本于誠懇。伏望聖慈憫念，下之禮部，詳議可否，萬一其功當報，令福建布政司與祭一壇，庶天恩浩蕩而幽冥有光矣。臣等切思，名山大川之神，在舜時已有望秩之祭，我太宗文皇帝時遣太監鄭和下海，嘗立祠於海濱，時加致祭。況《禮》云：能禦大災則祀之，能捍大患則祀之。今一救援之功，遂保數百人之命，其爲大災大患，莫此是過。伏惟聖明詳察，臣等無任戰慄恐懼之至，爲此具本，親齎謹具奏聞，伏候敕旨。

禮部爲乞祠典以報神功事。祠祭清吏司案呈，奉本部送禮科抄出吏科等衙門左給事中等官陳侃等題云云等因。奉聖旨：「禮部看了來説。」欽此。欽遵抄出送司，案呈到部。看得左給事中陳侃等奏稱，奉命琉球，往來海中，時遭風險，幾致顛覆，多藉神功救援，乞要賜祭，以報其應一節。爲照國家嶽鎮海瀆類皆有祭，祀法云：能捍大患則祀之，在典禮則固然矣。今左給事中陳侃等奉使海外，屢遭風濤之險，卒獲保全，實乃皇上聖德默祐所致，海神效職不可謂無，是亦捍灾禦患之意也，賜之以祭，禮亦有據。合無候命下之日，本部行移翰林院撰祭文一通，行令福建布政司備辦祭物香帛，仍委本布政司堂上官致祭一次，以答神休，不爲常例。緣係乞祠典以報神功及奉欽依禮部看了來説事理，未敢擅便，謹題請旨。奉聖旨：「是。」欽此。

嘉靖十四年七月二十五日。

吏科等衙門左給事中等官臣陳侃等謹題，爲周咨訪以備採擇事。切念臣等奉命往琉球國封王，行禮既畢，因待風坐三閲月而後行，無所事事，因得訪其山川、風俗、人物、起居之詳，杜撰數言，遂成一録。録之意大略有二：臣等初被命時，禮部查封琉球國舊案，因曾遭回禄之變，燒毀無存，其頒賜儀物等項，請查於内府各監局而後明。福建布政司亦有年久卷案，爲風雨毀傷，其造船并過海事宜，皆訪於耆民之家得之。至於往來之海道，交祭之禮儀，皆無從詢問，特令人至前使臣家詢其所以，亦各凋喪而不之知。後海道往來，皆賴夷人爲之用。其禮儀曲摺，臣等臨事斟酌，明於不辱而已。因恐後之奉使者亦如今日，著爲此録，使之有所徵而無懼，此紀略所以作也。又嘗念國家大一統之治，必有信史以載内外之事，如《大明一統志》者是已。志中所載琉球之事，所云落漈者水趨下不回也，舟漂落漈百無一回。臣等嘗懼乎此，經過不遇是險，自以爲大幸。至其國而詢之，皆不知有其水，則是無落漈可知矣。又云王所居壁下多聚髑髏以爲佳，臣等嘗疑乎此，意其國王兇悍而不可與言也。至王宫時遍觀壁下，亦皆纍石，國王則循循雅飭若儒生然。在彼數月，雖國人亦不見其相殺，又何嘗以髑髏爲佳哉！是誌之所載者皆訛也。不特誌書爲然。杜氏《通典》、《集事淵海》、《鸁蟲録》、《星槎勝覽》等書，凡載琉球事者，詢之百無一實。若此者何也？蓋琉球不習漢字，原無誌書，華人未嘗親至其地，胡自而得其真也？以訛傳訛，遂以爲誌，何以信今而傳後？故集群書而訂正之，此質異之所以作也。兼以夷語、夷字，恐人不知，并附于後。臣等學問粗疎，言詞鄙俚，勉成此録，實不足以上塵睿覽。但念海外之事，知之者寡，一得之愚，或可以備史館之採擇，是以不避譴責，陡膽進呈，伏惟陛下恕其狂僭，下之禮部，詳議施行，臣等不勝幸甚。緣係周咨訪以備採擇事理，謹以《使琉球録》繕寫一册，隨本上進以聞，伏候敕旨。

禮部一本，爲周咨訪以備採擇事。該吏科等衙門左給事中等官陳侃等題前事等因，奉聖旨：禮部看了來説。欽此。欽遵抄出到部。看得吏科左給事中陳侃、行人司行人高澄等題稱，奉命往琉球國封王禮畢，訪其山川、風俗、人物、起居，撰《使琉球録》一册上進，乞要詳議，備行史館採擇一節。爲照琉球國遠在海濱，華人鮮至其地，是故國俗風土知之者寡。今按《一統誌》等書所記，事本傳聞，殊有該載未盡者。據左給事中等官陳侃等親歷其地，目擊其事，山川、風俗之殊，往來聞見，悉出實録，因採擇事蹟，撰述成書，既以正載籍之所未盡，且俾後之奉使者有所考。足見各官留心使職，誠可嘉尚，似應俯從。合候命下之日，本部將所進《使琉球録》付之史館，以備他日史館採集，伏乞聖裁等因。奉聖旨：「是。」

使琉球録後序

天下事履之而後知，及之而後喻，未有不身試之而知其然者。壬辰歲，陳給舍暨余被使琉球命〔六九〕，人皆曰航海之役危矣哉，盍訪諸前使而稽其所録耶？越旬獲覩詔敕琉球舊草〔七〇〕，始知前爲給舍董君旻、司副張君祥，于時二君已不禄矣，而鋟諸梓者復遺失而莫之可稽，良用憂懼。乃取載琉球諸書而參考之，見其爲説頗異，臆純夷或有是也。及今夏五月至其國，立冬風便始歸，其間得於見聞之久、詢訪之真者，似與諸所載少不同，是非獨疑訛之故，或者風以化移，俗因時易，月異而歲不同耳。故因紀使事而復質之諸書，以見今日聲教之大同而蠻夷之丕變也。雖不足續王會之圖，成風土之記，然於後之奉使者則未必無小補云。嘉靖甲午十月乙亥，古燕高澄序。

校記

〔一〕抗章，原作「航章」，據彙編改。
〔二〕距今，彙編作「趾今」。
〔三〕獻亡，彙編作「獻缺」。
〔四〕互異，彙編作「互逸」。
〔五〕硒，彙編無。

〔六〕王宜，彙編作「爾宜」。
〔七〕素白中單一件，彙編列「丹礬紅平羅」後。
〔八〕蔡瀚，彙編作「蔡澣」。與，彙編作「與」。
〔九〕深憂，彙編作「深計」。
〔一〇〕摺子，彙編作「擢手」。
〔一一〕舊制，彙編作「自備」，似當從。
〔一二〕長史，彙編作「長司」。下同。
〔一三〕十四，彙編作「四十」。
〔一四〕若豎桅若浮水，彙編作「監浮水」。
〔一五〕故也，原作「祈也」，據彙編改。
〔一六〕長樂，彙編誤作「樂長」。
〔一七〕楚意，彙編無「意」字。
〔一八〕設宴，彙編作「請宴」。
〔一九〕夷舟帆小不能及，相失在後，彙編作「夷舟帆小不能相及矣，在後」。
〔二〇〕不能進不能退，「退」，原誤作「遂」，據彙編改。
〔二一〕浪亦未及於舟，人尚未懼，彙編作「浪亦未及於舟中，尚未懼」。
〔二二〕夏月，彙編作「夏日」。
〔二三〕岸上翼然有亭，彙編作「上翼然亭」。
〔二四〕門外，彙編作「外門」。

〔二五〕北面，彙編作「北向」。

〔二六〕朝廷之制，臣子所當共守……恐非其時，敢辭，彙編訛奪作「朝廷之制，臣子所當共守乎，賓主焉者也，人欲爲善，誰不如我，敢辭」。

〔二七〕導之國門，彙編作「導引之國門」。

〔二八〕王奉酒勸坐，酒清而烈，彙編作「王奉酒勸，清而烈」。

〔二九〕自「其詞意」至「驗其」十九字，彙編缺。

〔三〇〕閉户，彙編作「墐户」。

〔三一〕良遇，彙編作「良士」。

〔三二〕令以米飼之，馴馴啄盡而去，彙編作「令以米飼雀，雀啄盡立去」。

〔三三〕無不爲之慶幸，彙編前有「聞之」二字。

〔三四〕沃强晉弱，彙編作「沃弱晉强」。

〔三五〕行拜祝禮，彙編作「行禮祝禮」。

〔三六〕熱壁山、灰堆山，彙編作「熟北山、灰佳山」。

〔三七〕不知何所取義，彙編作「不知所取」。

〔三八〕群譟乞神，彙編無「譟」字。

〔三九〕中夜，彙編無「中」字。

〔四〇〕貞臣，彙編作「真誠」。

〔四一〕非禄，彙編作「兆禄」。

〔四二〕鹽濟，彙編作「嗑濟」。

〔四三〕姑木，彙編作「枯木」。
〔四四〕刊眉，彙編作「邦眉」。
〔四五〕倭嗑，彙編作「倭失」。
〔四六〕吐急，彙編作「土禄」。
〔四七〕亦急，彙編作「赤急」。
〔四八〕谷哇的，彙編作「失哇的」。
〔四九〕聶，彙編作「攝」。
〔五〇〕亦兼，彙編作「赤葉」。
〔五一〕墮谷，彙編作「隨谷」。
〔五二〕文必，彙編作「文帖」。
〔五三〕屏風，原作「屛風」，徑改。
〔五四〕扎喇，彙編作「奴喇」。
〔五五〕師父，彙編作「師傅」。
〔五六〕阿舍都，彙編作「阿仝都」。
〔五七〕子蓋失，彙編作「孟美失」。
〔五八〕鞠躬，原作「鞠恭」，據彙編改。
〔五九〕蜜温普古里，彙編作「密濕普古禮」。
〔六〇〕烏其利耐，彙編作「烏其利藍子其馬」。
〔六一〕民足，彙編作「民是」。

〔六二〕熱尼，彙編作「熟尼」。

〔六三〕支尼，彙編作「支石」。

〔六四〕姑姑奴子，彙編作「木木奴子」。

〔六五〕吐荅子，彙編作「姑姑好子」。

〔六六〕吐亦子子，彙編作「赤赤子子」。

〔六七〕森那，彙編作「森油吐失」。

〔六八〕麻油吐失，彙編作「麻」。

〔六九〕陳給舍，彙編作「陳思齊」。

〔七〇〕舊草，彙編作「舊章」。

附録

贈黄門陳應和侃奉詔使琉球國

湛若水

平生遠遊志，萬里乘長風。飄飄臨倒影，高舉凌蒼空。北至北溟北，東至東海東。何其形迹滯，此願將莫從。大鵬罹羅網，戢翼居樊籠。之子金閨彦，錦繡羅心胸。文星見眉宇，嘘氣如長虹。又如插六翮，翛然駕高穹。自言有遠役，秉節飛六龍。何以爲前驅，雨師與豐隆。將命遣朱鳥，呵護先祝融。予聞爲起拜，高歌壯其行叶。持被戀入直，安足爲士雄。丈夫志六合，豈在寰堵中。

（明嘉靖刊本《甘泉先生文集》卷二十七）

送陳黄門使琉球

許　贊

海邦驚見耀文星，玉節麟袍下鳳城。日月容光咸帝德，舟車到處奉章程。潞河長夏蟬聲冗，越服經秋蜃氣清。共道壯遊真此去，金鑾獻節拜殊榮。

（明嘉靖刊本《松皋集》卷十三）

陳給事侃使琉球

崔　桐

雨結西湖陰，木冷吴山煙。歲已伏群化，旅抱當離筵。念子鯨海游，皇猷屬遐宣。君子志四方，萬里情豈牽。且共洲上酌，復奏鵾絲絃。緒言聆須臾，紓襟暫周旋。聖仁本無外，中土餘顛連。瑶囊有諫草，道援志所先。言歸勿遲遲，翹首青雲軿。

（明嘉靖刊本《崔東洲集》卷一）

贈高大行肅卿使琉球

夏　言

使節雲雷下，炎邦島嶼通。客心依斗柄，波路任天風。玉帶朝衣重，金函帝制雄。歸來報天子，聲教百蠻同。

（明崇禎刊本《夏桂洲先生文集》卷四）

送思齋陳諫議封琉球

邵經濟

聖皇威海宇，萬國一車書。重譯通朝請，分封賁徼居。綸言元鄭重，簡使未應虚。玉節煩新命，麟章出内儲。夕郎將大寵，渤海控歸墟。萬里天難渡，孤帆鳥不如。長風疇借便，積水眇愁予。帝德渾無際，臣心亦已舒。恩光惟日月，草木盡吹噓。南越今何在，東平樂有餘。千年看島嶼，恩使幾躊躇。

送陳給事使琉球三首

屠應埈

絶域天王命，三年諫省郎。星辰傳鳳詔，冠冕授蠻王。蜃氣鴻濛合，潮聲日夜長。錦帆滄海上，南望有輝光。

南荒饒霧雨，窮島接風濤。下瀨樓船迴，馳封使者勞。夷官趨弁服，海色照麟袍。若道唐虞際，應瞻日月高。

帝遣辭青瑣，乾坤屬壯遊。九霄持漢節，萬里赴炎洲。日抱蛟龍躍，天函島嶼浮。遥憐張博望，銀渚問牽牛。

（明嘉靖刊本《西浙泉厓卲先生詩集》卷二）

送給事陳君使琉球序

屠應埈

琉球王世子清表曰：臣世被中國厚恩，樹之島夷，以藩屏東海外。先臣真憑天子神靈，獲終于位。孤臣清議嗣，惟是徼于元命，弗敢寧居，謹昧死介陪臣長史潮以請。潮渡海至，表聞，制曰可。禮部議册典，簡所宜使者具名上。故事，凡使二人，而正使以給事中往，時當往者率悒悒憂動色。陳君應和爲吏科

（明嘉靖刊本《蘭暉堂集》卷三）

左給事中，有賢譽，而君亦壯不憚往，乃疏名上。天子素知其賢，報允，陛辭，復詔賜玉帶麒麟服云。

屠應埈曰：東南夷内屬者以數十，琉球蓋其一云。高皇帝放驅胡元，揃飭異域，諸海外夷狄君長，振慴威德，交臂屈膝以稱臣歸死，而琉球始通貢獻中國。文皇帝時命使者就立其王，賜之册命，被以印綬冠帶，世爲外藩臣，得遣子入就太學。于是琉球爲寵王，駸駸向聲教矣。天子躬至德中興，諸國益效職，無敢墮怠，聖惠光施，存定荒裔，而琉球之使也陳君實尸之，行矣，壯哉！予嘗讀太史書，至相如之使卬筰也，道蜀，蜀守令郊迎負矢以爲寵，而相如亦卒能其使事，予未嘗不灑然心善之也。至觀博望侯騫傳，則以一介之使，凌絶海外，結軌殊域，歷上古不王之國，爲漢鑿空向導，隨流而攘，則又蘧然喟慕，雖其行不揆于古，有壯志焉。今以行人往來之域，通外邦之内臣，而使者言海外則悒悒動顔色，奚古今人若是遠也。陳君建盛明之節，照耀燕趙齊魯之郊，浮江達河，逾于淮，泝錢塘之波，騁于故里，其守令亦將北嚮先驅若相如然，斯可謂寵矣。而又馳東冶，沿漳水，晞無諸之域，横海東，下梁彭湖，指中山，觀日月所出没，俯視蛟龍巨鯨諸怪之嬉游也，若陸行牛馬然。蠻夷之俗振于天使，王侯以下羽冠螺飾，盡喘息迎謁，而陳君執符被服，拱揖于其上，知不知望之以爲從天而下，斯天下之壯觀極寵而博望騫所肆説而不得者也，斯不亦壯哉！抑君天子之近侍臣也，雖蠻夷亦將于君而觀式焉。夫言動與取身之經而使之節也，宣昭皇度，茂貞使命，以風示天子之德于諸蠻，不在兹乎？不在兹乎？夫以陳君之賢而使事又壯不憚往，其于兹也，吾有以測之矣。

（明嘉靖刊本《蘭暉堂集》卷八）

陳氏祀田記

屠應埈

陳氏于鄞稱世族，族凡二千餘人，至光禄君應和始置祀田，奉先宗廟世祀。初光禄君爲給事中，奉詔持節册封琉球王清。國家凡使琉球者，念通海外絶域，令有司給供具甚盛踰等，君輒自抑損，費減十二。比至琉球，方産琛麗，一無所問。國人服其廉高，事竣歸，王清奉黄金一鎰爲使者壽，却去不顧。王清具其狀上之朝，詔使者受金，再辭乃拜命。金如圭，微圓，色紫。陳君既受賜，則以其金購田十五畝，稱祀田。田在縣南某鄉，畝入鍾足供其春秋祀事。予于是蓋未嘗不咨嗟稱善也。

夫琉球于東南夷最遠，去京師三萬餘里，冠帶所鮮，被教化殊略也。顧能秉執禮義，其視天子之使也若尊威神焉，無敢以其土地之毛有所淆請也。即所餽金固微，裁足通禮而已，猶以使者故上之朝，可不謂斤斤藩臣之節哉！政佚之國，其臣必頗。故雖宫市都邑之吏，官禁近者，典憲在前，刑法在後，贜賕流聞，猶若無畏也。而使者于海外恪忠無私交，抗節沉冥，潔身無知之域，足徵我中國風教孅甚，主上湛恩天需，涵遐沃邇，奬共靖之臣，優守藩之國，昭德布賚，褒應如響，情之所通，裔夷弗遏。休哉，君臣之際乎！而君之懷上之賜也，無敢以爲私藏，比義聯族，追遠敦孝，樹之土田，殷薦宗廟，以昭事其先人，錫厥胤嗣，所以示後世誼至休明也。煌煌乎，諸美備矣！

往予觀太史公傳陸賈，謂賈使南越，卒令王佗稱漢臣，受其賜槖中千金裝歸，具車馬酒食歌舞愉樂，以爲賈善。夫南越悖慢易漢，其于琉球無足論較，乃賈爲漢使，多私受金弗以聞，徒持歸事産，極欲爲樂，此與陳君處琉球金事相去殊絶，而儒者論古人輒以爲卓異不可及，此與目聽何異哉！乃故併記之以示來史。陳君名侃，字應和，予同年進士。論篤有雅操，今爲光禄少卿。嘉靖戊戌夏六月壬寅朔日。

（明嘉靖刊本《蘭暉堂集》卷十）

贈史科左給事中思齋陳子應和出使琉球序

姚淶

使事有四而難易各存乎時，有排難解紛之使，有講信修睦之使，有合縱連衡之使，有布德宣譽之使。春秋之世，兵革歲興，而諸侯之聘問不絶，得使則國安主榮，不得使則國危主辱。故凡排難解紛，講信修睦，惟一介行人賴焉，可不謂難乎？縱横者流，乘王公之間而鬬其捷，因其勢而道之，術易售也，君子耻焉。若夫銜命徼外，志存柔遠，或南驟北馳，或東薄西涉，使風聲遐鶩，志澤旁流，以彰王者無外之化，是故雖遠必入，雖險必冒，雖幽僻必達，使者宜樂爲之，尚奚憚哉？漢、唐、宋之有天下，内夏而外夷，將以兼所有也，凡威之所未諭，化之所未革，輒以使先之，而奉使者恒以爲戚。我國家以德綏絶域，風行裨海，羽族卉儀款闕來庭，使譯四通，百於前代王會所書之琛，蓋不獨肅慎貢楛、越裳薦翬而已。間有弗賓，略而不治。其萬里嚮風，號爲外臣，如朝鮮、安南、琉球諸國，來王來享，宅心益虔者，則特優其禮，以懷柔之。凡諸國有嗣君，必請命于天子，天子乃簡諫垣之有風儀才望者爲正使，往布命焉。累朝因之，踵爲故事。而使軺所至，殊邦快覩，其視前代奉使之難易何如也。

琉球國於海外，自唐及宋未嘗一通中國。元薛禪完澤篤之世，以驅山擣海之威，伐之弗克，諭之弗從，至設福建省治於泉以圖之，而竟無成功。以夷抗夷，其勢則然。我太祖皇帝用夏變夷，文命四訖，琉球知中國之有聖人而始通職貢，此其翊戴本朝，尤爲忠懇……嘉靖丙戌，中山世子尚清當嗣有王位，以未得朝命，未敢自王，言于朝曰：臣清願如臣父真、臣祖圓之榮被上國之寵命也，又願如臣祖考之永爲外臣，以保有此疆宇也，惟天子矜之，速殿我海邦。天子若曰：兹秉禮恭順，可以主中山矣。爰命有司，覈厥世系，備厥章服，隆厥錫命，戒厥使事，亟往布朕意以慰遠人。

於是吏科左給事中陳子應和奉詔戒道，賜一品服以榮其行。舉朝之士重其遠使，咸曰：陳子偘偘自將，抗章論事，有古諍臣風。羽儀禁闥，衆方冀其有爲，乃使之共事海外，陳子得無懟乎？陳子之意則不然。入則補過拾遺，出則布德宣譽，何用而不可？且夫避險而夷，辭勞而逸，身計得矣，惡乎忠？於是乎毅然請往，擊鼓揚帆，不懾不沮，薄扶桑於滄津，驅天吳於雲島，漫汗泱漭，莫知其遥。陳子之行壯矣哉！星槎倏臨，綸章有焕，幽崖被日月之輝，孤嶼霑雨露之潤，中山君臣傾動鼓舞，一方草木亦有榮耀，矧其國人乎哉！且陳子輩以天朝之英，衣冠升降之間，所以示法遠人，出於使事之外者尚多也。陳子一行而所繫之重若此，竣事言還，天子嘉其遠使，賞賚優渥，以償賢勞，又孰有出於陳子之右乎？古有《北山》之詩，其無述焉可也。

（明嘉靖刊本《明山先生存集》卷三）

送陳給事奉使琉球

張　經

乘槎南去渡銀河，麟服光懸白玉珂。瓊島遥瞻天使下，殊邦欣沐聖恩多。兩階干羽誇方盛，中夏威儀喜再過。重譯即看來萬國，只今東海不揚波。

（明嘉靖刊本《半洲稿》卷一）

詩賀高大行東玉使琉球事竣北還

陳　垣

侍臣旌節光南極，聖主恩威殿百蠻。萬頃波濤浮海外，百年身世重生還。楓宸茂績宜殊寵，壽母歸途祇笑顔。古米山前舊時事，知君搔首語朝班。

（明崇禎刊本《省庵漫稿》卷一）

贈陳給事使琉球

陸　釴

周王錫券分重譯，漢使乘槎壯遠遊。翠翡白牛須自至，碧雞金馬更何求。蓬萊宫闕開三島，司馬文章記十洲。玉節春明回海角，皂囊心事在螭頭。

（明萬曆刊本《少石集》卷五）

送陳應和同年使海外

程文德

君不見環海西極濛汜東扶桑，南窮赤水北幽荒。渺瀰漫漶天同際，十洲三島歷歷如錐鋩。昔人往往思壯觀，驂虬駕鶴窮詭幻。我生亦有浮海心，蛟門獨坐窺昏旦。縱遊遐騁未有期，蹉跎恐負乾坤奇。羡君忽奉琉球使，撾鼓樓船萬舸移。朝辭青瑣闥，夕問滄溟津。龍節朱干下絶域，麟袍玉帶驚天人。尋常漫説登瀛洲，如今真與僊人儔。芝草琪花紛可擷，桑田滄海迹堪求。君當此時試登樓，故鄉如在樓下頭。君當此時試一嘯，長風吹入故園秋。萬里共長天，無遠亦無近。達人恒大觀，何喜復何慍。傾朝相送此都亭，醉歌倚劍窺青冥。歸來爲我談奇事，燃藜細讀山海經。

（明萬曆刊本《程文恭公遺稿》卷二十五）

送高肅卿大行使琉球

程文德

絳節丹霄下，僊槎滄海遊。自憐酬壯心，那復有離愁。雲氣開蓬島，天文近斗牛。簡書須自愛，慈母倚高樓。

（明萬曆刊本《程文恭公遺稿》卷二十六）

題高行人使琉球卷

皇甫汸

奉使彤庭上，頒封碧海隅。天池淩浩渺，星漢挂虚無。雲日龍宫幻，風霆蛟蜃呼。扶桑標外域，嘉樹在方壺。綏化遐難極，論恩蕩不殊。波臣承玉册，水伯護金符。采秀三山近，乘槎萬里孤。即思枚氏發，因頌禹王圖。

（《四庫全書》本《司勳集》卷二十三）

司諫陳仲和使封琉球四首

楊育秀

真傳海水不揚波，雲日帆檣逸興多。共愛長安西北望，明朝星使度天河。

畫舫朝飛護紫泥，旌竿裊裊拂雲齊。要令異域同風教，便與諸夷細品題。

金符玉節鎮鯨波，絶國承恩感激多。海上槎歸傳異俗，人間世外有謳歌。

天使樓船朝度海，瀛寰異域暮承恩。東風忽漫吹飛席，别有昌言叩帝閽。

（明嘉靖刊本《玩易堂詩集》卷六）

送陳高二公使琉球

崔涯

餞君三山道，送君萬里行。一帆輕颺滿，五夜客星明。曠望絶域所，微茫天際程。扁舟風日夜，孤志月滄溟。漸見青山好，遥聞鷄犬聲。傳喧走夷𩭐，羅拜望干旌。五詔開金字，中山王異人。皇恩如海闊，島運自天新。禮樂來荒服，慇懃謝使臣。秋風應報命，來往恩波深。

（明萬曆刊本《筆山崔先生文集》卷八）

送人使琉球

袁　褒

萬國朝宗會，諸夷款塞同。乘槎向海外，授節送閩中。霧涌鰲身黑，波翻魚目紅。君才如陸賈（下缺）

（明嘉靖二十六年刊本《袁永之集》卷六）

送陳霽齋給事高東玉大行使琉球

龔用卿

后德徧窮域，島夷慕休聲。梯航萬里至，稽首會廣廷。丹墀獻國書，重譯戴聖明。正位涣號汗，統部憑寵靈。帝謂王無外，際海咸蒼生。懋予柔遠圖，嘉此來賓誠。皇威振夷夏，河海已晏清。稽儀循舊典，按圖閲所征。王命繫瞻仰，敕遣侍臣行。龍文耀金册，玉符接羽旌。麒麟章服貴，象簡閭里榮。皇華駕四牡，迢遞出神京。樓船牽錦纜，佩劍動青萍。海久不揚波，利涉胡足驚。陟峰望巘崿，入谷聞鼯猩。波光摇草樹，岸色浮鵁鶄。儒服野鳥窺，漢節鮫人迎。問俗九夷殊，望遠三山平。常懷請纓志，緬悟投筆情。所貴丈夫者，四方皆經營。此行期不辱，炯炯垂令名。

（明萬曆刊本《雲岡選稿》卷一）

送大行東玉高君奉使還朝序

龔用卿

東玉高君肅卿以行人得賜一品服出使琉球。琉球島夷，介居海中，至其國者必取道甌閩，出没於煙雲波浪中，值風順景熙，旬日間兼晝夜可至，否則風濤之險，顛倒帆檣，飄摺桅柁，以爲從者憂。斯行也，人甚危之，而君辭色不少動，飲食言笑倍加於昔，其勇往之意不衰。閩之上流溪水峻急，石縱横如虎牙，其廉利侔劍戟，灘聲與石勢争雄，凡道經此者必輿行以避其險。君之來也，舟人請陸行，君奮然曰：「吾將涉萬里之鯨波以浮于海，寧懼此泰山之拳石哉！借有險於此者，將若之何？吾不知此之爲險也。」中流而下，舟行甚安，其任重致遠之意，已略見於此矣。居數月，竟往返無恙，擬之殷大夫之使回鶻，其難易可知也。昌黎韓子謂其真知輕重大丈夫，則兹行之不易易也較然矣。今天子威信之被，遠過有唐，而琉球向化之誠，雖非回鶻之比，至其道路之險，則爲過之。是君之難蓋加於殷大夫矣。

夫其秉臣節，恭王命，壯國體，服夷志，吾知君之行必自得於言語容色之外，而奚待予之贅，彼區區出一言争决是非，以爲國之重輕者，其事之難易，又豈待論哉。夫海邦水際，遠不可測，今有人涉江湖之津，失其守者，尚蕩心易容，戰栗不可止，而况臨不測之淵，周游於滄海之上，顧乃居之安而不震，守之固而不惑，君何以得此哉？無亦曰志定焉耳矣。志定則受之大而不驚，納諸繁而不亂，任極難而不憂，享至樂而不蕩矣。異日器量之所就，可概哉！

或曰君爲國遠使海表，今還朝矣，天子嘉之，將必有顯擢焉。嗟夫！吾知君之志不在是也。夫仕途之險惡，世路之艱虞，孰有過於航海？苟知此矣，則榮辱得失，利害變故，彼瑣瑣之加於吾身，動於吾前者，真若浮雲之過太虛耳，何足攖吾情、介吾念哉！况望此以爲榮進乎？故曰輕天下則神無累矣，細萬物則心不惑矣，齊消息則志不懾矣，同變化則明不眩矣，吾於高君之行也云然。

（明萬曆刊本《雲岡選稿》卷十二）

送高行人使琉球

唐順之

天王玉册頒三殿，漢使星槎下百蠻。鬼國至今通象貢，樓船何處度龍關。海迷南北惟憑日，雲起蓬壺忽見山。壯志不愁經歲去，安流應是計程還。

（明萬曆刊本《荆川先生文集》卷一）

重編使琉球録

〔明〕郭汝霖　李際春　撰

校點説明

《重編使琉球録》二卷，明郭汝霖、李際春撰。

郭汝霖，字時望，號一厓，江西永豐人。嘉靖三十二年（一五五三）進士，授吏科給事中，歷光禄寺少卿、順天府丞、南太常寺卿。隆慶元年（一五六七）致仕。著有《石泉山房集》。李際春，號槐亭，河南杞縣人。嘉靖三十五年（一五五六）進士，官行人司行人，遷尚寶司丞。嘉靖三十四年琉球國中山王尚清薨，三十七年世子尚元請封，始命吴時來爲正使。時來受命後未行而上章彈劾權相嚴嵩被免官，改命郭汝霖、李際春爲正、副使往，至嘉靖四十年（一五六一）方成行，五月二十九日於梅花開洋，閏五月初七日至那霸港。十月十八日返，十一月初二日入福建省城。歸後照例報告出使事，并撰此書。李際春另作有《星槎録》，郭汝霖爲作序，見《石泉山房文集》卷八，今不見。

本書書名《重編使琉球録》，是因參考陳侃所作《使琉球録》，予以重新編類，增以自己此次出使事而成，對陳録略有刪節。書中將陳侃所作列前，己作附後，將出使所見析分爲出使、造船、用人、敬神等目，此體例爲此後各使臣所作出使録所襲用。全書内容基本與陳録同，如郭叙所云：「首以詔敕，尊君命也。次以使事、禮儀，述宏綱也。次以造船、用人、敬神，見緊要也。次以『群書質異』，則山川、風俗、夷語、貢物併前使姓名、詩文，而題奏終焉，具始末、備稽考也。」書中述事爲多，己見稍少，基本上停留在陳侃使録之水平。

本書成書後，依例應有刻本，按郭汝霖自叙作於嘉靖四十年，書或刊於是年。本書刊本今不見傳世，僅見抄本一種，二〇〇二年北京圖書館出版社予以影印，收入《國家圖書館藏琉球資料續編》，從書中避「寧」諱，知抄於清道光朝或此後，此次校點，即以之爲底本。原抄本缺訛較多，因其爲陳録之增補，故於校點時以陳録對校，以資訂正。然二書亦頗多異文，或郭汝霖所得陳録爲另本，故將二本異文亦一併録出，以資參考，至于郭著删改陳書處，則不再出校。又，抄本所據底本脱漏不少，其中郭汝霖增入部分，稍後蕭崇業《使琉球録》大多收入，嚴從簡《殊域周咨録》亦曾節録，今將二書列入參校，予以訂訛補缺，使本書稍趨完善。郭汝霖有關出使奏疏，及出使小記，《石泉山房集》亦收録，本書已作輯録，可互參。書後附當時人贈詩、贈序若干，其中吴時來雖未成行，亦一併録存，以見盛舉。

（李夢生　賀聖遂）

目録

使琉球録叙

《使琉球録》者，陳、高二公使琉球録也。琉球歸化聖朝，前此嘗有使矣而弗録焉，遺也。遺則後將何述？滄溟萬里，不無望洋之歎焉，此録之所以作也，二公之心仁哉！嘉靖戊午，世子尚元乞封，上命汝霖與李君際春往，首訪是録，如獲梯航。解舟潞河，漳人鄭教授者來，語余渡海事，余出録詢之，曰：「得矣，而未盡也。」暨入福城，造船用人，惟録是據，間詢舊行故老，一二弗協，豈時變不相沿乎？將作之竣事之餘，二公前所行者或未逮也。且事屬渾論，要實未覈。余是年值海警淹遲，船更再造，人亦數新，視之前役頗詳，然其發端則前録資益弘多，而又懼其久且漫或遂遺也，後之使者將傷今而罪我矣。舟旋之日，因類編之。首以詔敕，尊君命也。次以使事、禮儀，述宏綱也。次以造船、用人、敬神，見緊要也。次以「群書質異」，則山川、風俗、夷語、貢物併前使姓名、詩文而題奏終焉，具始末、備稽考也。原録云云者列于前，而是歲所行者附于後。嗚呼！後之使者一舉目而星槎海濤，燦然指諸掌矣。若夫登之天府，備史苑稽查，則二公之愚何敢再瀆。

嘉靖辛酉十月　　日，欽差吏科左給事中吉郡永豐郭汝霖書。

使琉球録序

皇明德化誕敷，際天所覆，聲教咸暨。琉球越在海表，世奉正朔唯謹，每易代航章乞封，則遣近臣將事。嘉靖壬辰，世子尚清以嗣國請皇上仁覆無外，聿修舊章，時侃待罪左省，俾充正使往，而以行人高君副之。銜命南下，歷詢往迹，則自成化己亥清父真襲封時距今五十餘禩。獻亡文逸，倀倀莫知所之〔一〕。考《一統志》、《星槎勝覽》等書，登載互異，罔可據依。廼甲午仲夏，解纜閩江，賴天子威靈，海若效順，再旬達其國，宣詔敕錫章服如儀，尚清率國人稽首，踊躍歡呼〔二〕，稱職貢匪懈。已事遄返，十月朔還閩，可以卜日齋沐而見上矣〔三〕。惟前輩使外國，率有紀録，或賦咏，非以炫詞華也，窮荒絶裔，亦造物者之所陶鎔，而風聲曠邈，品藻弗及，若道途之險易，山川之怪奇，風俗之媺惡，人物之醜好，以至昆蟲草木之變，安居和味、宜服利用、備器之不齊，非特探奇好事者所欲知，而使事之周爰咨諏，自不可少也。因與高君日紀聞見，凡道途山川、風俗人物之實，起居日用飲食之細，皆得諸耳目之所親究，乃知舊存紀載，殆郢書燕説之類〔四〕，志其略，辨其異，此録之所以不容已也，君子之飽道腴者或寓目焉。其大烹之筵，薦以海錯，庶幾一下箸乎？不然言之無文，行之不遠，覆瓿之具爾，若繼今使者取以爲擿埴索塗之助，容可乎？

嘉靖甲午陽月望日，四明陳侃書于閩之長春堂。

詔敕

奉天承運皇帝詔曰：朕恭膺天命，爲天下君，凡推行乎庶政，必斟酌夫古禮，其於錫爵之典，未嘗以海内外而有間焉。爾琉球國遠在海濵，久被聲教。故國王尚真，夙紹顯封，已踰四紀，兹聞薨逝，屬國請封。世子清德惟克類，衆心所歸，宜承國統。朕篤念懷柔之義，用嘉敬順之誠，特遣正使吏科左給事中陳侃、副使行人司行人高澄，賫詔往封爾爲琉球國中山王，仍賜以皮弁冠服等物。王宜慎乃初服，益篤忠勤，有光前烈。凡國中耆俊臣僚，其同寅翼贊，協力匡扶，尚殫事上之心，恪盡臣藩之節，保守海邦，永底寧謐，用弘我同仁之化，共享太平之休。故兹詔示，俾咸知悉。

皇帝之寶

嘉靖十一年八月　日

皇帝敕諭琉球國故中山王尚真世子尚清：惟爾世守海邦，繼膺王爵，敬順天道，臣事皇明。爾父尚真自襲封以來，恭勤匪懈，比者薨逝，良用悼傷。爾以冢嗣，國人歸心，理宜承襲。兹特遣正使吏科左給事中陳侃、副使行人司行人高澄賫詔封爾爲琉球國中山王，并賜爾及妃冠服綵幣等物。爾宜祗承君命，克紹先業，修職承化，保境安土，以稱朕柔遠之意。欽哉！故諭。

頒賜

國王

紗帽一頂展角全

金廂犀束帶一條

常服羅一套

大紅織金胸背麒麟圓領一件

青褡䕶一件

緑貼裏一件

皮弁冠服一副

七旒皁皺紗皮弁冠一頂旒珠金事件全

玉圭一枝袋全

五章絹地紗皮弁服一套

大紅素皮弁服一件

素白中單一件

纁色素前後裳一件

纁色蔽膝一件玉鉤全[五]

纁色粧花錦綬一件金鉤玉玎璫全[六]

紅白素大帶一條

大紅素紵絲舄一雙襪全

丹礬紅平羅銷金夾包袱四條

紵絲二疋

　黑緑花一疋

　深青素一疋

羅二疋

　黑緑一疋

　青素一疋

白氎絲布十疋

妃

紵絲二疋

　黑緑花一疋

深青素一疋

羅二疋

黑緑花一疋〔七〕

深青素一疋〔八〕

白氁絲布十疋

廣　運

嘉靖十一年八月十七日

之　寶

諭祭文

維嘉靖十一年歲次壬辰　月　朔　日，皇帝遣正使吏科左給事中陳侃、副使行人司行人高澄，諭制琉球國中山王尚真曰：惟王嗣守海邦四十餘載，敬天事上，誠恪不渝，宜永壽年〔九〕，爲朕藩屏，胡爲遘疾，遽爾告終。訃音來聞，良用悼惜。遣官諭祭，特示殊恩，靈其有知，尚克歆服。

祭　品

牛一隻　猪一口
羊一羫　饅頭五分
粉湯五分　蜂糖糕一盤
象眼糕一盤　高頂茶食一盤
響糖五箇　酥餅酥錠各四箇
纏碗五箇　降真香一炷
燭一對重一斤　焚祝紙一百張
酒二瓶

奉天承運皇帝詔曰：朕受天明命，主宰寰宇，凡政令之宣布，惟成憲之是循，其於錫封之典，遐邇均焉。爾琉球國遠處海陬，聲教漸被，修職效義，閱世已久。故國王尚清，顯荷爵封，粤踰二紀，兹者薨逝，屬國請封世子元。朕念其象賢，衆心歸附，是宜承紿國統，特遣正使刑科右給事中郭汝霖、副使行人司行人李際春齎詔往封爲琉球國中山王，仍賜以皮弁冠服等物。王宜謹守禮度，益篤忠勤。凡國中官僚耆舊，尚當同心翼贊以佐王，飭躬勵行，用保藩邦，庶幾無疆惟休。故兹詔示，咸俾悉知。

皇帝敕諭琉球國故中山王尚清世子尚元：惟爾先世享有爵封，恪守海邦，職貢罔缺。爾父尚清事上益恭，兹者薨逝訃聞，良用嗟悼。爾爲冢嗣，國人歸心，宜令掌乃國土。特遣正使刑科右給事中郭汝霖、副使行人司行人李際春齎詔封爾爲琉球國中山王，并賜爾及妃冠服綵幣等物。爾宜服膺君命，圖紹先業，秉禮循義，奠境保民，以副朕懷柔之意。欽哉！故諭。

頒賜同前。

廣　運

嘉靖三十七年　月　日

之　寶

諭祭文祭品同前。

重編使琉球録卷上

乞留詔敕

原録云：越癸巳五月，侃等至三山。七月二日興工修船，十一日遣承差齎本赴京。謹題爲求封事：切照嘉靖十一年琉球國世子尚清奉表請封，欽蒙差臣等充正副使，齎捧詔敕前往琉球，封尚清爲中山王。臣等隨即辭朝前來福建造船，船完之日過海行禮。所有齎去詔敕，聞弘治、正德年間修撰倫文叙、編修沈燾等曾差往安南國，因彼國欲留詔敕爲鎮國之寶，俱曾題奉欽依，聽其請留。臣等思得琉球國襲封事例，遠年無從查考，萬一尚清亦如彼國請留詔敕，臣等堅執不從，恐拂彼敬奉之心，聽其請留又非臣等所敢專擅。如蒙乞敕禮部查議應否聽其請留，庶臣等有所遵守，而臨期不至錯誤矣。爲此具本專差承差鄭珂齎捧。謹題請旨。九月承差至京，赴通政司投進，奉聖旨：「禮部看了來説。」欽此。隨該禮部覆題云：看得欽差吏科等衙門左給事中等官陳侃等題稱，齎捧詔敕前往琉球國封世子尚清爲中山王，惟恐請留詔敕，乞要查議一節。既查有倫文叙等事例，合無准其所奏，本部行令各官臨時斟酌，如彼國王請留之意果出誠懇，亦宜俯順夷情，聽其請留等因。奉聖旨：「是。」欽此。十一月承差齎儀制司手本至閩，侃等伏覩睿旨，馭夷以誠，敢不祗若明命。

霖按：嘉靖三十七年册封命下時科中條陳請留詔敕一節，禮部覆議旨意與前同。

使事紀

原録云：嘉靖丙戌冬，琉球國中山王尚真薨。越戊子，世子尚清表請襲封，下禮部議。禮部恐其以奚齊奪申生也，又恐其以牛易馬也，令琉球長史司復覈其實，戒毋誑。越辛卯，長史蔡瀚等覈諸輿民達于勳戚，同然一辭，僉曰：「尚清乃先王真之冢嗣，立爲世子有年。昔先王辱徼福於天朝，願終惠於義嗣者。」具文申部，宗伯韙之。越壬辰春，禮部肇上其議，請差二使往封，給事中爲正，行人爲副，侃與澄適承乏焉。命下之日〔一〇〕，時夏五望也。有爲予等不平者〔一一〕，曰：「海外之行，險可知也。智者計免而愚者罹之，如公論何？不然同寅以序，而差一言可決，自春徂夏，何其久也。曷辯諸〔一二〕？」予等曰：「君父之命無所逃，況我生各有命在天，豈必海外能死人哉？寅寀有兄弟之義，弱者當代其勞，何以辯爲？亦聽諸天而已矣。」不平者唯唯而退〔一三〕。六月，各賜一品服一襲，侃以麒麟，澄以白澤，俱大紅織金羅爲表，絹爲裏，緑羅褡䕶，青羅摺子，裏亦用絹。使外國必加服者，欲其稱國王位賓主也。帶以玉則自備〔一四〕。又各賜家人口糧四名，憫茲遐役，優以緝御，恩至渥也。八月，侃等始治裝戒行。行之若是徐徐者，因封琉球舊案，禮部失於回禄，請查頒賜儀物於内府各監局，彌月而後克明，復分造於所司，亦難卒製，故弗克行，其敢久稽君命。越癸巳五月，侃至三山，澄亦以六月至。閩之三司諸君承禮部咨文，已將過海事宜會裁已定。

七月二日定艤修船。十一月，琉球進貢船至，予等聞之喜。閩人不諳海道，方切憂之，喜其來，得詢其詳。翼日又報琉球國船至，乃世子遣長史蔡廷美來迓予等，則又喜其不必詢諸貢者而有爲之前驅者矣。長史進見，道世子遣問外，又道世子亦慮閩人不善操舟，遣看針通事一員，率夷稍善駕舟者三十人代爲之役，則又喜其不必藉諸前驅而有同舟共濟者矣。大蹇朋來，憂用以懌，即此而觀世子其賢矣乎！敬使所以敬君也，敬君所以保國也。懷德畏威，邦其永孚于休。

越甲午三月，舟始畢工。四月十八日舟先發於南臺，二十六日予等啓行，三司諸君送至南臺，炰肉于几〔一五〕，釃酒于尊，爵三行，予等起謝曰：「曩時海國之役，必數年而始克竣事，聞之舟不易成也。今未及朞月而有航海之期，誰之功也，敢不再拜？」諸君皆歌《烝民》之詩以贈，亦再拜，遂別。是晚宿于舟中。翼日至長樂，長史舟亦隨行，中途爲淺所傷，臬厥載，具狀伏於堦下，求爲之援。予等欲藉其爲前驅，即日將行，事已亟，不可辭，判詞於提舉司，令申海道假環海衛所禦寇之舟，暫遣其歸，此固爲趙，亦爲楚也。適分守海道都閫諸君繼至，海道亦以王事爲亟，遂遣之。五月朔，予等至广石，大舟亦始至。二日，祭海登舟，守巡諸君設宴爲餞。是日北風大作，晝昏如夕，舟人皆疑，予等亦有懼心。有愛之者勸遲遲其行，遲而得已於行，姑少待焉可也，終不能已，遲之何益？今人既集矣，渙之恐難卒萃，舟不速行，器具易窳，有司費已侈，緩則更倍之，遂別諸君，慨然登舟。連日風逆，五日始發舟，不越數舍而止。海角尚淺，至八日出海口，方一望汪洋矣。風順而微，波濤亦不洶湧，舟不動而移，與夷舟相爲先後。出艙觀之，四顧廓然，茫無山際，惟天光與水光相接耳。雲物變幻無窮，日月出沒可駭，誠一奇觀也。雖若可樂，終不能釋然於懷。九日，隱隱見一小山，乃小琉球也。十日，南風甚迅，舟行如飛，然順流而下，亦不甚動。過平嘉山、釣魚嶼，過黄毛嶼，過赤嶼，目不暇接，一晝夜兼三日之程，夷舟帆小，不能及，相失在後。十一日夕見古米山，乃屬琉球者。夷人鼓舞于舟，喜達于家。夜行徹曉，風轉而東，進寸退尺，失其故處。又竟一日始至其山，有夷人駕小舠來問，夷通事與之語而去。十三日風少助順，即抵其國，奈何又轉而北，逆不可行，欲泊於山麓，險石亂伏於下，謹避之，遠不敢近。舟蕩不寧，長年執舵甚堅，與風爲敵，不能進不能遂，上下於此山之側。然風不甚厲，浪亦未及於舟，人尚未懼。

相持至十四日夕，舟刺刺有聲，若有分崩之勢。大桅原非一木，以五小木攢之，束以鐵環，孤高衝風，摇撼不可當，環斷其一。衆恐其遂摺也，驚駭叫囂，亟以釘鉗之，聲少息。原舟用釘不足，艌麻不密，板聯不固，罅縫皆開，以數十人轆轤引水，水不能止。衆曰不可支矣，是時惟長年數人色不少動，但云風不足懼，速求罅縫而塞之，可保無虞。衆亦知其然，舟蕩甚，足不能立，心悸目眩，何罅之求？於是有倡議者曰：「風逆則蕩，順則安，曷回以從順，人心少寧，衣袽有備，尚可圖也。」有一人執舵而云：「海以山爲路，一失此山，將無所歸，漂於他國，未可知也。漂於落漈，未可知也。守此尚可以生，失此恐無以救〔一六〕。」夷通事從旁贊之，予等亦知其言有據，但衆股慄啼號不止，姑從衆以紓其懼，彼亦勉强從之。旋轉之後，舟果不蕩，執燭尋罅，皆塞之固，水不能入，衆心遂定。翼午風自南來，舟不可往，又從而北，始悔不少待也。

計十六日旦，當見古米山。至期四望惟水，杳無所見。執舵者曰：「今將何歸？」衆始服其先見，徬徨躑躅，無如之何。予等亦憂之，亟令人上桅以覘，云：「遠見一山巔微露，若有小山伏於其旁。」詢之夷人，乃曰：「此熱壁山也。亦本國所屬，但過本國三百里，至此可以無憂，若更從而東，即日本矣。」申刻果至其地泊焉。十八日，世子遣法司官一員來，具牛羊酒米瓜菜之物，爲從者犒。亦有酒果奉予等。通事致詞曰：「天使遠臨，世子不勝訢踊〔一七〕。聞風伯爲從者驚，世子益不自安，欲躬自遠迓，國事不能暫離，謹遣小臣具菜菓將問安之敬。」予等愛其詞雅，受之。時予之舟已過王所之東，欲得西風爲順，夏月誠不易得。世子復遣夷衆四千人，駕小舟四十艘，欲以大纜引余之舟。通事乃曰：「海中變出不測，豈宜久淹從者？世子不遑寢食，謹遣衆役挽舟以行，敢告。」船分左右，各維一纜，迤邐而行，若常山蛇勢，亦一奇觀也。一晝夜亦行百餘里。十九日，風逆甚，不可以人力勝，遂泊於移山之嶴。法司官率夷衆環舟而宿，未嘗敢離左右。泊至五日，予衆苦之，在舟日久，鬱隆成疾，求登岸以避之而不可得，泣訴於予。予曰：「乘桴浮海，子路喜之，未知浮海之險若此也。人至四千，力亦衆矣，不能挽一舟以行；虎賁三千，猶足以成武功，孰謂浮海爲易耶？」二十三日，世子復遣王親一員，益以數舟而來，風亦微息，始克行。法司官左右巡督，鼓以作氣，自夕達旦，夷衆亦勇於用力，無少懈。至二十四日，猶未克到。世子復遣長史來曰：「世子聞至移山，刻期拱俟，六日不詹，中心孔棘，恐爲從者憂，謹遣小臣奉慰。」予等謝之。二十五日方達泊舟之所，名曰那霸港。計广石登舟至此，幾一月矣。予二人局於一艙，不便出入，暑氣薰蒸，脾胃受疾，寢食弗安，兼以風濤之險，日驚于心，得保殘喘，以終王事，嗚呼殆哉！

是日登岸。六月哉生明，報長史舟至北山。又越五日，始抵國。較之予舟浹旬之隔，詢之，乃知桅摺帆傾，非夷衆熟於操舟，幾何而不飫魚腹也。

越既望，行祭王禮。七月二日封王。九月十二日登舟而回。泊舟之港出海僅一里，中有九曲，夾岸皆石，惟滅風而後可行。坐守六日，王日使人侍於側。至十八日，風少息，挽舟而出，亦斜倚於岸。衆恐其傷于石，大驚，幸前月親督修艌，不爲所傷，復止。二十日始克開洋，夷舟同行。二十一日夜颶風陡作，舟蕩不息，桅舵俱摺。其語具載敬神類中。二十三日，黑雲蔽天，風又將作，卜珓易舵。二十六日風大作，相與叩神，風若少緩，舟行如飛，徹曉已見閩之山矣。二十八日至定海所。十月初二日入城。痛定思痛，不覺傷感。凡接士大夫叙其所以，無不爲之慶幸。

霖按：嘉靖三十四年六月，琉球國中山王尚清薨。三十七年正月，世子尚元差正議大夫、長史等官到京，請乞襲封王爵。禮部以請勘俱係彼國官民，乃不復行勘，奏請如故事，差正、副使二員齎詔敕、皮弁冠服等往。時科中應行者吴君時來，行人司則李君際春也。命下，二月十六日矣。部咨翰林院撰文，各衙門造該用儀物，延之三月，終未行，而吴君有戍事，汝霖乃同李君承乏焉，四月初二日也。部中鑒前畏避之嫌，促日起程。霖等亦以重命不可再緩，遂請詔書易名，改賜品服。初八日，概然解舟南下。七月初抵江西地方，霖意海警連年，事須巧速，因一面差人至福建布政司，令作速委官伐木造船，九月中親至閩坐督，刻次年春汛必行。奈地方多事，賊報交馳，當事者已疑不能必往，又皇皇剥膚之災，而視外及爲稍緩，管工官亦泄泄。於是船自十一月起工，至次年四月僅完其半。賊報緊急，不俟工完，四月初四日出塢。尹參將令百户嚴繼先等接至鎮，十一日午刻方至鎮，未刻賊已接踵，相望數里，不爲所奪倖也，亦尹之力也。是年倭奴輳集福州城外，稱數萬，城門閉者三月，余等亦日日上城，同有司巡守。先是戊午冬琉球世子差來迎迓長史梁炫等住柔遠驛，盡爲所掠，六月始得脱逃。七月終，各役奔命者漸復，欲召之行而風汛過矣。聲息轉聞琉球，三十九年正月蔡廷會等來修貢，傳其國有領封之情，呈文該司。該司以時事艱難，國體所係，遂爲轉奏，本下部議，以舊典難遽變，俟海警稍寧，必期渡海終事。時勘合到遲，將届六月，倭寇伺候海口者又比比。予召漳州火長、舵工等役，中途又爲賊阻，各役依山緣徑而來，動經月餘，至則又七月矣。前船既有傷損，久住内港，烏蜶叢生。烏蜶者，生於淡水則墜於鹹水，生於鹹水則墜於淡水。内港淡水也，一至海則垂垂而墜，船板精華俱爲所蝕，油灰不能復住，水從罅隙而入，何可止也。余時與諸司議，但挾數十人從夷舟往。夷舟頗小，舉動敏捷，既不爲賊覬覦，又可藉以濟事。有司固執，以堂堂天朝，爲此舉動，何以威臨四夷？若事不易濟，寧修船俟時，無得而論。欲從權濟事，亦須上聞，不然他日誰任其咎？余時聆諸君正論，亦不能奪，且念事體重大，人役頗多，又非可一人微服行者，於是内愈熱而情益苦。李君亦曰：「既不能行，毋徒躁動，不若專意修船静俟，地方事大，非一手可掩，他日當有人諒也。」余然之。火長、舵工等因呈乞有司，改造前船。八月再定艙，至十一月畢工出塢。越嘉靖四十年春二月，予遂召集漳州等處各役亦先期來，余欲挾之先出海口而守。各役謀以海口風濤難泊，公若往内各兵船亦往，各兵船往而内港虛矣。不若探聽消息，有急而行可也。三司諸君亦曰：「既不能出内港，豈能出外洋乎？今歲傳聞賊或不至内地，姑俟之。」蓋大船出，内港水淺，必潮平而後行，日不數里，自南臺而旺崎、而閩安鎮、而广石須十數日而後至定海梅花開洋之處，滯重逶迤，謀犯之者其力易及，封舟之不能速行，此也。若大洋中汪洋浩蕩，予固知他舟不易犯，即犯之，封舟之威可施。夫萬里之外洋猶可無慮，而數日之内港乃能阻人間者豈能知之。守至四月，忽值内地廣兵之變，既平定長樂，又報福清之賊，既又傳福寧之報。余於是朝而側目，夜而側耳，盻盻然日守一日，惟恐報鼓之聲也。五月初六則有賊二百餘至閩安鎮之下江，時各役告請行糧，余亦牒有司漸次散給。兵道楊君來言曰：「今事急，且不論行，即船將如何守？欲發之閩安鎮駕守，又已近賊，欲行張漢入守，閩安鎮又曠無人。」予曰：「各役已散行糧，行期旦夕，若復動摇，人心解散，豈能再集？百姓官銀到手，寧不支用，不行而復追之，敲扑日繫矣。」楊君曰：「事果難如是。」予因曰：「君來自部中，莫謂予等有畏避之嫌，今可目覩之。且今乃一小報，前兩年遑遑時刻緊急不同何如也。」蓋船既重大，不惟行之難，而造之亦難；不惟造之難，而守之亦難。三者惟地方無事時可也，若如己未年賊旗既到，上下紛擾，雖委造官皆奔走守城之役，廠有用料，誰復查理。當其時，非予亟於收拾纖毫，豈可望耶？後來改造諸猶得應用，其亦必有自矣。至於守之難者，謂一於用不行者則踐踏震撼，視舟全無愛惜之心；一於用同行者則水木鬱蒸，行時必多暴露之疾。余不得已乃參而用之，令其輪班更迭，將就全事。閩安鎮初六之報，令許嚴等牽船前十餘里，又行張漢，與嚴繼先、陳孔成、馬魁道等嚴密偵賊向往，又請於軍門劉公，牌張漢若有急即自座守。既賊乃從下江口由長樂松下澳入福清，而船始報安焉。五月十九日船至長樂取水，予與李君二十五日起行，撫、按三司餞於南臺，府、縣別於新港。二十六日辰刻至長樂。時自二十三日起連有南風，各役以二十九日夏至，恐風尚未定，三司諸君送者仍欲守候。余曰：「天時難測，今已南風，又疑其未定而欲俟其定，何時乃定？且夥長輩皆余所需以決事者，今臨事率不敢擔當，事在一人，信矣。」遂決而行。

二十七日，至广石。二十八日，祭海登舟，別三司諸君。二十九日，至梅花開洋，幸值西南風大旺，瞬目千里，長史梁炫舟在後不能及，過東湧、小琉球。三十日，過黃茅。閏五月初一日，過釣嶼。初三日，至赤嶼焉。赤嶼者，界琉球地方山也，再一日之風即可望姑米山矣。奈何屏翳絶馳，纖塵不動，潮平浪靜，海洋大觀，真奇絶也。舟不能行，住三日。初六日，午刻得風，乃行，見土納己山。土納己山，琉球之案山，洋路從姑米山而入正也。時東南風旺，用舵者欲力駕而東，勢既未捷，至申刻乃見小姑米山。小姑米山在琉球之西，稍過即熱壁山，幸而小姑米山夷人望見船來，即駕小艓來迎，有二頭目熟知水路，且曰：「既不能從大姑米山入，何可傍土納己山而入？其中多礁。」予等聞之駭。二頭目一面令夷船入報，渠遂躬在余船道駕，從小姑米山而入，且云得一日一夜之力，即未遽登岸，可保不下熱壁山矣。予等厚賞賜之，晝夜趕行。初七日未刻，望見王城哪嚻港焉。然東風爲多，相隔僅五十里不能輒近。世子遣法司官來迓，夷船凡五十餘艘集封舟前後，欲用先年輓入故事。予謂風浪方旺，豈能力勝？諸人欲急登岸，余莫能止，然竟弗能行。至初八日午刻，有衝風暴雨，予曰：「可整舟挽而行。」諸人疑之，既而果得行。初九日辰刻，遂達岸焉。蓋風旺三日而復暴急，予臆其必將止，若暴先發則旺勢未衰，此理之常，何足疑哉。既抵岸三日後，有傳賊船從其境上過者，蓋篷力小，大洋中自不相及。

擇日行封祭禮畢，守候風汛回國。往者封船既至，琉人亦招集各島夷船以觀天使爲名，實亦因之滋貿易也。是年則琉人務假防護之名，時雖有商舶一隻亦逐出之，而各役所帶纖毫行李俱不能售〔一八〕，於是盡舉而歸之琉人，琉人故蹬而賤之，而各役之情苦矣。往者九月終交初冬則東北風旺，是年九月内風氣不定，日東日南，守之至十月初，颶風大作，夥長等皆以颶風既過，可以遂行，十月初九日登舟。及登舟之後，方圖舉帆，而風雨驟至，阻於哪霸港口，各役皆焦心勞思，不得出港。蓋港口險隘，僅容一舟，稍有偏側，船輒不保。船之泊港口也，兩旁繫以大纜，至十五夜右纜忽斷，陳孔成見之忙吹號舉砲，夷人二千餘來加索牽轉，再加新纜，船乃得安，不然是夜船已碎於礁石，五百人了矣，即幸存將何渡海也。至十八夜，天忽朗霽，月光如晝。四更時諸人與夷官、夷稍乃導而出。出港後東北風旺，舟行如飛。二十日午後，忽有黑雲接日，冥霧四塞，舟人皆懼，曰：「此颶徵也。」頃刻果颶風旋至，舟人守之益慎。至夜二鼓，劈烈一聲，舵已去矣，舟遂大顛。吴宗達等遂落大篷，余一家人跑入窗傳報，舉舟哭聲震天，時既黑夜，何從措手。余乃速止諸人，曰：「即如此，命也，哭何所濟？且勿亂我心。」時陳孔成傳令各役不能動手及暈船者俱入艙，擇其漳人僅五十，將各艙所載重者一面丢拋，一面令李子顯、許嚴、吴宗達等倡言，舵雖摺尚有邊舵，決保無虞。凡過洋未嘗不遭此，只要老爺心穩，舟事容某等漸處。余諗之曰：「静以禦變，極是。但舵何時可换？」達等曰：「天明可换。吾不舉大篷，但張二篷、三篷，任其漂流，至後可補鍼也。」陳大詔、曾宏俱上界從陳、高過洋者，亦來大言曰：「往年亦如此。然往年船不固，今此船固。往年船發漏，今不發漏。往年無邊舵，今有邊舵。往年搯舵併搯桅，今舵雖搯而桅尚存。」余聞其言，心亦頗定。然播蕩反側，無頃刻寧，風濤之勢與天上下，舟亦虩虩如裂屋響，呼吸存亡，茫然不知何所在也。幸而天明，促之換舵，而風勢愈烈，何能舉事。余召孔成來曰：「事將奈何？」孔成曰：「海中行船，此事亦所有，但持之，觀明日如何。」至次日，風又不息，余乃口爲文令吏陳珮床前書之，以檄天妃。適一晨刻，風稍定，始得換舵。舵既定，諸人頗有生望，但牽舵大纜兜之，自尾至船首者又忽中斷，則海水鹹厲，繩纜不能久。舵工等又懼舵不能穩，稍擺動，金口開，船分兩片矣，此尤危也。乃用銀重賞一夷人，係其腰，令之下海接之，竟不能接。吴宗達來禀，欲穿二艙三艙，透繩繫舵，而不能决。余聞即概然是之，乃鑿而度繩，舵始得安。蓋艙近繫繩，比之兜肚遠者，其力尤大。行之至二十六，許嚴等來報曰：「漸有清水，中國山將可望乎？」二十七日，果見寧波山。歷温歷台，閩人未能盡曉浙中山嶼，疑迷莫測，仍懷憂思。至二十九日，忽至福寧，見定海臺山，心始安焉。從五虎門入，十一月初二日入省城。追想前迹，爲之惻然。凡士夫相會，真同再世。往讀陳、高使録，説者皆謂其過，余亦疑之，至是親歷，知其字字不虚，且中間除苦尚有筆楮不能盡者，嗚呼痛哉！

禮儀

原録云：五月二十五日始抵哪霸港。登岸，岸上有亭扁曰迎恩，世子遣衆官大小百餘員隨龍亭候於亭下，余等捧詔敕安於龍亭，衆官行五拜三叩頭禮，前行導引，至天使館。館距港約五里，不移時而至，龍亭安於中堂，衆官復行禮如初進見，余等亦行禮而退。余等呼長史問曰：「世子不迎詔敕何也？」對曰：「洪武禮制，凡詔敕至國，世子候於國門之外。數代相承，不敢違制以行。」予等曰：「守制，國之經也，臣之良也。大以字小，惟信之懷，敢惟一己是便而裂信毁制乎？」聽之。然世子雖不至館，館中皆官正莅事，禮無不肅，用無不周，下逮從人，各有寢舍，時給廪餼。每三日遣大臣一員問安，具酒二壺，菓盒二架，酌酒于斗，跪而言曰：「世子念天使舍崇麗而卑陋是就〔一九〕，恐不能安朝夕，令小臣問候起居。」予受其酒，乃曰：「賓至如歸，不惟其物惟其誠。世子誠矣，胡弗安之有？」飲畢，復獻牛羊菜菓，初皆麾之，後見其意勤懇，間亦或受。每一饋予等，亦遍及從人，無弗均。

越六月望，行祭王禮。王墓不知所在，有寢廟一所，在國門外，即於廟祭焉。封其生者而又祭其薨者，厚也，所以勸天下之忠也。祭先於封者，尊也，所以勸天下之孝也。忠孝之道，行於四夷，胡越其一家矣。祭品皆欽定之數，牲牷維腯，酒醴維醹，罔敢弗潔，先迎至廟，俟設定後，用龍亭迎諭祭文，余等隨行，將至廟，世子素衣黑帶候於門，戚乎其容，儼然若在憂服之中。余等拱而入，至寢廟，神主居東西向，余等居西東向，龍亭居中南向，世子居南北向。宣諭祭文畢，世子出露臺，北面謝恩，進與余等交拜，揖至中堂。余等南向坐定，世子令長史致詞曰：「清蝸處海角，辱玉趾遠臨，當匍匐奔迓，有制不敢違越，徒懷慚悚。今又辱賁及先人，幽明倍感，敬具清酤二卣，以獻左右，聊用合歡，其敢曰休享。」余等曰：「朝廷之制，臣子所當共守而弗斁者也〔二〇〕。人欲爲義〔二一〕，誰不如我，敢奪人之守乎？賓主初覲，良用合歡，玄堂在邇，恐非其時，敢辭。」世子又曰：「『我有嘉賓，鼓瑟吹笙。吹笙鼓簧，承筐是將』，禮也。斯可以燕樂嘉賓之心，今皆無之，正以此耳，幸毋辭。」予等愛其言敬不踰制〔一二〕，忠也；樂不忘親，孝也。忠孝之人，可以言禮，諾之。酒數行，皆親獻，禮儀卒度罔弗恭。坐少頃別，遣法司官同長史至館致世子詞曰：「今日勞從者爲先人寵光，小國無以爲獻，戔具黃金十兩爲壽。」余等訝曰：「世子知道而亦以此浼我乎？」令持去不從，作書與之曰：「君子交際之間有禮焉，有義焉。禮以將敬，義以揆物，賓主各欲自盡而已。今日之舉，君命是將，敬共王事，乃其職也。款我以華筵，厚矣，而又惠我以褭蹄，不已過乎？在賢世子行之固爲盡禮，在侃等受之則爲非義，授受之間，天理人欲判焉。辨之明而守之固，敢自欺乎？辭不更贅，惠毋再貽。」世子果知禮義者，得是書不復再饋。

祀事畢，越七月二日封王。是日黎明，世子令衆官候於館門外，導迎詔敕之國。國門距館路三十里，介在山海之間，險側高卑不齊。將至國五里外，有牌坊一座，扁曰中山，自此以往，路皆平坦，可容九軌。旁壘石墻，亦若百雉之制。世子候於此，龍亭至，行五拜三叩頭禮〔一三〕，導之國門。門曰歡會，門內逶迤數步即王之宮。宮門三層，層有數級之堦至正殿，巍然在山之巔。設龍亭于正中，行大封拜禮，國王升降進退，舞蹈祝呼，肅然如式。先期五日，長史已請儀注，習之熟矣。禮畢，揖余等至別殿，復行見禮，衆官亦拜見如初。王暫退出臨群臣。是日維良，受天子新命與一國正始，群臣俱四拜爲賀。臣之尊者親者捧觴爲壽，夷俗以此爲敬，君臣之間亦行之。朝罷，別殿設宴，金鼓笙簫之樂翕然齊鳴。王奉酒勸坐，酒清而烈，來自暹邏者，比之麯米春醺人，更不須一盞，余等但嘗之而已。籩豆之實，備水陸之珍，臙臐燒炙之膳，既旨且多，然不能自製也，皆假余等所帶庖人爲之。蓋夷俗席地而座，無燕享醼會之事，不知烹調和劑之味，故假以文其陋耳。獻酬交錯，至晡而止，予等令儀從迎詔敕至館，王再拜曰：「小國無以爲寶，璽書以爲寶。先朝詔敕藏之金匱已八葉于兹矣。今辱賁臨，幸留鎮國，不爾予小子自底不類，爲先人羞。」予等見其詞意雖誠，猶未信也，令啓其金匱之藏以驗其留否之實。長史數臣各捧一道而來，奎璧輝映，絢綵一堂，遂許留之。王喜甚，重拜而别。

余等至館，王親一員同長史來饋禮物〔一四〕，厲色麾之，長跪不起，不得已姑取扇布二物，以答其誠，餘不之受。復與一書曰：「士君子立身大節不過禮義二者，前書備布，想已知之。賢王亦知朝廷之大法乎？今聖天子御極，議禮制度，萬物維新，群工濟濟，皆秉羔羊之節晉如，鼫鼠者愁如摧如而已。余等叨居近侍，萬里銜命，正欲播君德於無疆，守臣節於不辱，爲天朝增重，乃敢自冒非義，以貽滿橐之譏耶？與者受者，其戾一也。欲馨清議，甘罪不恭。」王見書，令長史來言曰：「聖天子威德被海外，清聞之常虢虢不自安，唯恐不道，爲聖朝棄，況天使之陟降左右者乎？敬君之心，華夷無二。昨聞高論，敢犯朝箴？」

二十二日，復設宴，名曰拂塵。使琉球與使他國不同，安南、朝鮮之使開讀詔敕之後，使事畢矣，陸路可行，已事遄返，不過信宿。琉球在海外，候北風而後可歸，非可以人力勝者。日久不免會多，會多不無情褻，勢所必至也。踽踽凉凉，豈能一日安耶？是宴之設，籩豆尚楚而方物不復陳矣，但令四夷童歌夷曲爲夷舞以侑其觴，傴僂曲摺，亦足以觀。舞罷，令世子介子執弟子禮，奉酒斝，將行，復躬捧玉盃，乃武宗所賜者，引滿勸白，辭以不善飲，一酌而止。

八月中秋節，夷俗亦知爲美，請賞之，因得徧遊諸寺。寺在王宮左右，不得輕易往來。有曰天界寺，有曰圓覺寺，此最鉅者，餘小寺不暇記。二寺山門殿宇弘廠壯麗，亞於王宮。正殿五間，中供佛像一座，左右皆藏經數千卷，夷俗尚佛，故致之多。上覆以板，繪以五彩，下用薦數重，清潔不可容履。殿外亦鑿小池，甃以怪石，池上雜植花卉，有鳳尾蕉一本，樹似棕而葉似鳳尾，四時不改柯易葉，此諸夏所無者。徜徉良久，塵慮豁然，但僧皆鄙俗，不可與語，亦不敢見，然亦知烹茶之法，設古鼎於几上，煎水將沸，用茶末一匙於鍾，以湯沃之，以竹刷瀹之，少頃奉飲，其味甚清。是日王因神降，送迎無暇，遣王親侍遊。至未刻，邀坐宴，不甚豐而情意則款洽矣。諸從人皆召至堦下，令通事勸飲，旅進旅退，各以班序，至醉而止。向夕回館，月明如晝，海光映白，松影篩青，令輿人緩步徐行，縱目所適，心曠神怡，樂兹良遇，忘其身之在海外也。二十三日，王始至館相訪，令長史致詞曰：「清欲謁左右久矣，因日本人寓兹，狡焉不可測其衷，俟其出境而後行，非敢慢也。」予等但應曰已知之矣。海外之國，唯彼獨尊，深居簡出，乃其習也，井底之蛙，豈可與語天日之高明哉！亦具殽核，留坐移時別去。

二十九日請餞行，陳席於水亭中，觀龍舟之戲。舟之制與運舟之法皆效華人，亦知奪標以爲樂，但運舟者俱小吏與大臣子弟也。各簪金花，具彩服，雖濡於水而不顧，以示誇耀之意。越九月七日，復請餞，予等訝其煩也，深拒之，懇之再三而後行。至則見其席之所列皆非昔比，山蔬海錯，糗餌粉酏，雜陳於前者，製造精潔，味甚芳旨，但止數品，不能如昔之豐。詢之左右，乃知前此之設皆假諸閩人，此則宫中妃嬪親製，以表獻芹之敬耳。臨行，長史捧黄金四十兩，王乃言曰：「送贐之禮，振古有之，非清敢自褻，其毋辭。」予等曰：「於義可受，軻氏受薛之餽不以爲嫌。但予等以君命來，受此而歸，是以君命貨之也，惡乎敢？」王愕然曰：「天使言必稱君，動必比義，清知過矣。」遂不敢强，復手持泥金倭扇二柄，乃曰：「天使遠來，賜清以弁服，即清之師也。此别不復再會，揮此或可以繫一念耳。」予等憫其情，受之，各答以所持川扇，彼喜不自勝，再拜而别。

十二日登舟，官民送者如蟻，皆以漢官威儀，不可復覩，至有泣下而不忍去者，亦足以見夷人天性之良，莫不羡衣冠文物之美，拘于法而不得入，是可哀也。泊舟之港出海僅一里，中有九曲，夾岸皆石，惟滅風而後可行。坐守六日，王日使人侍於其側，且致慰詞，仍遣看鍼通事一員、夷稍數人護送，又遣王親、長史等官駕昔日所假之舟進表謝恩。

霖按：是年閏五月初七日，自小姑米山循而入波上山邊，望見王城，哪霸港相去將三十里。世子遣王親問勞，致牲菜酒米，詞恭禮肅。法司官領夷舟五十餘，每舟一老人，鬚眉皓然，見封船皆踊躍呼拜，即欲牽船入港，而風勢方旺。至次日，法司官督衆益嚴，誓以不即挽船登岸，倘有疎虞，必先開肚。余屢使人慰之曰：「船已至此，不勞再急，稍定即刻至也。」夷人皆歡呼叩天祈神。初九日，巳時登岸，觀者如堵，各官設龍亭迎拜詔敕至天使館安頓。世子日遣長史、大夫等官參謁，導從巡警，俱如中國之儀。三日，遣王親一員同長史、大夫問安，廪餼俱仍舊，軍稍行匠人日米升半，乾魚四兩，略有海菜，外給錢五文買蔬菜。問候之日，俱有猪、牛、羊等，各官廪給口糧者又差盛。始軍稍疑錢太少，乃查之舊案，無增也。夷人篤於守舊，而客者不無厚望，且贏乏不同時，下民豈能盡量？至世子各官之意，則恭而有禮矣。世子又嘗問其臣曰：「今者天使勞涉，比之往益不同，吾欲先一快覩，以遂仰瞻之心，何如？」法司等力以舊章止之。

六月初九日祭王〔一二五〕，世子敬戚之容，宛乎可掬。王既得諭祭之後，世子仍令其國僧修佛事以伸追慕。

至二十九日，乃行封王禮。厥明，世子遣各官候於館門，自先王廟列儀衛巡警導引至國門外，世子拜謁，躬導詔敕至王殿，嵩呼拜舞，皆先期習熟。世子見詔敕，儼恪益加，禮儀卒度，亦如原録所云。群臣將事，無不肅。是日履王位，該國臣民行朝賀禮，余等退居西堂。王率群臣謁叩，設宴，饌盛樂繁。事竣，乞留詔敕，余等令其捧前此聖製來驗，因如旨錫之。王與群臣讙呼拜謝。

至七月十九等日，設拂塵諸宴。八月中秋，設觀渡宴，作書辭之曰：「蓋聞酒以成禮，不繼以淫，義也。霖等欽奉上命前來，佳禮既行，華筵亦既洽矣，兹又辱過招，無乃大繁乎？敬此以辭。向祭封之日，兼承裹蹄之惠，雖王中心致敬之誠，而辭受以義，又使人素有成規，而不敢失者也，敢併全璧，伏惟以德相愛，以道相處，共守天朝之大閑，安臣子之大義，而不區區於儀物之末，幸甚！」十八日，王乃躬至使館相訪，亦如舊，略備筵款之，併及群臣從者。

九月十九日，王請餞行，亦具黃金四十兩爲贐，余等嚴却之。次日復使法司、大夫、長史等官持來，辭甚懇惻，復作一書，令參隨各官往還之，曰：「封舟瀕行，領宴餞兼惠裹蹄，已嘗面辭矣。兹辱法司、大夫、長史等復來。夫承筐是將，雖賢王好我之誠，而不受爲寶，實使人自守之矩。且天朝清議光昭，非禮授受，具有明辟，余雖欲於王，如朝廷之大法何？惟王知所以愛，而尅其非所以愛可也。傳有之，私惠不歸德，君子不自留焉，王其念之。」王得書，不復令人來强。

是年九月十九日立冬，舵工等擬必北風盛發，然數日竟未有。至十月初五日，巨風發後，乃以初九日登舟圖回。其過洋事狀具前使事條中，兹不重述。

造舟

航海莫要於造船。原録云：造船之制，訪於耆民，得之大小廣狹，惟其制價計二千五百兩有奇。予等初欲各具一艘，見其費之廣也，而遂不敢無益於國而侈其費財之蠹也。惟舊制以鐵梨木爲舵桿，取其堅固厚重，今以輕價索之而艱於得，易以他木，予等必欲倍價以購，後果得之，財固當惜，舵乃一船司命，其輕重有不難辨者。七月二日定䑽。䑽即船之底木。福州府備祭豕一羊一，予等主祭，三司諸君率府縣官亦與陪焉，重王事也。定䑽之後，方鳩舟人僝功矣，侃等與衆官時巡督之。

越甲午三月，舟始畢工。其舟之形制與江河間座船不同，座船上下適均，出入甚便，坐其中者八窗玲瓏，開爽明霽，真若浮屋然，不覺其爲舟也。此則艙口與船面平，官艙亦止高二尺，深入其中，上下以梯，艱於出入。面雖啓牖，亦若穴之隙。所以然者，海中風濤甚巨，高則衝低則避也。故前後艙外猶護以遮波板，高四尺許，雖不雅於觀美，而實可以濟險，因地異制，造作之巧也。長一十五丈，闊二丈六尺，深一丈三尺，分爲二十三艙。前後竪以五桅，大桅長七丈二尺，圍六尺五寸，餘者以次而短。舟後作黄屋二層，上安詔敕，尊君命也。中供天妃，順民心也。舟之器具，舵用四副，用其一置其三，防不虞也。櫓用三十六枝，風微逆，或求以人力勝，備急用也。大鐵猫四，約重五千斤。大棕繚八，每條圍尺許，長百丈，惟舟大，故運舟者不可得而小也。小艕舡二，不用則載以行，用則藉以登岸也。水十四櫃，海中惟甘泉爲難得，勺水不以惠人，多備以防久泊也。通船以黄布爲圍幔〔二六〕，五色旗大小三十餘面，刀鎗弓箭之類多多益辦，佛郎機亦設二架，凡可以資戎事者靡不周具，所以壯國威而寒外醜之膽也。二十五日出塢，塢即造舟之所，亦設祭如定艟之時。其間若竪桅，若浮水，若治繚，皆有祭，行祭禮皆如初。靡神不舉，靡愛斯牲者，王事孔艱，利涉大川祈也。

録中又有漳人《操舟記》云〔二七〕：屆行得舵工謝敦齊者，善於航海者也。至則徘徊審視，曰：「此舟之不善者三：海中常防礁石，船底板須二層，倘有不虞，庶刮去一層而一層尚存也。今板雖厚，止於一層，船之不善一也。板之泊楔以釘爲力，板厚七寸，釘貫串不及，即及亦無力，海濤衝撼，軟弱不支，船之不善二也。從行人幾四百，炎暑聚處艙中，不免鬱蒸之病，船之不善三也。」二公聞之惶然，始怨有司者，曰：「其誰乎誤我！」敦齊乃取藤麻自艟底遮波板、戰棚、板箍之數座以防崩潰，又於船舷扎虛棚，使衆役晝則散處棚上，夜則入臥艙中。

霖按：録言封船之製備矣，乃敦齊摺之如是。余召舊匠併從行者數人詢之，皆云無箍船事。余曰：「無其事而有其理也，盍仿其意爲之？」河口匠止守舊尺寸，火長陳學曰：「熟於海舟惟漳泉匠。」遂召其役用，皆以海寇猖獗，宜如兵舡。兵船戰棚宜高，海船則艙皆低平。時木料未得齊備，匠皆停手以待。至次年四月未得完，賊已滿城外，軍門王公令參將尹鳳急牽船出閩安鎮駕守，船之桅舵未齊，倉卒而行，陡值衝風，吹之岸上，舵口傷損，風汛既過，而不能行，船久住港中，烏蜍叢積凡四五寸。二十九年春，適轉奏夷情，勘合到，乃六月各役奔馳賊報，一時召集不及，仍未能行，則船漸污漫。各役懇請改造前船，余意船一舉動，費用不貲，改造而即行可也，今警報日未嘗息，萬一改造而復不行，將若之何？又意事在必行而不能已，今野無所掠，賊亦未盡利，船若完，吾先出泊海口，乘隙而行可也。遂一意修改前船。經歷潘棠涖其事，余因謂曰：「船雖兩造，不出上界一次費用。用雖節省，而船又極其堅牢，此今日意也，汝惟體而行之，時時親在廠督，用無不善，物料新舊出入，汝之所司，至於匠人，合河口、漳泉者並用，規制異同，吾亦日來巡督，可共商榷。」卜以八月　日定艗興工。於是議船之尺寸，一以官尺爲定。蓋閩人以官尺爲足，民尺一尺乃官尺八寸，故舊録長短廣狹，雖有定數，而論者莫知所準。

船身自頭尾虛稍凡一十四丈五尺，除虛稍一十二丈二尺，船面除兩傍櫓部闊二丈五尺五寸，艙内帶兩旁櫓部闊二丈九尺七寸，船艙深一丈四尺，除井眉實深一丈二尺七寸。官艙比之舊高二尺，闊一丈六尺。大桅高七丈八尺，自桅夾以上量之，圍七尺。舵長三丈二尺，比舊多五尺，圍三尺五寸。船之艗用松木，取其重且能久浸也。橫梁用樟木，取其能翕釘也。板用杉木，取其能浮水也。架龍棚之外有兜艗鞠，河口匠欲以鐵，漳泉者欲以木，余兩用之。鎖梁釘之外有米鎚鞠，河口匠亦欲以鐵，漳泉匠亦欲以木，余亦兩用之。蓋用鐵者取其堅韌，用木者取其敷大，皆協於用也。船之中作爲龍骨以牽縶前後，船之舷懸掛漁網以預防矢石。惟梁之合板處雖有米鎚鞠等，余尚疑其聯合未壯也，令馬魁道等思之，乃創爲貼梁勢，如犁轉□□兩旁夾之，則渾厚堅重，内無復分崩之患。船用藤箍，事或未有，而意實可師，余乃製爲大鐵條二十座，自艫底搭之兩舷，則船之外勢束縛益嚴，視藤箍勝矣。上界船皆謂其軟弱，余思其乃身長而艙闊所致也，於是縮之益爲二十八艙，則艙狹而梁多，又何軟弱之患哉！大率海舟之緊要者三：曰桅，曰舵，曰艣。艣定之於下，舵主之於後，桅運之於中，三者用相倚而勢相當，一不備未可也，備而不相當未可也。造舟之時，三者齊備而興工，長短廣狹，庶可度量。閩中雖云木料頗多，而近年兵船搜抉無餘，故嘗疑舊以五木合桅未善，求得一巨檣用之，而所得僅僅如此。若張通判所求之艣甚短小不合，再造乃余檄推官施宷所覓者，始中制也。鐵梨舵桿比之前界尤長二尺，余未抵閩已行布政司差官往廣，時胡知事者賫銀而行，漳州賊方在境，胡憚遠涉，止於龍溪縣求之，何能中用。又八月而往，除夕乃回，責其再行，亦緩不及，遲誤可勝言耶！次年正月，余募人往廣，有吏吴姓者請行，得一根焉。五月終乃及小埕澳等處，又爲兵賊所阻，七月初始入廠。余查鐵梨舵桿，舊備正副，吴吏謂行期尚奢，請再往，適楊方伯轉廣左轄，知余求之切而閩得之難，乃爲購之，復得二根，余喜甚，以爲可勝任矣。然追憶未得之時，徬徨搜索，竟無可意，而地方多事，求者又莫能專，即得之猶惴惴其未能至也，苦中之苦，言寧可盡，後之使者慎毋若予之遇云。

原録云：七月二十五日之夕颶風暴雨倏忽而至，茅舍皆席捲，予館亦兀兀不安，寢不能寐〔一八〕，起坐中堂，門牖四壁蕩然無存。因念港口之舟恐不及繫，遣人視之，僉曰昏黑不辨牛馬，而岐路安可分，盍待之。風雨果惡，亦不可强。質明而往，王已差法司官率夷人數百守於舟側，詢之舟人，乃夜半時至。法司亦夷官之尊者，路且遥，不避而來，予因歎曰：「華夏之人，風雨晦冥之夕，塞門閉户而避之猶恐未安，衝風冒雨而行者必其骨肉顛沛而不容已，孰能視他事如家事，而艱險不辭者乎？夷之君臣其亦可感也夫！」

霖按：是年六月初三日颶風驟發，王即差法司官統數百人看守封船，頃刻不離，凡四日風止而後已。海上多風，每風暴，王即差官巡視，用心誠可謂不苟矣。

霖再按：是年船之造可謂善矣，然歸帆之時猶摺舵者，以其制尚有一二分非余意也。余初意海風冲高，官艙、戰棚俱宜低矮，低矮則舵不必高，短小尤易得力。今船艙高則舵不得不長而深，長而深則其力不牢壯矣。且是年所求三舵雖云鐵梨，皆其似者而非真也。余嘗謂即再千金購之必不能得其真，何者？長至於三丈四尺，奚從而得哉？諸人初欲船之高大，亦以所帶各役既多，海洋之賊必戰無疑，故欲高張其勢。余後觀之，洋中播摇浩蕩，彼何能措手？風浪山摧，眼昏目眩，不獨在吾，意彼必同之。即使吾船矮小，例之彼終必高且大矣。此諸人之過疑而余之不能强者，以往未之歷也。且方往之時，水俱東流，勢猶不難至，回歸之時則横截而過，波浪摇撼山嶽，一船之力盡歸之舵，故往往摺舵之危，多在歸帆之際。後之使者慎毋務船之高大而在乎粗壯堅固，毋務人之多而在乎慣習耐勞，其庶幾得渡海之中策云。

用人

原録云：四月十八日，舟先發於南臺。南臺距海百餘里，大舟畏淺，必潮平而後行，日行數里，故先之。駕舟民稍用一百四十人有奇，工選軍用一百人〔二九〕，通事、引禮、醫生、識字各色匠役亦一百餘人，官三員，千户一員、百户二員。官各給銀十二兩爲衣裝費〔三〇〕，餘各給工食銀五兩三錢五分。舊時用四百餘人，今革其十分之一，從約也。予因是而有所感。浮海以舟，駕舟以人，二者濟險之要務也。今官府造作什器，官之尊者視爲末務，而不屑於查理；官之卑者視爲奇貨，而惟巧於侵欺。以故種種皆不如法，不久即壞。房舍器用之物壞則可修，猶未甚害，惟舟之壞即有覆溺之患，雖有般師在舟，亦無及矣。前之所云姑米山之險，其明效也。後之使海外者，軍官不必三員隨行，先擇有司賢者二員，委其造舟，舟完令其同行，彼軀命所關，督造必不苟且。萬一藩臬不從，以之請於上命可也。從予駕舟者閩縣河口之民約十之八，因夷人駐泊於其地，相與情稔，欲往爲貿易耳，然皆不知操舟之術。上文所云長年數人，乃漳州人也。漳人以海爲生，童而習之，至老不休，風濤之驚見慣，渾閑事耳。其次如福清，如長樂，如鎮東，如定海，如梅花所者，亦皆可用。人各有能有不能，唯用人者擇之，果得其人，猶可少省一二，此貴精不貴多之意也。一則可以節國之費，一則可以衛衆之生，故不惜辭之煩，爲後使者忠告。

霖按：是役用人者二：一則在於造船，一則在於行船。予初至時，諸司委管造者張通判也。其人苦不用心，始聞題請督造者一同過海，猶頗趨事，至禮部復云俟臨時與有司議處，則日請于司院等解行，而載采之意蕩然。初次領銀，但查舊案，分佈買料，不復酌量揀擇。如所委河泊黄朝鐘者，往連江等處，八月領銀，十二月猶未給發，何以責伐木者之解？即解至，俱短而小，何以應用？船雖工程浩大，苟料作齊備，三月可了。乃本年十一月興工，至次年四月完者乃十之五六，而其未具者仍三四也。予時欲即參究，議者謂地方多事，船完亦未能行，已而其人亦逝矣。後改造得經歷潘棠頗體激厲之意，船之所藉者不小也。

匠人亦有二，其在河口者經造封船，頗存尺寸，出塢浮水，俱有成規，然一於守舊而不能斟酌時宜，又苟且用料而不必求其當，此其失也。漳泉之匠善擇木料，雖舵牙櫓棍之類，必求强壯堅厚，然粗枝大葉，自信必勝，而不能委曲細膩，此其失也。用者去其貳短而取其二長，船其全矣。至於主張行船之人，斷非漳人不可。蓋其浮歷已多，風濤見慣，其主事者能嚴能慎，其趍事者能勞能苦。予是歲所采用者馬魁道等凡八九人，余令各舉其所知者凡五十餘人，議者頗疑之。余於其主事者每厚之以恩，後在舟目其早晚用力，實有不同。

萬安、梅花、鎮東、定海軍士及長樂水稍近處海濱，俱可取用。從余行者近八十人，但不能如漳州長年有主張耳。

再，總記是年各役，略稱事而給食焉。提調軍士百户一名嚴繼先，舊守船者也，行糧銀十兩。再軍伴一名，行糧銀五兩三錢五分。提調夥長、舵工、水稍義民馬魁道，久造船者也，行糧銀八兩。再家人一名，銀五兩三錢五分。提調軍器義民陳孔成，亦始守船者也，行糧銀八兩。家人一名。提調蓬纜工匠及過海油鐵、省祭施中卿，提調收支公用器物及各役行李、省祭張應魁，提調管水火巡視及火藥、省祭李伯齡，省祭三名，先俱分職修船，至岸時充引禮官，與提調夷稍通事林璽各行糧銀陸兩三錢五分。譯語通事曾宏等，捧展詔敕書辦陳珮等四名，各行糧銀五兩三錢五分。夥長陳大韶、許嚴等六名，每名行糧銀六兩三錢五分。舵工吴宗達等一十六名，每名銀六兩零五分。大桅班手四名，每名行糧銀五兩六錢。其餘二桅班手等，頭椗、二椗等，護鍼、總甲、水稍、軍民行匠、道士、戲子等，及二衙門門書、皂隸、防馬夫、廚館夫等，俱每名銀五兩三錢五分，無復差矣。總計散銀若干，視之上界僅多五十兩焉。雖時方多警，宜廣用人，而國用所關，亦不敢過益以滋費也。後來洋中所目用事之時，實在乎得人而不在乎多。

余又聞二公所用班手十人，而當時八人不能其事，至岸而鞭之，遲矣，曷若慎擇之於初。二公所用者聞多由府縣，縣取具吏書，欲行者或期而行，欲免者或求而免，如是而曰得人，難矣。後之使者，其尚精采用事者頭目數人，而其餘令各自舉，又參之訪論，其庶幾乎？再，是年至琉球時，夥長許嚴、陳大韶、李子顯等皆余與李君推己廩食食之，舵公吴宗達、馬禄等則推二衙家人口糧給之。

是役余用漳人頗多，蓋亦信舊録所云，而言者頗摇之，予執定不移。後洋中摺舵，非陳孔成之提調，非吴宗達之諳歷勤勞，非許嚴等之鎮定，非散班之奔走敏捷，則五百人何有哉！且漳人至彼，守法不苟，其梅花、定海外衛軍士亦間有可用，終不若彼之慣習。若近城水稍三衛軍士，則一籌莫展，帶之多適礙手脚，後之用人者審之。

敬神

原録云：五月十一日夕，望見姑米山。十三日，風轉而北，逆不可行。十四夕，舟刺刺有聲，若有分崩之勢，罅隙皆開，以數十人轆轤引水，水不能止。衆曰不可支矣，齊呼天妃而號，剪髮以設誓。予等不能禁，徹夜不寐，坐以待旦。忽一家人匍匐入艙，抱予足，口噤不能言，良久方云：「速求神佑，船已壞矣。」予等聞此，心戰神怖，無可奈何，嘆曰：「各抱詔敕以終吾事，餘非所計也，於此將焉求之，而又將焉逃之？」十八日，風少息，挽舟而出，亦斜倚於岸，衆恐其傷于石，大驚，幸前月親督修艌，不爲所傷，復止。二十日始克開洋，夷舟同行。二十一日夜，飈風陡作，舟蕩不息。大桅原以五木攢者，竟摺去，須臾舵葉亦壞，幸以鐵梨木爲柄，得獨存。舟之所恃以爲命者桅與舵也，當此時舟人哭聲震天，予輩亦自知決無生理，相顧嘆曰：「天命果如此，以計免者得之矣。狐死尚正首丘，嗚呼，狐之不能若也！」舟人無所庸力，但大呼天妃求救。予等爲軍民請命，亦叩首無已。果有紅光燭舟，舟人相報曰：「天妃至矣，吾輩可以生矣！」舟果少寧。翼日，風如故，尚不敢易舵，衆皆廢寢食以待斃，不復肯入艙上水。同行夷舟遂相失，不知所往。二十三日，黑雲蔽天，風又將作，有欲易舵者，曰：「舵無尾不能運舟，風弱猶可以持，烈則不可救。」有不欲易者，曰：「當此風濤，去其舊而不得安其新，將奈何？」衆不能決，請命於予等。予等曰：「風濤中易舵，静則可以生，動則可以死。」中心惶惑，亦不能決，令其請珓於天妃，乃得吉兆。衆遂躍然起舵，舵柄甚重，約有二千餘斤，平時百人舉之而不足，是時數十人舉之而有餘，兼之風恬浪止，倏忽而定，定後風浪復厲，神明之助，不可誣也。舵既易，衆始有喜色。二十六日，忽有一蝶飛繞於舟，僉曰山將近矣，有疑者曰：「蝶質甚微，在樊圃中飛不過百步，安能遠涉滄溟？此殆非蝶也，神也，或將有變，速令舟人備之。」復有一黄雀立於桅上，雀亦蝶之類也，令以米飼之，馴馴啄盡而去。是夕果疾風迅發，白浪拍天，巨艦如山，漂蕩僅如一葦，稍後距水不下數丈，而水竟過之，長年持舵者衣盡濕，則艙中受水又可知也。風聲如雷，而水聲助之，真不忍聞。舟一斜側，流汗如雨，予等懼甚，衣服冠而坐，欲求速溺以紓其懼。又相與嘆曰：「聖天子威德被海内外，百神皆爲之效職，天妃獨不我救乎？當此風濤中而能保我數百民命，真爲奇功矣，當爲之立碑，當爲之奏聞于上。」言訖，風若少緩，舟行如飛，徹曉已見閩之山矣。舟人皆踊躍鼓舞，以爲再生，稽首於天妃之前者若崩厥角也。十月初二日入城。區區二人，何德獲此？實荷聖天子威福以致神明之佑，不偶然也。今越旬日，同行之舟尚未至，或不免漂溺之患焉。嗚呼危哉！嗚呼危哉！

霖按：是年閏五月初四日至赤嶼，無風舟不能行，當晝有大魚出躍，從者謂如一舟然，旁有數小魚夾之，至暮舟震撼衝擊，莫知其故，自艙上觀之，則風平浪静，而舟之顛危，次日愈甚。余與李君目眩心悸，召長年問之，皆謂無風而船如此，事誠可怪，所喜者船力勞壯堅固，決保無虞，慰安余二人。既退，余使人偵之，則皆稽首天妃之前禱矣。中夜顛危益甚，李君曰：「事將何如？」余曰：「造船、用人，乃人事之可盡者，此以外豈復能與？且余二人所捧者朝命也，皇上德被幽明，海神必且效若。」時余二人既不能安枕，中夜見忽有明光燭舟，舟稍安。嚴百户、舵工等俱得異夢，六日辰刻，夥長、舵工請余二人拜風，且謂有所愛之物可施之。余思出京時曾有人惠《金光明佛經》，又舵工陳姓者能作綵舟以禳，余曰：「事無害於義，從之可也。」余二人官服以拜，口爲文以告，道人等用經與綵舟舁之艙口祈之，而風忽南來，諸從者尚未回謝天妃之前，咸仰呼曰：「風到，風到！」遂滿篷而行，至初九日登岸，神明之貺顯矣。

十月十九日開洋回國，東北風旺。至二十日午刻，忽有麻雀一雙，宛宛來泊艙篷。陳大詔等見之，即心動曰：「此神雀報信。又往年陳、高二爺回時之兆。」倏忽間黑雲接日，冥霧四塞，冷雨颷風，號呼大發。余令吴宗達等謹備之。行至夜二鼓，舵忽揺去，舉舟哭天而叩天妃。余亦呼天妃，告曰：「此華夷五百人性命，豈可易易！」至天明，風連旺不止，舵不能换。二十二日辰時，余眩瞑甚矣，蓋五日不一粒，生死余亦已决肚外，惟是五百人尚不能忘念，乃召書吏陳珮具筆札床前，余口爲文授之，令書以檄天妃前。舟中鷄鴨牲口之類尚多，余問之庖人，曰不知何時靡孑遺矣，惟一鵞尚存。余令宰之，告曰：「霖等欽奉上命册封琉球，仰荷神祐，公事既完，兹當歸國，洋中揺舵，無任驚惶。惟爾天妃海岳，偕國家廟祀正神，兹朝使危急，華夷五百生靈所係，豈可不施拯救？若霖有貶心之行，即請殛之於床，無爲五百人之累。若尚可改過而自新也，神其大顯靈威，俾風恬浪静，更置前舵，庶幾可以圖全。神其念之，毋作神羞。」既祭後，風稍息，諸人亦求珓於天妃，許之，遂易新舵。諸人大發願心，祈修醮典，余亦許歸朝奏請，如例遣祭。舵工陳興珙又善降箕，乃用李君一家僮併不能字者扶之，字皆倒書，曰：「有命之人，可施拯救。欽差心好，娘媽保船都平安也。」嗟乎，鬼神冥邈，談者未有不疑，然此四無邊岸之中，宛弱雙雀，何從而來？易舵之後，又一烏常據於桅尾，何從而來？孰謂世間事可盡以常理臆決哉！到岸日，凡諸人祈許，余令一一修還，所謂毋使行負神明，何敢以險既平而遽忽諸。

天妃靈應記

神怪之事，聖賢不語，非忽之也，懼民之惑於神而遺人道也。侃自蚤歲承父師之傳，佩敬而遠之之戒，凡禱祠、齋醮、飛符、噀水、誦經禮佛之類，閭黨有從事者，禁之不可，則出避之，或過其宮則致恭效程子焉。

迺者琉球國請封，上命侃暨行人高君澄往將事。飛航萬里，風濤叵測，璽書鄭重，一行數百人之生，厥繫匪輕，爰順輿情，用閩人故事，禱於天妃之神，且官舫上方爲祠事之，舟中人朝夕拜禮必虔，真若懸命於神者。靈貺果昭，將至其國，逆風蕩舟，漏不可禦，群譟乞神，風定塞衂，乃得達。及成禮還，解纜越一日，中夜風大作，檣摺舵毀，群譟如初，須臾紅光若燭籠自空來舟，皆喜曰：「神降矣，無恐。」顧風未已。又明日，黑雲四起，議易舵未決，卜珓於神，許之，易之時風恬浪静，若在沼沚，舵舉甚便，若插籌然，人心舉安，允荷神助。俄有蝶戲舟及黄雀止檣，或曰山近矣，或曰蝶與雀飛不百步，山何在，其神使報我以風乎？予以其近於載鳴鳶之義，頷之曰謹備諸。已而颶夜作，人力罔攸施，衆謂胥及溺矣。

予二人朝服正冠坐祝曰：「我等貞臣，恪共朝命，神亦聰明正直而一者，庶幾顯其靈。」語畢風漸柔，黎明達閩。神之精英烜赫，能捍大患如此，謂非皇上懷柔百神，致茲效職哉！然非身遇之，安敢誣也。揆之《祭法》，廟而事之允宜。在宋、元時已有封號廟額，國朝洪武、永樂中屢加崇焉。予二人縮廩附造舟餘值新之广石，望崎行祠則從行者歛錢以修，行當聞之朝，用彰神貺，因紀其概。高君讓侃，援筆舉以告，巡按侍御方君涯韙之，又命福郡倅姚一和視勒諸石。

广石廟碑文

一厓郭汝霖撰

广石廟，廟海神天妃者也。天妃生自五代，含真藴化，歿爲明神，歷宋歷元，迄我明，顯靈巨海，禦災捍患，拯溺扶危，每風濤緊急間，現光明身，著斡旋力。《禮》所謂有功於民，報崇祀典。而广石屬長樂濱海地，登舟開洋必此始，廟之宜。舊傳自永樂内監下西洋時創焉，成化七年給事中董旻、行人張祥使琉球新之。嘉靖十三年給事中陳侃、行人高澄感墜板異，復新之，板上所書即董、張新廟月日也。

皇帝三十七年，琉球世子尚元乞封，上命汝霖充使往，而副以行人李君際春。余承命南下，長老多教余致敬天妃之神。弭節閩臺造舟，百凡按陳、高使録行，惟广石廟遭倭寇焚，乃耆老劉仲堅等聞余至，亦來言廟事。余檄署篆孫通判大慶，考其遺趾并材料工價值百金。往陳、高捐俸二十四金助，余與李君如之。往從行者各歛銀一星，得三十兩餘，是則從行者尚未定名。往長樂民力鐃可以鳩工，今連年有兵務。往劉知縣尹邑久，今孫乃署篆，且未久也。於是七十餘金無從得。余因言於代巡樊公斗山，樊遂標罰贖餘成其事，且命通判速工，請記於余。不兩越月，廟貌鼎新，巍然焕然，瞻趍有所，人心起敬。他日飛航順便，重荷神貺者，樊之功哉！或因是以鬼神事質於余，余曰：是説也，薦紳先生難之矣。考孔子曰敬而遠，夫謂之敬，必有以也；謂之遠，特不專是以徼媚云耳。故其祭神如神在，鄉人儺，朝服立阼階，孔子豈無見耶？而初學小生，稍談鬼神則冒然稱茫昧，避諂瀆譏，及遇毫髮事輒俯首叩禱不暇，果能知事人事鬼者乎〔三二〕？

重編使琉球録卷下

群書質異

大明一統志

琉球國在福建泉州之東海島中，其朝貢由福建以達于京師。國之沿革未詳。漢魏以來不通中華，隋大業中令羽騎尉朱寬訪求異俗，始至其國，語言不通，掠一人以返。後遣武賁郎將陳稜率兵至其國，虜男女五百人還。唐、宋時未嘗朝貢。元遣使招諭之，不從。本朝洪武中，其國分爲三，曰中山王、山南王、山北王，皆遣使朝貢。嗣是惟中山王來朝，其二山蓋爲所併矣。

風俗：男子去髭鬚，婦人以墨黥手爲龍虎文，皆紵繩纏髮，從頂後盤至額。男以鳥羽爲冠，裝以珠玉赤毛，婦以羅紋白布爲帽，織鬬鏤皮并雜毛爲衣，以螺爲飾，而下垂小貝，其聲如佩。無君臣上下之節，拜伏之禮。父子同床而寢。婦人産乳必食子衣。食用手，無匙筯。得異物先進尊者。死者浴其屍，以布帛纏之，裹以葦草，上不起墳。無他奇貨。尤好摽掠，故商賈不通。不駕舟楫，惟縛竹爲筏，急則群舁之，泅水而逃。俗事山海之神，祭以殽酒。戰鬬殺人，即以所殺人祭其神。王所居壁下多聚髑髏以爲佳。所居曰波羅檀洞，塹栅三重，環以流水，樹棘爲藩，殿宇多刻禽獸。無賦斂，有事則均税。無文字，不知節朔，視月盈虧以知時，視草榮枯以計歲。

山川：黿鼊嶼在國西，水行一日。高華嶼在國西，水行三日。彭湖島在國西，水行五日。落漈水至彭湖漸低，近琉球謂之落漈。漈者水趨下不回也。凡兩岸漁舟至彭湖，遇颶風作，漂流落漈，回者百無一二。

土産：鬬鏤樹、硫黄、胡椒、熊羆、豺狼。

原録云：琉球國在泉州之東，自福州視之則在東北，是以去必孟夏，而來必季秋，乘風便也。國無典籍，其沿革不能詳。然隋兵刼之而不服，元使招之而不從，我太祖之有天下也，不加兵，不遣使，首效歸附，其忠順之心，無以異於越裳氏，故特賜以閩人之善操舟者三十有六姓焉，使之便往來，時朝貢，亦作指南車之意焉耳。在昔其國三分，今中山併而爲一者，得非沃强晉弱之故歟？風俗男子不去髭，亦不羽冠，但結髻於首之右〔三二〕。凡有職者簪一金簪，漢人之裔髻則結於首之中，俱以色布纏其首，黄者貴，紅者次之，青緑者又次之，白斯下矣。王首亦纏錦帕。衣則大袖寬博，製如道服然，腰束大帶，亦各如纏首之布之色，辨貴賤也。足則無貴賤皆着草履，入室宇則脱之，一則蓆地而坐，恐塵污，一則以跣足爲敬。故王見神、臣見王及賓主相見，皆若是也。唯接見余等，則加冠具服履，揖遜之間，每見其疾首蹙額，蓋弗勝其束縛之勞矣。婦人真以墨黥手爲花草鳥獸之形，而首足反無飾，髻如童子之角總於後，而簪珥不加。不知足而爲之屨，男女皆可用也。第富室則以蘇蓆藉屨底，少加皮緣，即爲美觀。

上衣之外更用幅如帷，蒙之背上，見人則以手下之而敝其面。下裳如裙而倍其幅，褶細而制長，覆其足也。其貴家大族之妻出入則戴箬笠，坐於馬上，女僕三四從之，俱無布帽毛衣螺佩之飾，亦無産乳必食子衣之事也。其君臣之分雖非華夏之嚴，而上下之節亦有等級之辨。王之下則王親，尊而不與政也〔三三〕。次法司官，次察度官，司刑名也。次哪嚋港官，司錢穀也。次耳目之官，司訪問也。此皆土官而爲武職者也。若大夫、長史、通事等官，則專司朝貢之事，設有定員，而爲文職者也。王并日而視朝，自朝至於日中昃凡三次，陪臣見之皆搓手膜拜，尊者親者則延至殿内賜坐賜酒，其卑疏者則移時長跪于階下焉。凡遇元旦、聖節、長至日，王率衆官具冠服設龍亭行拜祝禮，蓋久漸文教，非復曩者之陋矣。父之於子少雖同寢，及長而有室則異居。食亦用匙筯，得異味先進尊者。及子爲親喪，數月不肉食，亦其俗之可嘉。死者以中元前後日溪水浴其屍，去其腐肉，收其骸骨，以布帛纏之，裹以葦草，襯土而殯，上不起墳。若王及陪臣之家則以骸匣藏於山穴中，仍以木板爲小牖户，歲時祭掃則啓鑰視之，蓋恐木朽而骨暴露也。地無貨殖，是以商賈不通。若以爲防摽掠則其國小法嚴，凡有竊物者即加以劓刵之刑，人誰敢犯？朝貢往來，俱乘大航，海邊漁鹽，亦泛小艇，未嘗不駕舟楫而縛竹爲筏也。俗畏神，神皆以婦人爲尸，凡經二夫者則不之尸矣。王府有事則哨聚而來，王率世子及陪臣皆頓首百拜。所以然者，以國人凡欲謀爲不善，神即夜以告王，王就擒之。聞昔倭寇有欲謀害中山王者，神即禁錮其舟，易而水爲鹽，易而米爲沙，尋就戮矣。惟其守護斯土，是以國王敬之而國人畏之也。尸婦名女君，首從動經三五百人，各戴草圈，携樹枝，有乘騎者，有徒行者，入王宫中以遊戲，一唱百和，聲音哀慘，來去不時,唯哪嚆港等處不至,以此多不良者家,兼有唐人故也。閩人爲王倩作宴者,身親見之。且傳聞封王日必見天使,是日不來,此則真有,而殺人祭神則非也。王之宫室建於山巔,國門扁曰歡會,府門扁曰漏刻,殿門扁曰奉神。四圍皆石壁,無有波羅檀洞之名,亦無聚髏爲佳之説也。門外有石砌,砌下有小池,泉自石龍口中噴出,名曰瑞泉,王府汲之供飲食,取其甘潔也。道路坦夷,曾不設塹樹棘以爲險,殿宇朴素,亦不雕禽刻獸以爲奇。至於賦斂,則寓古人井田之遺法,但名義未詳備。王及臣民各分土以爲禄食,上下不交征,有事如昨封王所用布帛粟米力役之征,則暫取諸民而不常也。雖無經生卜士之流,然亦諳漢字,奉正朔,豈至視月盈虧以知時,視草榮枯以計歲哉!

霖按:是年封王日,四更時女君果降,將五更即散矣。提調、通事及庖人俱聞其聲嗚嗚焉。人善泅水,有刳木爲舟者,如猪食兜,兩三人處之,横海中顛風巨浪不懼也。水泛則覆出之,而復掉焉。剽掠之事間不能無,所謂法之嚴者,重則開肚,次則問守别方,無笞捶之類,雖設搒夾之刑而多不用。俗以中元節爲重,自七月十三日起至廿六日,俱晝夜男女喧雜,往來不禁。人甚重財帛,即夫婦亦各私其財,或相忤則各挾所有而别處,數日乃復其家。

嬴蟲録

琉球當建安之東,水行五百里。土多山峒,峒有小王,各爲部隊而不相救援。國朝進貢不時,王子及陪臣之子皆入太學讀書,禮待甚厚。

原録云〔三四〕：按福州梅花所開洋順風七晝夜始可至琉球，以水程計之，殆將萬里矣。若夫建安則建寧屬邑也，又在福州之西北，而云水行五百里，不知自何洋以發舟而若是乎其近易耶？琉球固多山而崆峒則少，王之子弟雖出分各山而未嘗不聽徵調，如祭王、封王等日則各率所部戎服而列伍以防衛，則其有事而相爲救援可知矣。歸附國家之初，朝貢固無定期，今每二年而一舉。至於令子姪入太學，僅於洪武二十二年而創見之，嗣是唯遣陪臣之子進監讀書，大司成教以誦詩學禮，處以觀光之館，夏葛而冬裘，朝饔而夕飧，禮待不亦厚乎？邇如蔡廷美、鄭賦、梁梓、蔡瀚等皆俊秀可教，曾北學中國，授業名儒，今皆補爲長史、都通事等官，進見之時，儀不忒而言有章，未必不有自也。

星槎勝覽

琉球國山形抱合而生，一曰翠麗，一曰大崎，一曰斧頭，一曰重曼。高聳叢林，田沃穀盛，氣候常熱。酋長遵理不科民下，釀甘蔗爲酒，煮海爲鹽。能習讀中國書，好古畫、銅器，作詩效唐體。地産沙金、黄蠟。

〔原録云〕：按琉球國之山形雖南北一帶而生，不甚抱合，亦無翠麗等四山之名，且形勢卑小，不高聳，林木樸樕不茂密，厥田沙礫不肥饒，是以五穀雖生而不見其繁碩也。氣候不常熱，雨過即凉，秋冬亦雨霜雪，其地近北故也。政令簡便，各食分土，故曰酋長遵理不科民下。造酒則以水漬米，〔三五〕越宿令婦人口嚼手搓取汁爲之，名曰米奇，非甘蔗所釀，亦非美姬含米所製。其南番酒則出自暹羅，釀如中國之露酒也。陪臣子弟與凡民之俊秀者則令習讀中國書，以儲他日長史、通事之用，其餘但從倭僧學書番字而已。古畫、銅器非其所好，其所好者唯鐵器、綿布焉，蓋其地不産鐵，土不植綿，故民間炊爨多用螺殼，紅女織紝惟事麻縷，如欲以釜甑爨以鐵耕者，必易自王府而後敢用之，否則犯禁而有罪焉。至於作詩則弄文墨、參禪乘者間亦能之，而未必唐體之效矣。地不産金，亦無黄蠟及玻璃等物。通國貿易惟用日本所鑄銅錢，薄小無文，每十摺一，每貫摺百，殆如宋季之鵞眼綖貫錢也。曾聞其國用海巴，今弗用矣。然與其用是錢，孰若用海巴之猶涉於貝哉。

霖按：地方多沙石，山亦崆峒，土薄瘠，物産牛羊雞豚之類，多瘦削而不堪用。民間耕種亦鹵莽，未見糞多而力勤者。男婦唯嗇於衣食，日食不過飯一二碗，略充飢而已，魚肉之類絶少用，故賤而無售者。大抵其俗儉而不勤也。鳥則鷗、鷺、鴿、鶉之類，亦間有之。

集事淵海

琉球與泉州之島曰彭湖者煙火相望，其人驍健，以刀稍矢劍鼓爲兵器。旁有毗舍那國，語言不通，袒裸盱睢，殆非人類。

〔原録云〕：按地之相去近則可望，遠則視之而弗見也。琉球去彭湖不下數千里，山川出雲，蜃氣作霧，則光景且伏者，煙火可得而相望乎？閩中士夫常曰霽日登鼓山可望琉球，蓋所望者小琉球也。若大琉球則雖離婁之目，亦豈能明見萬里之遠哉！若曰其人驍健，則誠是也。蓋生有膂力，耐饑渴勞苦，熱壁挽舟之時，雖終日不食，終夜不寢，而亦未嘗告病。匪直賤者若是，雖酋長之貴，亦慣勤動，大風暴雨，雖夜必興，相與徒行露立於港邊，以防舟之漂蕩焉，而寒濕不能使疾也。國無醫藥，民亦不夭摺，或壯或老，始生痘疹。地雖卑濕，而不見有疲癃殘疾之人。是豈盡出於禀賦哉，亦由其薄滋味、寡嗜慾，元氣固而腠理密也。第人尚忿争，有不平即以刃殺人，度不免亦剖腹自斃。所用兵器如刀劍弓矢之類，亦嚴利勁直。弓稍長如握檐，射則樹於地而兩手彎之，矢可至二百步許。盔甲製以皮革，進退節以金鼓，鄰國目爲勍敵焉。其國西南則暹羅，東北則日本。聞東隅有人，鳥語鬼形，不相往來，豈即所謂毗舍那國耶？

杜氏通典

琉球國王姓歡斯氏，名渴剌兜，土人呼之爲可老羊。妻曰多拔荼。居舍大十有六間。王乘木獸，令左右輿之。凡宴會，執酒者必得呼名而後飲，上王酒者亦呼王名然後銜杯共酌，歌呼蹋蹄，音頗哀怨。扶女子上膊，摇手而舞。又曰民間門户必安獸頭。

〔原録云〕：按琉球國嗣王姓尚氏，名清，父名真，祖名圓，自上世以來皆命名以漢字。妃皆選自民間女子充之。土人稱王曰敖那，稱妃曰札剌，無可老羊并多拔荼之稱也。至於陪臣則無姓氏，但以先世及己所轄之地爲姓名。如王親孔加迷益器、法司官寧沽安丹也，皆地名也。若大夫金良、長史蔡瀚、蔡廷美，都通事鄭賦、梁梓、林盛等，凡有姓者皆出自欽賜三十六姓者之後裔焉。王之居舍向南者七間，向西者七間，以南者舊制不利於風水，反以西者爲正。殿閣二層，上爲寢室，中爲朝堂，末與臣下坐立。凡閣門俱五色土珠爲簾櫳，中三間略加金碧，傍有側樓，亦有平屋，皆以板代瓦。廉不遠地而階亦近除，僅如中國公侯之宅，無越制也。王出入乘肩輿，非木獸，以十六人扛之。傘蓋用五色，從者數百人，鼓吹導前，戈矛擁後，仍以土珠小團扇四柄，貼金葫蘆一對爲儀衛，不知何所取義焉。宴會不時，禮亦簡朴，陪臣遇吉稱觴以壽王，王亦與之坐而共飲，但不至於呼名也。樂用絃歌，音頗哀怨，嘗譯其曲，有「人老不少年」之句，亦及時爲樂之意，如《唐風》之《山有樞》也。更以童子四人，手擊柝而足婆娑以爲舞焉。所謂蹋蹄之歌、女子之戲，皆非也。大抵琉球俗朴而忠，民貧而儉，富室貴家僅有瓦屋二三間，其餘則茅茨土堦，不勝風雨飄搖之患。人不善陶，雖王屋亦無獸頭，况民間乎？傳者訛矣。

霖按：宫室惟王府者頗高大，如中國侯伯之屋，餘皆矮小而頗潔淨。民間房止二三間，聚髏爲佳、刻獸爲奇之説，委無之。國多僧，王府待僧亦甚寬，諳漢字者王輒加禮。欽奉正朔，國中亦有能編曆者。余遊諸寺，見其所記嘉靖某年月日誦某經若干卷，雖風雨剥蝕處亦有之。王嗣自嫡而下各養於大臣王親家，長則分家財之半出住別山頭署事焉。

使職要務

洪武永樂時，出使琉球等國者，給事中、行人各一員，假以玉帶、蟒衣極品服色，預於臨海之處經年造二鉅舟，中有艙數區，貯以器用若干。又藏棺二副，棺前刻天朝使臣之柩，上釘銀牌若干兩，倘有風波之惡，知其不免，則請使臣仰卧其中，以鐵釘錮之，舟覆而任其漂泊也，庶人見之，取其銀物而棄其柩于山崖，俟後使者因便載歸。邇者鑒汩没之禍，奏准待藩王繼立遣陪臣入貢丐封，乃命使臣齎詔敕駐海濱以賜之，此得華夷安危之道，雖萬世守之可也。

〔原録云〕：按我朝封錫藩王之制，如安南、朝鮮則遣編修、給事中等官爲使，占城、琉球則遣給事中、行人等官爲使，各給以麒麟、白澤公侯伯駙馬之服，恩榮極矣。故感激圖報之下，往往有人。且安南、朝鮮固陸路可通矣，若占城及琉球則海邦也，必於廣東、福建臨海之處經年造二鉅舟，以涉大川。余等以一舟所費已及二千五百兩有奇，若人各一舟，非唯倍其費，抑亦不克共濟矣，故止造一舟。至於藏棺、釘牌之事，原無此例，縱有之亦無益也，故令有司不設備焉。大抵航海之行亦危矣，凡親愛者爲之慮靡不周，有教之以舟傍設桴如羽翼者，有教之以造水帶者，有教之以多備小舠者，殊不知滄溟萬里，風波莫測，凡此舉不足恃也，所恃者唯朝廷之威福與鬼神之陰騭焉耳。乃若領封之説，則肇自前使占城者，正、副畏難，不肯航海以畢事，曠日持久，渠國不獲已而領自海濱，非俞旨也。嘗稽古諸侯，凡嗣立俱以士服入見天子，而後受封。今之四夷即古荒服諸侯也，雖不克入覲天王，俾其於海濱領封，亦無不可。蓋中國尊而當安，外夷賤而當危也，豈直省不貲之費而已哉，經國者爲之建白可也。

霖按：琉球歸化大明，聖祖命閩人善操舟者送之歸國，自是朝貢命使，絡繹不絶，然詢其洪武、永樂年間使者姓名莫知矣。宣德三年而下，始有名姓，而字號邑里無從質訪，姑列之左以俟考云。

宣德三年

欽差正使柴山，副使阮，忘其名，及給事中、行人，册封國王尚巴志。

正統八年

欽差正使給事中俞忭，副使行人劉遜。册封國王尚忠。

正統十三年

欽差正使給事中陳傳，副使行人萬祥。册封國王尚思達。

景泰三年

欽差正使給事中陳謨，副使行人董守宏。册封國王尚金福。

景泰七年

欽差正使給事中李秉彝，副使行人劉儉。册封國王尚泰久。

天順七年

欽差正使給事中潘榮，漳州府龍溪縣人。副使行人蔡哲。册封國王尚德。

成化八年

欽差正使給事中管榮，副使行人韓文。册封國王尚圓。

成化十五年

欽差正使給事中董旻，副使行人司副張祥。册封國王尚真。

嘉靖十三年

欽差正使給事中陳侃，浙江鄞縣人。副使行人高澄。順天府固安縣人。册封國王尚清。

嘉靖四十年

欽差正使吏科左給事中郭汝霖，江西吉永豐人。副使行人李際春。河南杞縣人。册封國王尚元。

詩　文

霖按：君子之夷，夷者謂夫言語文字之不通也。琉球歸化聖朝，縉紳時使其國，及考其翰蹟，僅寺碑二篇，而《中山八景記》則余過延平有林生者示余潘公渡海事，併以其家録來觀而因得之，若詩歌之類絶無一字焉，豈明珠戒暗投，而越不知章甫之重也。然余竊怪日本人識漢字有詩僧，唐人亦有送僧歸日本詩，此又何也？余姑存此，以俟他日奇遊者覽焉。而陪臣子弟入監誦讀之舉，益知不可已已。

大安禪寺碑記

宣德五年，正使柴山奉命遠造東夷。東夷之地離閩南數萬餘里，舟行累日，山岸無分，茫茫之際，蛟龍湧萬丈之波，巨鱗漲馮夷之水，風濤上下，捲雪翻藍，險釁不可勝紀。天風一作，烟霧忽蒙，潮門洊湃，波濤之聲，振于宇宙，三軍心駭，呼佛號天。頃之忽有神光大如星斗，高掛危檣之上，耿焕昭明，如有所慰。然後衆心皆喜，相率而言曰：「此乃龍天之庇，神佛之光矣，何以至是哉！是咸賴吾將軍崇佛好善，忠孝仁德之所致也。」迨夫波濤一息，河漢昭明，則見南北之峰遠相迎衛，迅風順渡，不崇朝而抵岸焉。既而奉公之暇，上擇岡陵，下相崖谷，願得龍盤虎踞之地，以爲安奉佛光之所，庶幾以答扶危之惠。於是掬水聞香，得其地於海岸之南，山環水深，路轉林密，四顧清芬，頗類雙林之景。遂鑿山爲地，引水爲池，捄之陾陾，築之登登，成百堵之室，闢四達之衢，中建九蓮座金容于上，供南方丙丁火德于前，累石引泉，鑿井于後，命有道之僧董臨其事。内列花卉，外廣椿松，遠呑山光，平挹灘瀨，使巢居穴處者皆得以覩其光焉。此酬功報德者之所爲也。且東夷與佛國爲鄰，其聖跡海靈鍾秀有素矣。此寺宇之建，相傳萬世無窮，良有以也。後人有原其事者，必指而言曰：此大安寺也。建寺者誰？天朝欽命正使柴公也。遂書以爲記。

千佛靈閣碑記

粤自大明開基，混一六合，東漸于海，西被于流沙，聲教迄于四海，凡在遠方之國，莫不捧琛執帛而來貢焉。時東夷遁居東海之東，阻中華數萬餘里，水有蛟龍之虞，風濤之悍，陸有丘陵之險，崖谷之危。無縣郭之立，無丞尉之官。汙樽杯飲，盡其俗也。雖然，亦累貢所産于朝，永樂之間，亦常納其貢焉。洪熙紀元之初，遣正使柴山暨給事中、行人等官奉敕褒封王爵，頒賜冠冕，仍遣祭前王，使其知尊君親上之道，篤仁義禮樂之本，天朝之恩，無以加矣。當今聖人繼登龍馭，率由舊章，宣德二年復遣正使獨掌其事，涖臨以詢之，則見其王欽己於上，王相布政於下，其俗皆循禮法，熙熙如也。宣德三年，本國遣使歸貢于朝，迨夫五年，正使山復承勅來兹，重宣聖化，往海往返，滄波萬頃，舟檝之虞，風濤之患，朝夕艱辛，惟天是賴。思無以表良心，遂倡三軍墾地營基，建立佛寺，名之曰大安。一以資恩育之勤〔三六〕，一以化諸夷之善。寺宇既成，六年卒事，復命。迨宣德八年歲在癸丑，天朝甚嘉忠孝，特勅福建方伯大臣重造寶船，頒賜衣冠、〔三七〕文物以勞之。日夜栖跡海洋之間，三軍有安全之歡，四際息風濤之患。或夜見神光，或朝臨瑞氣。此天地龍神護佐之功，何其至歟！於是重修弘仁普濟之宫，引泉鑿井，於宫之南鼎造大安千佛靈閣。凡在諸夷，莫不向化。寶閣既成，佛光嚴整，八月秋分，又有白龍高掛，以應其祥，此嘉祥之兆，良有自也。遂立碑記以紀其事，使萬世之下聞而知者，咸仰天朝德化之盛，而同趾美於前人，因書之以爲記。

大明宣德八年歲在癸丑仲冬初二日辛巳，天朝欽差正使柴山、副使阮鼎立。

中山八景記

大明統一萬方，天子文武聖神，以仁義禮樂，君師億兆，故凡華夏蠻貊，罔不尊親，際天極地，舉修職貢，自生民以來，未有如今日之盛者也。天順壬午春，琉球國遣使請立世子爲嗣君，上命臣榮、臣哲往封之。癸未夏六月，由閩藩發舟，天風自南，不數日而抵其國。奉宣德意，封爵典禮既行，自國王以下皆拜手稽首，俯伏頌上大恩不已。越仲秋八月，國大夫程均文達執卷謁使館請曰：「文達敝居之東新創有寺，山水頗清奇，命工圖爲八景，願請登臨，留題詠以記盛美。」予念去君親客海外萬里，方怏怏于中，奚暇及他事。大夫均請之不置，因與皇華蔡均克智同往觀焉。既至，是日白雲初收，天氣清明，山色秀麗，有松萬樹，所謂萬松山也。登山覩松，蒼然鬱然，堅貞可愛，因誦孔子「歲然後凋」之語〔三八〕，凡與遊者皆興起動心。山之東行一里許至軒，曰潮月軒。軒中四面蕭爽，當天空夜静之際，開軒獨坐，水月交潔，心體明净，有志於當時者得不起高山景仰之思乎？軒之左鑿地爲井，井上植橘數株，泉甘足以活人，橘葉可以愈病。程大夫取井之義是，蓋古人之用心也。右則有徑〔三九〕，徑石奇形怪狀〔四〇〕，旁列皆佳木異卉，可憩可遊。大夫、長史諸君各酌酒奉勸，慇懃禮意，至再至三。因飲數杯，上馬至送客橋，士大夫愛重，過橋須下馬，於是各相携手，顧謂大夫曰：「昔子産聽鄭國之政，以其乘輿濟人於溱洧，孟子謂其惠而不知爲政。今均爲國大夫，此橋之作，豈特爲送客耶？將以濟病涉之民也。」過橋行數里許至緣江之路，時天色漸暮，漁舟唱晚，但見羽毛之呈祥，鱗介之獻瑞，極目海天，胸次如洗，曾不知穹壤間復有所謂蓬萊也。由是而過樵歌之谷，樵人且歌且樵，熙熙乎皞皞乎，我國家仁恩遍及海隅，太平之象，其可忘所自乎？出谷但聽瀏亮之音，洋洋在耳，大夫進而謂曰：「此即鄰寺鐘也。」因而至寺，老僧率衆十餘人迎拜于道。予既佳其山水之奇勝，且喜夷僧之知禮，因令人扣之曰：「大夫以隣寺鐘列于八景者，僧知此義乎？」因告之曰：「此鐘晨焉而敲，夷人聽鐘而起，俾之孜孜爲善，無乖争凌犯之作。暮焉聽鐘而入，俾之警省身心，閉門而思過咎。國大夫命景之義，其有益於人如此。」僧唯唯謝曰：「謹當佩服斯訓。」他若山川之勝，景物之善，俱未及暇尋。雖然，程大夫中華人也，用夏變夷均之職也，果能以諸夏之道而施之蠻貊，漸染之，薰陶之，提撕而警覺之，將見風俗淳美，中山之民物皆易而爲衣冠禮義之鄉，予忝言官，當爲陳之于上，俾史臣爲書之，將以爲天下後世道，豈但今日山川景物之勝而已哉！姑書之以記歲月。

天順壬午八月　日，欽差吏科左給事中潘榮撰。

息思亭説

郭汝霖　吏科左給事中

天使館自門而入，正堂三間。自正堂引至書房三間，余處於東，李君處於西。房之後再三間，官舍輩處之。兩旁翼以廊房，各六間，門書、輿皁寓焉。暑月蘊隆，促促數步内，琉之人爲余弗安也，卜後垣空地，砌土瓦茅，竪柱而亭之，余因扁曰息思。夫人情久相離則思，余馳驅上命，何敢言思。然舍桑梓，涉波濤〔四一〕，遠君親，旅外國，而鴻賓雁弟，玉樹芝蘭，數月各天，寥寥音問，余安能不用情哉！昔謝太傅江海人豪，中年與親知別，數日作惡，余嘗寤歎其懷。陽明子曰七情之發，過處爲多，余又惡夫情之過而惡也，斯亭之登，願少息焉。圖書在前，琴瑟在御，以吟以咏，以絃以歌，庶幾造化者游而忘其身之在異鄉矣。

大明會典

琉球自洪武年間，其中山王、山南王、山北王皆遣使奉表箋貢馬及方物。洪武十六年，賜國王鍍金銀印并文綺等物，山南王亦如之。後賜中山王、山南王、山北王紵絲紗羅冠服，王妃紵絲紗羅，王姪、王相、寨官絹公服。永樂以來，國王嗣立，皆請命册封，自是惟中山王來，每二年朝貢一次，每船一百人，多不過百五十人。

貢物

馬　硫黄　蘇木　胡椒　螺殼　海巴　生黄銅〔四二〕　牛皮　櫂子扇　刀　錫　瑪瑙　磨刀石　烏木　降香　木香

〔原録云〕：按琉球貢物唯馬及硫黄、螺殼、海巴、牛皮、磨刀石乃其土産，至於蘇木、胡椒等物，皆經歲易自暹羅、日本者，所謂櫂子扇即倭扇也。蓋任土作貢，宜其惟正之供，而遠取諸物，亦其獻琛之敬。則夫符璽之賜，章服之頒，得非顯忠嘉善之典歟！

夷語附

天文門

天甸尼　日非禄　月都急

風嗑濟　雲姑木　雷刊眉

雨嗑乜　雪由其　星波世

霜失母　雹科立　霧氣力
露禿有　電波得那　霞噶嗑尼
起風嗑濟福禄沽　天陰甸尼奴姑木的　天晴甸尼奴法立的
下雨嗑乜福禄　下雪由其福禄　明日阿者
昨日乞奴〔四三〕　風雹嗑濟科立

地理門

地只尼　土足止　江密乃度
河嗑哇　海吾乜　山牙馬奴
水民足　冰谷亦里　路密集
石依石　井依嗑喇　墻拿别
城遶　泥乜禄　沙是那
灰活各力　橋松只　磚牙及亦石
瓦嗑哇喇　岸倭嗑　遠它加撒
近即加撒　長拿嗑失　短密失拿失
前馬乜　後吾失禄　左分達里

右民急里	上吾乜	下世莫
東加失	西尼失	南米南米
北乞大		

時令門

春法禄	夏拿都	秋阿及
冬由福	冷辟牙撒	熱嗑子撒
寒辟角禄撒	暑奴禄撒	陰姑木的
陽法立的	晝皮禄	夜由禄
早速多	晚約姑里的	時吐急
氣亦急	年多失	節些谷尼即
正月燒哇的	二月寧哇的	三月撒哇的
四月升哇的	五月惡哇的	六月禄谷哇的
七月式的哇的	八月法只哇的	九月谷哇的
十月柔哇的	十一月失木都及	十二月失哇思

花木門

茶札	花法拿	米谷米
樹拿急	果吾乜	松馬足
柏馬足拿急	竹達急	笋達急
棗那都乜	草谷撒	瓜吾利
菜菜	梅吾乜	葉尼
香槁	蓮花花孫奴法拿	龍眼龍暗
荔枝利是	甘蔗翁急	胡椒窟受
蘇木司哇		

鳥獸門

龍達都	虎它喇	鹿加目
馬吾馬	獅失失	牛吾失
兔吾撒急	熊谷馬	象喳
鷄土地	鵞喈哪	猪嗚哇

驢仝　騾仝　狗亦奴
皮嗑哇　鼠聶　鶯打荅噶
魚亦窩　羊匹牝喳　蛇密密
猴撒禄　龜嗑乜　雀由門都里
鳳凰呼窩　麒麟其粦　孔雀枯雀枯
獬豸害宅　仙鶴司禄　象牙喳泠其
玳瑁嗑乜那各　牛角吾失祖奴　喜雀孔加查思
鶴頂它立奴谷只

宮室門

門郁　窗牙　房亦棄
樓塔嗑牙　井依嗑喇　河嗑哇
御路密集　丹墀密集　御橋扒只
皇城窟宿枯　館驛館牙　瓦房嗑喇亦棄牙

器用門

盔嗑塢吐
箭牙
鎗牙立
盆大匊
船菁尼
櫓羅
帶文筆
筆分帖
紙嗑巴
碗麻佳里
花瓶抛拿
箱子凱
棋子戧其

甲幼羅衣
弓由乜
卓代
瓶匹胡平
桅花時
篷賀
畫棄
字開第
硯孫司利
屏風飄布
香盒福法各
酒鍾撒嗑子急
玉帶衣石乞各必

刀嗑荅拿
弦子奴
盤杌執一名桶盤
床墮各
舵看失
筯麥匙
書佐詩
墨司默
鎖插息
香爐稿爐
倭扇杠其
茶鍾茶麻佳里
金鍾孔加尼麻佳里

人物門

皇帝倭的每　王妃倭男扎喇　國王倭王嗑吶尸

王子倭奴鬱勃人誇　朝廷倭每奴　大夫大福

長史丈司　使者使臣　通事通資

正使申司　副使付司　唐人大刀那必周

師父失農褒　和尚褒子　父親一更加烏牙

母親倭男姑吾牙　兄先扎　弟屋都

妻同之　子枯哇　女烏男姑

琉球人倭急拿必周　日本人亞馬吐必周　朝貢使臣嗑得那使者

大明帝王大苗倭都每　琉球國王倭急拿敖那

人事門

跪非撒慢都急　說嗑荅里　拜排失之

興吾達里唆亦　走迫姑一其　行亞立其

去亦急　來吃之　你吾喇

我昂哇
好約達撒
賣屋的
見朝大立葉亦急
底頭嗑蘭自之
謝恩蜜温卜姑里
慶賀密由烏牙
起來揭知
報名包名
早起速都密的
敕書倭眉脚都司墨
不好哇禄撮
給賞烏鴉没谷古里
言語麽奴嗑苔里
聖旨由奴奴失
上緊走排姑亦急

有阿力
歹哇禄撒
睡眠不里
入朝大立葉密達
立住荅止歪立
朝貢蜜加妳吸之
表章彪烏
進貢嗑得那
辭朝畏之謾歸
下程司眉曰尸
拿來嗑子密的枯
放下由六尸
方物木那哇
曉的失之
御前謝恩惡牙密温普谷里
上御路惡牙密即約里

無妳
買科的
請來子蓋失之
鞠躬曲尸麻平的
叩頭嗑藍自之
平身度漫思吾
賞賜吾一加每奴
進表漂那阿傑的
回去悶都里其
筵宴札半失
好看丘達撒
作揖利十之
多少亦加撒
不曉的失藍
且慢走慢的
再叩頭麻達嗑藍子其

衣服門

段匾受里　紗撒　羅羅
紬柔　絹活見　布木綿
綿布奴奴木綿　夏布拿都木綿　紵布達急木綿
葛布嗑布　彩段抛拿匾受里　改機蓋乞
官絹活見　倭絹活見　西洋布尼失木綿
靴匹藍加　韈乎韈子　鞋皮夜
帽冒　紗帽沙冒　帶文必
網巾罔巾　員領員領　衣服豈奴
衫冷今　裙嗑甲莓　褲嗑甲馬

飲食門

酒撕其　茶扎　飯汪班尼
菜菜　菓刻納里　粉由諾沽
麵皿其諧沽　肉失失　魚游

酒飯撒急汪班尼　喫茶扎安急弟　喫飯汪班尼安急弟
喫肉失失安急弟

身體門

頭嗑藍子　耳米米　眉馬由
目乜　口窟之　牙諸其
鼻抛拿　手剃　脚匹奢
心起模　身度　髮嗑十藍其
眉毛品其　鬍子胡品其　齒扒

珍寶門

金孔加尼　銀南者　銅押甲嗑尼
鐵谷禄嗑尼　錫石碌嗑尼　錢惹尼
鈔支尼　玉衣石　珠撻馬
石衣石　瑪瑙吾馬那達馬　珊瑚牙馬那達馬
珍珠撻馬　水晶皿子撻馬　玉石撻馬一實

琥珀它喇　犀角吾失祖奴　硫黃油哇

數目門

壹的子　貳荅子　叁膩子

肆由子　伍一子孜　陸畝子

柒拿納子　捌鴉子　玖酷骨碌子

拾吐　拾壹吐的子　拾貳吐荅子

拾叁吐密子　拾肆吐由子　拾伍吐亦子孜

拾陸吐畝子　拾柒吐拿納子　拾捌吐鴉子

拾玖吐酷骨碌子　貳拾荅子吐

壹錢一止買每　貳錢尼買每　叁錢山買每

肆錢申買每　伍錢吾買每　陸錢六谷買每

柒錢式止買每　捌錢法止買每　玖錢枯買每

壹兩就買每　拾兩撇姑每　壹百兩撇牙姑

壹萬箇麻就吐失　千歲森那　萬萬歲麻由吐失

通用門

買吾利
求討荅毛里
説話麽奴嗑達里

知道識
不知道失藍子
不敢揚密撒

東西加尼尼失
閑漫啚押里
不閑漫啚奈

説謊由沽辣舍
實話馬訟沽夷
不見迷闌

快活括其
辛苦南及之
笑瓦喇的

啼那其
呼院的
痛一借沙

瘂課沙
明早起身阿者速啚拖枚榻支

夷字附

い 以	へ 比	る 而	た 他
ろ 路	と 度	を 倭	れ 吕
は 罷	ち 知	わ 哇	そ 甦
に 尼	り 利	か 加	つ 子
ほ 布	ぬ 奴	よ 有	ね 尼

夷國上下文移往來書札止寫此數字，凡音韻類者即通用也。

題奏

欽差吏科等衙門左給事中等官臣陳侃等謹題，爲出使海外事。切照嘉靖十一年五月內，琉球國世子尚清上表請封，欽蒙差臣侃爲正使，臣澄爲副使，各賜一品服一襲，齎捧詔書一道、敕書一道、諭祭文一道，并頒賜儀物等項，前往琉球國祭中山王尚真，封尚真子尚清爲中山王。臣等隨即陛辭，先至福建造船。船大而費亦巨，經始於嘉靖十二年五月，至嘉靖十三年四月始克造完。船完之日，遂至長樂縣广石地方登船。先期尚清已遣長史蔡廷美等過海迎接，令通事林盛帶夷稍三十人爲臣等駕船。在五月初八日解纜開洋，洋中偶值逆風，船不可往，放回數百里，後遇順風復往，因失針路，漂過琉球國交界地方名曰熱壁山，遂泊于此。尚清聞之，差大臣一員，帶夫四千餘名，駕小船四十餘隻至熱壁，將船挽回，五月二十五日方到彼國。尚清即遣儀從及文武陪臣隨龍亭迎詔敕、諭祭文至天使館奉安，擇日行禮。六月十六日行祭王禮。七月初二日行封王禮，是日尚清皆迎至國門外，一見龍亭，先行五拜三叩頭禮，步行前導，迎至正殿，一如儀注〔四四〕。行禮開讀已畢，設宴款留〔四五〕，禮意懇至。臣等令儀從迎詔敕回館，尚清令通事致詞〔四六〕，欲留爲鎮國之寶。臣等猶未允，復令長史捧先朝詔敕來看，臣等始知留詔敕爲先朝故事，况已奉有明旨，始許其留。行禮既畢，似應即回，因海中風浪不測，惟順風而後可行，非可以人力勝者。琉球在福建之北，去以南風，回以北風，故至九月二十日方可開始。計在彼國停泊一百十五日。日有廪餼之供，旬有問安之禮，月有筵宴之設，隨行人役皆給口糧，使之安飽。行時復具黄金四十兩爲贐，臣等在福建時例有金帶、銀器等物送用，尚不敢妄受，况外國之物乎？故責以大義，陳以國法，彼亦知敬而不敢强。仍遣通事林盛帶夷稍十人爲臣等駕船，又遣王親寧古、長史蔡瀚、通事梁梓等另駕一船進表謝恩。開船之後，二十一日晚颶風陡作，將臣等船中大桅吹摺，舵亦損壞〔四七〕。舟人震恐無措，荷皇上威福，以致神明默佑〔四八〕，得保生還。在十月初二日入福建省城，同行夷船今尚不到，或未免漂溺之患矣。除彼自行補謝外，臣等切思三代以降，聖王不作，治化陵夷，以文德被海内者尚不多見，况覃敷海外者乎？若越裳氏之重譯而來，以中國之有聖人耳。琉球國在海外無慮數千里，漢、唐、宋時皆未嘗内附，至元時遣將伐之而亦不從，至我太祖登極，首先臣附，率子弟來朝，此豈區區勢力所能服哉？要必有所以感之者耳。我太祖悦其至誠，待亦甚厚，賜以符印，寵以章服，遣閩人三十六姓爲彼之役，又許其遣子弟入國學讀書習禮。彼亦感激，久而匪懈。迨今皇上御極以來，制禮作樂，聲教四敷。彼知中國之聖人復生，故欲竊餘光以誇耀他國，是以不避風濤之險，貢獻益勤，請封益篤。今日之舉，尤出誠懇〔四九〕，聞欽命奔迎於海曲〔五〇〕，見龍亭匍匐於道周，非但不敢如緬甸之倨傲無禮，而亦不敢如尉佗之較量勝負也。臣等忝與使事，亦竊尊榮，無任感荷慶幸之至。緣係出使海外事理，備將使事顛末謹具題知。

琉球國中山尚清謹奏，爲謝勞事。伏念臣清僻居海邦，荷蒙聖育，封臣爲中山王，不勝感戴。除具表謝恩外，今有差來使臣二員，正使吏科左給事中陳侃，副使行人司行人高澄，冒五月之炎暑，衝萬里之波濤，艱險驚惶，莫勞於此。臣等小國荒野，無以爲禮，薄具黄金四十兩，奉將謝意。此敬主及使，乃分之宜，酬德報功，亦理之常。二使懼聖明在上，堅不敢受。微臣情不能盡，無以自安，令陪臣順齎貢奉，伏乞天語叮嚀，賜彼二使，庶下情盡而遠敬伸。無任激切感仰之至等因。奉聖旨：「覽。奏謝足見敬慎，金着陳侃等收了。禮部知道。」

光禄寺等衙門少卿等官臣陳侃等謹題，爲謝勞事。侃原任吏科左給事中，高澄原任行人司行人，於嘉靖十一年蒙欽命差往琉球國封世子尚清爲中山王。往返三年，已於今年五月二十四日復命。訖近中山王尚清差陪臣謝恩，順齎臣等所却黄金四十兩，具本進呈，欲天語叮嚀，下賜臣等。節奉聖旨：「金着陳侃等收了。欽此。」欽遵。切念臣等奉皇上之命，遠使琉球。琉球乃素知禮義之國，臣等至彼，正欲敷揚聖德，恪守臣節，爲中華增重，安敢受彼非禮之餽？故筵宴之設，必陳方物，具書固却至再至三，書備於《使琉球録》中，已塵御覽矣。臨行以金四十兩爲贐，堅不肯受，彼心不自安，冒瀆天聽，蒙皇上鑒彼敬慎之心，特下收受之命。臣等聞命自天，措躬無地，敢不拜受，以爲家寶。但奉使奔走乃臣等職分之常，自揣無功，曷敢受兼金之惠？伏乞皇上將此金收儲内帑，或命彼帶回，庶遂臣等之初心，而於君命斯不辱矣。無任感激敬懇之至等因。奉聖旨：「已有旨了，不准辭。該衙門知道。」

吏科等衙門左給事中等官臣陳侃等謹奏，爲乞祠典以報神功事。竊念臣等奉命往琉球國封王。琉球遠在海外，無路可通，往來皆由於海。海中四望惟水，茫無畔岸，深無底極，大風一來，即白浪如山，舟飃忽震蕩，人無以庸其力，斯時也，非神明爲之默祐，幾何而不顛覆也耶？臣等往來于海，驚險數次，皆藉神明之助，得保生還。是豈臣等菲德致此，皆由皇上一念精誠，感格天地，以致百神呵護，非偶然者。臣等不敢隱其功，謹歷數爲陛下陳之。嘉靖十三年，臣等初去時，五月初八日開洋，至十二日將厎其國，忽逆風大作，舟摇撼不可當，遂爾發漏，數十人以轆轤引水不能止。舟蕩甚，足不能立，衆欲塞漏而不可得。於是群呼求救於神，剪髮以設誓。俄而風遂息，舟少寧，執燭尋罅，皆塞之固，水不能入，得保無虞。使是風更移時不息，舟之沉必矣。此其功一也。回時九月二十日，在彼開洋，二十一日夜即遇颶風，將大桅吹摺，須臾舵葉又壞。舟之所恃以爲命者桅與舵也，當此時舟人哭聲震天，大呼神明求救。臣等亦知決無生理，爲軍民請命，叩首無已。忽有紅光若燭籠然者自空來舟，舟人驚報曰：「神已降矣，吾輩可以生矣。」舟得無事。當風雨晦冥之時，紅光何自而發？謂非神之精靈不可也。此其功二也。二十三日，黑雲蔽天，風又將作。衆皆知舵當易而不敢任，蓋風濤中易舵，一動即覆矣。於是請命於神，得吉兆，衆遂躍然起易。舵柄甚重，約有二千餘斤，平時百人舉之而不足，是時數十人舉之而有餘，兼之風恬浪止，倏忽而定，定後風浪復厲，神明之助不可誣也。此其功三也。二十六日，忽有一蝶飛繞於舟，僉曰：「蝶質甚微，在樊圃中飛不百步，安能遠涉滄溟？此殆非蝶也，神也，或將有變。」速令舟人備之。復有一雀立於桅上，雀亦蝶之類也，令以米飼之，馴馴啄盡而去。是夜果疾風迅發，白浪拍天，巨艦如山，飄蕩僅如一葦，風聲如雷，而水聲助之，真不忍聞。舟一斜側，流汗如雨。臣等懼甚，衣服冠而坐，相與嘆曰：「聖天子威德被海内外，百神皆爲之效職，海神獨不救我輩乎？當此風濤中而能保我數百民命，真爲奇功矣，當爲之立碑，當爲之奏聞于上。」言訖，風若少緩，舟行如飛，徹曉已見閩之山矣。此其功四也。有夷舟進表謝恩者，與臣等同行，遇二十一日之風，漂回本國，至今年三月方到福建。臣等之舟止行八日，直底閩江，不至漂流失所者，皆神之功也。臣等感其功，不敢不厚其報，在福建時已嘗致齋設醮，修廟立碑矣。但奏聞之言既出于口，不敢有負于心，謹摭顛末，上瀆聖聽。詞若涉于荒唐，心實本于誠懇。伏望聖慈憫念，下之禮部，詳議可否，萬一其功當報，令福建布政司與祭一壇，庶天恩浩蕩，而幽冥有光矣。臣等切思，名山大川之神，在舜時已有望秩之祭，我太宗文皇帝時遣太監鄭和下海，嘗立祠於海濱，時加致祭。況《禮》云：能禦大災則祀之，能捍大患則祀之。今一救援之功，遂保數百人之命，其爲大災大患，莫此是過。伏惟聖明詳察，臣等無任戰慄恐懼之至，爲此具本，親賫謹具奏聞，伏候敕旨。

禮部爲乞祠典以報神功事。祠祭清吏司案呈，奉本部送禮科抄出吏科等衙門左給事中等官陳侃等題云云等因。奉聖旨：禮部看了來説。欽此。欽遵抄出送司，案呈到部。看得左給事中陳侃等奏稱，奉命琉球，往來海中，時遭風險，幾致顛覆，多藉神功救援，乞要賜祭，以報其應一節。爲照國家嶽鎮海瀆類皆有祭，祀法云：能捍大患則祀之，在典禮則固然矣。今左給事中陳侃等奉使海外，屢遭風濤之險，卒獲保全，實乃皇上聖德默祐所致，海神效職不可謂無，是亦捍災禦患之意也，賜之以祭，禮亦有據。合無候命下之日，本部行移翰林院撰祭文一通，行令福建布政司備辦祭物香帛，仍委本布政司堂上官致祭一次，以答神休，不爲常例。緣係乞祠典以報神功及奉欽依禮部看了來説事理，未敢擅便，謹題請旨。奉聖旨：「是。」欽此。

吏科等衙門左給事中等官臣陳侃等謹題，爲周咨訪以備採擇事。切念臣等奉命往琉球國封王，行禮既畢，因待風坐三閱月而後行，無所事事，因得訪其山川風俗人物起居之詳，杜撰數言，遂成一録。

録之意大略有二。臣等初被命時，禮部查封琉球國舊案，因曾遭回禄之變，燒毁無存，其頒賜儀物等項請查於内府各監局而後明〔五一〕。福建布政司亦有年久卷案，爲風雨毁傷，其造船并過海事宜，皆訪於耆民之家得之。至於往來之海道，交祭之禮儀，皆無從詢問，特令人至前使臣家詢其所以，亦各凋喪而不之知。後海道往來，皆賴夷人爲之用。其禮儀曲摺，臣等臨事斟酌，期於不辱而已。因恐後之奉使者亦如今日，著爲此録，使之有所徵而無懼，此紀略所以作也。又嘗念國家大一統之治，必有信史以載内外之事，如《大明一統志》者是已。誌中所載琉球之事，所云落漈者水趨下不回也，舟漂落漈百無一回，臣等嘗懼乎此〔五二〕，經過不遇是險，自以爲大幸。至其國而詢之，皆不知有其水，則是無落漈可知矣。又云王所居壁下多聚髑髏以爲佳，臣等嘗疑乎此，意其國王兇悍而不可與言也。至王宮時，遍觀壁下，亦皆累石，國王則循循雅飭若儒生然。在彼數月，雖國人亦不見其相殺，又何嘗以髑髏爲佳哉！是志之所載者皆訛也。不特志書爲然。杜氏《通典》、《集事淵海》、《嬴蟲録》、《星槎勝覽》等書，凡載琉球事者，詢之百無一實。若此者何也？蓋琉球不習漢字〔五三〕，原無志書，華人未嘗親至其地，胡自而得其真也？以訛傳訛，遂以爲誌，何以信今而傳後？故集群書而訂正之，此質異之所以作也。兼以夷語、夷字，恐人不知，并附于後。臣等學問麤疎，言詞鄙俚，勉成此録，實不足以上塵睿覽。但念海外之事，知之者寡，一得之愚，或可以備史館之採擇，是以不避譴責，陡膽進呈，伏惟陛下恕其狂僭，下之禮部，詳議施行，臣等不勝幸甚。緣係周咨訪以備採擇事理，謹以《使琉球録》繕寫一册，隨本上進以聞，伏候敕旨。

禮部一本，爲周咨訪以備採擇事。該吏科等衙門左給事中等官陳侃等題前事等因，奉聖旨：「禮部看了來説。」欽此。欽遵抄出到部。看得吏科左給事中陳侃、行人司行人高澄等題稱，奉命往琉球國封王禮畢，訪其山川風俗、人物起居，撰《使琉球録》一册上進，乞要詳議〔五四〕，備行史館採擇一節。爲照琉球國遠在海濱〔五五〕，華人鮮至其地，是故國俗風土，知之者寡〔五六〕。今按《一統誌》等書所記，事本傳聞，殊有該載未盡者。據左給事中等官陳侃等親歷其地，目擊其事，山川風俗之殊〔五七〕，往來聞見，悉出實録，因採擇事蹟，撰述成書〔五八〕，既以正載籍之所未盡，且俾後之奉使者有所考〔五九〕。足見各官留心使職，誠可嘉尚〔六〇〕，似應俯從，合候命下之日，本部將所進《使琉球録》付之史館，以備他日史館採集，伏乞聖裁等因。奉聖旨：「是。」

欽差吏科等衙門左給事中等官臣郭汝霖等謹題，爲渡海册封復命事。切照嘉靖三十七年正月内，琉球國世子尚元上表請乞襲封王爵，蒙差臣汝霖爲正使，臣際春爲副使，各賜一品服〔六一〕，賚捧詔敕併頒賜冠服、儀物等件〔六二〕，前往琉球國封世子尚元爲中山王，仍諭祭中山王尚清〔六三〕。臣隨即辭朝至福建省城，督有司造船，渡海行事。遭值連年倭患，阻遲海口，未得開洋。至今年五月内，海口頗靖，臣等乘隙而出。五月二十八日，在於長樂縣梅花地方開洋。閏五月初五日，行至赤嶼山，阻風三日，漂過琉球山一日，幸彼處夷人在山哨望，知爲封船，乃發艕牽引回其境内。至初九日登岸，到於彼國。尚元即遣儀從及舉國臣民迎導詔敕至天使館安奉。擇六月初九日行祭王禮，六月二十九日行封王禮，世子皆躬率臣民迎導，跪拜踴躍嵩呼，歡聲洋溢，儼恪懇至。開讀既完〔六四〕，世子仍乞留詔敕以爲國寶〔六五〕，臣等令其捧前者來看，因如制許之〔六六〕。大禮既成，臣等在天使館守候風汛回國。十月初九日登舟〔六七〕，緣風阻哪霸港口，至十九日始得開洋。二十一日在於洋中搯舵，荷賴聖靈得保生全〔六八〕。十一月初二日歸至福建省城。其琉球國王尚元遣王親原德、長史蔡朝器等另駕一舟隨同臣等上表謝恩，亦以初十日到於福建海口。除彼自行具謝外，臣惟唐虞三代之盛，四夷來王，漢、唐以下雖有屬國，叛服不常。琉球在海島中，乃能永堅一心，歸化無渝。臣等到彼，供應廪餼，趍走承順，如郡縣然，非聖朝文德漸被之極，何以致此？我皇上十三年既册其父，兹者又封其子，聖壽萬齡，聖威萬里，視祖宗有光，而軼唐虞三代不二矣。臣等雖當海警風波之險，猶得周旋使事之榮，臣無任感荷欣忭之至。緣係渡海册封事理，謹具本題知〔六九〕。

使琉球録後序

高　澄

天下事履之而後知，及之而後喻，未有不身試之而知其然者。壬辰歲，思齋暨余被使琉球命〔七〇〕，人皆曰航海之役危哉，盍訪諸前使而稽其所録耶？越旬獲覩詔敕琉球舊草，始知前爲給舍董君旻、司副張君祥，時二君已不禄矣，而録諸梓者復遺失而莫可稽，良用憂懼〔七一〕。乃取載琉球諸書而參考之，見其爲説頗異〔七二〕，意純夷或有是也。及今夏五月至其國，立冬風便始歸，其間得於見聞之久、詢訪之真者，似與諸所載少不同，是非獨疑訛之故，或者風以化移，俗因時易，月異而歲不同耳。故因紀使事而復質之諸書，以見今日聲教之大同而蠻夷之丕變也。雖不足續王會之圖，成風土之記，然於後之奉使者則未必無小補云。

嘉靖甲午十月乙亥〔七三〕，古燕高澄序。

校記

〔一〕莫知所之，「莫」原誤作「矣」，據陳侃《使琉球録》（嘉靖刻本，下同，下簡稱陳録）改正。

〔二〕率國人稽首，踊躍歡呼，「國人稽首，踊躍歡呼」八字原缺，據陳録補。

〔三〕已事……而見上矣，「事遄返，十月朔還閩，可以」十字原缺，據陳録補。

〔四〕郢書燕説，「郢」原誤作「逞」，據陳録改。

〔五〕此項原缺，據陳録補。
〔六〕金鈎玉玎璫全，原缺，據陳録補。
〔七〕花，原缺，據陳録補。
〔八〕深，原缺，據陳録補。
〔九〕宜永壽年，「永」原誤作「未」，據陳録改。
〔一〇〕命下之日，「命」原作「今」，據陳録改。
〔一一〕不平，陳録作「深憂」。
〔一二〕智者計免……曷辯諸，陳録作：「天朝之使遠冒乎險而小國之王坐享其封，恐非以華馭夷之道，盍辭之，以需其領。」
〔一三〕君父之命無所逃……唯唯而退，陳録作：「君父之命無所逃於天地之間，况我生各有命在天，豈必海外能死人哉？領封之説出於他人之口則爲公議，出於予等之口則爲私情，何以辭爲。勿聽。」
〔一四〕自備，陳録作「舊制」。
〔一五〕炰，原誤作「包」，據陳録改。
〔一六〕救，原誤作「敕」，據陳録改。
〔一七〕訢踊，原作「訢誦」，據陳録改。
〔一八〕纖毫，原作「織毫」，據《殊域周咨録》引郭録改。
〔一九〕卑陋，陳録作「卑痺」。
〔二〇〕共守，原作「其守」，據陳録改。
〔二一〕義，陳録作「善」。

〔二二〕踰,原誤作「喻」,據陳録改。

〔二三〕三,原誤作「二」,據陳録改。

〔二四〕同,原缺,據陳録補。

〔二五〕王,原誤作「至」,據《殊域周咨録》引文改。

〔二六〕黄布,陳録作「紅布」。

〔二七〕按:此文不見陳録,據蕭崇業《使琉球録》引,實高澄《操舟記》文。

〔二八〕寢不能寐,「不能寐」三字原缺,據陳録補。

〔二九〕工選軍,陳録作「護送軍」,似當從。

〔三〇〕銀,原誤作「官」,據陳録改。

〔三一〕按:此下文原或有缺頁,稍後使臣蕭崇業等所作《使琉球録》卷上録有全文,本叢書已收,可參。

〔三二〕首之右,「右」,陳録作「中」。下文云漢人髻在中,故當以本文爲正。

〔三三〕政,原誤作「攻」,據陳録改。

〔三四〕原録云,三字原無。按下文爲陳録原文,故依例補。下同,以〔 〕表示。

〔三五〕水漬米,原誤作「木漬米」,據陳録改。

〔三六〕恩育,原作「恩有」,據蕭崇業等《使琉球録》(下簡稱蕭録)卷下改。

〔三七〕衣冠,蕭録作「衣服」。

〔三八〕歲然後凋,蕭録作「歲寒後凋」。

〔三九〕右,原缺,據蕭録補。

〔四〇〕怪,原缺,據蕭録補。

〔四一〕波，原缺，據蕭録補。

〔四二〕生，原誤作「坐」，據陳録改。

〔四三〕本條原缺，據陳録補。按此部分原缺文多處，今均據陳録補，其注音亦時不同，此并補改，不一一出校。

〔四四〕一如儀注，「如儀注」三字原缺，據陳録補。

〔四五〕行禮開讀已畢，設宴款留，「開讀已畢，設宴」六字原缺，據陳録補。

〔四六〕尚清，原缺，據陳録補。

〔四七〕大桅吹摺，舵亦損壞，「桅吹摺舵」四字原缺，據陳録補。

〔四八〕荷皇上威福，以致神明默佑，「皇上威福以致」六字原缺，據陳録補。

〔四九〕今日之舉，尤出誠懇，「日之舉尤」四字原缺，據陳録補。

〔五〇〕奔迎於海曲，「於海」二字原缺，據陳録補。

〔五一〕查於内府各監局而後明，「而後」二字原缺，據陳録補。

〔五二〕臣等嘗懼乎此，「懼乎」二字原缺，據陳録補。

〔五三〕琉球不習漢字，「漢」原缺，據陳録補。

〔五四〕撰使琉球録一册上進，乞要詳議，「進乞要」三字原缺，據陳録補。

〔五五〕琉球國遠在海濱，「在海」二字原缺，據陳録補。

〔五六〕知之者寡，「寡」字原缺，據陳録補。

〔五七〕目擊其事，山川風俗之殊，「擊其事山川風俗」七字原缺，據陳録補。

〔五八〕因採擇事蹟，撰述成書，「採」、「撰述」三字原缺，據陳録補。

〔五九〕俾後之奉使者有所考，「俾後」二字原缺，據陳録補。

〔六〇〕誠可嘉尚，「可嘉」二字原缺，據陳録補。

〔六一〕各賜一品服，「賜一品」三字原缺，據蕭録補。

〔六二〕齎捧詔敕併頒賜冠服、儀物等件，「頒賜冠服、儀物等件」八字原缺，據蕭録補。

〔六三〕封世子尚元爲中山王，仍諭祭中山王尚清，「中山王仍諭祭中山」八字原缺，據蕭録補。

〔六四〕開讀既完，「開」字原缺，據蕭録補。

〔六五〕世子仍乞留詔敕以爲國寶，「敕」字、「爲」字原缺，據蕭録補。

〔六六〕因如制許之，「制許之」三字原缺，據蕭録補。

〔六七〕守候風汛回國，十月初九日登舟，「國十月初九日登舟」原缺，據蕭録補。

〔六八〕荷賴聖靈得保生全，「聖靈得」三字原缺，據蕭録補。

〔六九〕題知，「知」字原缺，據蕭録補。

〔七〇〕思齋，陳録作「陳給舍」。

〔七一〕憂懼，「憂」字原缺，據陳録補。

〔七二〕見其爲説頗異，「見」字原缺，據陳録補。

〔七三〕十月，「十」字原缺，據陳録補。

附録

送郭一厓給事使流球還朝兼柬李槐亭大行

龔用卿

上國頒恩命，文光照海陬。夷邦瞻使節，李郭共仙舟。詔下三台動，波平百怪收。采風知獻納，端拱慰宸旒。

（明萬曆刊本《雲岡選稿》卷五）

贈諫議郭汝霖使流球還朝叙

黄廷用

流球在東海島間，舟行程途不能計。自隋大業通道，逮唐宋無聞，元令之致貢莫肯承。暨我明握乾闢坤，效順獻珍，凡其國有大典禮來奏，皇祖綏以文德，嘉與使臣答之，累朝率爲常。

嘉靖御極甲午，嘗舉故事。兹戊午正月，國世子尚元航章匄封。四月二日，詔給舍郭一厓君充正使持節行，而介者大行李君槐亭。八日陛辭，九月抵吾省，檄諸司刳木爲舟。舟成，爲烏蜍蠹，加以頻歲倭奴侵犯，海以外不靖，尚元聞之，願領封，疏其事於朝，下祠部議，不允。乃再造舟，遲回者四載，辛酉五月二十有五日，禱於海之神，放舟而東，閏月九日達其國，詹吉奉册行禮如制。尚元肅將祇歡，饗使臣文與情俱。一厓君承朝箴甚謹，私惠不歸德不留焉。

事既竣，十月九日登舟候風，十八日行。後二日，雙神雀宛宛迴翔，夥長曰：「茲颶風徵也。」頃之颶風果大作，震撼播蕩，舟若立若覆。在行者五百人皆震驚籲號。二使諭之曰：「命也。」第困亦甚矣。其去也順流以西南風，其歸也遡流截海以東北風，灝灝乎，淙淙乎，無東西南北，風一不順，則波浪滔天，怒號四起，中流而摺柁斷綆，將何恃乎？所恃者神天相焉。有善水者即續其綆而新其柁，五日底定，縱其所如，入温台，望望然以閩山爲歸。及見定海，舉欣欣然喜曰：「得生矣。」十一月二日抵三山。二院諸監司郊迎相慰勞曰：「海上之歸樂乎？夫坐井觀天，以天小也，今乃知天之爲大矣。浴日吞舟之魚，背黑則映天，眼赤則射波。蛟龍變化則雲霧陰翳，風日晴朗則海波不揚。扶桑若木，森然島外，雲峰黑水，上下東隅。殊方別種，語言飲食，概得其狀。中朝衣冠威儀爲遐陬欽矚，起居尊榮。茲行也，不爲樂乎？使於四方，不辱君命，夫子以爲士。今郭君使海外還朝報使事，誠大丈夫子矣，得無紀乎？」明日，授簡於不敏。

乃賡命作而言曰：燕禮工歌，《鹿鳴》、《四牡》、《皇皇者華》，禮以食之，樂以樂之，誠以將之，故有以得人臣之歡心，夷險不二，生死不怵。郭君使中山不爲遥，歷風濤不爲艱，其程途所經，民情幽隱，有司臧慝，政事廢興，皆在睹記之中，書之奏牘，所以通下情而達宸聽，是爲能忠其職，豈直宣德威使夷邦已乎？且聞太夫人垂白在堂，倚門而望，積憂而危者匪朝伊夕，一旦見其子海外生還，則母子天性，悲喜交集，更生之願，誰能喻之？《詩》曰：「每懷靡及，諏謀度詢。」又曰：「用是作歌，將母來諗。」

謂作詩者爲知道，非乎？

贈右司諫郭時望使琉球序

（明萬曆刊本《少村漫稿》卷上）

雷　禮

嘉靖戊午春，琉球國世子尚元遣陪臣請封爵，聖天子嘉其守禮，詔禮部上侍從可使者。於是刑科右給事中郭君時望被簡命，仍賜一品服以行。夫使於四方不辱君命，孔子嘗許其爲士矣。是皆冠帶之國，交聘而至，固未有出使於異域者。惟漢文起自代邸，欲鎮撫南粤，舉可使者，得陸賈以往。賈富詩書，有口辯，且嘗使其地，爲佗所敬禮，卒能令去黄屋，稱臣入貢，而班史特侈其事爲美談。琉球居滄溟之中，崇山爲國，環海爲固，入我明首來享，皇祖嘉其仰體天道好生，興事大之禮，隆諭褒奬，命奉御路謙等齎符賜王鍍金銀印一顆，凡以制御島夷大無外之仁也。延今二百餘年，世脩臣職，入貢不絶。遭逢聖皇更化，父子相繼請封號，非南粤屈於鎮撫者比，則時望之下臨彼國，思所以尊我朝而堅其忠順之心爲何如哉！夫忠信篤敬，可行於蠻貊，而士不辱命，必自行己有恥者基之。陸賈雖有口辯，爲他所憚，然受饋千金，他物稱是，非所以貴名檢、示儀刑於外夷。故佗雖貌屈，而詭竊如故。今琉球國王雖奔走效順，而群島倭奴，實狡焉弗恭，每偵中國之政爲向背，則今日之命，固島夷觀屬所係，寧羡賈口辯已耶？

時望在諫垣忠厚正直，素行可達於神明，近疏西北邊務，求所以飭武備者鑿鑿切事情，不爲支詞曲論，是其秉禮達節，聲聞四著，非必如賈之嘗使其地而夷人已凜然知慕矣。兹以文德來夷人，又躬親其事，誠思皇祖所以諭怕尼芝者宣布之，諭王知前人敬事天朝，以致延封至今，亦必祗奉敕諭，慎守封疆，息征戰，育下民，毋自速戾，庶有以讋服其心而奪之氣，風及群島，畏威懷德，則頑獷之習可革，中國有常尊之勢矣。後世傳其事而侈言之，則賈之事不足慕也。予知時望行己之素，則必善於使命，故於其行也，借賈爲喻。

（明末刊本《鐔墟堂摘稿》卷五）

送使臣出海封琉球國王

張瀚

夏至乘風候，龍旂下海濱。片帆纔出澳，積水已無垠。開國三山舊，恩封詔使新。中郎初建節，南粤故稱臣。去憶人瞻斗，行逢日在鶉。禮先夷族順，厚往睿情仁。異域儀刑重，遥天雨露均。歸期小春月，復此候通津。

（明隆慶刊本《溪囊蠹餘》卷七）

諫議吴君悟齋使琉球贈言

趙釴

自古王天下者稱雄才大略莫如漢武。考其世平南粤，平西羌，平西南夷，平東越，平朔方，逐單于萬里，一時外臣幾盡薄海内外，古今莫比焉，非其智獨長，亦其得人盛也。即無論它，如張博望者，生平多游歷，如大宛，如大月氏，如大夏、康居，西域皆身所至焉。故一時通道所獲，皆出其指示。噫嘻，奇哉！

我皇上威臨萬國，惟北虜不靖，近倭亦憑海入寇，欲得一人驅逐之，莫有石畫之臣挺身應命，如漢武時可役使者，豈古今人真不相及耶？大都任事者難耳。琉球在海外，去中國近，奉職最謹。世子尚元今年春遣使臣叩闕下，曰：臣當繼父守土，願得封賜如儀。例當遣給事中一人爲正使，行人司一人爲副使往王之，序及吴諫議悟齋。往時及者率陰相遜却，稽來使不得行，吴諫議獨慨然曰：「序及我，我當往。」人皆曰：「吴諫議信奇異丈夫子哉！視瀚海如陸，視絶島如家，其度量過人遠矣。」昔聞張博望有異術，故能出入方域不爲困。余往見吴諫議慷慨好奇，又博學，凡陰陽術數，無不通曉，若飄然出塵壒之外者。茲固欲爲汗漫之游也，因過邸第，私論之曰：「子輕海乎？」曰：「吾親在，不敢以浮海爲快也。吾越人饜倭毒久矣，嘗見古豪傑提空手入外漠，説其名王，令以夷攻夷，率收厚效，有不煩兵而來者數國，心竊慕之。近見琉球世子俘倭人來獻，歸我漢人，意亦勤矣，似可義屬者。誠欲宣示德意，令琉球轉相告誡，使日本輯其島衆不爲寇，不然則連兵討之。其勢宜聽，不聽則伺其入寇，絶其歸道，以所奪漢物予之，且論功焉。如其説行，海波可静矣。又以外使在中多探聽，不當示怯，今朝乞封，暮即遣使，知中國不以海爲難也。庶法令可行，吾之意在是。」余曰：「諫議可謂知所重矣。懷此而使，即古志士何以加焉？」今人喜佚惡勞，遇難則辭避，以致寇亂連年不息，誠得如諫議者數人，分置南北重地，國家可無久患。

于是同省者授簡于鈇，使言。鈇曰：昔殷員外使回鶻，承命即行，韓昌黎以知輕重丈夫許之名流，至今史獨不載其使回鶻事，其所爲可知已。今諫議蘊蓄若此，而慷慨過之，惜余之言不足重諫議行，但其所私語皆國計也，故論列之。抑自謂語出遥度，恐不當要領，至外國，身諮訪之，必有奇畫出於此語之外者。諫議回，當爲卿寺大夫，天子若詔而問之，其直言以對。

（明隆慶刊本《無聞堂稿》卷二）

吴悟齋給諫使琉球

張天復

皇澤含無外，舟航萬里通。金函將漢詔，玉節拜夷封。雲蓋長迎日，星帆但信風。海天波盡偃，利涉仰神功。

（明萬曆刊本《鳴玉堂稿》卷十一）

吴悟齋給諫使琉球

張天復

侍臣銜命下金門，絶徼遥將雨露分。日麗五雲騰鳳綵，天開三島焕龍文。夷王擁篲迎宸綍，風伯驅塵净海氛。懸想星槎還魏闕，百蠻通道奏奇勛。

李大行使琉球

張天復

宫袍賜錦沐恩多，劍珮新乘漢使槎。雨露一函分玉節，滄溟萬里接銀河。雲開遠浪懸仙嶠，日出群蛟净海波。遥想扶桑封石處，蕃夷君長待鳴珂。

（以上明萬曆刊本《鳴玉堂稿》卷十二）

贈悟齋吴諫議奉使琉球

查秉彝

玉册傳殊域，天朝簡近臣。漢官陳法從，周禮貴王人。奇表仍專對，清氛信絶倫。涵恩知蕩蕩，祇役自駪駪。横海樓船使，明河博望津。行行惟向日，戀戀獨瞻辰。鳳節遵皇路，麟袍爛帝春。長空浮遠樹，疊浪淨秋旻。馳傳祥飆護，揚旌水怪馴。彭湖晴似練，天界雪如銀。雨過龍宫曉，雲開日闕真。千年存故國，八葉沛恩綸。異俗敷文教，漢儒羨席珍。一新唐號令，不數漢和親。磊落凌霄氣，昂藏報主身。槖金麾陸賈，尺牘邁陳遵。飛鷁旋青瑣，鳴珂覲紫宸。夷情圖上見，民瘼陛前陳。聖主嘉將命，從知寵數頻。

（明萬曆刊本《覺庵存稿》卷三）

送郭時望諫議使琉球

馬自强

萬里頒封下紫宸，壯遊真羨瑣闈臣。虞廷舞羽元無外，漢使乘槎合有人。綵鷁輝生聯帶玉，滄溟浪静映袍麟。遥知極目扶桑地，聖澤汪洋賴爾新。

（清同治敦倫堂刊本《馬文莊公集選》卷十四）

送内兄右司諫郭時望使琉球

宋儀望

我后喜當陽，車書統萬方。頒封臨絶域，函詔下明光。萬里皇華節，三年諫省郎。禮加侯國上，服亞珥貂行。望闕風煙迥，連天海路長。樓船雲裏出，旌羽日邊翔。蜃氣應多豫，鯨波自不揚。威儀瞻漢使，冠冕拜夷王。紀事傳新語，宣恩率舊章。歸來報天子，齊獻萬年觴。

（明萬曆刊本《華陽館詩集》卷八）

送李行人使琉球十韻

胡　直

漢節層霄下，周官絶國通。金書頒玉篋，麟錦錫龍宫。到海天爲幛，乘潮夜易曈。吹鐃行碧落，旌旆掛長虹。兵謝陳稜武，辭看陸賈雄。鮫綃原入貢，楛矢不求供。天地同垂曜，華夷並祝嵩。少年臨異域，别緒共飛蓬。自是黿鼉國，偏知造化功。歸期麟閣畫，名姓冠諸公。

（《四庫全書》本《衡廬精舍藏稿》卷七）

送人使琉球二首

魏　裳

鳳銜仙詔下彤庭，萬里仙槎自客星。漢主恩波春浩浩，海天雨色晝冥冥。匡衡心事元焚草，陸賈聲名獨汗青。莫以路岐悲去住，雙龍南斗正光熒。

其　二

抗疏聲名在漢庭，主恩持節下高冥。歌前把劍雲陰慘，天畔題詩海色青。鳳詔春暉頒紫極，麟袍曙日照滄溟。仙槎萬里歸來日，回首扶桑已勒銘。

（明萬曆刊本《雲山堂集》卷一）

送吴惟脩給事奉使流球

徐學謨

本朝封域過扶桑，使者乘槎泛淼茫。瑣闥書傳虚玉几，丹墀袍錫暎麟章。蛟龍不擾瀧波静，星斗遥瞻島道長。自是羽儀傾海外，旌旗夾道拜夷王。

（明萬曆刊本《徐氏海隅集》詩編卷十二）

送給諫吴悟齋使琉球序代存翁作

曹大章

今天子神化威靈，長駕而遠馭，漸被既久，際天所覆，罔不職貢授命。今年琉球請封，詔以給舍吴君充正使，璽敕麟袍，承命以行。兹行也，咸謂浮海者天下之至險也，出入風濤，萬里去國，經年眇音問，而爲之憂危焉。乃吴子則固毅然愉然，戒行李，將出都門，其疏義益激發，顔色益充粹，知其所養者定，所見者大矣。夫人臣之義，委身在公，何敢問夷險遐邇。丈夫意氣，該括宇宙，始生而有志於四方，復安得置嶺海於度外耶？即有善爲身圖者，擇官而居，擇地而蹈，終其身無行役之跡，然其見利害愈大則局量愈隘，遇小得失榮辱，心日怦怦焉，若危柱之絃，神摇而魂驚，則狂飄怒濤雖謂之震蕩於方寸間可也，烏可因其據室中而遂謂之安耶？今自閩海揚鈴也，長風助順，可計日而往，計日而還，探日月之窟，凌烟雲之區，窮島夷之俗，極魚龍之變，娱耳目於昭曠寥廓之表，而杳然失一世之混濁，則固大觀勝遊也，又烏得因其涉海外萬里而謂其安適不若一室耶？夫天朝之尊，不輕報使，而琉球者固荒阻之島裔也。今嘉其服事之謹，至於勤瑣闥之親臣，錫以玉圭、寶册之殊典，其優榮之至矣。國家之待遠人也如此，然蕞爾倭島，復有豕突淮吴間，以干師旅之怒，膏血中土者，使其疆域聯絡，聲氣相通，誠見吾之威儀辭令、氣節謨略，足以鼎重國勢，光揚王靈，必其視華人也如天神之降，而其尊中華也如天，效順者堅志，犯順者革心，安知其不遂戢暴修職，悉如琉球以自徼福耶？使果能戢暴而修職，世如琉球也，國家之寬仁又安知其不待之以琉球之殊恩耶？夫若是，其身邁於絶域而化行於異類也，則銜命者將不得爲國之勞臣耶？其倡義率先稽首授命者，又將不得爲夷之望國耶？壯哉，兹行也，不徒然矣。相臣尚亦藉有得人之慶矣。

吴子予所録士，而其初官復以仁明福澤予郡，於兹别去，情爲獨深。同年之在史館者凡八人，咸歌詩以送之，再拜請言，予引之如此。

（明萬曆刊本《曹太史含齋先生文集》卷一）

送郭一崖使琉球

曹大章

青瑣才名重帝京，金符玉簡獨南行。彭羅氣壓波光静，象魏心懸曙色明。憂國諫書傳舊草，觀風詩句擅新聲。九重龍衮憑誰補，萬里瑶天一佇旌。

（明萬曆刊本《曹太史含齋先生文集》卷十五）

使琉球録附皇華唱和詩

〔明〕蕭崇業　謝杰　撰

校點説明

《使琉球録》二卷附《皇華唱和詩》一卷，明蕭崇業、謝杰撰。

蕭崇業（？—一五八八），字允修，號乾養，應天府上元縣人。隆慶五年（一五七一）進士，歷官兵科給事中、太常少卿、南京右僉都御史。謝杰（？—一六一四），字漢甫，福建長樂人。萬曆二年（一五七四）進士，歷官行人、右副都御史，終户部尚書，總督倉場。萬曆元年（一五七三）冬，中山王世子尚永請封，萬曆四年，遣蕭崇業、謝杰爲正、副使齎詔往，於萬曆七年五月二十二日自福建梅花所開洋，六月初五日至哪霸，使事畢，十月二十四日返程，十一月初五日入閩城。蕭崇業等除向皇帝報告出使經過外，依例撰寫本書進呈并付梓。

《使琉球録》體例一依前此陳侃所作，卷首爲詔敕、諭祭文、圖。卷上「使事紀」，先歷數前朝使臣名録，自陳侃、郭汝霖則節録二人之出使紀，後記本人出使事，惟所紀僅來往海上航行事，其餘則録之於「禮儀」、「造舟」、「用人」、「敬神」等章，於「敬神」特詳。卷下「群書質異」一同陳録，間附己見，以駁正前人，然增易頗少，反時有謬誤。至於「題奏」、「藝文」等類，亦歷録陳侃、郭汝霖等人所作，增以己作，故嚴格來説，本書應視爲前録之增補本。

此次校點，以上海古籍出版社二〇〇二年《續修四庫全書》影印明萬曆刊本爲底本。原書所附

「夷語」、「夷字」，係照録陳侃《使琉球録》，原文漫漶不清，且有缺頁，本書已收陳録，故此次校點予以删除，特此説明。

謝杰，《明史》有傳，兹附後，并附同時人有關詩文，以供參考。

（賀詩菁）

目録

使琉球録序

萬曆癸酉冬，中山王世子尚永以繼立請，故事遣給事中一人、行人一人之其國封焉。有司者故他慮，廼往復勘覈，遷延迄丙子秋，余以次當忝信使，大行則謝君副之。或惴余曰：蹈海至危機也，往航者食不能捉匕，爾奈何獨嘗以無貲之軀耶？其去知命也者誠遠矣。余曰：否，否。夫人起家續食則通塞分，出世馳年則脩短異，要之命也有理焉，而以乘船危竦我，是黔死而後已，至於成敗利鈍非臣之明所能逆睹也。烈哉忠言！與全軀保妻子者蓋異日談矣。夫學者始居約時，氣勃勃籠霄，好稱引曩喆以高自標置，即古之尊行嵬伐、卓犖軼絶者儗可伯仲之而不慚，廼如翕訿逋蕩、饕詖奊詬之夫，輒腐心切齒，恨借尚方之劍，壹何偉也！兹幸離疏釋蹻而仕已，大率值取争受羸，臨務争就佚，有非常，則蚓縮鼃跧，不敢信寸趾争後，反益巵詞詭故，緣飾枝蔓，以文其奸，是遵何德哉！蓋由碌碌小□徒見利害重，見綱常輕耳。夫先聖思義授命之訓章徹並麗典謨，學士大夫童而習之，無人我如此，而漢臣出師矢志之辭，抗邁明勁，昭昭乎揭日月而行於世又如此，儻口其文，廼行視之比於枘鑿，則昔所標置之謂何？第亡論人臣致身之義，本植諸天性，而君恩隆右即覆載何能名狀。藉令得其當而捐糜以報萬分一，尤理所不怵也，矧區區蹈海顧欲以難焉而避之，則頃所稱争羸、争佚、争後者衹自道耳，將君子之無所醜也固若此乎？於是余與謝君遂以皇上頒制詔之日，薰沐陛辭，同拜文綺酒飯之賜，乘傳而往。凡居閩、居中山總之四稔近已，其間跋涉之艱，風濤之戹，雖勢或不無，然莫非臣子職分所宜任者，以彼其念尚弗可萌之於心，若復喋喋然恣險説以駴聽聞，是猶未免矜孤勩於君父前，曰今日我上也，無亦重有大咎矣，則余詎敢哉！使琉球舊有録，紀勝圖流規舟秩則較前録稍益增，兹不具述，余特著人臣奉使之役，在理當勇以赴之，且海上無甚險，以傳信於後之忠義者云。

萬曆七年十一月欽差户科左給事中臨安蕭崇業謹序。

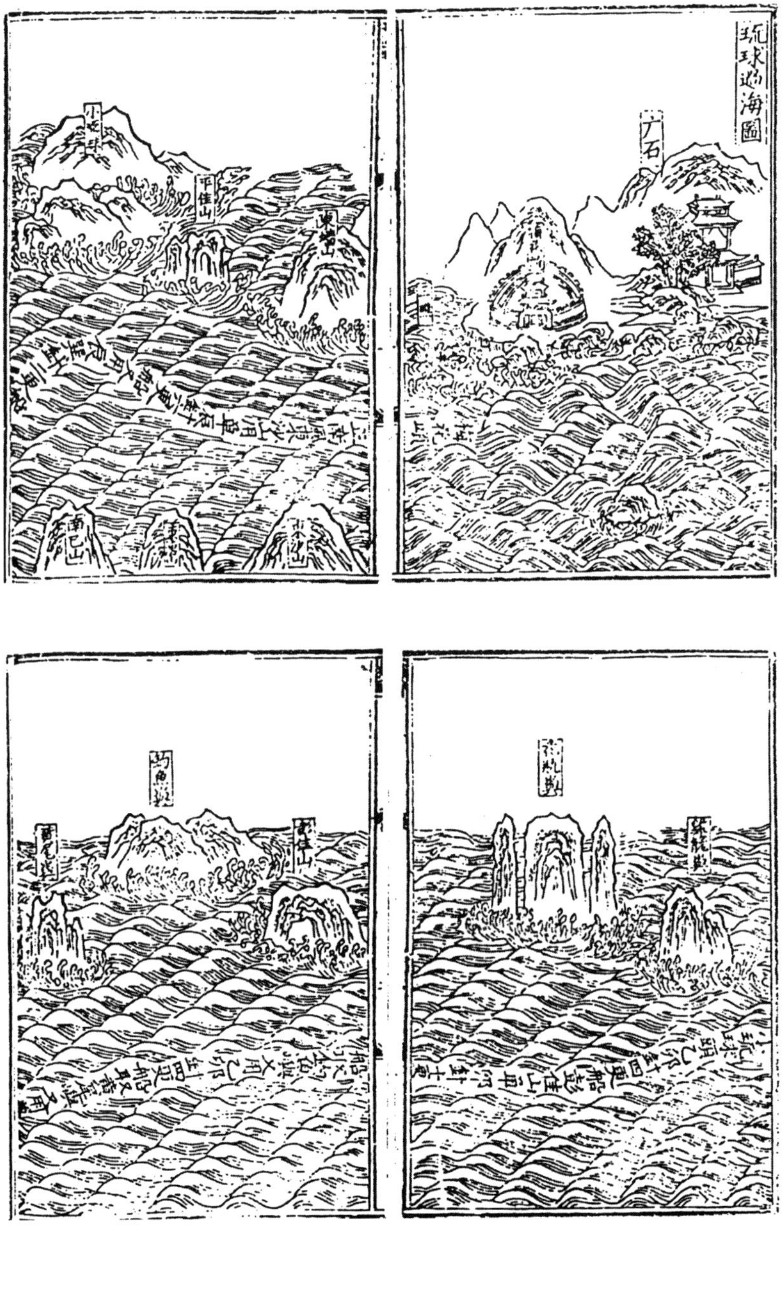

琉球過海圖

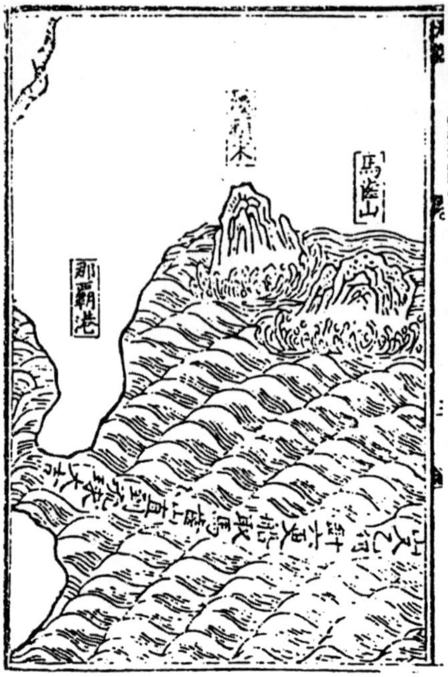
馬齒山
那霸港

赤嶼

天使館

蕭崇業曰：圖海猶之繪天也，豈易得其肖哉！即善丹青者鮮不龜手矣。第水路必用針，亦古人指南之法，此圖似不可少云。

於戲！觀於海者難爲水，遊於聖人之門者難爲言。昔聞其語，今睹其然矣。夫惟水善下，故能成其海；人善虚，故能成其聖。海何所不有，聖人何所不容，知海則知聖人矣。昔者河伯聞若説而適適然驚，規規然自失也，豈非以出崖涘而後可以語大理乎？是故明此以養德，則恢廓靈明，藏納孅懿，不可極也。明此以酬物，則變化闊廣，淵涵權妙，不可闕也。明此以禔身，則離世超□，潔裏粹表，不可滓也。明此以迕逆，則威武無懼，禍患無恐，動作當務，與時周旋，不可縛也。信乎聖人之道所以其大如海，而溝澮無本之學，惡足以究滄溟之量哉！余嘗臆爲之説曰：孔子乘桴浮於海，蓋欲審察道體，考驗學術，祖述憲章之志不遂，而思以上律下襲也者，意義誠深遠焉。故謂子路無所取裁，良有以耳，此殆可與馳域外之議者道耶？

詔敕祭文

奉天承運皇帝詔曰：朕受天明命，君臨萬方，薄海内外，罔不來享，延賞錫慶，恩禮攸同。惟爾琉球國遠處海濱，恪遵聲教，世脩職貢，足稱守禮之邦。國王尚元紹序膺封，臣節深謹，兹焉薨逝，悼切朕衷。念其侯度有常，王封當繼，其世子永德惟象賢，惠能得衆，宜承國統，永建外藩，特遣正使户科左給事中蕭崇業、副使行人司行人謝杰，齎詔往封爲琉球國中山王，仍賜以皮弁、冠服等物。凡國中官僚耆舊，尚其協心翼贊，畢力匡扶。懋猷勿替于承先，執禮益虔于事上。綏兹有衆，同我太平，則亦惟爾海邦無疆之休。故兹詔示，咸宜知悉。

皇帝

萬曆四年九月初九日。

之寶

皇帝敕諭琉球國故中山王尚元世子尚永：惟爾先世守此海邦，代受王封，克承忠順。迨于爾父元，畏天事大，益用小心，誠節懋彰，寵恩洊被，遽焉薨逝，良用悼傷。爾爲冢嗣，克濟厥美，群情既附，宜紹爵封。兹特遣正使户科左給事中蕭崇業、副使行人司行人謝杰，齎敕諭封爾爲琉球國中山王，并賜爾及妃冠服、綵幣等物。爾宜恪守王章，遵述先志，秉禮循義，奠境安民。庶幾彰朕無外之仁，以永保爾有終之譽。欽哉！故諭。

頒賜

國王

紗帽一頂展角全

金廂犀束帶一條

常服羅一套

大紅織金胸背麒麟圓領一件

青褡䕶一件

緑貼裏一件

皮弁冠服一副

七旒皂縐紗皮弁冠一頂旒珠金事件全

玉圭一枝袋全

五章絹地紗皮弁服一套

大紅素皮弁服一件

素白中單一件
纁色素前後裳一件
纁色素蔽膝一件玉鈎全
纁色粧花錦綬一件金鈎玉玎璫全
紅白素大帶一條
大紅素紵絲舄一雙襪全
丹礬紅平羅銷金夾包袱四條
紵絲二疋
黑緑花一疋
深青素一疋
羅二疋
黑緑一疋
青素一疋
白氁絲布十疋
妃
紵絲二疋

黑綠花一疋
深青素一疋
羅二疋
黑綠一疋
青素一疋
白氁絲布十疋
廣　運
萬曆四年九月初九日。
之　寶

按甲午、辛酉年并該國歷世所藏詔敕，其詞旨大略與今相同，故不重出。

諭祭文

維萬曆七年歲次己卯　月　朔　日，皇帝遣正使户科左給事中蕭崇業、副使行人司行人謝杰，諭祭琉球國中山王尚元。文曰：惟王早膺封爵，嗣守海邦，順天事上，誠敬不渝。宜臻壽年，以享富貴，胡爲一疾，遽爾告終。訃音來聞，良爲悼惜。特兹遣祭，庶克歆承。

祭品

牛一隻　猪一口
羊一羫　饅頭五分
粉湯五分　蜂糖糕一盤
象眼糕一盤　高頂茶食一盤[一]
響糖五箇　酥餅酥錠各四箇
纏碗五箇　降真香一炷
燭一對重一斤　焚祝紙一百張
酒二瓶

蕭崇業曰：大哉王言，世之所共宗也。九圍之内，冠帶之倫，得天子一字之褒，則必緹緡十重，謹藏諸篋笥，以貽子孫世珍。亡論細民，即搢紳士大夫亦難概顯其親，使無以韋布老，王言之及，蓋殊尤矣，矧影末波餘如外服者乎？琉球僻居海嶠之中，與魋結群醜正等耳。然繼世而王者，率馳請闕下，以爲常典。于是主上並遣侍從之臣往封之，其禮數可埒於重藩，生榮死哀，備極霅煜，而宸章藻翰，世世有加焉，豈不偉哉！豈不偉哉！

諭祭祈海神文

皇帝遣正使户科左給事中蕭崇業、副使行人司行人謝杰，諭祭广石廟海神曰：兹者遣使海邦，遠頒封詔，舟航利涉，寔賴神庥。爰命使臣，虔祈靈貺，神其歆佑，俾克安寧。謹告。

諭祭報海神文

皇帝遣正使户科左給事中蕭崇業、副使行人司行人謝杰，諭祭广石廟海神曰：曩者遣使海邦，遠頒封詔，賴神之貺，來往無虞。爰命使臣，虔修報謝，惟神鑒歆。謹告。

使琉球録卷上

請留詔敕

業按：出使外國，彼國中必留詔敕，以爲社稷重，此故事也。自祖宗以來，凡十數葉，未之有改矣。業受命封琉球國中山王，竊睹故記，其間體要頗宜興脩者不一，輒不揣攎往裁今，條剌四事以聞，語具題奏中。

其一曰請留詔敕。夫遠夷向慕，王化所恃，以爲鎮國之寶者惟此詔敕而已。前使臣陳侃等比照弘治、正德年間修撰倫文叙、編修沈燾等差往安南國留敕事例，曾經題奉欽依，聽其請留，案在禮部可據。但臣等係齎捧之官，應否聽留，必須出有上裁，義不敢以前例而自專者。合無敕下禮部查議，容臣等臨時斟酌，如其意果誠懇，則亦俯順夷情，聽其請留，庶臣等有所遵守而可以慰遠人敬奉之心矣等因。奉聖旨：禮部知道。欽此。隨該禮部覆題，看得户科左給事中等官蕭崇業等題稱請留詔敕一節。爲照琉球脩貢效順，閱世已久，每遇襲繼，例遣使臣齎捧詔敕賜封，蓋示小國無敢擅專，必待天朝之寵命也。先是頒去詔敕，彼國每欲請留，是亦遠人知所欽崇之意，在天朝亦何所靳？往年使臣陳侃等奏請及此，本部覆奉欽依准其請留去後，今本官仍爲申明，合候命下，行令到彼，臨時酌處，如其請留之意委係誠切，亦宜照例與留，以順夷情，伏乞聖裁等因。奉聖旨：依議行。欽此。業等伏睹明命，敢不祗若。

蕭崇業曰：於戲！世非赫胥，人乖繩治，防軌萬肇，情譎叢生，雖蕭墻輦轂，亦有藏慝韞姦，參差於曩古者矣。迺琉球以而内痦主，列爵爲王，秉忠不貳，朝廷世有譽命，貽之無窮。環觀四夷之君，舍箕子故國，其保位持寵，孰若此邦之根柢寧固者哉！彼親爲骨肉，疆土千里，不務遵德檢柙，顧湛溺盈溢之欲，以自取隤聲，褫秩戮及先人，爲天下笑者，夫亦藏禍韞姦之流耳，宜没没也，其眎中山王可赧然汗矣。

使事紀

蕭崇業曰：古者列國傾側擾攘之際，彼此各家，使重，大抵出一言卒解糾紛之難，是以《春秋》内外傳所稱予者，所謂魁士名豪非乎？秦漢叔季如好畤長卿二子，猶以持論當否，讋抑倔强，光流史册，乃今承平之時，土堇堇守尋常，鮮奇筴可自表見，其名又甚不榮，故未數祼間，竟同卉腐，即姓與氏皆泯滅無聞已。於戲！人之聲施相越，豈不殊哉！余因參覈舊録所載，自宣德迄兹凡奉使者得若干人，具列之篇中，備考鏡焉。

宣德三年

欽差内監柴山。

敕封國王尚巴志。請封自巴志始，父思紹係追封。

正統八年

欽差正使給事中俞忭，副使行人劉遜。

敕封國王尚忠。

正統十三年

欽差正使給事中陳傅，副使行人萬祥。

敕封國王尚思達。

景泰三年

欽差正使給事中陳謨，副使行人董守宏。

敕封國王尚金福。

景泰七年

欽差正使給事中李秉彝，副使行人劉儉。

敕封國王尚泰久。

天順七年

欽差正使給事中潘榮，漳州府龍溪縣人。副使行人蔡哲。

敕封國王尚德。

成化八年

欽差正使給事中官榮，副使行人韓文。

敕封國王尚圓。長子尚宣威傳位一年逝，未及請封。

成化十五年

欽差正使給事中董旻，副使行人司副張祥。

敕封國王尚真。

嘉靖十三年

欽差正使給事中陳侃，浙江鄞縣人。副使行人高澄。順天府固安縣人。

敕封國王尚清。以前録無所考，刻之自陳、高始。事具載如左。

嘉靖丙戌冬琉球國中山王尚真薨。越戊子，世子尚清表請襲封，下禮部議。禮部恐其以奚齊奪申生也，又恐其以牛易馬也，令琉球長史司復覈其實，戒毋誑。越辛卯，長史蔡瀚等覈諸輿民勳戚同然一辭，僉曰尚清乃先王真之冢嗣，立爲世子有年矣。具文申部，宗伯韙之。越壬辰春，禮部請差二使往封，給事中爲正，行人爲副，侃與澄廼承乏焉。命下之日，時夏五望也。六月，各賜一品服一襲，侃以麒麟，澄以白澤，俱大紅織金羅爲表，絹爲裏，緑羅褡䕶，青羅褶子，裏亦用絹，帶以玉則自備。又各賜家人口糧四名。八月，侃等始治裝成行。越癸巳五月，侃至三山，澄亦以六月至。閩三司諸君承禮部咨文，已將過海事宜會裁已定。七月二日定艫脩船。十一月琉球國進貢船至，余等憂閩人不諳海道，喜來得詢其詳。翼日又報琉球國船至，乃世子遣長史蔡廷美來迓，則又喜其不必詢諸貢者而有爲之前驅者矣。長史進見，道世子遣問外，又道世子亦慮閩人不善操舟，遣看針通事一員率夷稍善駕舟者三十人代爲之役，則又喜其不必藉諸前驅而有同舟共濟者矣。越甲午二月，舟始畢工。四月十八日，舟先發於南臺。二十六日，余等啓行，三司諸君送至南臺，酒三行，余等起謝曰：「曩時海國之役，必數年始克竣事，聞之舟不易成也。今未及朞月而有航海之期，誰之功也，敢不再拜！」諸君皆歌《烝民》之詩以贈，亦再拜遂别。是晚宿于舟中，翼日至長樂，長史舟亦隨行。五月朔，余等至广石，大舟亦始至。二日祭海登舟，守巡諸君設宴爲餞，是日遂别諸君，慨然登舟。連日風逆，五日始發舟，不越數舍而止，海角尚淺，至八日出海口，方一望汪洋矣。風順而微，波濤亦不洶湧，舟不動而移，與夷舟相爲先後，出艙觀之，四顧廓然，茫無山際，惟天光與水光相接耳。雲物變幻無窮，日月出没可駭，誠一奇觀也。九日，隱隱見一小山，乃小琉球也。十日，南風甚迅，舟行如飛，然順流而下，亦不甚動，過平嘉山、釣魚嶼，過黄毛嶼，過赤嶼，目不暇接，一晝夜兼三日之程。夷舟帆小，不能及，相失在後。十一日，夕見古米山，乃屬琉球者。夷人鼓舞，喜達于家。夜行徹曉，風轉而東，進寸退尺，失其故處。又竟一日，始至其山。十三日，風又轉而北，逆不可行。欲泊於山麓，險石亂伏於下，謹避之。長年執舵甚堅，與風爲敵，遂上下於此山之側。相持至十四日夕，舟刺刺有聲，若有分崩之勢。大桅原非一木，以五小木攢之，束以鐵環，孤高衝風，摇撼不可當，環斷其一。衆恐其遂摺也，驚駭叫嚣，亟以釘鉗之，聲少息。原舟用釘不足，艌麻不密，板聯不固，罅縫皆開，以數十人轆轤引水，水不能止。是時惟長年數人色不少動，但云風不足懼，速求罅縫而塞之，可保無虞。於是有倡議者曰：「風逆則蕩，順則安，曷回以從順。」有一人執舵而云：「海以山爲路，守此尚可以生，失此恐無以救。」但衆股慄啼號不止，姑從衆以紓其懼，旋轉之後，舟果不蕩，執燭尋罅塞之，水不能入，衆心遂定。計十六日旦當見古米山，至期杳無所見，執舵者曰：「今將何歸？」余等亦憂之。忽遠見一山巔微露，若有小山伏於其旁，詢之夷人，乃曰：「此葉壁山也，亦本國所屬，若更從而東，即日本矣。」申刻果至其地泊焉。十八日，世子遣法司官一員具牛羊酒米瓜菜之物爲從者犒，通事致詞曰：「天使遠臨，世子不勝訢踊，聞風伯爲從者驚，世子益不自安，欲躬自遠迓，國事不能暫離，謹遣小臣具菜果將問安之敬。」余等愛其詞雅，受之。時余之舟已過王所之東，欲得西風爲順，夏月誠不易得。世子復遣夷衆四千人駕小舟四十艘，欲以大纜引余之舟，通事乃曰：「海中變出不測，豈宜久淹從者。世子不遑寢食，謹遣衆役挽舟以行，敢告。」船分左右，各維一纜，迤邐而行，若常山蛇勢，亦一奇觀也。一晝夜亦行百餘里，十九日風逆甚，不可以人力勝，遂泊於移山之嶴。法司官率夷衆環舟而宿，未嘗敢離左右。泊至五日，余衆苦之，在舟日久，鬱隆成疾，求登岸以避之而不可得。二十四日，世子復遣長史來曰：「世子聞至移山，刻期拱俟，六日不詹，中心孔棘，恐爲從者憂，謹遣小臣奉慰。」余等謝之。二十五日方達泊舟之所，名曰哪霸港。計广石登舟至此，幾一月矣。越既望，行祭王禮。七月二日封王。九月十二日登舟而回泊舟之港，出海僅一里，中有九曲，夾岸皆石，惟滅風而後可行。坐守六日，王日使人侍於側。至十八日風少息，挽舟而出，晚斜倚於岸，衆恐其傷于石，大驚。幸前月親督備艙不爲所傷，復止。二十日始克開洋，夷舟同行。二十一日颶風陡作，舟蕩不息，桅舵俱摺。二十三日黑雲蔽天，風又將作，卜珓易舵。二十六日風大作，相與叩神，風若少緩，舟行如飛，徹曉已見閩之山矣。二十八日至定海所。十月初二日入城。痛定思痛，不覺傷感。凡接士大夫叙其所以，無不爲之慶幸。陳侃記。

嘉靖四十年

欽差正使吏科左給事中郭汝霖，江西吉永豐人。副使行人李際春。河南杞縣人。

敕封國王尚元。

嘉靖三十四年六月，琉球國中山王尚清薨。三十七年正月，世子尚元差正議大夫、長史等官到京請乞襲封王爵。禮部以請勘俱係彼國官民，乃不復行勘，奏請如故事，差正副使二員齎詔敕、皮弁、冠服等往。時科中應行者吴君時來，行人司則李君際春也。命下，二月十六日矣。部咨翰林院撰文，各衙門造該用儀物，延之三月終未行，而吴君有戍事，汝霖乃同李君承乏焉。四月初二日也。部中監前畏避之嫌，促日起程，霖等亦以重命不可再緩，遂請詔書易名，改賜品服。初八日，慨然解舟南下。七月初抵江西地方，霖意海警連年，事須巧速，因一面差人至福建布政司令作速委官伐木造船，九月中親至閩坐督，刻次年春汛必行。奈地方多事，賊報交馳，當事者已疑不能必往，管工官亦泄泄。於是船自十一月起工，至次年四月僅完其半。賊報緊急，不俟工完，四月初四日出塢。尹參將令百户嚴繼先等接至鎮，駕守。十一日午刻方至鎮，未刻賊已接踵相望數里，不爲所奪，倖也。是年倭奴輳集福州城外，稱數萬，城門閉者三月，余等亦日日上城，同有司巡守。先是戊午冬，琉球世子差來迎迓長史梁炫等住柔遠驛，盡爲所掠，聲息轉聞琉球。三十九年正月，蔡廷會等來脩貢，傳其國有領封之情，呈文該司，該司以時事艱難，國體所係，遂爲轉奏，本下部議，以舊典難遽變，俟海警稍寧，必期渡海終事。時勘合到遲，將届六月，倭寇伺候海口者又比比。予召漳州火長、舵工等役中途又爲賊阻，各役依山緣徑而來，動經月餘，至則又七月矣。前船既有傷損，久住内港，烏螆叢生。烏螆者，生於淡水則墜於鹹水，生於鹹水則墜於淡水，内港淡水也，一至海則垂垂而墜，船板精華俱爲所蝕，油灰不能復住，水從罅隙而入，何可止也。余時與諸司議，但挾數十人從夷舟往。夷舟頗小，舉動敏捷，既不爲賊覬覦，又可藉以濟事。有司固執以堂堂天朝爲此舉動，何以威臨四夷？若事不易濟，寧俻船俟時。欲從權濟事，亦須上聞，不然他日誰任其咎？李君亦曰：「既不能行，毋徒躁動，不若專意俻船，事大非一手可掩，他日當有人諒也。」余然之。夥長、舵工等因呈乞有司改造前船，八月再定艙，至十一月畢工出塢。越嘉靖四十年四月，忽傳内地廣兵之變。五月初六，則有賊二百餘至閩安鎮之下江。時各役告請行糧，余亦牒有司漸次散給。兵道楊君來言曰：「今事急，且不論行，即船將如何守？」既賊乃從下江口由長樂入福清，而船始報安焉。五月十九日，船至長樂取水，予與李君二十五日起行，撫按三司餞於南臺，府縣别於新港。二十六日辰刻至長樂。時自二十三日起連有南風，遂决而行。二十七日至广石。二十八日祭海登舟，别三司諸君。二十九日至梅花開洋。幸值西南風大旺，瞬目千里。長史梁炫舟在後，不能及，過東湧、小琉球。三十日過黄茅。閏五月初一日過釣魚嶼。初三日至赤嶼焉。赤嶼者界琉球地方山也，再一日之風即可望古米山矣。奈何屏翳絶驅，纖塵不動，潮平浪静，海洋大觀，真奇絶也。舟不能行，住三日。初六日午刻得風乃行，見土納已山時，東南風旺，用舵者欲力駕而東，至申刻乃見小古米山。夷人望見船來，即駕小艓來迎。有二頭目，熟知水路，且曰：「既不能從大古米山入，何可傍土納已山而入，其中多礁。」余等聞之駭。二頭目一面令夷船入報，渠遂躬在余船道駕，從小古米山而入，且云得一日一夜之力，即未遽登岸，可保不下葉壁山矣。余等厚賞賜之。晝夜趕行，初七日未刻，望見王城哪霸港焉。然東風爲多，相隔僅五十里，不能輒近。世子遣法司官來迓，夷船凡五十餘，轃集封舟前後，欲用先年輓入故事，然竟弗能行。至初八日午刻，有衝風暴雨，予曰可整舟挽而行。初九日辰刻，遂達岸焉。既抵岸三日後，有傳賊船從其境上過者，蓋篷力小，大洋中自不相及。擇六月初九日祭王，二十九日封王。禮畢，守候風汛回國。往者九月終交初冬則東北風旺，是年九月內風氣不定，日東日南，守之至十月初，颶風大作，夥長等皆以颶風既過，可以遂行，十月初九日登舟。及登舟之後，方圖舉帆，而風雨驟至，阻於哪霸港口。蓋港口險隘，僅容一舟，稍有偏側，船輒不保。船之泊港口也，兩旁繫以大纜，至十五夜右纜忽斷，陳孔成忙吹號舉砲，夷人二千餘來牽轉，再加新纜。至十八夜，天忽朗霽，月光如晝，四更時諸人與夷官夷稍乃導而出。出港後東北風旺，舟行如飛。二十日午後，忽有黑雲接日，冥霧四塞。舟人懼曰：「此颶徵也。」頃刻果颶徵旋至，舟人守之益慎。至夜二鼓，劈烈一聲，舵已去矣。余一家人跑入窗傳報，舉舟哭聲振天。時陳孔成傳將各艙所載重者一面丟拋，一面令吴宗達等倡言舵雖摺尚有邊舵，决保無虞。余諗之曰：「静以禦變，極是。但舵何時可換？」達等曰：「天明可換。吾不舉大篷，但張二篷三篷，任其漂流，至後可補鍼也。」陳大韶、曾宏俱從陳、高過洋者，亦來，大言曰：「往年亦如此。然往年船不固，今此船固。往年船發漏，今不發漏。往年無邊舵，今有邊舵。往年摺舵併摺桅，今舵雖摺而桅尚存。」余聞其言，心亦頗定。然播蕩反側，無頃刻寧，風濤之勢，與天上下，舟亦虢虢如裂屋響，呼吸存亡，茫然不知何所在也。至次日，風又不息。余乃口爲文，令吏陳佩床前書之，以檄天妃。適一晨刻風稍定，始得換舵。舵既定，諸人頗有生望。但牽舵大纜兜之自尾至船首者又忽中斷，則海水鹹厲，繩纜不能久。舵工等又懼，舵不能穩，稍擺動金口，船分兩片矣，此尤危也。乃用銀重賞一夷人，係其腰，令下海接之，竟不能接。吴宗達來禀，欲穿二艙三艙透繩繫舵，而不能決。余聞即慨然是之，乃鑿而度繩，舵始得安。行之至二十六，許嚴等來報曰：「漸有清水，中國山將可望乎？」二十七日果見寧波山，歷温，歷台，閩人未能盡曉浙中山嶼，疑迷莫測，仍懷憂思。至二十九日忽至福寧，見定海臺山，心始安焉。從五虎門入，十一月初二日入省城。追想前迹，爲之惻然。凡士夫相會，真同再世。郭汝霖記。

萬曆七年

欽差正使户科左給事中蕭崇業，雲南臨安衛籍，應天府上元縣人。副使行人謝杰。福建長樂縣人。

敕封國王尚永。

今上萬曆改元之冬十二月，琉球國中山王世子尚永表請襲封。若曰：「先臣故中山王尚元於壬申夏溘先朝露，臣不穀當嗣守外藩，謹遣波臣伏闕下，冀制詔遠賁，爲封疆重。」先是，以有司行查例虚文，亦恐規避者緣此得成其計，故輒遣封，乃是年復行查，蓋緩之也。舊規副使屬大行，然猶差遣無常名，而省中則坐次户垣，人人知必余無疑矣，咸恐之。延至丙子秋，國大夫、長史等報曰：「世子永免衣襁褓而齒於嫡嗣久，諸臣曷敢以不類奸天王之大典乎？」於是不佞業遂叨正使命，而副則大行謝君杰焉。如故事，各賜一品服，即以九月十一日齎詔敕出潞河，傳遽入閩。閩中比年求鉅木造戰舟，餘復斬爲高名之麗，美材略盡，而間有中繩斧者往往産於崎巖邃壑之側，致之甚囏。一時閩撫按又新故相代未視事，督無其人，以故採木經年，迄丁丑秋七月始定艫。乃艦匠弗恪，適壞裂之。於是馳介四出取，復於十月再興工，得艫者把總林天贈也。至於桅之取尤難。桅必杉木而後如式，第杉之材故可爲樿傍者，以是民間率隱不以聞。余先遣李應龍往壽寧伐三木，一最鉅，里豪利其可材，遂於梢半潛鋸五六寸欲短之，然嫌有小傷故置，乃紛紛林藪中旁搜逖括，務遴其全，而龔大德報出閩清者又道路岌嶪，力不可猝致，畢竟皇皇垂成之時，仍取壽寧之桅而用之，採督之使良亦苦矣。而撫中丞龐惺菴氏代到，故擅風裁，乃矯矯好約縮，出教不欲私役其民〔三〕，凡木之伐自山者，輸及水者，截爲舟者，絲忽皆公帑云，費已不貲，而絲忽又公帑出，余心内弗自安，時時與謝君商之，舟從汰其什一，軍器損其什五，交際儉其什七。先是諸具物率治之以官，今令平賈，而精黠奸户故求多於有司，諸具物往往以醜惡相欺售。謝君爲閩中人，素曉暢其事，乃一一瓅條其大小，詔余不然者，輒奉三尺隨其後。於是舟之庀也，大都多謝君指畫焉。舟完例趣治行，而彼國夷船以汛期宜候於境上，乃戊寅年，獨爽不至。長年三老僉謂海洋風濤叵測，與陸路不同，須竢嚮導行之便。余與謝君又念事關國體重，萬一取輕致僨，爲患非細，於是輒具疏以改期請奏可。久之，正議大夫梁燦等至自琉球，詢其故，乃知船因風逆打入別港，遂坐失汛，非敢違玩有他意也。於是卜以己卯年五月初六日，封舟先發旺崎。余等初十日啓行，撫按三司祖道南臺，重王命也。次日抵長樂，十五日广石廟行諭祭禮，守巡亦在焉。忽傳封舟出閩安鎮，引港民船有司弗夙戒，乃迷道閣淺發漏，人言嘖嘖甚危。撫按風聞，輒夜走使留督造官，争出長筴爲處，已而裂者復合，稍稍脩葺，無大損毁，故又鋭然有行志。二十二日從梅花所開洋。海似鏡面，漁舟數點可黑豆大。自此睇望，汪汪萬頃矣，余於是而知江河之惡沱也。二十三日，風少東，舟摺而南下。二十四日，東風益劇，水與舟相吞搏，有噌吰鏜鞳之聲，而欹側簸揚，舟中瓶甕門椅皆仆，人人惴恐。於是有食而嘔者，步而蹶者，暈而卧者，問之舌舉而不下者，答之口呿而不合者，顧獨漳人則夷夷弗爲動耳。風既相左，針路遂舛誤，倀倀莫知所之。連行七餘日，而窾闊窅無山嶼，但唯孤燕飛繞於前後，一細蜻蜓入神舍不去，衆咸異焉。陳孔成等懣然悒熱，乃令艦匠作彩船以禳，又聽習於巫者喧金鼓降箕，已又俯伏神求珓，窮祈祝事，一無所吝。當是時，舟人望山之切，真不啻朝饑之匄粱穀，又如弱孺思慈媪而弗得親也。三十日，余令夷稍上桅以覘，輒欣然白曰：「雲間隆隆起者非古米即葉壁山也。去此可五六百里許，當無慮已。」於是舟中人無不拍手大歡，各排愁破慮，舉觴相慰勞，稱見山酒云。余二人望之亦舞於眉端，萬水中高嶺獨出，何止中流砥柱耶？躊躇四顧，輒見三龍並起於海。其起處水乃轉湧旋騰，滚滚上天有聲，聽如獅吼，如千乘車過，又如殷雷軯鼓轟轟徹地〔四〕。碧氣三道，礫入雲霧内，長百丈有餘，峙猶鼎足然。舟中人畏慄不敢迫仰，率揚赭鞭，燒毛羽穢物以厭勝之。須臾，雨四面至矣。傳云玄龍迎夏則淩雲而奮鱗，樂時也，豈有據耶？即是觀之，則海上光傀可駭之事，固人世所未睹哉。六月初一日，過葉壁山前，有小舠駕八九人破巨浪來，遠睨封舟，婆娑胡盧笑，至則持二螺獻，少賞之。於是隨舟夷總管附去薄山下，先騎報世子，由此陸路入國，猶兩日程也。余二人倚舫而觀，一篙工謂有魚數頭，逐舟遊，夷稍熟海者往來常具鈎餌行，於是垂六物取之，輒獲鮮鱗二，頷下中數創，尚跳躍不即僵。

顧其色青綠，閃爍有光耀，較中國恒魚異。余欲生之，選間僵，不可放矣。庖人强烹之，味果佳，第終詫，不欲多食也。初三日，世子始遣法司官具牛酒以勞從者，亦如例分左右維一纜以挽舟，逡巡至初五日而後泊哪霸港口。詢之國人，梁燦等尚未寧家，然彼十八日先余舟開洋，今何故後耶？居有頃，報舟漂北山，又十二日得抵國，隔封舟浹一旬矣。越二十九日行祭王禮，七月十九日行封王禮。余嘗念世子産於沈斥，必一切疎簡不可入，今觀其貌雖不盈五尺，而言儀恂雅，大與庸俗人相萬，蓋庶幾鞠躬君子耳，豈凡統攝群元者其體具固自不偶然哉。余二人寓此久，王子餽問賮餞，每每不失禮，而禮有過腆者輒却去不受，語在儀注中。旋國時卜以十月十三日，因旬内雨頻，風又東西忽易無可準，守候至念四日始出港口。頃刻數里，回盼琉球若有若無，而葉壁、馬齒等山眇猶覆盂。時雖冬季，然氣候朗肅，都無纖翳，望之霽宇澄徹，塊噫潛噓，天吴遁跡，陽侯屏怡。彼一時也，歊暑溽蒸，情悰甚惡；此一時也，凉飈嫋瑟，景况頗佳，上下巨浸，宛如圖畫中人，第愧無河朔量少酬之耳。且四圍俱碧，水天一色，輒欲罄所指顧，亦復渾浩荒邈，涣無津涯。時時出樓舫外肆目，奇詭瑰異之覽，應接不暇。有平平者，突突者，鷗狎波者，鱗鼓鬣者，鰍呼風者，蜃作霧者，靄若嶺者，纖若縠者，瀠漭若沸羹者，綿邐若疋練者，蹲若伏虎者，奔若飛鼺者，步驟而來若喜者，驚號而至若怒者，恢張點綴，即神工鬼筆，無可名狀。然寧惟是哉，乃至闌夕淒清之際，月舍參井間，空明虚白，可别淄素，露下天高，尤非塵境，星漢流光，雲霞隱曜，微風細浪，交激成聲，其鳴乍急乍徐，乍大乍小，居然有笙簧金石之韻，正昔人所謂如天上坐也。優而游之，曠襟爽骨，飄飄便欲僊去，更不知人世復有娱心極意之事矣，海之壯觀一至是乎！二十六日，風益助順，令楫師五帆並張，摇颺披拂，獵獵不可禦，蓋與歸心飛相送也。但抵暮陰雲四塞，乃大雨，於是西風爲梗，終食弗進尋丈，幸一日夜輒轉而北矣。然北又多暴，舟迅而蕩甚，欹側簸揚，時戛軋爲裂帛響，頹然若屋宇將傾之狀。人如磨上行，四方易位，頭目眩迷，顛躓嘔暈，避匿艙内不出，咄咄自嗟者前十人而五，今十人而九已。此皆孱夫不習水，且漫不知降伏其心，故稍涉驚危可愕之事，神竟爲所奪耳。漳州長年極力捩柁，堅與風爲敵，舵牙數數摺傷，柁葉亦爲巨濤擊去，獨柁以鐵力木得存，更再易之，人人愈益惴恐。二十九日晚見台州山，於是無不譁呼舞蹈，鬨然色笑焉。當是時，即臞儒之取一第，窶子之拾千金，猶未喻其喜也。三十日，由台歷温，遡官灣，望晴嶼。十一月朔日，經臺、奎二山，福寧在其北，夜無風，舟不能行。初二日，午薄黄崎，進定海所，顧其地漸近，其境漸逼，而洋中奇詭瑰異之覽無復陳於前矣。譬之適都邑者，一旦返乎故廬，雖其桑梓在念，時時欣悦，而轉憶聲名文物之盛，又未始不縈結於懷也。初五日，入閩城，撫、按三司俱出勞於郊，譚往道舊，髣髴夢中，凡曏之縱險嘗囏，歡奇適勝，指星測水，校雨量風者，允矣木榮之飄塵，好音之過聽，浮雲之點空，翔鳥之馳隙，殆驀然倏然忘其然而然耳，又何以知蹈海之足以定至危之倪，又何以知宇宙之足以窮至大之域乎？於戲！海哉，海哉，此固孔子之所欲桴而未能，季路之所欲從而未許也。彼有眎爲畏途，乃僅僅取足於几席襟帶間，而不復以上下四方爲度内者，誠漆園吏所謂井蛙不可語於海耳。若夫保生重己之説，尤淺之乎其爲丈夫者哉。

蕭崇業曰：仲尼云：君子素其位而行不願乎其外，蓋有味乎其言之也。人惟徼倖之心勝，乃先以利害橫於其中，是故懷居登壟，靡所弗至，殊不知孰平孰險，孰禍孰福，雖機變之士，智如炙輠，亦安從而逆睹之。昔者漢北牧羝麟閣顯，浪泊居瘴銅柱標，潮陽入阻昌黎重，嶺州歷七元城還，何險非平乎？詭謀求售鄘生困，遺危擇逸晁錯誅，全軀苟活李陵族，怙寵競榮霍禹亡，何福非禍乎？推之至於巧而媚竈，奸而倚冰，嗟卑而弔汨，飲鬱而書空，煬燠涼以勒門，怵傳逮而投閣，抵疑釋讒，憤藻以明衷，閒居拍張，託詞而志蹇，用之則譁衆，矜矜而爲虎，不用則骫體，縮縮而爲鼠，是皆未明夫素位之義耳。此義晦而趨避之徒紛然出也，何足怪矣！噫嘻，惑哉！風波傾覆，即世路亦時時有之，寧獨畏於海上耶？然此非余言也，余聞之釣鰲異人，其説如此。

禮儀

六月初五日抵哪霸港，登岸，岸上有亭榜曰迎恩[二]，世子遣衆官大小百餘員隨龍亭候於亭下，余等捧詔敕安龍亭中，衆官行五拜三叩頭禮，前導引至天使館。龍亭設正堂，衆官復行禮如初。余等呼長史問曰：「世子不迎詔敕，得非慢乎？」對曰：「宣德以來禮制，凡詔敕至國，世子祇候國門外，數代相襲如此，豈敢慢故不出耶？然人臣以守制爲良耳。」聽之。世子雖不至館，館中皆官正蒞事，諸於承奉使令之儀，往往詳備。每五日遣大臣一員問安，陳内釀二壺、菓盒二架，酌酒于斗，跽而言曰：「世子念陋邦不足以辱天使，兹幸來況，丙夜廢寢有媿，我且何以給待之，乃朝夕令小臣恪具芹菲，敢訊無恙於下執事。」余受其酒，飲畢，復獻牛羊菜菓，却之不已，間亦或受。每餽遍及從人，無弗均。然故事猶三日小問安，禮少殺，今皆革去，即隨來各官所有鋪陳廩給等項，余稍稍裁其過豐者，大都省什之二三矣。於是夷人無不舉手悅服云。

越六月二十九日行祭王禮。墓不知所在，即寢廟祭焉。祭品皆欽定之數，然亦有紙馬翣柳之類，紛列錯陳，夷人擁觀者如織。迎入廟中設定後，用龍亭迎諭祭文。余等隨行，將至廟，世子素衣黑帶候於門，率衆官行五拜三叩頭禮。囊第旁立不拜，似屬未協，此余等以義起者。進至寢廟，神主居東西向，余等居西東向，龍亭居中南向，世子居南北向。宣諭祭文畢，世子出露臺，北面謝恩，復與余等交拜，揖至中堂。余等南向坐，世子令長史告之情曰：「頃蒙弭蓋蝸鄉，理當匍匐望履幕下，奈束故制，不敢輒違尺寸。今又辱禮於先人，感深九原矣。清酤二卣，敬獻之從者，願少須臾，接慇懃之歡。」余等以玄堂叙飲恐非所宜耳辭，世子又曰：「禮燕嘉賓必有琴瑟筐篚，以昭敬也。茲者陳樂而不作，正此故耳。幸毋辭。」酒數行，皆親斟獻，禮儀卒度罔弗恭。少頃別，輒遣法司官同長史至館，道世子悃曰：「小國不自意敢勞從者爲先王寵光，謹令長史奉不腆之金，爲大人壽。」余等訝曰：「世子知道而乃賈豎我乎？」令持去不從，作書謝其意曰：「承嘉惠若宜祇受，第兼金固珍錫耳，其何貺如之？語云君子愛人以德，而獨不聞耶？矧余二人奉天子命於殊域，豈有覬也，義必不敢以苞苴爲累，萬惟留意幸察，毋頻往來。」世子得書輒止。

祀事畢，越七月十九日封王。是日黎明，世子令衆官候於館外，導迎詔敕之國。國里許有牌坊一座，榜曰中山，又一座，榜曰首里，今易曰守禮之邦，遵制詞也。路平坦，可容九軌。世子候龍亭至，行五拜三叩頭禮，導之國門。門曰歡會門，内逶迤數步即王之宫。宫門三層，層數級，高至正殿，巍然在山之巔。設龍亭於正中，行大封拜禮，國王升降進退，舞蹈祝呼，肅然如式。禮畢，揖余等至北宫，復行相見禮。王暫退出臨群臣。是日受天子新命，與一國更始，群臣具冠服四拜賀，臣之尊且親者捧觴爲壽，朝罷設宴，金鼓笙簫之樂，翕然齊鳴。王奉酒勸，酒清烈，云自暹邏來者。肴蔌紛旨，方丈錯華，享之有加籩，然不能自製也，皆假閩庖人爲之。及饋之畢，余等令儀從迎詔敕返。王再拜曰：「天子總統海宇，四面風德，臣第蕞爾一小夷耳，兹厚幸辱制詔遠賁臣，臣敢不留鎮國中，爲子孫世世寶？」乃數稽首請。於是余等先奉有俞旨，猶令啓其金匱之藏。長史數臣各捧一道來，奎翰絢一堂矣，遂許之留。王喜甚，别後隨遣王親長史致禮物，長跽，再讓，姑取刀、扇、土布少許，其金不之受。復函書曰：「嘗聞伊尹致慎於一介，孟子堅辭乎萬鍾。非苟爲異而已，蓋以義之所不敢出者，與其傷廉，無寧過隘耳。古聖賢持己欲嚴，大率類是。余等濫竽侍從之列，即弗宜皦皦謂與庸衆殊，然内外瞻仰，在此一舉，獨奈何負生平而處頑夫下邪？伏冀賢王少聽其志也。盛儀附璧。」王見書令長史還報曰：「永僻居萬水之中，猶蛙跧井底耳。乃聖朝不置之化外，至勤從者，賜以弁服，即不穀之師也。極知庸褻不足以瀆閽人，第區區一念，誠莫得其酬焉。昨攬榮示，悚汗流踵矣，敢不知責乎？」曩事畢瀕行然後王堇一訪，非禮也，余等諷以大義，王輒慨然從，謂天使遠爲大典過臨，何宜傲惰如此，遂灼吉親至館謝。於是余等亦具殽核以娱，密坐移時去。

八月請賞中秋節，酒酣命夷童歌夷曲，更爲夷舞，傴僂曲摺，亦足以觀。諸從人皆令通事使之嚼，略浮白歡醉。向夕回館，月明可數毫髮，海光瑩玉，松影篩藍，令輿人緩步行，縱目極眎，意爽神飛，殆忘其身之在海外也。二十四日張飲水亭，觀龍舟之戲，法效華人，運舟俱大臣子弟，各簪金花，具彩服，和歌以示矜奮。兩岸犬牙差互，碧流環繞，亭突出其間，四面翳林，叢樹蒙絡，摇颺此中，幽麗奇境，恐無踰之者。由水亭斗摺蛇行，東至膳亭，三間，旁砌石池，畜金魚百許頭。水清淺澈底，魚皆空游無所依。時正午，亭中備一膳，潔異尋常，第止數品，蕙蒸蘭藉，味甚殊珍，此則宫中鼎娥精製，不敢以惡草具進耳。左有寺曰圓覺，又由崎磴紆出正衢，西有寺曰天界，二寺弘壯，亞於王宫，各藏梵經數千卷。殿外雜植棕竹鳳尾蕉，緑蔭葳蕤，欣然會心，且澄潭閴室，尤與僧人相宜。迨日小還，復邀坐宴，不在酒而情義則款篤矣。

越九月初十日餞行，席設如初，將命徹，法司二員各跽持酒二盃奉，余等辭以不勝杯酌，止。二十二日復請餞，辭。十月初五日請，又辭。初八日，辭弗獲已，乃竟往王城一别，惟是預令不必盛供具，至則祇成禮而。凡臨行，長史捧黄金四十兩以爲贐，余諗之曰：「曩數致餽素，不任肝膽之切。頃復腆遺所貺，意者某等德未信耶？不則胡不以情相歸也。昔馬援也者可謂賢豪人矣，顧薏苡猶然見點，矧重之以陸生金，余二人其何之辭？且也，主上明聖，諸臣工曷敢不勵素絲之節？願王媲跡前孅，俾使人得遂其高，則所以辱徼大惠者，豈在區區物哉？」王愕然，命長史致詞曰：「卑卑小國，辱天使至止于斯，適不幸歲比凶，故儉奉焉。良以自慙，反蒙不加譴斥，過從節約。況薄贐寔我祖宗從來故典也，乃又見拒，永即有胸無心，敢忘大德耶？」於是持泥金倭扇二柄，意謂此會難，又揮之或可繫漫漫之期耳。余等隨答以手扇，彼喜不自勝，再拜而别。廿二日登舟，官民送者蝟集於道。是歲立冬遲，風未定，北行之稍緩，職此由也。王仍遣看針通事一員、夷稍數人護送，又遣王親馬良弼、長史、使者等官駕舟進表謝恩。

附録陳侃與世子書曰：「君子交際之間有禮焉，有義焉。禮以將敬，義以揆物，賓主各欲自盡而已。今日之舉，君命是將，敬共王事，乃其職也。款我以華筵，厚矣，而又惠我以褭蹄，不已過乎？在賢世子行之固爲盡禮，在侃等受之則爲非義。授受之間，天理人欲判焉。辨之明而守之固，敢有欺乎？辭不更贅，惠毋再貽。」又與王書曰：「士君子立身大節，不過禮義二者。前書備布，想已知之。賢王亦知朝廷之大法乎？今聖天子御極，議禮制度，萬物維新，群工濟濟，皆秉羔羊之節晉如，鼫鼠者愁如，摧如而已。余等叨居近侍，萬里銜命，正欲播君德於無疆，守臣節於不辱，爲天朝增重，乃敢自冒非義，以貽滿橐之譏耶？與者受者，其戾一也。欲馨清議，其罪不恭。」

郭汝霖辭宴與王書曰：「蓋聞酒以成禮，不繼以夜，義也。霖等欽奉上命前來，往禮既行，華筵亦既洽矣，兹又辱過招，無乃太繁乎？敬此以辭。向祭封之日，兼承褭蹄之惠，雖上中心致敬之誠，而辭授以義，又使人素有成規而不敢失者也。敢併全璧，伏惟以德相愛，以道相處，共守天朝之大閑，安臣子之大義，而不區區於儀物之末，幸甚。」又與王書曰：「封舟瀕行，領宴餞兼惠褭蹄，已嘗面辭矣。兹辱法司、大夫、長史等復來。夫承筐是將，雖賢王好我之誠，而不受爲寶，實使人自守之矩。且天朝清議，光昭非禮，授受具有明辟，余雖欲於王，如朝廷之大法何？惟王知所以愛，而尅其非所以處可也。傳有之，私惠不歸德，君子不自留焉。王其念之。」

蕭崇業曰：夫琉球夷而化者也，入其國不無交際之儀，自國初遣使以來，所由長遠矣。然余每至於享獻餽問之間，又未嘗不三致檢焉。豈其忍性矯情，將矜名以衒跡耶？抑亦高心潔行乃儒者之芳軌耳。聖人不云乎？行己有耻，使於四方，不辱君命，可以爲士矣。余何以知自守之必然哉以此。

造舟

蕭崇業曰：於戲，聖人制舟之義深哉！夫水之有舟航，猶陸之有車馬也。舟車所至，人力所通，日月所照，霜露所墜，凡有血氣者莫不尊親。吁，聖人作舟車以臣屬天下，其功德蕩然而不可及也，一至是乎！何以明其然耶？蓋山非梯不周其阻，即卉服嚮風無自也，惟車驟馬馳則地盡封域矣。海非航不測其廣，即鮫人慕義無由也，惟舟便飈利則源窮洲島矣。是故蓬壺之境，淖約長生久視之夫，第患海中無此耳，藉令有之，亦可望而至其地，尋而訪其人，告之以黄虞中正之道，而移其僻不難已，又何論稱臣入貢之國如琉球者乎？《中庸》贊至誠曰配天，蓋言聖人之功德徧覆博載，與天地無紀極，而山谿之險果不足以限之也。於戲，言有據矣。志造舟。

按舟制與江湖座船不同，座船前後調停，出入甚便，中間窗户玲瓏，開明爽朗，不異安宅也。此則艙口低凹，上覆平板爲戰棚，列軍器焉。即官艙亦僅高四五尺，俛僂深入，下上以梯，面雖啓牖，若穴隙然，蓋恐太高則衝風，故稍卑之耳。桅竪五，大者長八丈，根圍九尺餘，以次而短。舵長三丈一尺，圍三尺七寸。艫長五丈二尺，圍九尺。桅用杉木，取其理直而輕。舵用鐵力木，取其堅勁。艫用松木，取其沉實能久漬也。架龍棚之外有兜艫，鞠鎖梁釘之外有米䭔。鞠河口匠欲以鐵，漳泉匠欲以木，乃參用之。舟後故作黄屋二層，中安詔敕，上設香火，奉海神天妃，尊之且從俗也。舵備三，用其一，副其二。櫓置三十六枝。大鐵猫四，約重五千斤。大棕繚八，每條圍尺許，長百丈。小艥二，不用則縛附兩旁，用則往來藉登岸或輸行李。水具大櫃二，可載五六百石，小如甕者十數，以海泉鹹不可食也。舟最緊要者三，曰艣，曰桅，曰舵。把總林天贈得艣於延平，李應龍得桅於壽寧，經歷羅克念得舵於廣東。諸木既精好當於用，而三者又殊材中繩度，以故終焉允臧，得安流無恙，爲舟人幸，孰非一時事事者之恪哉。定艣日三司諸君率府縣官俱往南臺陪祭，外若竪桅、治纜、浮水、出塢，亦靡神不舉者，凡以王事所在，誠重之耳。甲午年一舟計費二千五百兩有奇，今上一千八百云。

高澄《操舟記》曰：甲午歲四月朔，海舟造完，戒行有日。鄉宦謝活水、黄青崖、高文溪、李百竹、林榕江、龔雲崗諸公餞余烏石山，詢及從行人幾何，余曰：「聞前使人各一舟，舟各三百人，計料值三千兩有奇，募值亦三千兩有奇。兹行欲共一舟，不唯省費，抑亦可以共濟也，何如？」諸公以爲善，但曰：「二公以千金之軀，奉九重之命，百凡慎重，庶可無虞。盍審諸役，孰至琉球備知海道，立之以司一舟之命可也。」余曰：「諾。」次日至舟，偏詢無有應之者。初意此輩必通番，恐律有禁，故諱之不言也。孰知皆河口無賴，徒取募值，而不知操舟之法者乎？復問諸公，諸公咸笑曰：「知之久矣，第未爲二公告。宜速差人至漳州，訪知海道者二三人，迺可。」遂持檄至府。時南風已便，通番者俱開洋矣，唯一舟姑待明日，迺獲其持舵者三人，咸驚惶無措。持檄者曰：「適天使琉球封王，募汝輩駕舟，至則有賞無罰，不必懼也。」遂來見。余問其姓名，曰謝敦齊，曰張保，曰李全。曾至琉球否，曰未。余曰：「亦不濟事。」敦齊對曰：「僕雖未至其地，然海外之國所到者不下數十，操舟之法亦頗諳之。海舶在吾掌中，針路在吾目中，較之河口全不知者逕庭矣。但不知所造之舟善否，盍往觀之？」至則見舟，且哂且戚，曰：「幾敗廼公事。」求其所以，曰：「此舟不善者有三。蓋海舶之底板不貴厚而層必用雙，每層計木三寸五分，各錮以鐵釘，艌以麻灰，不幸而遇礁石，庶乎一層敝而一層存也。今板雖七寸，而釘止尺餘，恐不能鈎連，而巨濤復衝撼之，則釘豁板裂，雖班師弗能救矣。此一不善也。聞前使二舟則艙闊人稀，可免疫痢之患。今共一舟則艙止二十有四，除官府飲食器用所占，計三十人共處一艙，恐炎蒸抑鬱，則疫痢者多，雖盧醫弗能療矣。此二不善也。海濤巨而有力，舵桿雖勁木爲之，然未免不壞，亦不免不換也。今舵孔狹隘，移易必難，倉卒之際，誰能下海開鑿以易之。舵不得易則舟不得行，雖神人亦弗能支矣。此三不善也。三者未善，何以利涉大川乎？」聞者悚之。於是思齋忿詈不已，若曰是孰阿諛權奸，殘我輩性命也。一時藩臬府縣董舟諸君心咸弗安。先是巡按方公以封王重事也，正月歲首即以五月舟完使臣過海行禮之事題知，至此雖欲别造一舟，恐踰時違制，亦弗敢也。思齋怒甚，諸公相顧，無可奈何。敦齊廼跪而言曰：「僕愚民也，今既來此，敢不盡心，願公息怒，待僕處之。」衆人憂少釋，廼取藤竹各五千斤，製作巨箍，舟首至尾凡七處束之，艎之縫隙復釘以鐵鋦，開其舵孔旁各寸餘。又於船面搭矮凉棚，使艙居者更番上坐以乘風，與夫應用器物治之靡不精好。五月八日遂開洋，十三日至古米山。夜半颶風作，遮波板架及箍所不到處盡飄蕩無遺，唯船身及艎底屹然不動。使非謝謀，則此舶瓦解久矣。踰旬不至，天氣頗炎，船面雖可乘風，艙口亦多受濕，染疫痢者十之三四，竟不起者七人。使非謝謀，則此輩物故必多矣。海水颶風勁不可敵，鐵力木之舵葉果蕩而不存矣，遂以榛木者易之，亦幸其孔之有容也。使非謝謀，則舊者不能出，新者不能入，未免覆厥載矣。謝非天授而何哉！然其功之可取者不特此耳。如觀海物而知風暴之來，辨波紋而識島嶼之近，按羅經而定趨向之方，持舵柄而無遜避之意，處同役而存愛敬之心，其所可取者亦多矣。及舟回桅摺之夕，衆方驚仆，彼獨餐飯自如，問之，曰無恙也。余等懼甚，慰之曰無恙也。嗚呼！微斯人，則微斯四五百人矣，謝非天授而何哉！至閩泊岸日，反痛哭流涕，向余等曰：「公之不死者天幸也，僕之慰公者勉强也，詎知琉球之行若是其險哉！蓋西南諸國行不二三日即有小港以避風，豈若琉球去閩萬里，殊無止宿之地，惡能保其行不遇風，風不爲害也哉！一舟之人不死者真天幸也，真公庇也。」言訖，若有苦楚狀。詢之，廼持舵時身爲鹹水所拍，北風裂之，故痛不可忍也。遂命醫人吴念三療之，用蜜半斤，淡酒三十斤，防風、當歸等藥末半斤，煎湯浴之，一夕而愈矣。察院三司諸公以渠有勞，厚賞之，得金十餘兩。語人曰：「我每歲爲人募而通番，可獲千金，今所得幾何？緣諸國皆富而琉球獨貧故也。」盡出所有，與同役者飲酒，唯求一冠帶，倩閩人以鼓樂送之，自誓再不通番，以延殘喘也。敦齊約年三十有餘，膂力驍勇，識見超絶，彼二人則庸瑣無足道也。嗚呼！天下之事唯在得人而已。苟得其人，則危可使安，險可使平；苟非其人，則安亦危也，平亦險也。余於操舟之術而悟任賢之理，故僭爲之記。

嘉靖三十八年製造封船，照依舊式，長帶虛稍一十五丈，闊帶櫓部二丈九尺七寸，深一丈四尺。分爲二十四艙，自官廳至二桅兩旁，並無遮浪舨板。工成遇倭亂沮行港内，延住至三十九年，蝵蟲蛀壞，方議改造。陳孔成、馬魁道思見船長艙闊梁稀，不免軟弱，乃請益爲二十八艙，以應二十八宿，各艙通用樟木貼梁。大抵艙狹梁多，尤見硬固。時福匠不知琉球水路多横風浪，外設老鼠橋爲美觀，及返棹遇風，浪湧入船，傾艣摺舵，幾至誤事。今造封船計長帶虚稍一十四丈五尺，闊二丈九尺，深一丈四尺，艙數貼梁龍骨照舊。仍鑒前謝敦齊之説，製大鐵條二十座，自艙底搭之兩舷，則外勢束縛益嚴，勝藤箍矣。福匠何細二又執老鼠橋式，該孔成等親歷艱險，懲戒往轍，執造漳人過洋船式，兩旁加以舨柱釘板等料，綢密牢壯。小艣繫於舨外，朴素渾堅，及增重艤頭極交拴等十二件，以故船得風浪不侵，往來無虞。

過海防船器械，舊規佛郎機銃二十門，鳥銃一百門，碗口銃十門，袖銃六十門，藤牌二百面，長鎗六十枝，鏢鎗一千枝，鐵甲一百副，盔一百頂，腰刀三百把。今酌用佛郎機銃十門，鳥銃六十門，碗口銃四門，袖銃三十門，藤牌一百面，長鎗六十枝，鏢鎗八百枝，鐵甲四十副，盔四十頂，腰刀一百五十把。至於弓箭、火藥、鉛彈等項，各取三分之一，大約省銀三百餘兩。然皆備而不用耳，事完仍歸有司。

封舟剩材，往時每爲宵人乾没。今查所遺吉溪高洋樟松等項，合估價銀壹百三十四兩，還官。荒生剛鐵原派八萬九百一十二斤，今除打造鐵猫、家火共用過五萬九千四百零三斤，隨船備用荒鐵一萬零五百斤，減去一萬一千零九斤還官。黄藤原派六千五百斤，今減去一千七百零五斤。桐油原派二萬斤，今減去一千四百七十三斤。蠣灰原派四萬斤，今減去四千四百五十六斤。青麻原派一萬八百斤，今減去七百三十八斤。各還官。以上諸料無非舟中所必須者，大都恒患市井之黠，預領官銀，納不以時，又往往叢奸售敝，倒智囊於錙銖之間，所貴督工良有司清出而覈入之，余等數數稽于其上，然後物不苦窳而船得實用云。

蕭崇業曰：封舟之制，大抵什九式舊而或變通於篙師者僅什一耳。余覽前録，每詳於其鉅，而麻、油、灰、鐵瑣屑之物皆略而靡紀。夫是數者，船所賴以爲固也，一有弗慎，悔無及已。余始亦謂有司之事，稍稍勾閱，各行强半以濫惡相罔，乃輒盱核而程督之，因抶其不勉者，於是狡户少不敢呈其贋，而封舟庶藉之以完。於戲，是可概爲瑣屑之物而不加之意耶？

用人

蕭崇業曰：相之用人與將之用人不同，相用人則録端慤繩檢之士，將用人則收雄俊精悍之夫，而險情贅行弗計焉。兩者參錯互詧，以成其用，而大要則固各有攸屬也。舟中之用人，殆猶之將而已矣。取其能不責其素，庸其長不較其短，是故閭閻壯士，投石拔距，夫豈不勇，然以之操舟，則必促矣。惟漳人以水則習，以事則閑，以力則便，健而機警，渡海舍漳人譬之詢道於瞽、辨聲於聾，吾懼其罕有濟也。傳所稱耕當問奴，織當問婢，其是之類乎？漳人陳孔成、馬魁道乃前郭、李二君所用者，夫亦識途之馬耳。所揀長年三老，多出其手云。

按造船以用人爲要，故必擇有司之賢能者，而以指揮二員副之，此題准新例也。余至閩時，諸司業已遴委海防周同知，而指揮則漳州衛覃顯宗、陳震，以漳故習於海耳。然館多吏冗，勢難顓理，衛復客寓，素乏等威，廠中庶務視爲兒戲。乃又白撫按，委閩縣丞陳邦靖分綜其事，而以福州衛指揮邢端代陳震，庶彼此相協，威令並行，船務之所由以集也。若夫督採諸木，則延劒節推姚一新、建寧指揮仲世臣、黄河，原把總陳孔成、馮魁道，趣運則吏目危民懷、主簿蒙希頤、典史鄭金士。總理經始慎出納則先周鐸，以遷秩行，各行户有去思，後改通判張霆、鄭敦復。監廠庀具兼過海竣役，則覃、邢二指揮，往往有幹局。而天文生蔡錦亦機警，能贊詧於耳目之所不周。此皆著勞績於使事者，法得不泯云。

省祭三名：一陳子章，舊管篷纜、棕藤、竹木，過海則提調飲食、器皿、椅桌、旗幔。一林一鸞，舊管麻油、硬木棍、舵牙，過海則提調籠櫃、紙劄、布絹。一金庭楷，舊管炭、鐵釘、椇、櫓、猫，過海則提調鉦鼓、火藥、弩鎗、軍器。至岸仍分職，充讀讚官。引禮通事一名馮璽，譯語通事三名陳朝用、陳邦秀、馮炳，則各司國中交際、廩餼之儀。醫生一名何繼熙，所以備藥物、防疾疫，又數百人軀命之所關也，此之爲責，豈不重哉！

匠人亦有二。其在河口者經造封船，頗存尺寸，出塢浮水，俱有成規，然篤於守舊而不能斟酌時宜，又苟且用料而不必求其當，此其失也。漳泉之匠善擇木料，雖舵牙櫓棍之類，必務强壯厚實，然粗枝大葉，自信必勝，而不能委曲細膩以求精，此其失也。余棄短取長而兩用之，因革損益，倘有可商，使互相參較而無得齟齬，以陰壞其制。至於扶艕做工，以幫助艦匠，又廠中之最要者。往時率用鋪夫，以其衆易集而緒易就也。今有司革去而代以機兵，第機兵出自市井，每多儇佻之徒，不諳土木，匠不稱能而人力掣肘，又無以助之。故今年定艫成功之期，較之前次獨緩，然其舟則堅緻牢固，思過半矣。

篙工舵師，余信舊録，用漳人頗多，而言者稍稍摇之。夫取士必於鄒魯，談兵必於燕趙，豈謂兩地皆文武材哉？譬之福人雖亦有習於水者，但未若漳人之精耳。博訪而公擇之，顧何嫌於私耶？余乃令陳孔成等各舉其尤，復檄海澄縣覈實以應，壯徤便捷者留之，脆弱頹闒者汰之。如夥長何國清、周時鳳、李國傳、魏通，又皆採之於輿論者。後洋中風濤急遽之際，信有主張，可倚仗云。

八月二十六日國中颶風拔木，瓦片絮飛，直至亭午不息，人皆匍匐爲獸行。封舟四纜大如缸，忽斷去，漂下港口三四十丈許，幾溺海者咫尺矣。兼之暴雨傾盆，昏塞不辨牛馬。即王遣數千人來，第束手無救也。守船夷稍亦惶懼，跳入水逃，獨漳州柁工林余宗、王懷、林世，椗手莫三、陳走三，班手林八凡五六人孤危於上。余等具冠服告天，須臾風寧，舟爲二夷船所抵縶，得不没。向微五六人之勤勞自矢，可復望耶？吁！此間天心警戒意也，敬之哉！敬之哉！

查照嘉靖三十九年封舟隨行近五百人，時又遇警，自興工造船、守船、水稍各日支糧銀二分，至四十年六月開舟，動費經千兩。今各裁省及革三衛并萬安所等軍士，隨行僅四百人，大約各役給食每稱事爲差，除指揮、天文生係新增外，把總、省祭、通事等官如舊，餘惟夥長、舵工、大桅、班手稍優，其二桅、頭椗、二椗、護針、總甲、水稍、行匠及衙門服役人等，俱人給銀五兩三錢，無復殊矣，案具存有司，兹不贅。

過海人數皆任有職役，如無事而空行者輒汰除之。取于福州者，自醫、畫、書辦、門皂、行匠以下凡六十餘人，聽用民稍又四十人，外總甲四名，繚手十一名，車手十四名，櫓頭十七名，俱鎮東、定海、梅花所軍。夥長七名，舵工十六名，頭椗八名，班手十四名，管水、火、旗、幔、總甲十七名，繚手十四名，櫓頭十八名，車手二十九名，管小艕四名，聽用民稍二十名，以上俱漳州人。大率福人居什三，漳人居什七矣。蓋其浮歷已多，風濤見慣，綱紀其事者能嚴慎勤勞，而趨役者亦復奔走敏捷。彼近城水稍則一籌莫展，帶之多適礙手脚耳。舊録所謂主張行船之人，斷非漳人不可者，豈虚也哉？

蕭崇業曰：漳人老於舟者，以余往迴海上，藉其力誠足多焉。第前録不列名數，後莫可考，余故著而志之。

敬神

蕭崇業曰：嗟乎，鬼神之理亦微矣，談何易哉，談何易哉！頃航海試言水事，昔者河出圖，八卦呈，洛出書，九疇列，聖王黄龍白魚之異，客星乘槎犯斗之奇，赤穴浮土而爲廩君，滹沱冰合以符帝業，是數者謂非有神物以主之不可也。然此猶其顯者耳。若夫神經怪牒，所紀幽窅詭幻、驚疑噫咤之事，蓋難以更僕數矣。矧天妃故海神之正，又載在祀典者，其靈應豈不尤爲赫耶？古靡得而考已，余聞之後説云，渡海者無論天子使臣，即通洋貿易之夫，有叩必應，捷於影響，誠所謂體物而不遺者也，其爲德不亦甚盛矣乎！余故摭往跡著事驗以爲敬神篇。

嘉靖十三年，使臣陳侃、高澄行至古米山，舟剌剌發漏，群譟呼天妃，風定，塞袽得免於溺。歸國時又值桅舵俱摺，舟人哭聲震天，無不剪髮設誓，求捄於神。已而紅光燭舟，舟果少寧。翼日風劇，不能易舵，乃請珓得吉，衆遂躍然起舵，舵柄甚重，約二千餘斤，平時百人舉之而不足，是時數十人舉之而有餘。舵既易，衆始有喜色。忽一蝶飛繞於舟，疑者曰：「蝶質甚微，在樊圃中飛不越百步，安能遠涉滄溟？此殆非蝶也，神也。」復一黄雀立於桅上，令以米飼之，馴馴啄盡而去。是夕疾風迅發，白浪拍天，巨艦漂蕩如葦，風聲雷吼，而水聲助之，真不忍聞。舟一欹側，流汙淫淫至踵矣。二人乃遂冠服，默禱矢以立碑、奏聞於上，言訖，風若少緩，徹曉已見閩之山矣。神明之助，詎偶然哉？

嘉靖四十年，使臣郭汝霖、李際春行至赤嶼，無風，舟不能行，當晝有大魚出躍，形如鉅舟，旁有數小魚夾之，至暮舟蕩甚，皆謂無風而船如此，事誠可怪，乃亦從俗施《金光明佛經》一部，并作綵舟，舁之艙口，而風忽南來，得保無虞。居無何，開洋回國，中見麻雀一雙，宛宛來泊艙篷，須臾巨颶大發，舵忽摺去。郭乃爲文告曰：「霖等欽奉上命，册封琉球，仰荷神祐，公事既完，兹當歸國，洋中摺舵，無任驚惶。惟爾天妃、海若，皆國家廟祀正神，今朝使危急，華夷五百生靈所係，豈可不施拯救？若霖有貶心之行，請即殛之於床，無爲五百人之累。若尚可改過而自新也，神其大顯威靈，俾風恬浪静，更置前舵，庶幾可以圖全，神其念之。」祭後，風稍息，遂易新舵。嗟乎，鬼神冥邈，談者未有不疑。然此四無邊岸之中，宛弱雙雀，何從而來？易舵之後，又一鳥常據於桅尾。孰謂世間事可盡以恒理臆决哉！

天妃靈應記

陳　侃

神怪之事，聖賢不語，非忽之也，懼民之惑於神而遺人道也。侃自蚤歲承父師之傳，佩敬而遠之之戒，凡禱祠齋醮，飛符噀水，誦經禮佛之類，閭黨有從事者，禁之不可，則出避之。或過其宫，則致恭效程子焉。廼者琉球國請封，上命侃暨行人高君澄往將事。飛航萬里，風濤叵測，璽書隆重，一行數百人之生厥繫匪輕，爰順輿情，用閩人故事，禱於天妃之神，且官舫上方爲祠事之。舟中人朝夕拜禮必虔，真若懸命於神者。靈貺果昭，將至其國，逆風蕩舟，漏不可禦，群譟乞神，風定塞衂，乃得達。及成禮還，解纜越一日，中夜風大作，檣摺舵毀，群譟如初。須臾紅光若燭籠自空來〔四〕，舟皆喜曰：「神降矣，無恐。」顧風未已，又明日黑雲四起，議易舵未決，卜珓於神許之，易之時風恬浪静，若在沼沚，舵舉甚便，若插籌然，人心舉安，允荷神助。俄有蝶戲舟及黄雀止檣，或曰山近矣，或曰蝶與雀飛不百步，山何在？其神使報我以風乎？予以其近於載鳴鳶之義，頷之曰謹備諸。已而颶夜作，人力罔攸施，衆謂胥及溺矣。予二人朝服正冠坐祝曰：「我等貞臣，恪共朝命，神亦聰明正直而一者，庶幾顯其靈。」語畢風漸柔，黎明達閩。神之精英烜赫，能捍大患如此，謂非皇上懷柔百神，致兹效職哉！然非身遇之，安敢誣也。揆之《祭法》，廟而事之允宜。在宋元時已有封號廟額，國朝洪武、永樂中屢加崇焉。予二人縮廪附造舟餘直新之广石，旺崎行祠則從行者歛錢以脩，行當聞之朝，用彰神貺，因紀其概。高君讓侃援筆舉以告，巡按侍御方君涯韙之，又命福郡倅姚一和視勒諸石。

臨水夫人記

高澄

甲午仲夏八日，西南風便，舟始開洋，巨舶穩流，屹然不動，儼然樓船之泛裏河也。余竊喜曰：「人言誤矣，何險之有？」陳公曰：「此天幸也，勿言。」行纔五日，忽望見古米山巔，其去琉球止二三日路矣。余復喜曰：「人言誤矣，何遠之有？」陳公曰：「此緊關也，勿喜。」夜半忽逆風作焉。山近多礁，亦喜風少違順，可以徐行避之。奈東北勢猛，舟難與角，震蕩之久，遂致大桅箍摺，遮波板崩，反側弗寧，若不可一息存者。衆心驚懼，迺焚香設拜，求救於天妃之神。時管軍葉千户平日善扶鸞，衆人促其爲之，符咒方事，天妃降箕，迺題詩於灰上曰：「香風驚動海中仙，鑒爾陳高意思專。誰遣巽神撓海舶，我施陰隲救官船。鵬程遠大方馳步，麟閣勳名待汝還。四百人中多善類，好將忠孝答皇天。」詩畢，復判曰：「吾已遣臨水夫人爲君管舟矣，勿懼，勿懼。」達旦風果轉南，舟亦無恙。然不知臨水夫人何神也，祠何在也，及歸閩，感神貺既彰，念報賽當舉，迺於水部門外敕賜天妃廟中立石以紀異，設祭以旌誠。行香正殿，忽見左廡有祠頞題曰臨水夫人祠，詢之道士，曰：「神迺天妃之妹也。生有神異，不婚而證果水仙，故祠於此。」又曰：「神面上若有汗珠，即知其從海上救人還也。今歲自夏至秋，汗珠不絶，或者勞於海舶焉。」余等訝之，迺再拜謝之，始知箕判驗矣。

天妃顯異記

前　人

天妃顯異之跡，同差給舍陳公於《靈應記》中、乞祀典疏中已備陳之矣。唯余素感神祐，始終詳細則未之及也。嘉靖乙酉季夏，余以府庠弟子員同友周應龍、王仲錦、高進小試於通州，試畢，暇日相與游戲於天妃廟，見有跪而祈籤者。周曰：「吾將决吾儕中否。」俟其籤出桶中，遂紾其臂而奪之觀，迺第十六籤也。籤詩曰：「久困鷄窗下，于今始一鳴。不過三月内，虎榜看聯名。」是秋余等四人果僥倖。九月往謝之，又祈籤以卜來春之事，其詩曰：「開花雖共日，結果自殊時。寄語乘桴客，危當爲汝持。」然不知所謂。歲己丑，余三人俱登進士，仲錦除知州，進除知縣，余除行人，獨應龍不第，迺以舉人選太原通判，結果似殊矣，然後二句之意猶不可曉。踰年余被使琉球之命，朝紳以此地險不可行，往不可返，爲余憂懼，余則坦然付命於天，知素定也。迺以癸巳歲夏六月至閩，一應事宜其難其慎，有司請余禱於天妃曰：「神司大川，可以呵禁不祥也。」余從之，凡脩祀行香必誠必敬，罔敢怠忽。故自始而造舟，迄終而成禮，神之陰相默助者可勝言哉！如甫至閩臺而妖狐之就戮，既定船艍而瑞鶴之來翔，纔越廟限而梁板之忽墜，方摺桅舵而異香之即聞，與夫雀蝶之報風，燈光之示救，臨水之守護，巫女之避趨，卒之轉災爲祥，易危爲安者，何往而非神之相助哉！籤詩後意似乎爲余發也。然余陋劣，豈能致此，良由聖明在上，百神效靈，故皇恩得以覃下國，而微軀得以返中原也。敢不仗忠義而爲上爲德，爲下爲民以答神貺於萬一哉！嘗考天妃之説，蓋妃者配也，神於海運之往來，商販之出没，危無不持，顛無不扶，其所全活者不知幾千萬人矣，功德可以配天，故曰天妃，猶言天能生人，神能救人也。世俗但知靈異之蹟而不辨名義之理，故併及之。

广石廟碑文

郭汝霖

广石廟廟海神天妃者也。天妃生自五代，含真蘊化，殁爲明神，歷宋歷元，迄我明，顯靈巨海，禦災捍患，拯溺扶危，每風濤緊急間，現光明身，著斡旋力，《禮》所謂有功於民，報崇祀典。而广石屬長樂濱海地，登舟開洋必此始，廟之宜。舊傳自永樂内監下西洋時創焉，成化七年，給事中董旻、行人張祥使琉球新之。嘉靖十三年，給事中陳侃、行人高澄感墜板異，復新之，板上所書即董、張新廟日月也。皇帝三十七年，琉球世子尚元乞封，上命汝霖充使往，而副以行人李君際春。余承命南下，長老多教余致敬天妃之神。弭節閩臺造舟，百凡按陳、高使録行，惟广石廟遭倭寇焚，乃耆老劉仲堅等聞余至，亦求言廟事。余檄署篆孫通判大慶，考其遺趾并材料工價值百金。往陳、高捐俸二十四金助，余與李君如之。往從行者各歛銀一星，得三十兩餘，是則從行者尚未定名。往長樂民力饒可以鳩工，今連年有兵務。往劉知縣尹邑久，今孫乃署篆，且未久也。於是七十餘金無從得。余因言於代巡樊公斗山，樊遂標罰贖餘成其事，且命通判速工，請記於余。不兩越月，廟貌鼎新，巍然焕然，瞻趍有所，人心起敬。他日飛航順便，重荷神貺者，樊之功哉！或因是以鬼神事質於余，余曰：是說也，薦紳先生難之矣。考孔子曰敬而遠，夫謂之敬，必有以也；謂之遠，特不專是以徼媚云耳。故其祭神如神在，鄉人儺，朝服立阼階，孔子豈無見耶？而初學小生稍談鬼神則冒然稱茫昧，避諂瀆譏，及遇毫髪事輒俛首叩禱不暇，果能知事人事鬼者乎？今夫航海之行，尊皇命也，一舟而五百餘人在焉。彼溟洋浩蕩中，無神司之，人力曷能張主？學者知是説，則知予非惑、樊非狥，而是廟之祀可以勸諸將來。樊名獻科，字文叔，浙縉雲人。其巡閩也，酌時機務省約，而事之關體要者獨無所惜云。

重脩广石廟碑記

蕭崇業

萬曆戊寅春，余以使事客閩近二載，已日將有祀於广石天妃之神。里中長老走省會具言廟當治狀，以廟故天使過臨一脩，茲去郭、李時十八年所矣，垣序剥落，恐不雅觀，公儻有意於維新乎？野人竊願有請也。於是余與謝君慨焉爲念，乃遂檄長樂孫縣尹捐少貲助之，大略堊故塗陳，易蠹立圮而已，無更改作也。己卯夏四月，縣尹使使告成，請記，顧余又辦嚴未暇也。頃竣事還，可不謂神貺哉，義不敢以不文辭。記曰：天妃蓋海神之最靈異者。世傳生自五代，姓林氏，豈亦有足徵者相參驗乎？曩余考攬故記，見多援軼事瑣聞，以神明其説。駭光傀者則曰形如燭籠，訝肖似者則曰現體於物。或號召道流，拔劍升壇，禹步作隱語不可了；或令巫師舞婆祖降箕書篆，模影牽情，卒又閎誕無所信。職由一時昏劇，倉皇不知，求神於此心之虛靈，而猥侜張於幻妄之跡，亦其平日所爲弗類，反之媿澁慚沮，終不能質之而無疑。是故寧爲人非，而深怖鬼責，重罹冥禍，而輕犯王章，此其勢有固然，亡足論者。夫神而以天妃名，蓋其聰明正直克配兩間，猶曰俔天之妹焉耳。使頌天者徒以其一草一木、一生一成爲足以贊天之功，而天遂執之以爲德，將巍巍者得無邈乎其小耶？今世之崇奉天妃者，穹宫邃宇，華於閭俗，金身碧骨，儼於海濱，而閩最著，則其神殆無感而無乎不感，無應而無乎不應也。所爲拯溺濟危，陰相默佑之功，誠有與天合德，民無能名者矣。而區區軼事瑣聞，如紅光現體云云者，惡足以睹神之大哉！雖然，庸人之性，不激之未形則弗興，不懼之已往則弗勸。茲者國家弛通番之禁，凡浙、閩、廣、粤駕樓艫横金洋外者，所在而是，其於驚濤怒浪，覆却萬方，陳乎前不一入其舍，顧獨畏天妃，而神又靈爲能消歛其梟悍虓睢之心，使之僕僕然蛾伏羅拜於下，居常操籌鈎萬貨毳數而塵較之，斯即半貲脩供弗爲悋，而貪鄙愛利之慾稍不至潰決而不可收拾，未必非紅光現體之異有以先入之也。譬之一草一木，一生一成，天雖不以爲功，而電灼霆擊，間亦振襮其不測之威焉，要皆助宣夫造化之所不及耳。繇斯以談，則天妃之所以自赫其靈異者，其功豈不尤爲閎鉅哉！余航海時，與謝君過广石行諭祭禮，於是里中長老復稽首來謝，余乃諗於衆曰：天妃之神載在祀典其已久矣，然廟貌往往視使臣以爲興壞。我明天子萬年無疆，則中山之請命益萬年無替，广石之廟雖謂與國咸休可也。今第堇堇補葺耳，其何能加一力耶？於是里老唯而退。縣尹名濂，南海人，政識先務，此特其微者，故程期功費皆得略之。記成還閩之冬十一月。

蕭崇業曰：余讀《魯論》至「子不語怪力亂神」，未嘗不掩卷三嘆也。嗟乎，聖人之用意何其微乎！夫怪不經而亂、力非道，以此不形於言，良是也。然神雜見於詩書墳記者不尠，乃亦諱焉，何以故？蓋神理正直，懼人以邪佞謟瀆，反失其指，要在以吾心之誠，凝吾心之神，而後能與之爲徒，合其吉凶而不悖。故聖人或稱體物，或言敬遠，即答問所及，亦止開末而抑其端，曲辭以闡其略，所云未能事人，焉能事鬼，大抵明二者同條而共貫，有不必求鬼於人之外耳，其奥義端未易窺也。至若鉅海灝溔冥蹟，與人區迥異，夫豈無神？曩余計偕過蜀江，毋論瞿唐、灔澦，即中流無恙之所，一遇風至，榜人輒檥舟鵠立，莫敢下上，矧汪洋萬頃，瀵勢張天，當是時維無所於引艆，無所於縋也，詎安得不求援於造化耶？故謂海之神尤顯赫較章，信非虛耳。余自開洋以來，往往遇波濤警湧而復恬，舟航震蕩而復定，空曠（下缺）

使琉球録卷下

群書質異

大明一統志

琉球國在福建泉州之東海島中，其朝貢由福建以達于京師。國之沿革未詳。漢魏以來不通中華，隋大業中令羽騎尉朱寬訪求異俗，始至其國，語言不通，掠一人以返。後遣武賁郎將陳稜率兵至其國，虜男女五百人還。唐、宋時未嘗朝貢。元遣使招諭之，不從。本朝洪武中，其國分爲三，曰中山王、山南王、山北王，皆遣使朝貢。嗣是惟中山王來朝，其二山蓋爲所併矣。

風俗：男子去髭鬚，婦人以墨黥手爲龍虎文，皆紵繩纏髮，從頂後盤至額。男以鳥羽爲冠，裝以珠玉赤毛，婦以羅紋白布爲帽，織鬬鏤皮并雜毛爲衣，以螺爲飾，而下垂小貝，其聲如佩。無君臣上下之節，拜伏之禮。父子同床而寢。婦人産乳必食子衣。食用手，無匙筯。得異物先進尊者。死者浴其屍，以布帛纏之，裹以葦草，上不起墳。無他奇貨，尤好摽掠，故商賈不通。不駕舟楫，惟縛竹爲筏，急則群舁之，泅水而逃。俗事山海之神，祭以殽酒。戰鬬殺人，即以所殺人祭其神。王所居壁下多聚髑髏以爲佳，所居曰波羅檀洞，塹栅三重，環以流水，樹棘爲藩，殿宇多刻禽獸。無賦斂，有事則均税。無文字，不知節朔，視月盈虧以知時，視草榮枯以計歲。

山川：黿鼊嶼，在國西，水行一日。高華嶼，在國西，水行三日。彭湖島，在國西，水行五日。落漈，水至彭湖漸低，近琉球謂之落漈。漈者水趨下不回也。凡兩岸漁舟至彭湖，遇颶風作，漂流落漈，回者百無一二。

土産：鬭鏤樹，硫黄，胡椒，熊羆，豺狼。

按琉球在泉州東，自福州視之，少在東北。覲去必孟夏以西南風，來必季秋以東北風，不可知乎。國無典籍，年千世百，其詳靡得而徵已。然隋兵曾刼之不服，元使亦招之不從，我皇祖統馭區宇，無動衆遣使之勞，首效歸順，故特賜閩人三十六姓，令與俱焉，其意遠矣，豈將所謂用夏變夷者耶？國昔三分，今中山併而爲一。其人深目多鬚，曩接耆老陪臣，皆眉宇皓然可愛而禮也。去髭羽冠之説近妄，但有職事者以金銀簪爲差等，而厮賤輒不敢具，衹空髮束之耳。土人結髻於右，漢裔結髻於中，俱用色布纏首，紫黄爲貴，紅緑次之，以青爲下。衣則寛博廣袖，製如道士服，腰束大帶，亦以色布，稍貴者纏文錦，價可三五金。凡屋地多鋪板簟，潔不容塵，故無貴賤皆着草履，入室則脱，古人有屨滿户者，殆此也。唯謁見使臣，始具冠履，往往若束縛之甚苦。然頃年讀書號秀才者，亦帶中國方素巾，足不草履而以鞋，整整乎入華風矣。婦人真以墨黥手外指爲花草鳥獸形，髻肖童子總角，首不飾簪珥，顔任質無粉黛，足弛矯揉，大與男子同，故不知足而爲屨皆可用也。第富室以蘇席藉履底，略加皮緣，上衣之外更用幅如帷，周蒙背上，見人以手升之爲便面，下裳褶細而制長，乃欲覆足不令顯耳。 名族大姓之妻出入戴箬笠，坐馬上，女僕三四從之，無羅紋布帽、織鬭鏤皮毛衣螺貝之飾。 訪其俗，産乳未嘗食子衣也，然彼亦人母耳，豈謂不慈至是乎？ 君臣上下之分各有節級，王親雖尊不預政理，武職則設法司官、察度官以司刑名，遏闥官、哪霸港官以司錢穀，耳目官以司訪問，文職則設大夫、長史、都通事等官，以專司朝貢之事。 王則并日視朝，自朝至日中昃凡三次，群臣以搓手膜拜爲敬。 尊者、親者則延之殿内賜酒饌，卑疎則移時跪階下不輒起。遇聖節、長至、元旦日，王統衆官，肅冠服，嵩呼祝壽，蓋文教之四訖也，豈不盛哉！ 父子幼雖同寢，長必異處。 食用匙筯，削素木爲之。 得異味先進尊者。 子居親喪，數月不肉食，彼華人而厭粱豢者可媿矣。 化者中元前後日以溪水浴其屍去腐，收骨纏布裹草襯土而殯，上不起墳，此其習稍不美云。 若王及陪臣之家，則以骸匣藏山穴中，裁木板爲牖户，歲時祭掃，啓鑰視之，或慮木朽而暴露也。 地無貨殖，商賈鮮通，反時時資潤於鄰之富者。 邇來哪霸、首里貳處俱設馬市，販鬻率女儈，男子不得争。 尋常尤重犯法，有盜竊者輒加開腹、劓刵之刑，夷人即蠢悍無知，敢不懼而好摽掠耶？ 鹽舶魚艇制與中國小異，而陪臣歲入貢者莫不航巨艦横海而來，謂縛竹爲筏，不駕舟楫，意者草昧之初乎？ 俗敬神，神以婦人不二夫者爲尸，降則數著靈異，能使愚民竦然畏憚之，雖王及世子、陪臣無不頓首拜，故國有不良，神輒告王，指其人擒之。 聞昔倭寇謀犯王，離困者殆矣，神輒易而水爲鹽，化而米爲沙，尋即瓦解去，其有功力于國類如此。 尸婦名女君，首從動至三二百人，各頂草圈、携樹枝入王宫中唱遊，閩人爲王倩作宴者親目睹之，藉弟令殺人以祭神，難以在上矣，君子是以信其必無也。王宫建於山巔，國門榜曰歡會，府門榜曰漏刻，殿門榜曰奉神，並不名其居曰波羅檀洞。而圍堞亦弗聚髏，儼然石壁矗矗，略倣京城外墻圜之制，第縫無灰圬耳。門前百武許砌石梯數重，左下甃小池，水自石龍口噴出，上榜曰瑞泉，王府汲之，以供飲食。路雖高卑傍岩谷，然芟夷可容軌。而設塹樹棘，在窮鄉陋巷容或有之，殿宇雖廣闊侈於民屋，然制尚渾素，不雕禽刻獸以爲奇，要亦習於用拙故之以也。山則南有太平，出禾紵，男女頗耕織。西有古米，出土絲。又有馬齒，地藪曠，饒樵牧。東北有硫磺、葉壁、灰堆、由奴、野刺、普吉佳七島，雜出紫菜、魚鰲、海貝之物，蓋不止黿鼊等嶼、彭湖等島而已。落漈不知所在，豈别島耶？土産無鬭鏤樹，有鳳尾蕉，以葉翛然似鳳欲飛，故名之，四時不凋，此諸夏所無者。野鮮熊、羆、豺、虎、狼、豹猛獸，而獨出鹿，且富馬、牛、羊、豕、雞，形多瘦削，其價極廉。家不畜犬，愛養異色猫。有奇蛇可備藥。鳥常往來者烏鴉、麻雀、鷗鷺，而鶖、鴨、鶯、燕、鸛、鵲之族，生育不甚蕃。穀則稻、秫、黍、稷、麥、菽，蔬則瓜、茄、薑、蒜、葱、韭、菔、芋，果則芭蕉、甘蔗、楊梅、石榴、葡萄、橘、柿、柚、桃、棗，而圓眼、荔枝近所移也。木有松、柏、棕、樟，竹箭列植岩圃蕭寺中，葱蒨蓊藹，頗有一丘一壑之意。花則雜色不可種名，惟茉莉、木樨、王蒸最盛。乃顧不宜於茶，即藝之亦弗萌云。蟲有壁間蝎虎，聲大噪如禽雀，聞之令人恐。而海錯、龍蝦、蟳螺則味加閩越矣。至於賦歛，稍寓古人井田之遺法，上下各食其土，絶無暴横之虞。即祭封所用布帛、粟米，力役之征，則第一時暫取諸民而非常也。於戲！琉球自奉正朔以來，其漸濡風軌，歷年滋多，如云視月盈虧以知時，視草榮枯以計歲，則陋亦甚矣！大抵水經輿譜得之流聞爲多，故其所載往往非翔實也。史稱放哉，謂此耳。

蕭崇業曰：余睹曩説，盛稱琉俗尚鬼，封王日有女君夜降于庭中，庖丁及閩譯語人俱聞其聲嗚嗚焉。余每經怪此事，迨入其境訪之，人人無兩詞云。夫幻迹詭誕則理絶人區，感驗著章則事出天外，豈其疏逖之地，性道罕聞，覡妖鬼祟之惑拘牽日久，而弗神明之弗已耶？不然何誣異之甚也，吁哉！

嬴蟲録

琉球當建安之東，水行五百里，土多山峒，峒有小王，各爲部隊而不相救援。國朝進貢不時，王子及陪臣之子皆入太學讀書，禮待甚厚。

按福州往琉球須自梅花所開洋，風順可七晝夜至，不則淹淹旬日外未必也。以水程計之，大抵斯齊國將萬里矣。外惟福寧、温、台頗近，然非正途，況建安則建寧屬邑也，又在福州西北，原與海不相通，而云水行五百里，何乃謬易如是！王子弟雖分出各山，迨有事，如祭封之日，則各率所部戎服列伍以防衛，未嘗不相救援也。爲此説者，豈異時曾有負固山峒者耶？國初朝貢無定期，今二年一舉，尋以爲常。若夫令子姪入太學，僅創見於洪武二十二年，嗣後惟遣陪臣之子進監授業，大司成處以觀光之館，教以誦詩學禮，裘葛廩餼加儒生一等，其禮待不亦厚乎？邇如大夫、長史、都通事等官皆出閩人梁、蔡、林、鄭諸裔，無不貌言雍飭，傍繩櫽無敢踰，可謂翩翩之秀，當于華士求之耳，異域難得比也。嗟乎！教化之所及誠盛矣哉！誠盛矣哉！

蕭崇業曰：余過琉球閭里中部，夷子弟聚觀如堵，然質賦好醜相半，不盡類宵貌蕞陋之夷，問其人，告曰祖以上閩産也，洪武初稍遷於此，乃其後綿綿蕃衍矣。今所爲習書誦南學胄監有秩於國者，無非三十六姓云。人傳琉球俗好華自矜，言不虚矣。

星槎勝覽

琉球國山形抱合而生，一曰翠麗，一曰大崎，一曰斧頭，一曰重曼，高聳叢林，田沃穀盛，氣候常熱。酋長遵理，不科民下，釀甘蔗爲酒，煑海爲鹽，能習讀中國書，好古畫、銅器，作詩效唐體。地産沙金、黄蠟。

按琉球國諸山雖南北迤邐相望，而形勢不甚抱合，翠麗等四山之名，殊無紀載可考，詢之國人不識也。叢林峻谷間亦有之，厥田沙礫瘠薄，民業樹藝復鹵莽不精，顧能約於口體，衣止土素紵布無綺華，而食日不過飯一二碗，取充饑耳，大抵其俗儉僿而少勤也。海地卑濕溽蒸，故氣候常熱，然抵暮輒凉，而隆冬沍寒，亦時時雪焉。又云酋長遵理不科民下，稍爲篤論，以國中令甲本簡，而操枋者復不責小文耳。百姓造酒則以水漬米，越宿令婦人口嚼手搓以取汁，名曰米奇，非甘蔗所釀也。日來會賓燕享，往往亦設中國金酒矣。陪臣子弟與凡民之俊秀則請致仕大夫教之，俾誦讀孔氏書，以儲他日長史、通事之用。遇十六七歲該貢之年，仍過閩河口地方，從師習齊人語，餘顓蒙不慧者，第宗倭僧學書番字而已。至於作詩譬落落辰星，僅知弄文墨曉聲律爾矣，而許以效唐體，吾誠不知其可也。古畫、銅器貴家大族近頗相尚，然所同好者惟鐵器、綿布焉。蓋地不産鐵，炊爨多用螺殼，土不植綿，織紝唯事麻縷，如欲以釜甑爨，以鐵耕者，必易自王府而後敢，匪是則罪以犯禁弗貸也。其國未諗産金與否，往見王府亦有金酒瓶臺盞之類，即匙筯亦然，髮髮乎路踰出於土鼓，華滋甚矣。海貝大率産於此，顧又不用，乃獨用日本所鑄銅錢，輕小如宋季鵞眼綖環，千不盈掬，每十摺一，每貫摺百，與其無當於用也，孰若海貝之尤便且易哉！

蕭崇業曰：余聞之長史鄭迵云，國有僧容安者，素諳文義，且能詩，曾與日本人彈射不相下。輒欣然索所爲作讀三四過，語雖不甚精工，然意固飄飄物外，其於健羨冷如也，所謂「泉石膏肓，煙霞痼疾」者，非乎，而此輩是也。

集事淵海

琉球與泉州之島曰彭湖者煙火相望，其人驍健，以刀稍矢劍鼓爲兵器。旁有毗舍那國，語言不通，袒裸盱睢，殆非人類。

按琉球去彭湖不下數千里，海蜃作霧光景則晦冥矣。此云煙火相望，將無以神視乎？又嘗記憶閩中士夫常言霽日登鼓山可望琉球，然余自梅花所開洋，行二晝夜，謂可望小琉球矣，然竟不見。又行十餘日而後見葉壁山，自葉壁山又三日而後至琉球。計鼓山望此，其與去彭湖又不下數萬里矣，明謝離朱，亦安能獨見於軋沕無涯之外乎？國人産於萬水一山之中，得氣必勁，稱以驍健，誠然哉。且性耐饑渴，任勞苦，觀挽舟之時，終日夜忘蓐食而用力益勤勤焉不稱倦也。匪直賤者，上之大夫、酋長，可謂皤然一翁，春秋高矣，猶然同庸衆矯矍，立舟中往來巡督無懈惰狀，而訪之士民亦鮮夭閼疲殘之患，是豈禀賦獨與人盡殊哉？蓋由平日厭薄色味，故腥膿美麗舉不足以伐性而戕生，亦徒有以焉耳。第人尚忿争，有不平好以目皮相恐，大怒恚輒持刃剸人腹中，度不免亦引反自斃，否則即下於理决抵償而無繫獄，雖法司及黄手巾等此中號貴倨矣，倘有犯輒斬首，止令坐地而不綁縛，輕則流徙太平山，錮之終身，其必罰而不滯蓋如此。民間所用刀劍弓矢之類，往往嚴利削直，射則樹於地而兩手彎之，矢可至二百步許。盔甲用皮革周裹，進退以金鼓爲節，是故鄰國目爲勍敵焉。其國西南則暹羅，東北則日本。聞東隅有人，鳥語鬼形，不相往來，豈即所謂毗舍那國耶？

蕭崇業曰：彭湖煙火相望，譬昔人千載旦暮之説也，曷足異乎？何者？天下之事得其神即六合猶一家也，泥其迹即肝膽猶楚越也。彭湖雖遠，均之盈盈一水中耳，初非有崑崙恒岱爲之閡絶也。千載且旦暮之，而矧數百里不可望哉？余前所云以神視者，蓋有爲乎其言之也。是故君子必識大觀之義而後智度宏，智度宏而後四海之廣不出吾目睫間矣。然則謂鼓山可望琉球也亦宜。

杜氏通典

琉球國王姓歡斯氏，名渴剌兜，土人呼之爲可老羊，妻曰多拔荼。居舍大十有六間。王乘木獸，令左右輿之。凡宴會，執酒者必得呼名而後飲，上王酒者亦呼王名然後銜杯共酌，歌呼蹋蹄，音頗哀怨，扶女子上膊搖手而舞。又曰民間門户必安獸頭。

按琉球國王姓尚氏，歷世以漢字命名，祖有尚忠、尚德、尚真，皆取義之佳者，不知何時曾姓歡斯氏不耶。妃選自民間，土人稱王曰敖那，稱妃曰札喇，乃云可老羊、多拔荼，豈方言或與世更異也。至於陪臣如王親、法司等官，但以先世及已所轄之地爲姓名。若大夫、長史、都通事，則出自三十六姓之後矣。王之居舍，入門向北者七間，以堪輿家不利，乃稍摺而東，深數十丈許。又向西者七間，以此爲正殿。閣二層，上爲寢室，中爲朝堂，臣下傳侍立簷柱前。凡閣門以五色燒土珠爲簾櫳，卓圍如之。中三間略加金碧承塵，下覆以采繒，地鋪重席，厚寸餘，行之綿軟無履聲。傍有側樓，有平屋，有北宫。向南亦七間，延賓於此，其廣闊弘爽可儗寺觀之制，而比侯伯宅較高大云。然梁木質理渾堅光細如膩，又足稱海外殊材矣。王出入乘肩輿，非木獸，扛具十六人。傘色用五，亦有青碧土珠傘。從者數百，鼓吹前導，戈矛後擁，左右列武士，面蒙鬼貌，酷似中國門神之象，頗虓異可駭。仍以土珠小團扇并大鳥羽扇各四柄，貼金葫蘆一對爲儀衛，義何所取耶？宴會不時，禮最簡朴。陪臣遇吉每稱觴以壽王，王亦與之坐而共飲。夷俗嘔喣不峻絶則有之，豈敢遽至於呼名哉！樂用絃歌，酒間度新聲，哀怨悽切。嘗令夷大夫譯其曲，有「海不揚波，舟航利涉」之句，若爲余二人而頌者。餘雖侏㒧無可與辨，然嘆老嗟貧，悲暌歡聚之意，大約人情不甚相遠如此。更以童子四人，手擊柝而足婆娑以舞焉，所謂蹋蹄歌呼，扶女子上膊爲戲，則目所未覩也。大抵琉俗樸茂，其民不譚智於尺寸之間，故儉多貧，而性乃好潔，眘於治室。曩時富家貴族始得刱瓦屋，邇來營窟漸易，棟宇斯興，周遭疊石爲墻以衛，不然望之宛一睥睨堡也。但其居不聯比，往往星散於岩谷中，跡若寥落，而生聚寔繁，剪茅列簟者祇什之五六矣。人復稍習於陶，如瓴甓、鈎頭、滴水、筒版瓦之類，大與中土無異，而圬者且亦精細不踈鹵，惟無獸頭耳。雖王宫、梵宇，其屋脊角不過纍瓦封灰，或繩之以板而止。然今日之鳥跡固他日之篆籒所由生也，又安知非其漸云。茲傳民間門户皆安獸頭，此殆以耳視者乎？誤矣。

蕭崇業曰：余聞之傳曰：章甫不可以適越。蓋言斷髮文身，無所用之，故適者必見困耳。乃自勾踐以後，策臣霸主接踵而興，非惟章甫不之越，且聲名彬彬爲方内雄矣。夫越之地與古等耳，何質文懸絶如此耶？蓋其所以漸而靡之者，要非一齊一傅與一昕夕之驟也較然矣。琉球顓顓獨居一海之中，去華人言服乖闊遠甚，其呼名媟主，歌舞蹋蹄，陋故之以又安知不如杜氏所云。顧今稱臣入貢，回面請吏其已久矣，中間文約之所沾漬，境俗頓更，風教之所周流，情形默奪，習與化移，容或異焉。追感桑滄之論，意者不誣乎？於戲！皇仁施及之遠，幾將日所出入處也。異時華人必資章甫而適中山矣，猗與休哉！

使職要務

洪武、永樂時出使琉球等國者，給事中、行人各一員，假以玉帶蟒衣極品服色，預於臨海之處經年造二鉅舟，中有艙數區，貯以器用若干。又藏棺二副，棺前刻天朝使臣之柩，上釘銀牌若干兩，倘有風波之恶，知其不免，則請使臣仰卧其中，以鐵釘錮之，舟覆而任其漂泊也，庶人見之，取其銀物而棄其柩于山崖，俟後使者因便載歸。邇者鑒汨没之禍，奏准待藩王繼立，遣陪臣入貢丐封，乃命使臣齎詔敕駐海濱以賜之，此得華夷安危之道，雖萬世守之可也。

按：領封之説，肇自前使占城者，正副畏難不肯航海以畢事，曠日持久，渠國不獲已而領自海濱，非俞旨也。

蕭崇業曰：余攬舊録，内稱國朝賜使臣以極品之章，恩寵渥矣，是以感激圖報之下，往往有人，余竊以爲不然。夫人臣之事君，要在無所爲而爲之，斯可以語忠。若其事在公，其心乃在私焉，非忠也。曷不觀古人以明其指乎？昔者蘇武幽置窮窖，當是時庸勳華艷皆望外也，武之不屈，豈有愛耶？獨以此忠此義，天地鬼神寔鑒臨之，必弗以憂愁顛沛而遂失其節耳。故凡身苟可致者，無非人臣職分之常，不謂有寵而故任之，失利而故逃之也。夫海上之風波，與窖中之旃雪孰異？第彼猶然膏草野耳，兹奉不貲之軀，僥倖於陽侯之險，其爲危道，何俟於言，乃至設桴翼，造水帶，又欲藏棺懸牌，令見者瘞之崖谷，此正猶愚夫援入井者之衣，其裾雖絶，顧其人無救已。柱下之言曰：吾所以有大患者，爲吾有身。夫身且不欲有也，況多方塵慮，覬萬一於既溺之餘，委曲求全，設厚利以收已亡之骨，則亦何益之有哉！此固奉公忘私者當自信於拘拘謭謭之外可也，否則得無嗤余爲迂譚乎？

大明會典

琉球自洪武年間，其中山王、山南王、山北王皆遣使奉表箋貢馬及方物。洪武十六年，賜國王鍍金銀印并文綺等物，山南王、山北王亦如之。永樂以來，國王嗣立，皆請命册封。自是惟中山王來，每二年朝貢一次，每船一百人，多不過百五十人。其貢馬、硫黄、蘇木、胡椒、螺殼、海巴、生紅銅、牛皮、櫂子扇、刀、錫、瑪瑙、磨刀石、烏木、降香、木香。

蕭崇業曰：昔在神禹，班賦九州，徵其名物，以供邦用，蓋言服以内耳，未及乎荒遏之濱也。厥後窮方殊域，嚮慕華風，争各出其土之所有，而珍奇瓌詭，往往布濩上邑，焜煌下陳，殆不止於纖綺齒革、琛琳璣翠而已也。然肇天之聖，承紀之主，顧獨不以此重焉。是故捐金沉璧，却駿焚裘，惇史贊之，輓世頌之矣。夫琉球遐居海嶠，久與中國不相聞，無怪其名寖以不章已。迨我朝統一之初，乃首效服從，稟印彝訓，以故皇祖嘉其義，輒以王禮禮之。而後琉球稱臣，秉度之名，獨冠海以外。今觀其入貢也，惟録其悃誠，不第其良窳，即輕鮮鄙樸之産，亦得以苞匭而驛至，眎彼回面藏心，懷坻襮瓊，徒眩眩於纖綺齒革、琛琳璣翠之間者，大逕庭矣。此其所以歷異代而忠愈固，寵愈隆也。《書》曰不寶遠物則遠人格，可不謂然乎？

題奏

禮部爲俯竭愚忠，條陳過海事宜，以隆大典，以重差遣事。該本部題，儀制清吏司案呈，奉本部送禮科抄出户科等衙門左給事中等官蕭崇業等題。照得琉球國請乞襲封王爵，該禮部題，奉欽依差臣業、臣杰充正、副使，齎捧詔敕，前往彼國行禮。臣等竊聞，遣人使於四方，古人所慎擇也。故仲尼曰使乎，使乎，言其職未易稱有如此。因是嘗覽觀漢唐之際，其有事于遠人也，必廣求可使絶域之才，無非欲其出慮發謀，殫忠畢力，能取重於外夷，以明中國之有人耳，此豈漫然而嘗試之者哉！洪惟我國家日域仰澤，月窟向風，輶軒之使，通驛萬國。然其一遇差遣也，率以該衙門輪定資次爲準，不屑區區與小邦絜長較短，爭寸取尺，以求勝於彼我之間，故如臣等蚊負蠡測之資，皆得濫叨梯山航海之役，日夜循省，感愧交并，惴惴焉，深惟無以對揚休命是恐。臣等又思，忠信可行於蠻貊而不辱，以有耻爲先。臣等自幼誦習斯語，頗知向往，其在於今日，尤當益勵進脩而不敢甘心諉避，以爲盛明玷也。但臣等各相警勉外，所有過海事宜，輒敢條爲肆事上請，伏乞敕下該部詳議可否，令臣等遵照施行，則事不遲誤，而於使職爲少盡矣等因。奉聖旨：禮部知道。欽此。欽遵抄出到部，送司案呈到部。看得户科等衙門左給事中等官蕭崇業等奉使琉球，條議過海事宜，款開請留詔敕、祈報海神、責成有司、議處人從，俱於使事有裨，相應開列前件，酌議上請，伏候聖明裁定，敕下本部，通行各該衙門，一體遵奉施行。

計　開

一、請留詔敕。語在首卷。

一、祈報海神。臣等查得先給事中陳侃等奏，爲乞祠典，以報神功事，奉世宗皇帝聖旨：「禮部看了來説。」欽此。該禮部覆，看得給事中陳侃等奉使海外，屢遭風濤之險，幸獲保全，海神效職，不可謂無，賜之以祭，禮亦有據。隨移翰林院撰祭文一道，行令福建布政司備辦祭物、香帛，仍委本司堂上官致祭，以答神休，已經遵行外。臣等竊惟河瀆海岳，載在國典，而柴望祭告，原非不經，且鬼神本體物而不遺，君子當無時而可射，與其有急而邀捍禦之福，孰若先事而脩秩祀之儀。合無敕下禮部，行令福建布政司于广石海神廟備祭二壇，一舉于啓行之時而爲之祈，一舉于回還之日而爲之報。使後來繼今者永著爲例，免致臨時惑亂，事後張皇，而神之聽之亦必有和平之慶矣。前件臣等看得，户科左給事中等官蕭崇業等題稱祈報海神一節，爲照捍災禦患，載在祀典，祈報之禮，自昔有之，今使臣奉將王命，遠涉海濤，雖仰仗皇上威靈，百神自爲之效職，然而賜之以祭，是亦所謂禦災捍患則祀之之意也。先年已有回還報祭事例，惟啓行之祈尚屬缺典，相應俯從所請。除報祭文先已撰去外，合候命下，移文翰林院，再撰述祈祭文一道，行令該布政司備豐腆祭二壇，俟本官啓行及回還之日，即於海神廟親自同本司堂上官舉行，仍永著爲例，後來一體遵行，伏乞聖裁。

一、責成有司。夫濟險以船，督工以人，二者相因而並重者也。往年委官造船，其品秩稍崇者則每厭爲瑣細之務，而不屑於經理，若夫卑官下吏，則又視爲奇貨可居，而專以侵欺爲事。以故用失其人，而器多弗精，往往有中流摺柁者。臣等竊惟宫室輪輿之類，壞而復脩，猶甚無害。至於船不如法，輒有他虞，即使公輸在左，巧倕在右，亦無濟於緩急矣，此造船所以不可不慎也。合無敕下該部，轉行彼處撫按衙門，遴選所屬佐貳之中或同知、或推官必有才略而無負志節者，然後委之以造船之務，而又副之以廉幹指揮二員，俟船完之日，凡有司工匠一併隨行。夫彼知其異日將不免于同舟也，則必加意督脩而不敢苟且搪塞，以飾目前之觀，此固先年執事者之所議行，而非臣等敢爲此拘牽之説，以厚責於人也。前件臣等看得，户科左給事中等官蕭崇業等題稱責成有司一節，爲照督理造船，關係委重，往年任使非人，不行加意督脩，以致造不如法，輒有中流摺柁之虞。本官具題前因，相應申飭，合候命下，行福建撫按衙門，選委廉幹府佐官一員督造船隻，仍以廉幹指揮二員副之。務要責令各官，不宜圖節省之虛名，惟當覈脩理之實費。不貴速完以邀敏捷之譽，而務期堅久以爲萬全之謀。事竣之日，撫按官詳加查覈，如有草略完事及任意侵尅者，即行指實參奏，以憑重加降黜。至謂欲令有司工匠隨行，先年使臣亦曾議及，但臣等竊謂有司各有官守，似難擅離職役。查得該省都司例撥指揮監軍護送，合無將前須選委廉幹督理指揮二員，即以監軍及與□□工匠一併隨行。彼知利害相同，自不敢苟且塞責，而造作可必其如法矣。伏乞聖裁。

一、議處人從。夫遠涉異國，必閲歷時日而後竣事，其間飲食物用、弓矢器械之類，以及觀星、占風、聽水、察土、醫卜、技藝之流，皆得備具。蓋王命所關，故不得不重其事如此也。夫前項供給之需，既出官府，則必有所遵奉而後可以動支。若分外多帶一人，則不惟過煩公費，而抑且事嫌私交，均足以累使臣而損國體。臣等查得福建都司例撥指揮等官三員、軍四百名護送。見今海防已靖，似宜減去其半，非熟于海道者不用。至于天文生照舊取之南京，其醫生二名亦各擇其善者以行。與夫駕柁、執帆、船中應用之役，并今題請所不及，但係前時所必用者，容臣等在福建布政司酌量取用。大約貴精而不貴多，毋徒濫帶冗雜無用之人，以滋勞費。開船之日，仍令布政司將帶過人員、用過錢糧、造過器用等項逐一造册，臣等會同巡按御史題知，此亦防閑節用之一端也。前件臣等看得，户科左給事中等官蕭崇業等題稱議處人從一節，爲照遠涉海外，豈惟閲歷時日，亦且風土異宜，凡一應合用飲食、器械之類，及觀星、占風、聽水、察土、醫卜、技藝之流，委不可缺。但謂見今海防已靖，所有舊例護送指揮官軍似應減半，及稱不欲分外多帶一人，以滋公費，且嫌私交，蓋深知使臣之體者，相應依擬。合候命下，本部移咨南京禮部，行令欽天監選取精曉天文生一名。其醫生二名聽本官自便，各擇其善者隨行。凡合用供給之物，與夫應該隨行之人，俱聽于福建布政司酌量取用。夫隨帶既無有冗濫，則廪餼自不至虚縻，外國亦無所騷擾，其于臣節國體有裨多矣。本官啓行之日，該布政司將帶過人員、用過錢糧、造過器械，一面申呈撫按官會同本官題知，仍一面覈實造册送部，以憑查考。伏乞聖裁。

萬曆四年八月二十二日，本部尚書兼翰林院學士馬自强等具題。二十四日奉聖旨：依議行。欽此。

禮部一本爲周咨訪以備採擇事。該吏科等衙門左給事中等官陳侃等題。切念臣等奉命往琉球國封王行禮既畢，因待風坐三閱月而後行，無所事事，因得訪其山川、風俗、人物、起居之詳，杜撰數言，遂成一録。録之意大略有二。臣等初被命時，禮部查封琉球國舊案，因曾遭回禄之變，燒毁無存，其頒賜儀物等項，請查於内府各監局而後明，福建布政司亦有年久卷案，爲風雨毁傷，其造船并過海事宜，皆訪於耆民之家得之，至於往來之海道，交際之禮儀，皆無從詢問，特令人至前使臣家詢其所以，亦各凋喪而不之知。後海道往來，皆賴夷人爲之用。其禮儀曲摺，臣等臨事斟酌，期於不辱而已。因恐後之奉使者亦如今日，著爲此録，使之有所徵而無懼。此紀略所以作也。又嘗念國家大一統之治，必有信史，以載内外之事，如《大明一統志》者是已。志中所載琉球之事，所云落漈者水趨下不回也，舟漂落漈，百無一回。臣等嘗懼乎此，經過不遇是險，自以爲大幸。至其國而詢之，皆不知有其水，則是無落漈可知矣。又云王所居壁下多聚髑髏以爲佳，臣等嘗疑乎此，意其國王兇悍而不可與言也。至王宫時遍觀壁下，亦皆累石，國王則循循雅飭若儒生然，在彼數月，雖國人亦不見其相殺，又何嘗以髑髏爲佳哉！是志之所載者皆訛也。不特志書爲然。杜氏《通典》、《集事淵海》、《羸蟲録》、《星槎勝覽》等書，凡載琉球事者，詢之百無一實。若此者何也？蓋琉球不習漢字，原無志書，華人未嘗親至其地，胡自而得其真也？以訛傳訛，遂以爲志，何以信今而傳後？故集群書而訂正之，此「質異」之所以作也。兼以夷語、夷字，恐人不知，并附于後。臣等學問麤疎，言詞鄙俚，勉成此録，實不足以上塵睿覽，但念海外之事，知之者寡，一得之愚，或可以備史館之採擇，是以不避譴責，陡膽進呈，伏惟陛下恕其狂僭，下之禮部，詳議施行等因。奉聖旨：「禮部看了來説。」欽此。欽遵抄出到部。看得吏科左給事中陳侃等題稱，奉命往琉球國封王，禮畢訪其山川、風俗、人物、起居，撰《使琉球録》一册上進，乞要詳議備行史館採擇一節。爲照琉球國遠在海濱，華人鮮至其地，是故國俗風土，知之者寡。今按《一統志》等書所記，事本傳聞，殊有該載未盡者。據左給事中等官陳侃等親歷其地，目擊其事，山川風俗之殊，往來聞見，悉出實録，因採擇事蹟，撰述成書，既以正載籍之所未盡，且俾後之奉使者有所考，足見各官留心使職，誠可嘉尚，似應俯從，合候命下之日，本部將所進《使琉球録》付之史館，以備他日史館採集，伏乞聖裁等因。奉聖旨：「是。」

欽差吏科等衙門左給事中等官臣陳侃等謹題，爲出使海外事。切照嘉靖十一年五月内，琉球國世子尚清上表請封，欽蒙差臣侃爲正使，臣澄爲副使，各賜一品服一襲，賫捧詔書一道、敕書一道、諭祭文一道，并頒賜儀物等項，前往琉球國祭中山王尚真，封尚真子尚清爲中山王。臣等隨即陛辭，先至福建造船。船大而費亦巨，經始於嘉靖十二年五月，至嘉靖十三年四月始克造完。船完之日，遂至長樂縣广石地方登船。先期尚清已遣長史蔡廷美等過海迎接，令通事林盛帶夷稍三十人爲臣等駕船。在五月初八日解纜開洋，洋中偶值逆風，船不可往，放回數百里，後遇順風復往，因失針路，漂過琉球國交界地方名曰葉壁山，遂泊于此。尚清聞之，差大臣一員，帶夫四千餘名，駕小船四十餘隻，至葉壁將船挽回。五月二十五日方到彼國，尚清即遣儀從及文武陪臣隨龍亭迎詔敕、諭祭文至天使館奉安，擇日行禮。六月十六日行祭王禮，七月初二日行封王禮。是日尚清皆迎至國門外，一見龍亭先行五拜三叩頭禮，步行前導，迎至正殿，一如儀注，行禮開讀已畢，設宴款留，禮意懇至。臣等令儀從迎詔敕回館，尚清令通事致詞，欲留爲鎮國之寶，臣等猶未允，復令長史捧先朝詔敕來看，臣等始知留詔敕爲先朝故事，况已奉有明旨，始許其留。行禮既畢，似應即回，因海中風浪不測，惟順風而後可行，非可以人力勝者。琉球在福建之北，去以南風，回以北風，故至九月二十日方可開船。計在彼國停泊一百十五日，日有廩餼之供，旬有問安之禮，月有筵宴之設，隨行人役皆給口糧，使之安飽。行時復具黄金四十兩爲贐。臣等在福建時例有金帶、銀器等物送用，尚不敢妄受，况外國之物乎？故責以大義，陳以國法，彼亦知敬而不敢强。仍遣通事林盛帶夷稍十人爲臣等駕船，又遣王親寧古、長史蔡瀚、通事梁梓等另駕一船進表謝恩。開船之後二十一日晚，颶風陡作，將臣等船中大桅吹摺，舵亦損壞，舟人皆震恐無措。荷皇上威福，以致神明默佑，得保生還，在十月初二日入福建省城。同行夷船今尚不到，或未免漂溺之患矣。除彼自行補謝外，臣等切思，三代以降，聖王不作，治化陵夷，以文德被海内者尚不多見，况覃敷海外者乎？若越裳氏之重譯而來，以中國之有聖人耳。琉球國在海外無慮數千里，漢、唐、宋時皆未嘗内附，至元時遣將伐之而亦不從，至我太祖登極，首先臣附，率子弟來朝，此豈區區勢力所能服哉？要必有所以感之者耳。我太祖悦其至誠，待亦甚厚，賜以符印，寵以章服，遣閩人三十六姓爲彼之役，又許其遣子弟入國學讀書習禮。彼亦感激，久而匪懈。迨今皇上御極以來，制禮作樂，聲教四敷，彼知中國之聖人復生，故欲竊餘光以誇耀他國，是以不避風濤之險，貢獻益勤，請封益篤。今日之舉，尤出誠懇，聞欽命奔迎於海曲，見龍亭匍匐於道周，非但不敢如緬甸之倨傲無禮，而亦不敢如尉佗之較量勝負也。臣等忝與使事，亦竊尊榮，無任感荷慶幸之至。緣係出使海外事，理備將使事顛末謹具題知。

欽差吏科等衙門左給事中等官臣郭汝霖等謹題，爲渡海册封復命事。切照嘉靖三十七年正月内，琉球國世子尚元上表請乞襲封王爵，蒙差臣汝霖爲正使，臣際春爲副使，各賜一品服，齎捧詔敕併頒賜冠服、儀物等件，前往琉球國，封世子尚元爲中山王，仍諭祭中山王尚清。臣隨即辭朝至福建省城，督有司造船，渡海行事。適值連年倭患，阻遲海口，未得開洋。至今年五月内，海口頗靖，臣等乘隙而出。五月二十八日，在於長樂縣梅花地方開洋。閏五月初五日，行至赤嶼山，阻風三日，漂過琉球山一日，幸彼處夷人在山哨望，知爲封船，乃發艕牽引回其境内。至初九日登岸，到於彼國。尚元即遣儀從及舉國臣民迎導詔敕至天使館安奉。擇六月初九日行祭王禮，六月二十九日行封王禮，世子皆躬率臣民迎導，跪拜踴躍嵩呼，歡聲洋溢，儼恪懇至。開讀既完，世子仍乞留詔敕以爲國寶，臣等令其捧前者來看，因如制許之。大禮既成，臣等在天使館守候風汛回國。十月初九日登舟，緣風阻哪霸港口，至十九日始得開洋。二十一日在於洋中摺舵，荷賴聖靈得保生全，十一月初二日歸至福建省城。其琉球國王尚元遣王親原德、長史蔡朝器等另駕一舟隨同臣等上表謝恩，亦以初十日到於福建海口。除彼自行具謝外，臣惟唐虞三代之盛，四夷來王，漢、唐以下雖有屬國，叛服不常。琉球在海島中，乃能永堅一心，歸化無渝。臣等到彼，供應廪餼，趍走承順，如郡縣然，非聖朝文德漸彼之極，何以致此？我皇上十三年既册其父，兹者又封其子，聖壽萬齡，聖威萬里，視祖宗有光，而軼唐虞三代不二矣。臣等雖當海警風波之險，猶得周旋使事之榮，臣無任感荷欣忭之至。緣係渡海册封事理，謹具本題知。

户科等衙門左給事中等官臣蕭崇業等謹題，爲出使海邦竣役復命，以紓宸慮事。照得琉球國世子尚永，於萬曆四年七月内請乞襲封王爵，欽蒙皇上命臣業、臣杰充正、副使往封世子尚永爲中山王，復蒙賜臣業麒麟衣一襲，臣杰白澤衣一襲，詔敕二道，并王妃衣服、表裏等物。隨即陛辭，赴福建督造封舟。業於萬曆六年已完，頃緣該國接封夷船未至，臣等曾具疏以改期請。今陪臣正議大夫梁燦等率通事、夷稍諸人來迎，臣等謹以本年五月初十日由福建南臺解纜，十六日薄广石，二十二日梅花所開洋。次日東風劇作，舟摺而之南，因是遂迷針路。連行數日，茫無一山，周覽徬徨，深切疑悚，掣掣洩洩於巨浸之中，汎汎悠悠於狂瀾之上。猶賴神明默佑，漂流不遠，三十日望見葉壁山自此去國可五六百里許，乃挽舟而上，進寸退尺，爲力甚難，至六月初五日始檥舟哪霸港口。世子遣文武陪臣導引如儀。越二十九日行祭王禮，七月十九日行封王禮。在世子登降揖讓之間，固能恪遵成度而不敢失，在使臣辭受取與之際亦知謹守大閑而不敢違。鉅典已脩，若可遄歸矣，又以壯風未届，故爾遲遲，於是以十月二十四日自哪霸港出洋。比日風愈順，舟疾如飛。二十八日颶發輒止，三十日即抵台、温地方，至十一月初五日，僅十一晝夜，仰藉國家威靈，凡四百餘人俱無恙，旋於閩之三山矣。計臣往還海上之期，歷年將半，寒暑儵更，雖微有波濤小警，然以井蛙曲士，獲縱大觀，所謂塵宇壯遊，諒無踰此，要之皆聖明之間寵，儒弁之奇遭也。臣等竊惟寰海之外，封界寥闊，以國稱者萬數。琉球固上仁之所不綏而疆武之所不讋者，廼獨於皇祖統馭之初，褁誠奔附，被服裳纓，繼今敬畏秉忠，不隳臣節，陳書奏表，有華士之風，履繩蹈規，爲夷王之冠。翼翼然恭而有禮，郁郁乎文而不慚。膺朱芾之章三錫，有光於殊俗；捧絲綸之重一字，何止於百朋。驚覩漢官，忻逢周典。允矣海國中千載一時也。臣等又惟在昔使臣渡海屢罹艱危，譚及往事，令人不寒而慄。今二臣無摺桅損柁之虞，而安流利涉，得以竟使事之榮，豈非中國有聖人，使海若效靈，馮夷助順，則亦何能徼厚幸如是耶？此尤見帝德之顯宣，真足以軼越前徽，馳騁哲躅，而陋輓近世於不居矣。臣等曷勝驩欣仰戴之至。緣係出使海邦，竣役復命，以紓宸慮事，理備將使事本末謹具題知。

琉球國中山王尚清謹奏，爲謝勞事。伏念臣清僻居海邦，荷蒙聖育，封臣爲中山王，不勝感戴，除具表謝恩外，今有差來使臣二員，正使吏科左給事中陳侃，副使行人司行人高澄，冒五月之炎暑，衝萬里之波濤。艱險驚惶，莫勞於此。臣等小國荒野，無以爲禮，薄具黃金四十兩，奉將謝意。此敬主及使，乃分之宜，酬德報功，亦理之常。二使懼聖明在上，堅不敢受。微臣情不能盡，無以自安，令陪臣順齎貢奉，伏乞天語叮嚀，賜彼二使，庶下情盡而遠敬伸，無任激切感仰之至等因。奉聖旨：「覽奏謝足見敬慎，金着陳侃等收了。禮部知道。」

光禄寺等衙門少卿等官臣陳侃等謹題，爲謝勞事。侃原任吏科左給事中，高澄原任行人司行人，於嘉靖十一年蒙欽命差往琉球國封世子尚清爲中山王。往返三年，已於今年五月二十四日復命訖。近中山王尚清差陪臣謝恩，順齎臣等所卻黃金四十兩，具本進呈，欲天語叮嚀，下賜臣等。節奉聖旨：

「金着陳侃等收了。」欽此。欽遵。切念臣等奉皇上之命，遠使琉球。琉球乃素知禮義之國，臣等至彼，正欲敷揚聖德，恪守臣節，爲中華增重，安敢受彼非禮之餽？故筵宴之設必陳方物，具書固却至再至三，書備於《使琉球録》中，已塵御覽矣。臨行以金四十兩爲贐，堅不肯受，彼心不自安，冒瀆天聽，蒙皇上鑒彼敬慎之心，特下收受之命。臣等聞命自天，措躬無地，敢不拜受，以爲家寶。但奉使奔走乃臣等職分之常，自揣無功，曷敢受兼金之惠？伏乞皇上將此金收儲内帑，或命彼帶回，庶遂臣等之初心，而於君命斯不辱矣。無任感激敬懇之至等因。奉聖旨：「已有旨了，不准辭。該衙門知道。」

蕭崇業曰：夫人臣委質於君，唯其所使而不可有一毫計利之念，不直理當如此，要亦職分然也。琉球雖居海之外，然被服華法舊矣。彼以使臣遠臨其國，廼遂持數金勞苦之。於戲，堂堂天朝顧以是答耶？其去市道交若無幾耳。第復疏進闕廷，得請之主命而後敢授受，凜凜禮法之内，而德意寓焉。我國家之待使臣厚矣。雖然，充類至義之盡，孰若不受之尤爲正且大哉！

光禄寺衙門少卿等官臣蕭崇業等謹題，爲謝勞事。業原任户科左給事中，謝杰原任行人司行人，於萬曆四年蒙欽命差往琉球國封世子尚永爲中山王。往返四載，已於本年五月十九日復命訖。近中山王尚永差陪臣馬良弼謝恩，順齎二臣所却黄金四十兩具本進呈，欲賜臣等。奉聖旨：禮部知道。欽此。竊念臣等奉皇上之命，遠使琉球，正欲喻德宣譽，爲天朝增重，故凡一切燕饗餽問之儀，必斟酌裁省，期於不辱。臨行復以黄金四十兩爲贐，此雖彼國酬勞之典，但揆之大義，寔所未安，故臣等堅却不受，原非矯飾。況彼國素稱守禮，臣等即有微勞，要不過率循常職，奉行故事而已，初非有昔人批難解紛之功，歸疆服叛之烈也，曷敢受非分之物，傷不取之廉，以貽外夷口實哉！伏乞皇上敕下該部議，將此金收儲別用，或仍命彼帶回，庶使節以明，君命不辱，而於風厲臣工之道未必無小補矣。臣等不勝激切敬懇之至。奉聖旨：「准辭，付該國使臣帶回，禮部知道。」欽此。

藝　文

大安禪寺碑記

宣德五年，正使柴山奉命遠造東夷。東夷之地離閩南數萬餘里，舟行累日，山岸無分，茫茫之際，蛟龍湧萬丈之波，巨鱗漲馮夷之水，風濤上下，捲雪翻藍，險釁不可勝紀。天風一作，烟霧忽蒙，潮瀾洊湃，波濤之聲，振于宇宙，三軍心駭，呼佛號天。頃之忽有神光大如星斗，高掛危檣之上，耿焕昭明，如有所慰。然後衆心皆喜，相率而言曰：「此乃龍天之庇，神佛之光矣，何以至是哉！是咸賴我公崇佛好善，忠孝仁德之所致也。」迨夫波濤一息，河漢昭明，則見南北之峰遠相迎衛，迅風順渡，不崇朝而抵岸焉。既而奉公之暇，上擇岡陵，下相崖谷，願得龍盤虎據之地，以爲安奉佛光之所，庶幾以答扶危之惠。於是掬水聞香，得其地於海岸之南，山環水深，路轉林密，四顧清芬，頗類雙林之景，遂闢山爲地，引水爲池，捄之陾陾，築之登登，成百堵之室，闢四達之衢，中建九蓮座金容于上，供南方丙丁火德于前，累石引泉鑿井于後，命有道之僧董臨其事。內列花卉，外廣椿松，遠吞山光，平挹灘瀨，使巢居穴處者皆得以覩其光焉，此酬功報德者之所爲也。且東夷與佛國爲鄰，其聖跡海靈鍾秀有素矣。此寺宇之建，相傳萬世無窮，良有以夫！建寺者誰？天朝欽命正使柴公也。

千佛靈閣碑記

粵自大明開基，混一六合，東漸于海，西被于流沙，聲教迄于四海，凡在遠方之國，莫不捧琛執帛而來貢焉。時東夷遁居東海之東，阻中華數萬餘里，水有蛟龍之虞，風濤之悍，陸有丘陵之險，崖谷之危。無縣郭之立，無丞尉之官。汙樽杯飲，盡其俗也。雖然，亦累貢所産于朝，永樂之間，亦常納其貢焉。洪熙紀元之初，遣正使柴山暨給事中行人等官奉敕褒封王爵，頒賜冠冕，仍遣祭前王，使其知尊君親上之道，篤仁義禮樂之本，天朝之恩，無以加矣。當今聖人繼登龍馭，率由舊章，宣德二年復遣正使獨掌其事，蒞臨以詢之，則見其王欽己於上，王相布政於下，其俗皆循禮法，熙熙如也。宣德三年，本國遣使歸貢于朝，迨夫五年，正使山復承敕來茲，重宣聖化，淮海往返，滄波萬頃，舟檝之虞，風濤之患，朝夕艱辛，惟天是賴。思無以表良心，遂倡二軍墾地營基，建立佛寺，名之曰大安。一以資恩育之勤，一以化諸夷之善。寺宇既成，六年卒事，復命。迨宣德八年，歲在癸丑，天朝甚嘉忠孝，特敕福建方伯大臣重造寶船，頒賜衣服、文物以勞之。日夜棲跡海洋之間，三軍有安全之歡，四際息風濤之患。或夜見神光，或朝臨瑞氣。此天地龍神護佐之功，何其至歟！於是重脩弘仁普濟之宮，引泉鑿井，於宮之南鼎造大安千佛靈閣。凡在諸夷，莫不向化。寶閣既成，佛光嚴整，八月秋分，又有白龍高掛，以應其祥，此嘉祥之兆，良有自也。遂立碑記以紀其事，使萬世之下聞而知者，咸仰天朝德化之盛，而同比美於前人，因書爲記。建寺者故柴山云。

中山八景記

潘　榮

大明統一萬方，天子文武聖神，以仁義禮樂，君師億兆，故凡華夏蠻貊，罔不尊親，際天極地，舉脩職貢，自生民以來，未有如今日之盛者也。天順壬午春，琉球國遣使請立世子爲嗣君，上命臣榮、臣哲往封之。癸未夏六月，由閩藩發舟，天風自南，不數日而抵其國。奉宣德意，封爵典禮既行，自國王以下皆拜手稽首，俯伏頌上大恩不已。越仲秋八月，國大夫程均文達執卷謁使館，請曰：「文達敝居之東新創有寺，山水頗清奇，命工圖爲八景，願請登臨，留題詠以記盛美。」予念去君親客海外萬里，方怏怏于中，奚暇及他事。大夫均請之不置，因與皇華蔡君克智同往觀焉。既至，是日白雲初收，天氣清明，山色秀麗，有松萬樹，所謂萬松山也。登山觀松，蒼然鬱然，堅貞可愛，因誦孔子「歲寒後凋」之語，凡與遊者皆興起動心。山之東行一里許至軒，曰潮月軒。軒中四面蕭爽，當天空夜静之際，開軒獨坐，水月交潔，心體明净，有志於當時者得不起高山景仰之思乎？軒之左鑿地爲井，井上植橘數株，泉甘足以活人，橘葉可以愈病。程大夫取井之義是，蓋古人之用心也。右則有徑，徑石奇形怪狀，旁列皆佳木異卉，可憩可遊。大夫、長史諸君各酌酒奉勸，慇懃禮意，至再至三。因飲數杯，上馬至送客橋，士大夫愛重，過橋須下馬，於是各相携手，顧謂大夫曰：「昔子産聽鄭國之政，以其乘輿濟人於溱洧，孟子謂其惠而不知爲政。今均爲國大夫，此橋之作，豈特爲送客耶？將以濟病涉之民也。」過橋行數里許至緣江之路，時天色漸暮，漁舟唱晚，但見羽毛之呈祥，鱗介之獻瑞，極目海天，胸次如洗，曾不知穹壤間復有所謂蓬萊也。由是而過樵歌之谷，樵人且歌且樵，熙熙乎皞皞乎，我國家仁恩遍及海隅，太平之象，其可忘所自乎？出谷但聽瀏亮之音，洋洋在耳，大夫進而謂曰：「此即鄰寺鐘也。」因而至寺，老僧率衆十餘人迎拜于道。予既佳其山水之奇勝，且喜夷僧之知禮，因令人扣之曰：「大夫以鄰寺鐘列于八景者，僧知此義乎？」因告之曰：「此鐘晨焉而敲，夷人聽鐘而起，俾之孜孜爲善，無乖争凌犯之作。暮焉聽鐘而入，俾之警省身心，閉門而思過咎。國大夫命景之義，其有益於人如此。」僧唯唯，謝曰：「謹當佩服斯訓。」他若山川之勝，景物之善，俱未及暇尋。雖然，程大夫中華人也，用夏蠻夷均之職也，果能以諸夏之道而施之蠻貊，漸染之，薰陶之，提撕而警覺之，將見風俗淳美，中山之民物皆易而爲衣冠禮義之鄉，予忝言官，當爲陳之于上，俾史臣書之，將以爲天下後世道，豈但今日山川景物之勝而已哉！姑書之以記歲月。

息思亭説

郭汝霖

琉球天使館自門而入，正堂三間。自正堂引至書房三間，余處於東，李君處於西。房之後再三間，官舍輩處之。兩旁翼以廊房，各六間，門書、輿皂寓焉。暑月蘊隆，促促數步内，琉之人爲余弗安也，卜後垣空地，砌土瓦茅，竪柱而亭之，余因扁曰息思。夫人情久相離則思，余馳驅上命，何敢言思。然舍桑梓，涉波濤，遠君親，旅外國，而鴻賓雁弟，玉樹芝蘭，數月各天，寥寥音問，余安能不用情哉！昔謝太傅江海人豪，中年與親知別，數日作惡，余嘗寤歎其懷。陽明子曰七情之發，過處爲多，余又惡夫情之過而惡也。斯亭之登，願少息焉。圖書在前，琴瑟在御，以吟以咏，以絃以歌，庶幾造化者游而忘其身之在異鄉矣。

灑露堂説

蕭崇業

余奉命中山入天使館，堂故有扁弗稱，居無何，余集夷諸大夫、長史問曰：「而學詩乎？唐人云『海東萬里灑扶桑』，此意在懷遠，誠足風也。余欲堂以灑露名，可乎？」諸大夫、長史請曰：「願聞其指。」余譬之曰：夫雨露者天澤之潤者也，人君贊化以子民，何所不澤？以是知君與天也，其皆宰生物之機者乎？顧物有不同而篤材因焉。大爲豫章、女貞、莊椿、王兎，小爲椒蘭、桂艾、繁萼、弱卉之屬，靡不渥雨露，欣欣向榮也。殆猶之四極八埏，凡綺疆窮里，星羅棋布之邦，亦靡不承澤仰流，喁喁然日待命於君也。然各有幸不幸焉。物或不幸而蠹蠧枯槁，小之爲好事者剥落其英，大遝斤斧斬刈於樵人師匠之手。又或産於陰崖幽谷之中，蔽曦曜而亡睹，於是天之澤有時乎窮。其幸而不蠹蠧、不枯槁、又不爲樵師好事者所傷，即雖産於陰崖幽谷之中，而枝幹扶疏，稍稍潛滋暗長，以竊闚夫曦曜，則天亦不爲之靳。今夫琉球僻居斥鹵外，一旦延頸舉踵，稱臣受約束，我皇祖嘉其丹款，制以間一載貢，乃愈益虔，而嘔喻呴育之惟恐其齧蠹枯槁而弗茂，是以大字小者也，命之曰培植之露。然遵王道必由海，而海最險，萬一長於水而不安於水，如魚龍牙吻何？皇祖念之，輒徙閩人善操舟者數家籍子孫與俱往來，令無若樵師好事之手所傷，是扶顛持危者也，命之曰長養之露。習故樸以野，不知有聲名文物舊矣，乃世及之請，朝廷代遣使臣，奉制詔冕服，王之其寵融爛焉振於殊俗，則雖産於陰崖幽谷之中，而與近日月之末光者無異，是用夏蠻夷者也，命之曰覆冒之露。夫琉球蕞爾彈丸國耳，其才地無所比數，茲能奮擢翛爽以自耀於熹明，小足以增華益艷，俾觀者奪目而眩心，大足以被廣陵隱結駟，而一國耆老臣庶，往往獲有所芘藾而不至於不可以蔭，莫非我列聖皇上湛湛湑湑之澤也，取灑露以名堂，豈不宜哉？於是諸大夫、長史拜稽首曰：「走也悉草鄙之人，第日濡聖化而不知耳。唯公繹其説而辱名之，其自王以下敢忘天子之大德。」

灑露堂記

謝　杰

灑露堂者何？夷天使館之堂也。灑露者何？諫議蕭使公所以名斯堂也。堂何以灑露名？雨露扶桑，繹唐人之風也。自夷之有是堂，故弗扁，即扁弗稱其名，比使公至始得名，名又稱，邦人悦以告不佞，不佞曰：偉哉，諫議公之名斯堂也！

君道猶天然，乃天之澤莫大於雨露，雨露一濡，稿者甦，仆者起，勾者萌者達，何神奇也。顧蓼蕭露湑，杞棘露湛，菅茅露微。露葭則霜，露草則瀼，露薤則晞。若彼殊者何以故？因材而篤視所爲地者也。然皆非其至也。惟南有木，其名曰桑，樛枝扶蘇隱芘，其所藾者三百里，根蟠輪菌餘億萬石，大椿、冥靈、商丘之木莫敢望焉。露零其上者皜若練，滑若脂，津津乎若河，赤烏、天鷄待其膏以餐者八百斛，嘻，異哉！有神木者有天漿，彼固有以受之也。琉球爲國，僻界萬濤中，汗史不前著，帝弗臣，王弗賓，歷代弗能馴，稽所爲地，亦微乎微者。迨入皇朝，憬然内屬，其言曰：風不鳴條，雨不破塊，海不揚波，意者中國有聖人乎？包茅竹箭，願齒東藩，爲聖人氓。貢既入，一再歲又輒至，不疏不數，如是以爲常，即越裳之雉，弗奇於此矣。高皇帝嘉其誼，析圭儋爵，王之中山，與之盟曰：東海爲帶，南山若礪，國以永存，爰及苗裔。嗣後值大封拜，則組練樓船，絡繹海上，復給操舟之士三十餘家，即日南之車弗劬於此矣。迄于今皇，聖德明懋，震于古始。會夷有世及之請，乃命余二臣循故事以行，太史授辭，秩宗典祀，袍則麟錦眎三公，鞓則犀金眎四岳，賚則圭玉眎宗藩，杼軸之章，分于内帑，貢篚之毳，來自殊方，即朝鮮之胙，弗榮於此矣。荷斯三者，澤厥邦家，爲露也不既多乎？乃若迓續天休，莫之夭閼，培厥輪囷，宏厥芘藾，俾與扶南之桑並芳，不爲葭茅所竊笑，則惟王之休，諸大夫之力也，余何知焉。諫議公以名進士起家，讀中秘書，擢居諫省，銜命而東，展采錯事，不顔違於咫尺，無色變於風濤。正禮却金，變夷之夏。推其意不浣穢濁而清明之不已，將雨露者誰得似君哉！不佞幸在事，敢爲贅一喙若此。

使琉球録序

陳侃

皇明德化誕敷，際天所覆，聲教咸暨。琉球越在海表，世奉正朔唯謹，每易代航章乞封，則遣近臣將事。嘉靖壬辰，世子尚清以嗣國請，皇上仁覆無外，聿脩舊章，時侃待罪左省，俾充正使往，而以行人高君副之。銜命南下，歷詢往迹，則自成化己亥，清父真襲封時，距今五十餘禩，獻亡文逸，悵悵莫知所之。考《一統志》、《星槎勝覽》等書，登載互異，罔可據依。迺甲午仲夏，解纜閩江，賴天子威靈，海若效順，再旬達其國，宣詔敕，錫章服如儀。尚清率國人稽首，踊躍歡呼，稱職貢匪懈。已事遄返，十月朔還閩，可以卜日齋沐而見上矣。惟前輩使外國，率有紀録，或賦咏，非以炫詞華也，窮荒絶裔，亦造物者之所陶鎔，而風聲曠邈，品藻弗及，若道途之險易，山川之怪奇，風俗之媺惡，人物之醜好，以至昆蟲草木之變，安居和味、宜服利用、備器之不齊，非特探奇好事者所欲知，而使事之周爰咨諏，自不可少也。因與高君日紀聞見，凡道途山川、風俗人物之實，起居日用飲食之細，皆得諸耳目之所親究，乃知舊存紀載，殆郢書燕説之類，志其略，辨其異，此録之所以不容已也，君子之飽道腴者或寓目焉。其大烹之筵，薦以海錯，庶幾一下筯乎？不然言之無文，行之不遠，覆瓿之具爾，若繼今使者取以爲擿埴索塗之助，容可乎？

重刻使琉球録叙

郭汝霖

使琉球録者，録自陳、高二公始也。琉球歸化聖朝，前此嘗有使矣而弗録焉，遺也。遺則後將何述，滄溟萬里，不無望洋之歎焉，此録之所以作也，二公之心仁哉。嘉靖戊午，世子尚元乞封，於是上命汝霖與李君際春往。首訪是録，如獲梯航。解舟潞河，漳人鄭教授者來語余渡海事，余出録詢之，曰得矣，而未盡也。暨入福城，造船用人，惟録是據，間詢舊行故老，一二弗協，豈時變不相沿乎？將作之竣事之餘，二公前所行者或未逮也。且事屬渾淪，要實未覈。余是年值海警淹遲，船更再造，人亦數新，視之前役頗詳，然其發端則前録資益弘多。而又懼其久且漫，或遂遺也，後之使者將傷今而罪我矣。舟旋之日，因類編之。首以諮敕，尊君命也。次以使事禮儀，述宏綱也。次以造船、用人、敬神，見緊要也。次以群書質異、山川、風俗、貢物併藝文、題奏，而夷字終焉，具始末、備稽考也。嗚呼！後之使者一舉目而星槎海濤燦然如指諸掌矣。若夫登之天府，備史苑稽查，則二公先之，愚何敢再瀆。

航海賦

蕭崇業

句町癡人奉命中山之役，戒艘於閩，有鏡機子儼然造曰：蓋聞甯俞竭力事主，艱險不避，人謂之愚。汲黯數好直諫，難惑以非，史稱其戇。吾觀若貌愉而和，行通而慤，匪愚匪戇，何故名癡，豈有説耶？癡人良久不言，乃莞爾而笑曰：僕鄙野之人，僻陋無心，胡敢當二賢也。顧即之時事，驗乎物情，名亦有自來矣。且夫乘人鬬捷，智者相傾，而任理直前，則愚之所以優於械也。隨俗脂韋，謏者相和，而秉德持閑，則戇之所以不爲佞也。兹者徼寵靈以航異域，其孰敢違。彼佌佌者避猶桎梏，萌萌者但若康莊，詭蔓飾隙，遠脱冥翔，見幾之作，我則未遑。是以觀者訝其辨之不早，衆故譏其癡而無量也。鏡機子爽然自失，曰：若可謂安義命而篤於自守者也，癡盍足病哉！《書》云：「若濟巨川，用汝作舟楫。」又獨不聞犯斗之奇耶？第今時世日益澆已，顧安所得楂也者而乘之。若惟單精畢力，以造萬斛之舟，意者其有濟乎？於是癡人唯唯。遂命工師，求大木，程之以有司，督之以當路。閲彼閩山，礧佹黝儵，葪蓼輪菌，連抱葰矗，夭蟜閜砢，蔚若鄧林。彌皐欐阜，蔭谷蟠岑。攢鬱叢駢，朗晝盱瞑。蕁磊磊其上覆，森落落而刺雲。爾其考制掄材，凌巒超壑。移兵走檄，滌芟摧㟥。松樟採於劒之津，鐵力貿于嶺之表。鉅不厭脩，細罔遺小。是斷是遷，載堅載好。凡既備矣，大工斯肇。於是覽易爻，思象旨，儀工倕，法虞姰。考日力之程，較費務之紀。問軼事於故游，鳩黎人以經始。離朱督繩，班輸削墨。殊裁潤之時宜，概度稽於往牒。定豐約以執中，酌文質以立則。雕土豈效之務相，窾木用擴乎古哲。爲梁遠陋夫絳襜，涉川無取於瑶檝。扛艫參桅，交籬合㮚。穴牖梯艙，副柁重底。飛廬翟空，望之如宇。其上則有彤宫鏤像，藻櫨華欀，琁函綺櫝，睿製瓊章。錫衣命服，皮弁纁裳，玄冠盭綬，玉佩鏘鏘。犀金麟紫，芾舄斯皇。繁總冰紈，緯羅束帛，連烟之文，獨繭之色。凡夫取竭天産，發輸人迹。爲九賦之所歛，九式之所節者，是用傳宣乎會極之門，遠頒乎來王之國。其次則有文梔莞蒻，毛蓆毾㲪。鉼缶匕匙，壽光水器。蘭膏朱火，賁燭金羊。炊釜篋緘，彝卣屏面。瓻甌陶素。褭繡編連，鹽酪豉薪。唾壺獸子綢本，絳縿組帷流蘇。蒨旆飈悠以容裔，羽旌騷殺其紛如。材官畜用，利械兼儲。脩鍛延鏦，銛戈刺殳。佛郎鳥嘴，暘夷勃盧。大屈之弓，綦衛之矢。谿子之弩，越女之劍。龜蛇之旐，鳥隼之旟。軍容翼翼，豫戒不虞。若乃弘舸巨艦，非常可模。抗指南之暐曄，崇五樓之峥嶸。運貨狄共鼓之巧使，盡變化乎其中。是故外闊内虛，大人度也。陽行陰翕，方壺境也。畫鷁琢雲，等威異也。虬蟺螭蜿，橈櫓擊也。鷹瞵梟瞯，力士從也。嶠崒峰攢，棨戟列也。鳶翔鶻逸，麾蓋張也。蔽天翳日，帆揚而縵移也。流霞掣電，銀黄飾而赭漆光也。震霆轟輂，鉦音革響也。舞鸞律鷟，韻鳥部蛙，鈞天角抵，繽紛錯集者，殊倆薄伎，散襟期也。若乃推騐天文，審測風日，星醫卜筭，羽祝庖丁，匠氏縫工，調人司救，象胥掌訝，篆鏤丹青。與夫吴歈蔡謳，阮嘯孫唫，曹詩劉飮，秋奕嵇琴，陶泓毛穎，陳玄楮生，儼然數客，述古删今。以至解難之丸，杯肘之射，棘猿之術，雕龍之英，靡不廣詢博取，競爽攄能。爾其大雖謝於馳馬，制寔邁於采菱。庶幾御長風以利往，責千里於寸陰。乃若梁麗晉舶，越艖蜀舲，沙棠木蘭之稱，青翰三翼之名，方斯篾矣。於是遣長年，齊三老。命先期以諏辰，輒開舟而出塢。士庶佇眙，觀者如堵。冠裳雜遝，紛餞於祖。導魚須，負矢弩，會候亭，循舊矩。割獻鱻，羞燔脯。酌醴酬觴，鳴金伐鼓。揮絲競肉，移宫換羽。歡溢厮輿，禮殷客主。僕馬輻湊，譬風行雨散，舉僇於南臺之滸。爾乃揖讓辭筵，慷慨升車。祀天妃於广石，初縱葦於梅花。臨萬頃之膠葛，杳莫窺其津涯。覘五兩以爲表，指六合而爲家。仗皇威之遠庇，託靈胥而自誇。遂竦節而結旅，忽輕舉以征遐。高宇澹乎其若寂，大塊恬然其不譁。映流光以霽色，照落景而俱嘉。窮區没渚而不見，萬里藏岸其何遮。泓澳信難測之于蠡，淼茫無足語之於黿。爾乃順颸鼓帆，凌波驟舳。不行而罔不至，不疾而靡不速。冏然若翔雲絶嶺之翼，倏乎如馳隙遺風之足。陋登仙以矜榮，儗乘楂而彷彿。此非海外之壯遊，人世之奇矚也耶？若乃陽侯磅磕以跳沫，天吴激礴而鼓濤。飛澇潲浉以相淈，洪瀾訇訇而互淆。轉天輪而頹戾，迴地軸而爭撓。駊騀乎嵩衡抗嵷，硤錯乎雷澍叫號。㴔㴔浤浤則星河似覆，滶滶濞濞則日月如摇。篙工於是乎謹柁，楫師於是乎弛綃。當此之際，末可如何。雖馮虚以御風兮，境非赤壁；縱遺世而獨立兮，心異東坡。有時乎竦慴戰怖，無日乎爽曠婆娑。怳千態以萬狀，怵談笑而起戈。須臾久于年歲，瞬息慮乎風波。有車馬行，公無渡河。繇斯以譚，則知郭景純之所賦者，特泊洦之見，未習夫江漢之委輸也；木玄虚之所云者，乃想像之言，猶未覩夫灝溔之實際也。故嘗嗟徐衍之負石，怪精衛之塞溟。壯荆飛擒蛟而成氣，賢夏禹眎龍其弗驚。若乃陳茂拔劍，事偶然耳；海童邀路，其誰忘情。夫是以仰舟中主敬之程子，悟遇風思過之管寧。坐而待旦，動與懼并，行無轍迹，止無所憑。鬱鬱墨墨兮衆心惙惙，摇摇悝悝兮我頭岑岑。逡巡數日，乃始達於其境。於是世子遣文武之臣，駕彫輅，驂驌驦，坐組甲，建旗常，扈烏號，翿干將。羽騎飛蕤，金戈耀鋋。魋結左言之渠，鏤膺鑚髮之行。驫飍驚捷，舞蹈趨蹌。前驅騁路，盱眸自旁。觀漢官之上儀，咸驩咍以振踴；慶千載之嘉會，愈色澤而神竦。亦有靡聞不來，無見而拱。周環羅列，盤辟舉踵。於是盛禮興樂，供帳設乎皇華之庭。夙戒具而贊典，紛呼嵩以祝齡。傑侏儚離，於焉俱集，四夷迭奏，昭德之馨。爾其尚之以金章，加之以元服。戴纚垂纓，拖綬鳴玉。變左衽之陋風，襲中華之芳躅。御纂組於公庭，告先公於祠屋。追養之禮殫，受終之儀肅。齊虎拜於部夷，稱霞觴於宗族。然後捧綸章，留琳牘。奎翰輝煌，寶書霅煜。爾乃稽首頓首，颺言曰：明明天子，萬壽無疆者也。於是命膳夫以大饗，爰致敬於使臣。滌濯孔嘉，禮儀振振。載之以醪酤，設之以豆登。豐之以饔餼，介之以芳芬。館舍之所問候，緝御之所頻仍，佳勝之所賞玩，筐篚之所錯陳。淹藻景於二時，篤鄰好而常新。却裹躧之厚餽，堅不辱於遠人。爾其鉅典既畢，涉冬始歸。瀇滉浮空，旋亦如之。傷心極目，裹望僒拘。風帷兮寒削，月帳兮淒嚴。藹玄英兮换節，迅金素兮迎年。狂瀾迴兮漸以遠，駕飛舵兮俄還。安危值於所遇，變幻殊乎目前。而出坎履順，殆有鼓歡聲而振天者矣。緬惟鄉之所謂神藥形茹，股弁背芒，惴惴然而莫知所營者，果虛邪，實邪？抑虛者舟邪，實者我邪？誰虛誰實，誰我誰舟，蓋譬猶空中之態，夢中之境，物物皆遊，物物皆觀耳。彼有認水爲海，認陸爲岸，乃至認我爲我，卒相角遂而不已者，得無障乎？于是閩之耆老、士大夫、縉紳先生之徒，罔不掀顔慰勞，深喜其獲終王命，以爲邦國重也。是時鏡機子亦在賀中，顧獨出席，盱衡而誥曰：猗歟偉哉！癡人固能蹈海哉！昔者子路喜桴海之從，聖人抑其好勇；廣德執乘船之諫，賢主嘉其直言。禍福所倚，幾希之間。此招賈之文，誦者悚焉。若幸免於風波之危，而克如期以竣事也，詎非有相之道歟？第嘗聞之，識治體者在脩文德以服遠，尊中國者不割齊民以附夷。兹緣蕞爾之小邦，而乃奉先人遺體，冀倖魚龍之牙吻，徒取彼重，蒙竊惑焉。癡人憮然，有間曰：客故習夫訩議乎？儻若所諭，適足以明其闇於全而掇乎瑣膠拘謭之忌，而未睹其恢恢者矣。何則？忘九隩之藩屏，而不以邊陲爲襟帶者，乃曲士之井窺也。偷持禄之苟安，而齷齪以避險崎者，非達人之所壯觀也。古之帝王陋偏據而規小，恒宅中而圖大。掩略八極，靡國弗營。既尊居乎神州之卓犖，尤勤騖於鳥獸之外氓。比出名師，南馳信使，輶車朱軒，絡繹不絶，樓船戈舫，紛沓旁午。然皆弗克遺顯號於後世，傳土地於子孫。方今聖明在宥，威德房皇，九域密如，四封不聳。遼絶之黨，冠帶之倫，樂貢效贄者，蓋以億計。琉球霑濡浸潤，歷年滋多，其奮濯泥滓，比埒箕子之邦，豈與夫烏滸狼⿰月荒，屠婆縛婦，奇肱反膝之酋，交脛長臂之種，可同年而語哉！客倘願聞若説，請爲左右揚搉而陳之。夫琉球者，上古所不能化，秦漢所不能從。考之四限則大荒之外，測其封界則閩粵之東。遠望蓬桑則曜靈晰逸，蜃霧晦蒙。琴高影響而化幻，犢配綽約以昌容。旁睇島夷則朝鮮綱絡，越裳蔓引，渤泥迢遞以乖闋，蘇禄牢羅以互亘。其苑囿則傀峰幽嶼，秀起特出，嵯峨降屈，中州所慕。其草木則石帆鳳尾，紫絳綸組，抗莖敷蕚，布濩臯丘。其魚則有吞舟吐浪，擁劍琵琶，蜂目豺口，狸斑雉軀，奇形殊類，胡可勝圖。其蟲獸則雄螭屭鼇，王珧海月，繡螺綺貝，土肉石華，詭桀出録，瓌異無書。其禽鳥則爰居避風，大鵬垂天，英睥縹翠，瀑瀵灑珠，往來喧聒，集若霞鋪。其宫室則木無彫鎪，土僅白盛，重闈連闥，去泰去甚，歡會作門，漏刻聽政，殿曰奉神，名義斯正。廼設官僚，授之以柄，察度司刑，耳目司問。王親是崇，亦有賜姓，通事長史，爰以將命。范茫群醜，此焉則勝。海濱之風，兹亦等競。是故賦倣井田，曆遵正朔。横盜無斬開之慘，墨吏免椎膚之虐。攘雞何有於軻書，捕蛇不聞於柳説。則閭閻樂業，有餘嬉也。醇醲馴致，憲度漸陳。教亦崇乎釋氏，詩頗效乎唐人。羨聲名而遺學，精奕數而絶倫。歲時無須于梘草，髑髏豈聚於王城。則傳志綿邈，自覆諷也。物貢所産，器貢刀錫胡椒，蘇木硫黄，怪厂降香，櫂子豐苞。重驛望日而趨，間載而至，則尉佗倨傲不足云也。邇者東鯷即序，西傾順軌，交南懷化，漠北跂指，織路駢衢，梯山載水，獻□□於殊鄰，出瓌琰於冥壘。糞積壤崇，鶱赴坌舉而稱臣入侍之輩，相與充斥乎稾街之邸。

天子於是弘王者之無外，撫胡越之一家。命鞮鞻以掌音，設韎任之舞曲。以娛五戎之君，以睦八荒之狄。駕長策於㫚爽，廣博施於疏逖。常武輯嘽嘽之旅，小戎埋轔轔之跡。三五爲之跨躡，八九爲之韜軼。禎符之所偉兆，鴻鉅之所舄奕，合在於此矣。然則琉球雖遠，豈其得而棄之？四牡雖勞，又惡可以已之？且夫兼容并包者，英辟之宏略也；布德宣譽者，臣子之急務也。故漢呈馳域外之議，博望不辭勩於月氏；隋帝採殊方之俗，朱寬久銜使于海國。值斯之勤，農夫輟耰，紅女寢機。士馬創吮鋌而瘢耆，老弱傷嚴鏃而蹂踐。遐氓爲之震竦，黔首蒙被其難。而邪行横作，侵犯邊境者，猶不可殫紀。

矧朝廷純茂，夷夏熙恬。游原於邇陋，泳沫於迴闊。寰海之外，有不喁喁嚮慕中國者，則鮫人竊嗤之。爲士而不稱引帝德，如之何其不叫呼於芸夫。且僕以汎瓢之弱幹，荷郅隆之倬典。方謂無異螳蜋之臂，客奈何獨以宗元之招賈者戄戄然相恐也，已事而盤，幸無談虎哉。於是鏡機子柔氣汗辭而謝曰：斯事體大，固膚淺所不能備也。降階捧手，欲讓而行。癡人曰：復位，僕授而以航海之詩。其辭曰：於皇帝德暨四方兮，中山請命厥惟常兮。天子曰俞爾宜王兮，錫以弁冕黼及裳兮。赫赫詔敕使臣將兮，布帆無恙神所襄兮。一人有慶率土康兮，本支百世熾而昌兮。

蕭崇業曰：余慨中原文獻之盛，志郡國者非絺章繢采，弗克列於詞藝之林矣，抑何難也。琉球逖陋寡文，原鮮屬綴，求其掞蔚飛芳，欲幾曩代之佳筆不可得也。間有振藻緒於寥廓者，乃一時使臣攬物會心，窮奇標概，有所感而文生於情云耳。然又落落弗多見，見輒收之，以備參考。故余鄙俚謝彫之作，亦濫得以灾木焉。於戲！篇翰鈎玄，即名家必須乎隻目，否則遺而桂薪珠米之際，急燃眉者每無擇於糲荆，勢使然也，文固有遇不遇哉。

蕭崇業曰：上古結繩而治，初無文字可考。迨蒼頡創爲六書，史籀復作大篆，其蟲文鳥署之類，迠迠主於象形，而字聲轉借，率由以出，原其意義，殆非苟作者。惜自分隸行草，八體紛紛，日改月易，世俗樂趨簡便，而古文不幾于廢乎。茲觀本國流傳字法，大抵紆曲蟠斜，與篆體略相放佛，科耶斗耶，裏形者耶？至如謂魚爲游，土爲足止，玉爲依石，知道爲識之，不見爲迷闌，蓋亦有意義可明矣，是惡得以嘍麗盡非之。

附　皇華唱和詩

余二人居中山四閲月，輒有屬綴，皆與使事相關，非徒流連光景者比也。詩以時次，不論格云。

梅花開洋

蕭崇業

月吐青山倚艦樓，爲馳王事渡仙舟。槎隨博望從今日，雨罷扶桑定晚秋。艙外雲飛星欲動，洋中濤起地俱浮。遥知天路行應遠，記得君平説斗牛。

謝　杰

仙崎渡口水飛樓，十丈青蓮太乙舟。風笛數聲江閣暮，梅花五月海門秋。天高壯極星辰轉，地坼南溟日夜浮。此去若過烏鵲渚，好將消息問牽牛。

過東沙山

蕭崇業

出使殊方水國遥，東沙入望翠如髻。欲從日域開金詔，非爲天台訪石橋。海色晴疑雲外雨，濤聲聽似樂中韶。丈夫意氣籠霄漢，何必區區戒弄潮。

謝　杰

一綫峨眉入望嬌，芙蓉雙黛削岧嶢。看從日際晴如畫，失却風前翠轉遥。碧落無垠波接漢，滄浪有信月隨潮。探奇不用燃犀照，海怪年來已盡銷。

迎薰歌

蕭崇業

琉球入海針爲路，孤舟去去南風渡。驀然東摺不可行，石尤之風反南征。波濤洶湧高百丈，湍流横蹙噴舟上。陽侯激怒勢欲傾，銀屋飛來與船并。又如千駟奔躞蹀，萬斛雄舸邈一葉。四圍冥昧灝無邊，晝夜茫茫混大圓。狂涝喧豗紛不止，雷震碧空差可擬。轉天摇日蛟螭藏，三峽迴川那足方。舟人股弁靡所立，孱兒群呼抱相泣。使君危險總忘情，重睠王命此身輕。忠義二字良獨守，泰山鴻毛我何有。丈夫所貴意氣多，慷慨翻爲浩浩歌。封姨一夜薰風正，大家拍手篙師競。使君至此開心顔，航海難於上青天。腸斷征帆幾半月，何時得到中山國。

謝　杰

琉球東來海爲路，乘風七日即得渡。石尤作祟未可行，翩翩彩鷁翻南征。樓船去水高尋丈，水花飛薄樓船上。突然下湧船底平，船高直與牙檣并。船穩如山勁如鐵，簸弄中流如一葉。瀑布飛來萬縷鮮，玻瓈碾碎亂珠圓。銀山雪屋紛紛起，錢塘之潮那足擬。鯤鵬飛躍蛟龍翔，廣陵之濤何敢方。天吴九首作人立，舟中弱豎駭欲泣。使君持節了不驚，君命爲重身爲輕。平生忠信知無負，風波顛危我何有。憑誰爲語海波羅，臨流一賦迎薰歌。歌聲夜徹群靈聽，明朝一箬華風競。

見山謡

蕭崇業

水國迢迢幾萬里，天涯浩浩無窮已。封舟一去淼何之，更憶島中山可指。少女倏忽反東風，四方易位晦朦朧。柁工迷路隨波逐，海客無謀任轉篷。平嘉嶺已踰，鷄籠嶼安在。花瓶隱不浮，釣魚沉翠黛。洪濤白浪如夢中，長年三老虚相待。武夷盤九曲，八閩峰鈎連。鐵障與鰲頂，巉巖不可攀。青山盈睫不用一錢買，滄海之山何太艱。魂飛思山處，目斷望山時。精衛費木石，安得愚公移。舟人日日頻指點，謂雲是山還復疑。驀看波前鴨頭緑，邈然太倉一粒粟。須臾突起喜欲狂，譬若遷喬出空谷。有山海可渡，見山舟可行。開醅使君飲，操觚使君吟。如此風波俱度外，秪有蒼蒼解我心。

謝　杰

船中惜水勝惜漿，洋中見山如見娘。槽間汲水不盈尺，七日看山迷黛色。長年三老陰自憐，使君不語心悄然。今朝隱隱波前起，萬碧叢中着黑子。舟人指點信復疑，稍看如髪又如眉。風帆去去迅於箭，蒼翠須臾應可辨。滿船色喜渾欲狂，娘爾何來天一方。七閩連山千百里，處處相看不知喜。

三龍吟

蕭崇業

我駕樓船壯心目，海洋白浪如銀屋。手持灑露紫泥書，赫赫威靈清水族。七日泛長流，三龍突出遊。伏暉匿景天地暗，噴沫湧珠煙霧幽。三行氣嘘白，萬丈虹森列。呼吸風雷不可當，篙工舟子面無血。豎兒勿惴慴，使君且從容。紛紛航海者，聽我掀髯歌三龍。暴螭懼陳茂，潛蛟沒周處。丈夫視龍猶蝘蜓，玉節在船何敢阻。我寶雙龍劍，一雄還一雌。結佩上長安，意氣誰與媲。提携白日橫四海，無乃神物會有時。天王御九有，鯨波息已久。況復金函詔，百神咸護守。三龍接翼巧相期，得非來朝惟恐後。世間詭異難盡知，海中變幻何太奇。泥蟠天飛固其理，聖作物覩迺如此。使君解龍意，粉牌朱書字。龍悉使君示，須臾形漸避。麾除群怪如驅羊，呵禁不祥走無地。叠閣俄興霖雨機，三老始成舟楫事。舟楫霖雨總一時，詔指中山望不迷。龍行雨散雲霞止，人人都在光天裏。

謝杰

九五龍飛利見時，雙星行部臨東夷。手持黃紙盤龍字，照入滄波光陸離。波底蛟龍驚欲奮，扶搖何獨鯤鵬運。重譯未知天使來，波靈已識龍顏近。一龍突起巽之東，欲起未起雲冥濛。蒼涎湧作三天塔，白氣噓成千丈虹。二龍接翼臨單夘，濤頭欲現黃金爪。回首三龍在艮隅，水族相期何太巧。霧滃瀾翻勢轉殊，怒濤如失頷下珠。匿伏景光成變幻，混茫天地入虛無。舟師面面無人色，此物向來勢何棘。一吸能空萬斛舟，孤槎詎杭三龍力。使君自苦還自疑，靈物何應嫁禍奇。

金函開詔龍來集，此意就中知者誰。倉卒傳呼走衙吏，牌上朱書兩行字。知龍來意貫龍朝，深藏毋令舟人悸。牌發斯須龍漸消，似來欲往勢可招。如虹白氣隨風散，帶雪蒼涎逐浪飄。滿舡更生驚復喜，群來問我何能爾。君王神聖萬靈馴，來爲斯來止爲止。來時欲朝咫尺威，止處尤占威不違。煩君更作葛陂杖，護我天涯星使歸。

祭王漫賦有引

蕭崇業

故事，迎諭祭龍亭至，世子第出廟立候，於義未安，因讓之，乃拜。蓋前此所無者，志爲例。

二使遥臨草色芳，晴雲繞繞閣穹蒼。殊方召對聞天語，緋服新被接御香。露灑扶桑情漫切，槎登瀛海路偏長。控津四望流千頃，環郭群峰水一方。壓渚樓臺高欲墮，夾堤松竹鬱成行。千旍迓日榮東土，鼓角淩空入大荒。即惠貽名恩自渥，悼先有典禮宜莊。片言感悟從輿論，五拜雍容伏道旁。鴛鷺鳴珂迎鳳輦，貔貅拂劍護龍章。牲牢奠處悲風起，楮幣焚時白晝黄。祠廟陰深人已去，弓裘業紹世彌昌。鴻基遠鎮鯨波國，麟彩光摇薜荔墻。闕望北辰儀肅肅，嵩呼三壽舞蹡蹡。小部笙鏞陳不作，外庭客主酌初嘗。飛花落席銀題暗，晚照當軒羽騎茫。半下樣烏棲暝樹，左言夷稺擁歸韁。皇仁浩蕩包藩服，獨此冠裳擬漢唐。

謝杰

誰灑扶桑露，相將到薜蘿。西原分氣色，東海沐恩波。鶴久乘雲去，龍初捧日過。玉堂太史筆，金馬使臣珂。典出尚方異，儀同藩邸薖。二牢崇漢祀，三爵酹周醝。楮幣方相燎，鉦鐃鼓吹歌。費詞非聚訟，故事定傳訛。咫尺瞻天近，尋常如禮何。一言能轉悟，五拜不須訶。義可因心起，詩奚徒誦多。主威與臣節，九鼎重峩峩。

封王篇有引

蕭崇業

天使館離王城十餘里，襲封之日始得入焉。因以周覽邑里，咨訪民風，非漫遊也，感賦。

設險環山海，巍峩百二城。王居何壯麗，水國邈無垠。王居水國跨溟渤，檀洞三山奠荒服。洪瀾叠影出鮫宫，白浪排空横地軸。板殿陰岑覆翳林，茅簷窈窕雄民屋。崎途石砌向城隈，篳户蓬門野徑開。旁竇斜通漁父浦，交衢直指梵王臺。閭里詩書南冑入，傳家禮樂自天來。矯首不違顏咫尺，制詔及今褒太史。我朝貢賦國千餘，未必承恩皆如此。大姓賜閩人，陪臣盡戚里。閩人戚里世咸休，輔轂犬牙相角犄。銅雀春深無二喬，綺帳樓空謝豪侈。冠裳秩秩稱大宗，炊膏饌鼎待鳴鍾。葆蓋雕鞍珠絡馬，銀題埾閤錦盤龍。笙簫鼓吹夷歌競，犀鞓麟彩介圭搢。一時文物振殊方，鏘金拖玉王侯盛。疏爵王侯多近臣，樓船照耀海之湄。鸞節經過時燕喜，天涯傾蓋每留賓。承筐抒悃愫，投轄争酬酤。暝入朱城白日暮，霞飛絳旆紅塵度。百味寫芳罇，九微燈欲陳。王門非復張公子，灞陵誰禁李將軍。斷岩十里松風勁，野岸孤村蘿月静。禮成大典使星回，負弩呼燎喧似雷。髫兒携手紛馳騖，蠻婦倉皇采薪路。君不見，漢官威儀驚野老，中國聲名外國慕。

進王城册封周覽國俗感成二十二韻

謝　杰

叢岡蜿蜒逐波洄，别是乾坤一刼灰。桑土幾從滄海變，藩封仍寄白雲隈。市無寶藏三家聚，城不金湯百雉開。登望四周皆渤澥，幅員十舍半崔嵬。王居板代琉球瓦，梵刹山爲般若臺。文獻未能徵杞宋，菁華誰得似鄒枚。涅槃僅解波羅蜜，曲譜惟吹鷓濫堆。日近扶南偏易煖，天高薊北若爲媒。越裳朝貢千年在，當寧恩光一道來。象緯早占滄水使，樓船高駕豫章材。槎飛五月鯤鵬運，詔捧三秋鸞鳳毸。函裏絲綸將雨露，階前干羽净氛埃。赤旒弁綴星文爛，白玉圭傳雪色皚。犀束帶圍窺海怪，麟團袍錦學宮裁。虞廷獸舞瞻京闕，周陛鑾聲徹上台。小隊笙歌鑾部樂，大庭宴會内家醅。花飛杏花靈鼉急，梅落梨園玉笛催。河朔未開十日飲，主賓先酢萬年杯。風飄葆蓋龍蛇動，暝入罘罳鳥雀瘖。夷旅韜鈐鐃劒戟，漢官儀羽象雲雷。禮成人散黄昏後，椎髻争看天使回。

王致詞清辨雖其臣素通漢語者不能過口占一絶

蕭崇業

鸞詔新頒世襲芳，卿雲團蓋護穹蒼。夷王不作侏㒧語，萬歲聲聲祝聖唐。

謝　杰

殿中旗影動魚須，珮玉鏘鏘向陛趨。自是堯天多壽祉，侏㒧猶解作嵩呼。

王至使館有引

蕭崇業

故事，二使凡數赴王城，王堇瀕行一答。余謂祭封禮畢，王不拜即謙不往。渠知余二人有督過意，輒先枉謝，躬致請啓，蓋曠典也，喜述。

轔轔車馬出郊闉，十里風塵訪使人。爲答朱轓臨□域，先勞舟轂駐江濱。腰圍犀玉鷟龍怪，袍鏤麟金詫鳥民。摺節下賢夷釁事，不同南越傲玉臣。

謝　杰

七星冠珮五雲旓，投轄風期傾蓋交。駟馬欲來姝者子，雙旌先枉浚之郊。壺觴薄采中山薮，帶礪長分上國茅。宴罷高堂歸去晚，月華初照刺桐梢。

述志兼諭夷中君長

蕭崇業

一時舉動萬年規，暮夜辭金適所宜。欲吐經綸酬主願，豈將温飽負心期。明經私淑三千教，壯志輕驅十萬師。義利欲嚴儒者事，清風何必使人知。

謝　杰

岐路何須嘆嶮巇，齊門竽瑟未深悲。天如有意生山甫，世豈無人是子期。鯤鬣自應晞碣石，鳳毛終不飲塘陂。尉陀莫致兼金贈，暮夜猶當畏四知。

却金行

蕭崇業

宴罷中山贈數金，居夷那變四知心。義利源頭須慎獨，豈緣故事輒相尋。金函開詔使殊方，韡韡皇華衆所望。薏苡恐招犀玉謗，賂金媿入陸生裝。帝子重色貯金屋，我易麟趾貿書讀。但願明經勝滿籯，可憐豪富悲金谷。白晝攫金何太迷，黄金絡馬遭傾覆。金丸最惡韓嫣侈，婦賢且解遺金辱。君不見，燕王好客築金臺，高士掉首去不回。天生李材必有用，期散千金還復來。又不見，鮑叔讓金交誼篤，仲翁問金樂宗族。不疑償金同舍子，幼安鋤金如草木。祖榮一錢猶爲多，清獻琴鶴良自足。趙軏飲水范甑塵，羊續懸魚苗留犢。余誠不能比德於數者，區區竊慕古人之芳躅。

謝　杰

夷中一宴一酬金，使君不改初來心。還君酬金盡君爵，爲君翻作却金吟。丈夫書中金爲屋，少小賣金買書讀。一朝通籍入金閨，姓名時附泥金牘。金函捧詔來扶桑，並趍金殿辭君王。腰間白玉金魚佩，袍上蒼麟金縷光。歸裝何用金爲賂，有金不售長門賦。此身自許雙南金，懷金探奇同諫史。挈榼過東禪，潮近花皆雨。亭空草盡玄，慧光圓佛日。梵樂出人天，興盡且歸去，留題與記年。

東光寺待月不至冒雨歸

蕭崇業

待月僧敲户，臨流影射堂。雲横燈易暗，雨過席生凉。緑野通佳氣，青山澹曙光。高情留晚興，取醉亦何妨。

謝　杰

攜觴聊待月，邂逅遠公堂。坐對海門近，吟堪山雨凉。空華輪桂魄，法藏放蟾光。即此嬋娟在，沾衣故不妨。

中秋讌集

蕭崇業

王孫開宴護丹紗，一部歌鍾助故家。酒注金鐏光透緑，詩成繡口筆生花。輝輝野日明雕節，瑟瑟江風送晚槎。自是清秋堪遠矚，棲烏半下斗横斜。

謝　杰

海國杓回秋氣嘉，雙軺同過左賢家。空門土净金爲地，桂闕天高玉作花。引白觴分靈兔藥，飛紅標奪木龍艖。江皐十里歸來晚，譙漏聲聲月未斜。

海月咏

蕭崇業

桂魄明如水，寒香夜更飄。鷺飛霜護羽，兔逸雪侵毫。臺迴光先滿，窗低影乍逃。霧沉天宇静，外户杵聲高。

最愛嬋娟好，呼童酒數沽。僧歸看僻徑，鳥宿辨高株。静女迎風瘦，仙姬對景娱。時時太清内，不欲一塵污。

夜色横空霽，珠胎褭露光。浮暉凝綺席，漏彩上宫粧。豪士逢知己，愁人堪斷腸。舉頭頻睇望，猶自在他鄉。

潭净明逾冷，秋深夜望舒。螢流窺纔小，雁過入林疎。魄皎窗生白，輪盈鏡不如。良宵三五盛，萬國借光餘。

謝 杰

何處疑霜雪，秋溟顥氣高。蓬山鼇矯首，桂窟兔驚宅。晴射潛蛟運，明翻水怪逃。仙瀛知不遠，長照燭龍膏。

靈弦俄入望，海色轉堪娱。初魄魚驚釣，圓華鮫弄珠。光攤金琥珀，影挂碧珊瑚。今夜水晶殿，龍湫貯玉壺。

玉姊秋來媚，盈盈水一方。嬌傾江國色，淡倚海門粧。員嶠安明鏡，重溟濯素裳。波光涵夜碧，疑是擣玄霜。

三島煙波静，雲間跂望舒。空華澄覺水，圓景注歸墟。晦朔滄桑外，升沉潮汐餘。流光誰解賦，希逸木玄虚。

水亭觀龍舟

蕭崇業

叢林摇翳山森緑，一鑑陂塘漱寒玉。官家清俊衆兒郎，簪花縛錦盛粧束。刳木爲舟酷似龍，三舟百人還不足。口吐菱歌手擊鼓，衡行馳縱争相勗。矮矮茅亭綺讌開，炯炯雙星結駟來。波影拂霞明石砌，江光如練瀉珠胎。矞靄卿雲棲斷樹，霏暉慧日邕仙舫。金龍倏忽出參差，並撑頭角池中觸。桂楫蘭橈遞往來，宛然萬頃蛟螭浴。嵐煙颮覆遥蔽虧，沙岸微茫細雨隨。郎兮欲渡雨那畏，意氣昂昂真可貴。菱歌聲斷續，羯鼓頻催促。落葉舞凉颷，銜盃賦金谷。詩成酒酩夷部陳，傑侏不緘梨園曲。君不見，福城王都督，廣筵留大賓，豐厨引上餗。五月五日榕江邊，滿地龍舟飛雪煜，銀牌一面重一錢，紅布半疋尺四六。銀牌紅布紛紛標，高綰彩竿人競逐。健兒覓利起貪心，解衣没水不顧身。荷亭亭下足如蟻，西湖湖上頭如齒。尺布絲銀能幾何，丈夫落魄不如此。往事隔年華，光陰詎太速。感今追昔情惘然，然角天涯同習俗。人心有機關，白水有波瀾。人比波瀾尤反覆，勸君且進尊前醁。

謝　杰

古堤青青祇樹緑，十畝横塘破寒玉。梨棠小檝迴清風，官舍兒郎巧妝束。鮫綃細綃羅衣輕，鳳縷斜飛宫線促。茅亭小集雙星來，盡日驩娛驩未足。般師運斤剞靈木，五色祥禋駕初旭。就中突出三金龍，瑞光炯炯臨溪洛。須臾日昏山雨微，頭角嵯岈紛鬪觸。標錦飛紅羯鼓催，二十五郎歌斷續。商聲顥氣遏流雲，依稀譜却梨園曲。去年五月行未行，西湖曾記王都督。菱歌桂楫如在耳，天涯處處同風俗。爲君憐戀翻自憐，青草磯頭幾迴矚。世事于今多畫龍，相逢且進盃中醁。

膳亭口占六言

蕭崇業

一種煙霞勝地，滿堂香火空王。月色沙邊漁浦，鐘聲夜半僧房。

雉羹麟脯未遇，侯鯖雕飯得嘗。平原督郵退舍，青州從事傳觴。

謝　杰

絲管一番樂府，丹青幾幅空王。流水飛花石竇，竹籬茅舍山房。

廣厦八珍未列，内家一箸先嘗。衎衎古來籩實，纖纖宫様豆觴。

九日遊東壽寺

蕭崇業

重陽登古刹，路入野人家。萬里故園迴，窮秋幽嶼嘉。僧衣裁短薜，夷醖酌黄花。笑語同爲樂，誰知海一涯。

謝 杰

登高重九日，同過象王家。門對碧山小，林餘芳樹嘉。青莢團貝葉，黃菊逗曇花。取醉知何意，鄉園海一涯。

謾興

蕭崇業

種種繁霜點鬢毛，二山踪跡付風騷。日無衙吏呈官簿，時有夷王過濁醪。北雁不傳天外字，晴霞空映海中濤。學非聞道徒懷槧，作賦羞稱紙價高。

即事

謝 杰

碧海青山白石磯，天涯生事未應微。愁邊題味數行草，夢裏家山幾度歸。入饌江魚聊得得，忘機海鶴故依依。閑來睡上高春日，起傍東窗髮自晞。

校記

〔一〕茶食一盤，「一盤」二字原缺，參陳侃《使琉球録》補。

〔二〕榜曰迎恩，「曰迎」二字原缺，參陳侃《使琉球録》補。

附録

明史謝杰傳

謝杰，字漢甫，長樂人。萬曆初進士。除行人。册封琉球，却其餽。其使入謝，仍以金餽，卒言於朝而返之。歷兩京太常少卿。南京歲祀懿文太子，以祠祭司官代，杰言：「祝版署御名，而遣賤者將事，於禮爲褻。請如哀沖、莊敬二太子例，遣列侯。」帝是之，乃用南京五府僉書。累遷順天府尹。以右副都御史巡撫南、贛。屬吏被薦者以賄謝，杰曰：「賄而後薦，干戈之盜。薦而後賄，衣冠之盜。」人以爲名言。進南京刑部右侍郎。

二十五年春，杰以帝荒於政事，疏陳十規。言：「前此兩宮色養維一，今則定省久曠，慶賀亦疏。孝安太后發引，並不親送。前此太廟時饗皆躬親，今則皆遣代。前此經筵臨御，聖學日勤，今則講官徒設，講席久虚。前此披星視朝，今則高拱深居，累年不出。前此歲旱步禱郊壇，今則圜丘大報，久缺齋居；宸宫告災，亦忘修省。前此四方旱澇，多發帑金，今則採礦榷税。前此用財有節，今則歲進月輸；而江右之磁，江南之紵，西蜀之扇，關中之絨，率取之逾額。前此樂聞讜言，今則封事甫陳，嚴綸隨降，但經廢棄，永不賜環。前此撫卹宗室，恩義有加，今則楚藩見誣，中璫旋出，以市井奸宄間骨肉懿親。

前此官盛任使，下無曠鰥，今則大僚屢虛，庶官不補。是陛下孝親、尊祖、好學、勤政、敬天、愛民、節用、聽言、親親、賢賢，皆不克如初矣。」不報。召爲刑部左侍郎，擢户部尚書督倉場。時四方遇災，率請改摺，杰請歲運必三百萬以上方許議摺，從之。三十二年卒官。

初，杰父教諭廷衮家居老矣，族人假其名逋賦。縣令劉禹龍言於御史逮之。杰代訊，幾斃。後撫贛，禹龍家居，未嘗修隙，時服其量。

（中華書局校點本《明史》卷二百二十七）

送蕭乾養年兄奉使琉球

王祖嫡

青瑣仙郎下絳霄，麟袍龍節寵光遥。月明孤嶼樓船穩，風静炎洲颶浪消。天子威靈馳日域，蠻邦景物攬星軺。歸來應陋玄虛賦，海晏雄篇頌聖朝。

（明天啓刊本《師竹堂集》卷五）

送謝大行繹梅奉使琉球還朝

魏文焲

聖代分茅奠海疆，使君銜命耀遐荒。金章鳳簡辭中禁，玉帶麟袍出尚方。蛟室波臣迎遠節，龍宫靈若護飛航。夢回長樂鐘聲眇，直向扶桑捧日光。

送謝大行繹梅奉使琉球還朝五首

魏文焲

其一

節使宣綸寵命光，錦衣猶帶御爐香。争看負弩前驅擁，好似相如諭筰邛。

其二

天朝寶册下重溟，海嶽諸神盡效靈。共覩雙龍朝使節，應知百獸無虞廷。

其三

赫赫綸音君命臨，殊方明月照丹心。臣身似葉心如水，豈似當年陸賈金。

其四

奉使遥凌窮髮回，搜奇兼得訪蓬萊。壯懷擬似謝康樂，掛席親拾海月來。

其五

遠逐浮槎問女郎，天孫爲報錦雲裳。歸來大放玄虚筆，錯落昭回天漢章。

送蕭給諫乾養奉使琉球還朝

魏文焲

親承寶册賜夷王，劍履晨趨出建章。聲教遠頒周正朔，威儀新覩漢冠裳。囊空陸賈通南粵，檄捧相如諭筰邛。建節歸來報明主，早圖王會頌陶唐。

（以上明崇禎刊本《石室私鈔》卷六）

送蕭給事使封琉球

趙用賢

萬里故人别，滄波杳莫期。檣烏迎日舞，水豹避風移。玉帛通群貢，輶軒賁遠夷。扶桑到應近，爲爾挂弓時。

（明萬曆刊本《松石齋集》卷二）

登高丘望遠海送謝漢甫使琉球

袁表

登高丘，望遠海，白雲萬頃遥相待。燭龍行天知幾時，巨鼇却駕三山在。中山册使九天來，横海樓船對日開。何異乘槎問牛女，何如驅石向蓬萊。丈夫落地夸弧矢，快意寧須論萬里。重譯遥應獻越裳，六條何必談箕子。惜别鄉園荔子丹，鰕䱉一曲爲君彈。亦知太傅曾航海，天下蒼生憶謝安。

贈蕭給舍使琉球

袁表

漢廷侍從日華東，册使中山職事雄。天語還教重譯授，星槎不假片帆通。雙懸日月麟洲上，一望樓臺蜃氣中。不羨窮源將石返，須令遠海獻琛同。

（以上明萬曆刊本《逋客集》卷二）

送蕭給事奉使琉球

佘翔

使者才名青瑣聞，島彝五月信南薰。舟中玉節鯨鯢避，海上金函雨露分。萬里波濤澄漢月，九重宫闕渺燕雲。彭湖一夜秋風起，草奏還朝謁聖君。

（《四庫全書》本《薛荔園詩集》卷四）

送大行謝君使琉球序

黄鳳翔

萬曆四年，琉球中山王世子尚永請襲厥父尚元爵，福建撫臣覈其事以聞于朝。上命禮官請遣使臣捧敕封之，而大行長樂謝君副給諫滇南蕭君將命以往。琉球國窮海中，僻在東南隅，是漢、魏之所不能臣而勝國之所不能招者也。其稽首奉琛，乞封稱藩，則自我朝始。

故事，使臣受命者咸治裝解纜于閩海間，而謝君又閩人也。閩有黄生，聞其當行，乃策馬詣之，抵掌而笑曰：有是哉，壯遊耶！余生長海濱，于海上事見聞最狎，每躡屐縱步，不數里而陟島嶼之巔，時睹輕航競逐，巨舸縱横，倏忽往還于洪濤中，或履康逵而騁熟路，輒習習然兩腋風舉也。辛酉登省試，屬莆陽告警，道梗弗達，遂乃覓舟南日，泛海以歸。蓋自莆抵吾郡，其爲程者以三日計。余暮發海涯，朝泊江皐，假鵬翼之風，僅一宿耳。當其一葦凌空，水月交映，僕夫酣卧，榜人喧呼，余倚篷牕寓目焉，傲然有蝘蜓蛟龍杯勺溟渤之氣，自謂天下勝遊不壯於是矣。矧君茲行也，又以王事往也。昔在周成王時，越裳氏重九譯而獻白雉，蓋曰中國有聖人焉，海不揚波，至今侈之以爲美談。今天子睿聖遠邁周成王，湛恩厖洪，威令烜赫，自暘谷之宅，訖于濛汜之津，靡弗沾且被也。頃者憫兩淮生靈之困，命官治河，以紓民患，則海若效順，二水安流。擬諸越裳氏所稱，不啻過矣。君今持旌函詔，俯蒞遠夷，而以天子之寵靈將之，當使風伯揚帆，波臣鼓棹，起蚌珠而夜燭，驅鷁首以星馳，俾遐方絶域知我國家之威靈，其四塞磅礴若是。畢事之日，還報闕下，籍其山川坦阻、習俗異同與夫耳目所覩聞者而鱗次之，上昭無外之化，下紀嵺廓之觀，以永垂於不朽，回視余所道，其猶井鼃之見也哉！

君之僚友相與重其别也，徵余言爲贈。余謂君卓犖豪爽，其氣邁而意閒，不宜作兒女呫囁語，重爲君所笑，故直書前所云者以偉其事，使蕭給諫君見之亦當一莞爾也。

（明萬曆刊本《田亭草詩集》卷二）

讀蕭諫議使琉球録歌

屠　隆

天王威德行荒服，萬里遣使波臣國。人生蹈海良獨難，行者惴惴填魚腹。一出都門成死別，反顧安得不躑躅。事不避難臣子情，公也掀髯慷慨行。十行雷電銜天詔，六傳風雲擁使旌。親朋走送哭衢路，道旁觀者如堵城。飄然乘舟泛溟渤，長帆插天雪色明。蛟龍抱珠海若卧，金鰲不動水怪清。遠山數點抹青黛，萬里無波一鏡平。須臾惡風捲地起，濁浪洪濤急且駛。二儀簸蕩日月昏，萬怪千靈吼海底。長年三老魂亦奪，舟中之人慟不止。公也蝘蜓視神龍，冠服端坐篷牕中。達生委命了不恐，澄心定氣澹若空。萬死間關達海岸，終成嘉禮宣皇風。君不見韓嫣金丸行廣陌，都尉新聲被恩澤。子卿雪礜十九年，持節歸來頭盡白。又不見班生投筆何昂藏，萬里遠使黄沙場。輕將性命飼豺虎，玉關人老悲星蕭。蕭公磊砢亦如此，報恩孤忠久自矢。艅艎遠涉鯨鯢鄉，當時一身榆葉耳。烈士古來多苦心，安能全軀保妻子。

（明萬曆刊本《白榆集》卷二）

贈蕭給事崇業使琉球

陳益祥

乘槎此日使琉球，霞作飛帆天際浮。太史只占牛斗犯，豈知蕭史是仙儔。

（明萬曆刊本《采芝堂集》卷十）

使琉球録

〔明〕夏子陽　撰

校點説明

《使琉球録》二卷，明夏子陽撰。

夏子陽，江西玉山人。萬曆十七年（一五八九）進士，歷官兵科給事中、工科都給事中。萬曆二十八年琉球尚寧奏請襲封，二十九年十一月，朝廷令夏子陽、王士禎爲正、副使往；至三十一年陛辭赴福建造船。三十四年方船成成行，五月二十四日由梅花所開洋，六月初二日至那霸港；十月十五日離琉球，十一月初一日入五虎門。歸朝復命後，依例作本書。

夏子陽所作使録，體例基本依前郭汝霖、蕭崇業之出使録，只是在前録基礎上增加了此次的經歷及有關奏疏，於「群書質異」等雖時附己見，然無新發明。值得注意的是，夏子陽此行在福建造船幾達三年之久，故所記及所上奏疏於造船事特多而詳，列舉了地方官推諉刁難諸事，可謂勞心怵骨，以見明代至萬曆末年官場已腐敗不堪，明朝之亡，實大勢所趨。

本書所收材料，因其後出，自較前爲豐富，尤其重要的是收入了此前出使琉球副使謝杰的《琉球録撮要補遺》。謝杰在該著前按語中説自己與蕭崇業所作《使琉球録》中，「有文而煩者，有闕而略者，余爲撮其要而補其遺」，其内容乃「懷之二十餘年不以告人，今乃復諄諄者，亦舊政告新之意也」。謝杰出使在萬曆七年，至此正二十餘年，夏子陽出使前專程往訪謝杰，謝杰此按語當即該時作以告夏子陽的，前此未曾示人。

本書有會稽夏氏宗譜活字本，刊印年代不詳，從擡頭空格看，似刊於明代。又有上海古籍出版社《續修四庫全書》影印清抄本，該本缺字錯頁與刊本一致，當即抄自刊本，然改正了個別錯字，間有殘缺。此次校點，以活字本爲底本，校以抄本，凡依抄本訂正者，例出校記。書後附同時人贈夏子陽、王士楨及同行幕客歐全叔詩文若干，以供參考。

（李夢生　張喆）

目録

使琉球録序

皇上御暦之二十八年，琉球中山王世子尚寧奏請襲封，時蓋嗣位一紀矣。初以關白侵擾，海上戒嚴，故乞封稍緩，而會前閩撫臣代稱世子奉正朔，守封疆，關酋不能脅，天子嘉其恭順，數下禮臣議所使，題覆至再，最後從世子請，仍遣文臣二人往如令甲。於是子陽以兵科右給事中充正使，而行人則王君士楨副之。癸卯三月陛辭，入閩治舟以行。凡三年工始告竣，遂以丙午仲夏泛海抵中山，諏吉册封，畢事而旋。報命且有日，迺採往使所紀，綜以時變，質以周咨，稍修飾之以爲録。録成，余宜有序。蓋余于是役而益仰我皇上之明聖也。先是，予等在閩苦使舟不獲就，適有訛言倭將爲使事梗者，閩中二臺臣慮損國威，欲請更成命，予謂奉命而出，海外具瞻，奈何以不信示之，而使妄窺吾怯，其損國威更甚。疏上，天子主予議，趣守臣速爲具舟〔一〕，毋淹朝命，已復飭毖内地，不得陰通島夷，生戎心，比使事往返，卒恃無虞。嗟乎！向非廟謨雄斷，明見萬里，則海上之舟幾爲道旁舍，予等躑躅進退，且貽秦越者嗤矣。……日本咫尺爾，朝鮮失則琉球亦難獨存，我東南之地且與夷逼，前所訛言將亦可爲隱慮。賴國家赫聲濯……以故中山一彈丸區，戴天所覆，世世奉冠帶，稱爲東海波臣。即余承乏兵垣，亦憑藉寵靈，萬里作使，不以武飭而以文綏，大異疇昔馳驅倥傯狀，遭際明盛，何幸如之！頃余駐中山時，倭船卒至，余爲約束從役，謹持天朝大體，倭卒歛戢不敢肆，至有避道竊觀，嘖嘖漢官威儀，已復從使館願謁，稽首而去，予甚異焉。夫琉球不大於朝鮮也，中山世子未變於曩日也，嗣位之初倭爲擾，受封之會倭爲蠱，此其故不在倭，不在琉球，而在我國家耳。夫惟天子恩威並暢，制馭得宜，即犬羊猶然帖服，安知海外殊域，漸被聲教，而嚮慕文明，不以中山爲前茅，而予列交戟下，且終國家無事之福，以伫觀重譯來王之盛，則斯役也，以昭明主，以表清時，以徵谹化，亦載筆之一快也。故諸具録中者不叙，而叙予所快覩者，歷歷如此。語有之，「天子有道，守在四夷」，是惟今日哉！

萬曆三十四年十二月，欽差兵科右給事中、今陞工科都給事中玉山夏子陽謹序。

敕諭

奉天承運皇帝詔曰：朕恭承天命，誕受多方，爰暨海隅，罔不率俾，聲教所訖，慶賚惟同。爾琉球國僻處東南，世修職貢，自我皇祖，稱爲禮義之邦。國王尚永，祗襲王封，恪遵侯度，倏焉薨逝，良惻朕心。其世子寧，賢足長人，才能馭衆。間關請命，恭順有加。念其國統攸歸，人心胥屬，宜膺寵渥，固我藩籬。特遣正使兵科右給事中夏子陽、副使行人司行人王士楨齎詔往封爲琉球國中山王，仍賜以皮弁、冠服等物。凡國中官僚耆舊，尚其殫忠輔導，協力匡襄，堅事上之小心，鞏承先之大業，永綏海國，共享昇平，惟爾君臣亦世世永孚于休。故茲詔示，咸使聞知。

皇帝之寶

萬曆三十一年三月初三日。

皇帝敕諭琉球國故中山王尚永世子尚寧：惟爾上世以來，建邦海外，代膺封爵，長固藩維。爾父永恪守王章，小心祗畏，忠誠茂著，稱我優嘉。遽至長終，良深悼惻。爾爲冢嗣，無忝象賢，既允群臣，宜崇位號。特遣正使兵科右給事中夏子陽、副使行人司行人王士楨，齎敕諭封爾爲琉球國中山王，并賜爾及妃冠服、綵幣等物。爾宜益虔侯度，克紹先猷，保乂人民，奠安境土。庶幾恢朕有截之化，抑亦貽爾無疆之休。欽哉！故諭。

頒賜國王〔二〕

紗帽一頂展角全

金廂犀束帶一條

常服羅一套

大紅織金胸背麒麟圓領一件　青褡䙆一件　緑貼裏一件

皮弁冠一副

七旒皂皺紗皮弁冠一頂旒珠金事件全　玉圭一枝袋全

五章絹地紗皮弁服一套

大紅素皮弁服一件　素白中單一件　纁色素前後裳一件　纁色素蔽膝一件玉鉤全　纁色粧花錦綬一件金鉤玉玎璫全　紅白素大帶一條　大紅素紵絲舄一雙襪全　丹礬紅平羅銷金夾包袱四條

紵絲二疋

黑緑花一疋　深青素一疋

羅二疋

黑緑一疋　青素一疋

白氊絲布十疋

妃

紵絲二疋

黑緑花一疋　深青素一疋

羅二疋

黑緑一疋　青素一疋

白氊絲布十疋

廣　運

萬曆三十一年三月初三日。

之　寶

諭祭文

維萬曆三十四年歲次丙午□□月□□朔□□日，皇帝遣正使兵科右給事中夏子陽、副使行人司行人王士楨，諭祭于琉球國王尚永曰：惟爾奠服東陬，作藩海國，歸誠無貳，修貢以時。爵土世膺，忠勤夙著。久聞逝世，嘗軫朕懷。嘉爾嗣之象賢，宜卹恩之遠霈。特頒諭祭，尚克歆承。

祭品

牛一隻	猪一口
羊一羫	饅頭五分
粉湯五分	蜂糖糕一盤
象眼糕一盤	高頂茶食一盤
響糖五箇	酥餅酥錠各四箇
纏碗五箇	降真香一炷
燭一對重一斤	焚祝紙一百張
酒二缾	

諭祭祈海神文

皇帝遣正使兵科右給事中夏子陽、副使行人司行人王士楨，諭祭广石廟海神曰：兹者遣使琉球，道經海上，風濤呵護，允賴神庥。爰當啓行，虔申祀禱，惟神鑒佑，用俾無虞。謹告。

諭祭報海神文

皇帝遣正使兵科右給事中夏子陽、副使行人司行人王士楨，諭祭广石廟海神曰：曩者遣使琉球，往來海上，式憑靈貺，波濤不驚。今兹言旋，用告成事，虔申祭謝，神其鑒歆。謹告。

海圖

梅花所
梅花頭開

東沙山
白犬山嶼
洋過白犬嶼又取東沙嶼丁上風用
關塘嶼

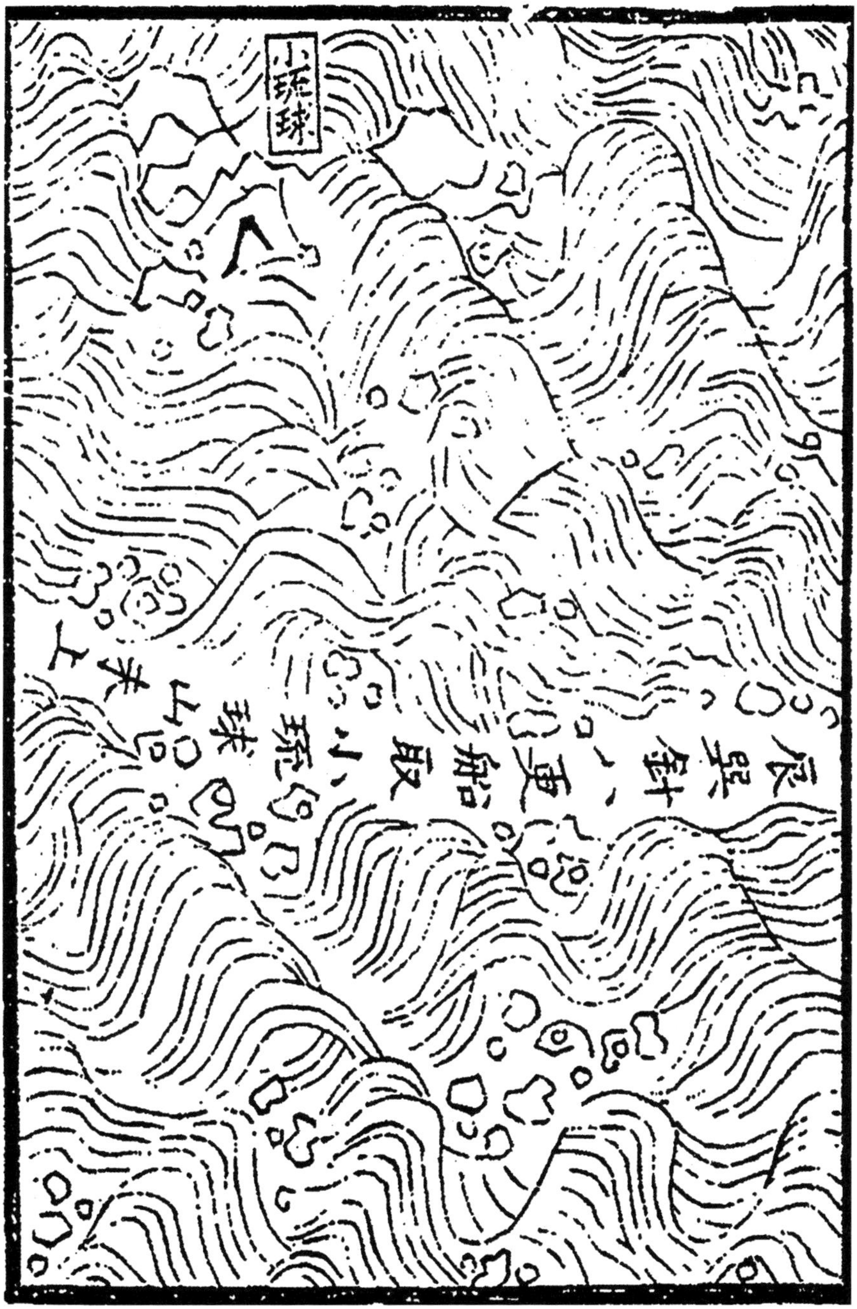
小琉球
辰巽針一更船取小琉球山未上

雞籠嶼
風乙卯針二更船取雞籠申酉上

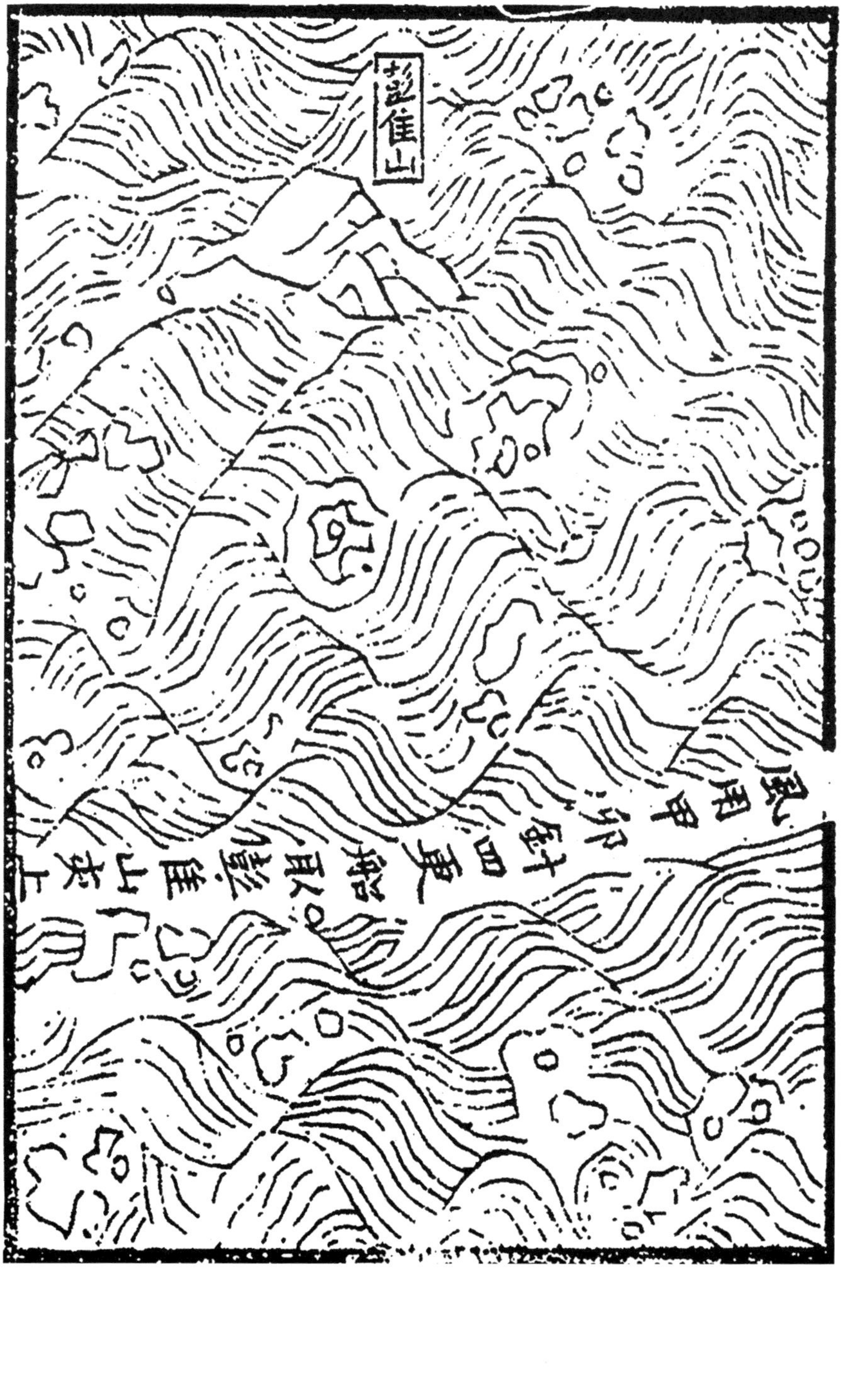
彭佳山
風用甲卯針四更船取彭佳山東上

風用乙卯針三更船未上風用乙卯

花瓶嶼
針三更船取花瓶嶼丁未上風用乙辰

釣魚嶼
卯針四更船取釣魚嶼丙午上風用

黃尾嶼
乙卯針四更船取黃尾嶼丙上風用

乙卯針七更船丁上風用辰巽針一更

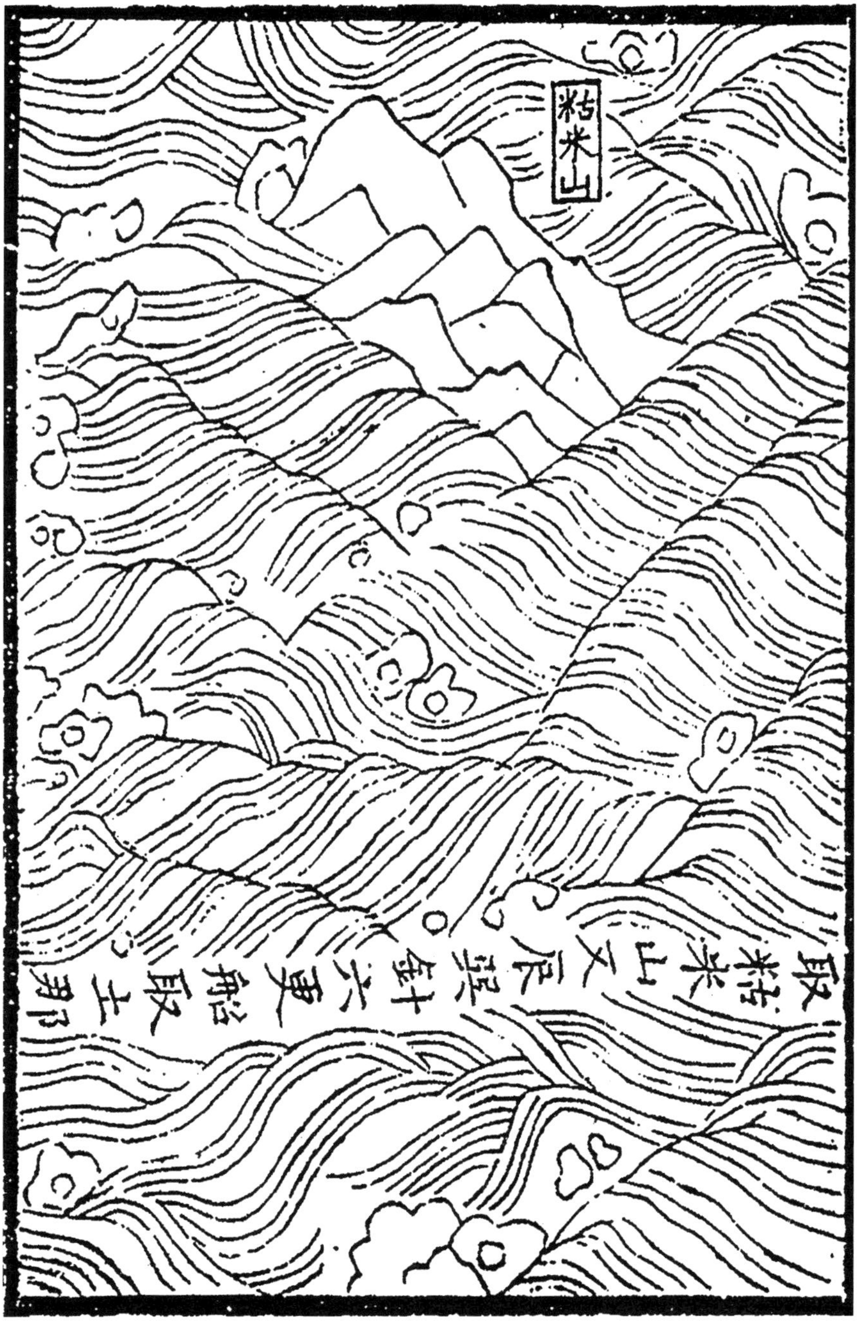
粘米山
取粘米山又用單卯針六更船取土那

翁居山
奇翁居里山又辰巽針一更取馬

馬齒山
齒山直到琉球那霸港大吉

那霸港
迎恩亭
那霸里

天妃宫
天使舘
三十六姓营中

天界寺
守礼之邦
中山
前王廟
土麻里

本国王殿
奉神門
漏刻門
瑞泉
歡會門
圓覺寺

夏子陽曰：海何以圖？志道所繇也。彼且爲無涯，吾亦與之爲無涯，而欲以尺幅盡之，不幾蠡測乎？姑以寫其似而已。夫之琉球者獨異諸島，晝夜淼茫，無可依泊，厘厘恃一指南耳。其取向于寸針，與取證於尺幅，二而一者也。遠而望之而稍有㠖然蒼然者，曰是某嶼某山也。或日一見，或間日再見，見則欣然喜，不則戚，恐迷于所往也。按圖而索，計更而程，乘長風破萬里浪，忽忽焉，舍筏而登岸矣。夫不出户知萬里，則恃有斯圖也夫！

歷朝使琉球姓氏考

宣德三年

欽差内監柴山，副使阮。舊録失查其名〔三〕。

敕封國王尚巴志。請封自巴志始，父思紹係追封。

正統八年

欽差正使給事中俞忭，副使行人劉遜。

敕封國王尚忠。

正統十三年

欽差正使給事中陳傅，副使行人萬祥。

敕封國王尚思達。

景泰三年

欽差正使給事中陳謨，副使行人董守宏。

敕封國王尚金福。

景泰七年

欽差正使給事中李秉彝，副使行人劉儉。
敕封國王尚泰久。
天順七年
欽差正使給事中潘榮，漳州府龍溪縣人。副使行人蔡哲。
敕封國王尚德。
成化八年
欽差正使給事中官榮，副使行人韓文。
敕封國王尚圓。長子尚宣威傳位一年逝，未及請封。
成化十五年
欽差正使給事中董旻，副使行人司副張祥。
敕封國王尚真。
嘉靖十三年甲午
欽差正使給事中陳侃，浙江鄞縣人。副使行人高澄。順天府固安縣人。
敕封國王尚清。前此使録俱無所考，刻之自陳、高二君始，事具載於後。
嘉靖四十年辛酉
欽差正使吏科左給事中郭汝霖，江西吉永豐人。副使行人李際春。河南杞縣人。

敕封國王尚元。

萬曆七年己卯

欽差正使户科左給事中蕭崇業，雲南臨安衛籍，應天府上元縣人。副使行人謝杰。福建長樂縣人。

敕封國王尚永。

萬曆三十四年丙午

欽差正使兵科右給事中夏子陽，江西廣信府玉山縣人。副使行人王士楨。山東兖州府泗水縣人。

敕封國王尚寧。

使琉球録卷上

題奏

禮部爲循職效忠條陳奉使事宜，以隆大典事。儀制清吏司案呈，奉本部送禮科抄出兵科等衙門署科事給事中等官洪瞻祖等題前事等因，奉聖旨：「該部知道。」欽此。欽遵抄出到部，送司案呈到部。看得兵科等衙門給事中等官洪瞻祖等，爲領差琉球開款具疏，大都謹慎將事之意。內除探倭一節，事關兵科，已經議覆外，其例應本部題覆者有四。一、請留詔敕。屬國之所以請封者惟藉此以爲世寶，使臣恭齎以往，俟該國請留誠懇，應照累朝故事，聽許其留，示以天朝褒錫殊恩，堅其向化之志。一、祈報海神。按昔年航海有報無祈，今科臣議增祭一壇，蓋身涉險途，禮可義起，合無於臨行之日，聽其請敕貳通，一祈於起行之初，一報於回還之後。憑藉天子寵靈，百神效職，量增一祭，於禮非過也。一、責成造船人員。夫萬里水道，非一葦可航，則督造者誠不可不慎。科臣既經條議，容臣等移咨福建撫按，擇賢能有司監造。其官屬工匠一併隨行同舟則同命，而復有以竦略塞責者必不然矣。一、議處從行人員。都司所撥指揮及醫卜人等選帶自有成規，其官兵四百名，往例雖嘗減半，今科臣思患豫防，併應足額選用壯丁習諳海道者防護。若支銷錢糧，布政司嚴行稽覈，回日使臣會同撫按題知，則冒破自杜矣。蓋論朝廷大一統固不忍拒小國之情，而爲使臣慮萬全，亦當思正大國之體。所請諸事，皆合允行，伏乞聖明裁定等因。

萬曆三十年三月十六日本部尚書兼翰林院學士馮琦等具題。十八日奉聖旨：「依議行。」欽此。

欽差兵科等衙門右給事中等官臣夏子陽等謹題，爲循舊典效愚忠敬陳奉使事宜，以隆君命，以重國體事。竊照琉球國王介在東海之表，世爲荒服之臣，嗣位已十五年，請封方在前歲。荷蒙皇上俯念屬國之敬共，率循累朝之彝典，乃從禮官之請，命臣充補正使，同臣士楨齎詔敕以往。臣拜命知榮，撫躬增媿。竊念臣子陽猥以愚庸，謬叨侍從，虚糜廩禄，曾無補衮之功，濫役遠夷，益切負山之懼。蓋歷觀使職，主於宣上德而壯國威，故或以言論風采而聳外國之聽聞，或以節義忠誠而起殊域之敬畏。此其人皆夙抱真才，確持勁節，是以使軺所至，足以增國家於九鼎之重，而益堅外夷慕義之誠。臣等何人，獲與於斯。故自聞命以來，夙夜凛凛，何敢一日而忘祗慎。惟是事不避難，人臣之義，行己有耻，使職之先。臣等其敢不益矢精白之心，愈篤砥礪之節，期於不辱君命，庶幾無曠厥官。至於過海事宜，著之舊典者，已經前使臣洪瞻祖照例條陳，奉有成命，地方諸臣必能同心體悉，共以國體王命爲重，協謀宣力，期於允濟，臣無容再贅。但臣既膺新命，例得條請。除議留詔敕，俟其懇請虔切，應聽請留；祈報海神，應撰敕二道，同福建布政司官於广石海神廟舉祭二壇，一祈一報，已經該部覆奉欽依，無容别議外，有事體未盡，應參酌時宜，稍稍損益者，謹開列上請，伏乞敕下該部再加詳議，令臣等得遵照施行，庶事有持循而於使職亦可以少盡矣。

一〔四〕、責成有司。夫航海之役，乘長風行萬里浪，則一舟之所關係誠非細矣。故採木必須良材，造作必須良工，督造必須良有司，誠慎之也。往時委官督造，不肖者往往視爲奇貨而肆爲侵漁，其稍知飭勵者又或希節省之虚名，而不究利濟之實用，冀速成以圖完事，而不務堅固以慎萬全。此皆由於利害不相關，以致督造不如法耳。前後使臣目擊心怵，懲鑒往事，皆議欲精選賢能府佐一員有才略志節者，或同知、通判等，委以監督造船之任，而又副以廉幹指揮二員，使之朝夕協贊，俟船成日，官屬、工匠一併同行，則同舟同命，自當謀出萬全。已經前使臣條列，禮部覆奉欽依，無容復議。但臣等萬里銜命，固臣子奉職之常，而效勞員役與之同涉大海，履此至險，若不稍加優異，以示酬勞，似非所以激勸人心而使之樂趨也。合無請乞於府佐則優以竣事陞遷，指揮則優以咨部叙用。與夫船中一切總理分管之流，係往例所有者，果能效有勞績，聽臣一體併叙，酌量示酬，則奉公趨事者均樂有異數之恩，庶人心競勸而事可必其有濟矣。然臣猶有説焉。國家凡有差遣，如監兑、恤刑、典試之類，未嘗不與之操柄，所以重王命而肅人心也。以故法可施行，而事無齟齬。今臣奉使海外異國，所以效勞王事，非自爲汗漫遊也。節約謙慎，臣等固自有行己法度，然在閩首尾竣事，動經三四年之久，始之以採木，繼之以造船，終之以擇人，與夫一切物用，皆取辦于有司，而有司以事不相關，漫不加意，地方當事者或又以膜外悠悠視之，則如一體奉公之義何？聞己卯之使甚爲當事者所齟齬，雖中間賴有善調停者，庶幾幸而獲濟，然其費脣吻而分秦越則亦甚矣。合無請乞申飭地方撫按官，以王事國體爲念，同心共濟，毋分彼此。其郡邑有司事相干涉，採木、造船，取用工匠及夥長、舵工、人役之類，經其奉行者，事竣之日，聽臣分別賢否，揭薦吏部；其或闒茸怠玩，苟且塞責，營私侵漁，或至曠時誤事者，聽臣徑行參論，重加降出，以爲有司不職之戒。至於海中或有寇抄警急〔五〕，沿海將吏有隱匿不報者，併行究處。庶幾法行而有聯屬之勢，事立而無怠誤之虞矣。伏乞聖裁。

一、議處人從。夫遠涉異國，閱歷半載，其間氣候異宜，風土異尚，故凡飲食物用、弓矢器械之類，與夫駕船、執舵、觀星、占風、聽水、察土以及醫卜技藝之流，皆例得備帶。蓋王命所關，不得不慎重其事如此也。查得往時前項人從皆有日用供給，而供給所出皆取之編派錢糧，其應備人數固不得減少，以致缺乏，其或冗雜可已者亦不得多帶，以滋煩費，此在閩中藩司皆有舊籍可按，臣等宜查照省約。至於所用指揮官二員，及護送軍四百名，皆熟於海道者，先因海防寧靖，減半用之，方今浙、直、閩、廣處處寇抄，則似不得不仍其舊數，且得選鋒壯丁可資捍禦，已經前使臣條議，禮部覆奉欽依，無容議矣。但查船中最要莫如夥長、舵工、阿班等役，往例取之海澄縣，而應募者率非慣熟精練之人。則以募資微而人不樂應，或豪猾通海者私而庇之，所在有司亦視爲故事，而不加精求耳。今後宜慎加咨訪，籍名豫報，毋令通海豪猾得以藏匿。至於給資召募，亦宜優給從厚，使其樂趨，還日并給冠帶榮之，庶幾慣海者可得爲用，而不至於臨時求索之艱矣。他如熟於温、台海道則宜選之梅花、定海所軍，熟於漳、泉海道則宜選之鎮東、萬安所軍，醫卜各帶二名，則取之所便。天文生一名，往時取之南京，近聞彼實不諳海上風候，不若總就閩中擇之可也。此外或有題請所不及，但係前途合用，如名色把總、省祭官之流，爲舊時所有者，容臣等從福建布政司酌量取行。大抵什物取其精堅，人役取其熟練，皆貴精不貴多，期於應用，足備任使而已，毋徒狥人皮面，濫帶貪殘冗雜不堪使令之輩，以糜官帑，以擾外藩。總待還日，行令布政司將帶過人員、用過錢糧、造過器物等項，逐一覈實造册，臣等會同撫按題知，庶費用有所稽考，錢糧不致於冒濫矣。伏乞聖裁。

奉聖旨：「禮部知道。」

禮部一本，爲循舊典效愚忠，敬陳奉使事宜，以隆君命，以重國體事。該本部題，儀制清吏司案呈，奉本部送禮科抄出，兵科等衙門右給事中等官夏子陽等題前事等因，奉聖旨：該部知道。欽此。欽遵抄出到部，送司案呈到部。看得敕使渡海事宜，先經科臣洪瞻祖等具題，本部覆奉，欽依通行去後。今該科臣夏子陽等復行條奏，尤加詳慎，俱於使事有裨，相應如議，參酌開列上請，伏候聖明裁定，臣等通行各該衙門一體遵奉施行。

計開

一、責成有司。前件臣等看得，督造船隻既選委府佐一員，復副以指揮二員，官屬、工匠一併同行，逮及竣事，府佐優以陞遷，指揮優以叙用，與夫船中總理分管之流果能效有勞績，一併酌叙示酬，則人心樂趨，誠得激勸之道。若郡邑有司奉行採木造船，取用工匠、舟師之類，或有怠玩侵漁，以致曠時誤事者，聽使臣參奏處治。沿海將吏如遇海洋警息重大，一體報知，不得隱匿。至使臣銜命將事，撫按司道正賴協心共濟，豈宜秦越，以誤使事，俱當依擬申飭。再照萬曆四年止以造船指揮二員并充護送，而府佐覆免從行。蓋府佐係臨民之官，不惟職役難以擅離，而雜之各役則不堪，夷於使臣則非體，第得廉能之吏用心督造，舟楫堅牢，其同行與否，仍聽使臣與撫按官臨時斟酌。伏乞聖裁。

一、議處人役。前件臣等看得，船中合用夥長、舵工、阿班等役，須令該縣選取慣熟、諳練之人，其募資宜從優厚，回時擇其班頭有勞者量給冠帶，如有豪猾私庇及有司漫不加意者，聽使臣會同撫按官查究。又如熟於海道者或取之梅花、定海軍，或取之鎮東、萬安軍，又或取之琉球夷梢。醫卜各二名，取之所便。天文生一名，不用南京，取之於閩。名色把總、省祭官之流，以備委用，强壯武藝之夫，以資禦侮，俱聽於該布政司精選應用。啓行之日，布政司將帶過人員、用過錢糧、造過器械一面覆實造報撫按，一面造册報部，俟候事竣〔六〕，會本題知。再照護送人役例四百名，而萬曆四年題覆止用其半，今海氛未靖，已經題准全用，是在查照舊規，臨時伸縮，不得拘限名額，以圖節省，亦不得狥情濫收，以滋擾費。使臣再議及此，深得奉使絶域之體，俱當依擬申飭，伏乞聖裁。

奉聖旨：依擬行。詔敕在船着差去官用心安奉，合行事宜該撫按悉心料理，有違玩的，科臣參來。欽此。

欽差兵科等衙門右給事中等官臣夏子陽等謹題，爲屬國信不可爽，使臣義當有終，謹瀝悃誠，懇乞聖明允堅成命，以慰遠夷，以光封典事。竊惟帝王之馭夷也，有不可携之大信。人臣之奉職也，有不可辭之大義。蓋事不避難，固臣子職分當爲；信以懷遠，尤中國綏柔宏略。執此而論，則知今日琉球之封，使臣之遣，有不可輕議改者，伏祈皇上試垂聽焉。先是，琉球國中山王世子尚寧請封襲位，蒙皇上不遺武臣，照舊仍差文官。蓋念琉球之臣節不替，先朝之故典當循，一以慰遠人祈望之心，一以崇四夷觀瞻之體，德意蓋甚盛也。時科臣當應命而往者爲兵科給事中洪瞻祖，比偶值浙江撫臣劉元霖海上捕獲夷船，審有琉夷、倭夷並在獲中，疑其陽順陰逆，禮部題，奉聖旨：「琉球册封着洪瞻祖、王士楨去。既盤獲夷船，聲息未定，有關國體，還著遵前旨，待該國質審回奏，海寇寧息無警，方渡海行禮。欽此。」維時之所憂者在海警，故使臣洪瞻祖條議疏中亦頗及之。迨洪瞻祖以丁父憂去，臣乃叨轉兵垣，禮部題奉欽依，以臣補充正使，臣感激天恩，惟恐不克稱任使是懼。時從倉場尚書謝杰講求使事要領，蓋杰乃己卯使琉球者，因知此差之難非特海上風濤之患，而且有地方玩視之苦。維時臣之所憂唯在地方之不以王事爲重，故臣具疏條議，獨以責成地方及撫按同心爲惓惓，而海警稀聞，臣時固已略之，蒙下部議覆，欽奉聖旨：「依擬行。詔敕在船，着差去官用心安奉，合行事宜該撫按悉心料理，有違玩的科臣參奏來。欽此。」臣於是仰見皇上綏懷屬國盛心，又體念臣等遠使殊域至意。臣忻戴天恩，益增感激，誓圖報稱，頂踵俱忘。故自萬曆三十一年三月陛辭，八月抵家，即於十月驅車入閩。

臣謂封事皆有相沿成規具在，地方自宜率循而行。且蒙天語嚴重如此，所司必且奉行惟謹。何意地方人情乖謬，紀法陵夷，用人者惟私賄是狥，謀用者惟谿壑是饜。恣睢者祇憑血氣用事，比周者鮮知痛癢相關。事事掣肘，件件齟齬。時值撫按缺人，臣欲言無所〔七〕，欲行不得，困頓抑鬱，苦不可言。臣又念寄命於人，寧爲含垢，抑情忍受，惟時時仰屋竊嘆而已。及後半年，按臣方元彦至，臣往會之於邵武，爲言其概，并移文知會之，始爲臣催理。而狂逞者猶且變亂黑白，顛倒是非，以簧鼓其間。迨後撫臣徐學聚陞許爲臣擔認催督，始稍稍事有次第。然事既耽誤于前，一時亦未能趣督于後。多臣等躬自料理，日夜拮据經營，任勞任怨，殫心力爲之。入今歲來，木料漸集，船始就緒，工完七八。但諸務猶未盡備，大桅尚未採得，臣憂惶無計，昨月移書撫臣，懇其懸賞購募。正在愁切，忽接按臣方元彦書，并以移會撫臣疏稿見示，謂濱海多事，警報頻仍，欲申先年撫臣許孚遠之議，仍請改遣武臣。臣一面移會撫臣，求其亟止前議，一面遣人馳書按臣，求其亟止前疏。不意按臣疏已從建寧先發，追之不及矣。此其心雖慮海外夷情叵測，念明旨國體攸關，爲是長慮却顧，并爲臣等及五百人私憂過計，心非有他。但念臣等身爲使臣，義不避難，既已奉命而出，豈可畏難而止？且琉夷請封日久，跂望甚殷。前年遣正議大夫金仕歷及夷稍二十人，具咨來迎。去年六月彼國進貢長史蔡朝信等回，臣已回咨的許以今年五月渡海行禮。及至九月，彼國又復遣都通事阮國等來迎。是臣等銜命至此，琉球固久已知之，即海上各國亦莫不宣傳聞之，若一旦改議武臣，不但失信于屬國，無以慰其仰望之心，且恐示怯于外夷，亦非堂堂中國所爲尊崇之體也。即或云琉球與倭密邇，風傳稍有訛言，然倭自關酋斃後，未見狡焉啓疆，風傳浪語，或虚張者以惑聽視，未可知也，亦安足信而安足畏哉！臣等願奉命前往，完事而歸，庶上以報陛下任使之恩，下以慰屬國雲霓之望，遠以隆中國常尊之體，近以全使臣不辱之義。此則臣等當爲職分，亦是臣等自盡職業。不然，始受命之謂何，終委棄而去之，曠官之罪，安所逃耶？

然事不避難，臣之義也。同心相濟，地方之責也。今人心不古，世態愈漓，不但以卑凌尊，且欲以客事主。不但視同秦越，甚至釀成冰炭。憸人簸弄爲毒，已非小矣。而且愛憎徇情，蕩無法紀。如曾問大辟貪殘極惡指揮葉重光，於萬曆三十一年八月内鑽謀領銀三百五十兩採木，又於延平府領銀七十兩運木，又先於本年四月内謀領銀一百八十兩爲廠塢募夫諸費，是先後共領封王錢糧銀六百餘兩，不爲不多矣，採木經年不爲不久矣，乃竟侵入私囊，盡爲乾没，地方官竟不查問。及至去年七月，臣涓吉興工，竟無木來應用，惟臣設法催運一松艫到耳。又且隔年侵費廠塢諸銀，臨期則又塢廠未備。採木無木，募夫無夫，至苦臣等束手無策，只得再易吉期，行令各官代爲出銀整理，設法選募海軍，代夫應用。又不得已，行令權借河下商木應急，而商人又多藏匿，甚費區處。彼且借採木爲奇貨，所過索過山買休等銀，至綑詐寡婦，白騙民木，虎噬鴟張，無異寇攘，曾經童華、魏阿南等告證，此非侵官剥民，大誤封事，亟宜正法之尤者乎？乃至今猶然寬縱，上下推諉，此非有人焉爲之彌縫捍蔽其間，問官懷投鼠之忌，畏含沙之毒，何爲若此。夫誤封事者無罪，人人争效尤矣。凌使臣者見録，人人望風旨矣。今日封事遲誤，船工迄今未成，物料迄今未備，大桅迄今未得，總皆由此。臣等孤臣耳，苦心已極，船不得成，豈能飛渡？况大桅乃一船司命，實臣等與四五百人性命所關，舊録所載圍長尺寸，一以官尺爲準，蓋恐人或以意短長之，不知海上安危所繫耳。今空朽者既無當於用，如式者地方又多縱奸民鑿壞之，然則大桅安得從天降、從地出？封船安得成而使事又安得完局也。嗟嗟！使事至此，良亦苦矣。然苦在人情而風濤未必若是之苦，苦在中華而外國未必若是之苦，臣等又何憚而不往〔八〕？伏乞敕下禮部，覆議上請，仍舊遣臣等將命渡海行禮，不必更議武臣，以滋作舍。仍乞天語申飭地方撫按司道，同心共濟，速採桅木，造船堅固，俾臣等速往速歸，涉險無虞，毋致久延，傳聞外國，更生他釁，庶幾國典使事，兩有攸賴，而臣等亦可以無負厥職矣。至于背違君命，齮齕使臣，致誤封事，貪險文武各官應當參論者，與夫忠勤任事，不避艱難，有功封事應當叙録者，總俟竣事，尚當爲陛下陳之。伏乞聖慈照鑒，剛斷主持，封事幸甚，臣等幸甚。干冒天威，臣曷勝激切屏營俟命之至。

欽差兵科等衙門右給事中等官臣夏子陽等謹題，爲封船已備，使事可完，謹報渡海日期，以隆大典事。臣等猥以一介草茅，荷蒙皇上任使，遣臣等奉詔敕往封琉球國中山王世子尚寧。臣等離遠闕廷，躑躅海濱，拮据封事，將及四載。臣子陽荷蒙皇上擢臣轉左，又蒙擢臣陞工科都給事中，臣感激天恩，俱已焚香望闕叩謝訖。惟是臣身爲羈旅，職在使事，無能諷議廟堂之上，少效獻替之忠，惟有馳驅王事，不避艱難，少畢使臣分義而已。先是因地方怠玩，人情齟齬，桅木未得，致誤去年行期。議者又因風傳訛言，欲議改遣武職，臣等以屬國信不可爽，使臣義當有終，上疏請行，并乞敕地方速採桅木，以完盛典，臺省諸臣咸是臣言，相繼疏請，荷蒙皇上明見萬里，主持剛斷，奉聖旨：「册命已頒，使臣久出，無中止之理。禮部便行該省撫按，作速完造海艘，令差去二員渡海竣事，以彰大信。仍傳諭彼國，以後令其領封海上，著爲定規。」欽此。臣等仰見皇上崇重國體，昭示大信，至明至斷，足以惕勵臣工，風示四夷矣。奉旨之日，臣等固手額稱慶，深竊自幸，而地方從此始敬共王事，留意採桅。

第前此官民兩樂其敗而惡其成，堪用巨木砍壞略盡，於是不得已議令取中空未甚者，更另取一木幫成之，以爲大桅，此亦甚委曲遷就其間矣。而奈之何，復有大田縣故縱而鑿煅者，則無法甚矣。臣據該縣及督造官覆驗申文查，果被其連次鑿煅，臣乃行手本移會撫按二臣，中稱：看得封船大桅乃航海要楨，數百人司命也。貴在全材，關係匪細。前經購募訪報，幸有數處堪用。及移文知會，差役勘驗如式，已經封號，乃有司官故縱刁民阻抗。一鑿毀於政和縣張孫鑑等，而已倡其端；再砍鋸於安溪縣吴欽江等，而益肆其毒。遂致大桅無得，耽誤今年渡海，地方豈得辭責？近藩司行令建、延、泉、邵四府訪報，限以過季參罰，法非不善，奈何人情藐玩如故，僅取舊報空朽之木塞責而已，竟無有用心採報者。頃督造把總蘇道亨議取大田縣嶺柄中空且鑿之木與彼所自訪後甲蕭子衙堅實之木幫合作桅，姑取備用，此亦見事勢窮蹙，不得已爲此遷就權宜之計，已非舊制與完策矣。何期地方勢豪復重加深鑿過半，且用火燒煅，焦脆以致不堪取用，看守謂何，該縣責將誰諉？且據該縣所申砍伐日期文内，亦爲隱護不報，此明係縣官縱容誤害，陰設陽施，不然豈有不畏院司而畏勢豪者？似此違玩，害將何極！有限之木，豈能供其無窮之煅乎？即今閩省府縣咸欲齟齬封事，容保刁奸，以希合取憐，誠爲借資得策，但本科司欽奉使命，非自爲汗漫遊也，義難中止，非船何濟？況今日困頓已極，遲誤已甚，若更縱容阻誤，欲爲禁錮之計，即使臣寡不敵衆，勢莫如何，而明年又不得渡海，此事如何結局？近奉新旨，禮部便行該省撫按，作速完造海艘，令差去二員渡海竣事，以彰大信。赫赫綸音，中外傳播，彼該縣寧獨不聞乎？合行移會，爲此備用手本前去貴院，煩爲查照提究，上緊採取施行。於是撫按始行提究，藩司并行提安溪縣豪民吴欽江等追究正法。蓋吴欽江等乃前年砍壞封號合式巨木最爲害事而可恨者，於是人心稍稍知有王事。而今所取用大桅則偶聞得之汀州府寧化縣山中，議者據該縣申文，咸以爲深阻艱難，而必不可出矣。時逼歲暮，撫臣又在杜門，臣等憂惶無計，亟懇求之。幸而撫臣行道勘驗，而延平府推官徐久德還報，得其不難之狀。入今歲正月，盡得其實，決計取用，雖尾圍稍小，未盡如式，幸有前蕭子衙一木可以幫之。次桅則得之侯官縣天仙廟，木中空丈餘，姑取裁而用之。然此雖云得之甚艱，運之則又甚易。據運官稱，上下山坂，涉歷險灘，運行如飛，若有神助。此皆仰藉皇上威福，山川百神奉職，故地效其靈，天助其順若此耳。

從二月間桅木已即運至，三月已即安竪。今船已完備，汛期在邇，臣等即擇于五月初四日啓行，由閩省至長樂縣祭海，祀神事畢，即登舟候汛，從梅花所開洋行矣。臣等仰承欽命，宣布皇上恩威，詔敕經行，神靈默相，天威震耀，島夷讋服，臣等固可恃以無恐。所慮者内地或有奸人官屬，暗生戎狄，包藏禍心，潛行勾引窺伺，則不可知耳。如軍門聽用探倭把總許豫，名爲探倭，實爲通倭。先年勾引倭僧載回，經問大辟。去年六月因桅木未得，夷官請給咨文，回國馳報，并求夥舵護送，以便熟識山嶼。臣等以事理可從，許之。乃許豫潛將常販日本弟姪許美等及違禁貨物賄夷官王立威搭船載去，見在日本可據，乃怪都通事阮國與之齟齬，遂投匿名詞于撫臣，誣害國等，并中傷臣。已而又賄通海上把總謝以忠等，扶同申報院道以實其言。臣察知其奸，亟行福州府海防館委官盤驗，盡將夥舵各役發回，并留阮國及船隻不許出海，始免中其毒計。夫以此等一介小人，近在軍門聽用，猶敢簸弄爲姦，蠱毒使臣，全無忌憚如此，若孤處外國，彼弟姪俱密邇其間，潛行通謀，又安可測？臣當移書撫臣，發其奸狀，求其懲處。撫臣答書亦謂許豫其人險不可測，第其在閩久，在倭亦久，彼此情實皆其掌中要機，防閑當在封船渡海之日。故臣昨已具揭墾撫臣求其收禁，勒取甘狀保結外，而意外隱憂，總不可測，伏乞皇上敕諭撫按司道，嚴禁奸人，不許蠱謀陰害，嚴申海禁，不許隻船出海，交通倭國。如有疎虞，罪坐地方。庶幾臣可生還，還可無憂耳。伏祈皇上留神一覽，即賜批發，非獨臣等之幸，亦國體之大幸也。

所有造過船隻、器械與帶過人員、用過錢糧，查之舊例，皆有定數。臣今次所帶人員通共三百九十一員名，所支廩給口糧、行糧通共銀二千三百五十八兩陸錢，與所造器械通共銀一千三百六十四兩六錢八分，雖中間稍有更置損益，然總之就中通融，一如己卯舊數而已。蓋備物備官，各事其事，自是天朝相沿之體，而夥舵、繚椗、水稍各役又船中之必不可減者，臣等固不得浮慕節省，而輕汰之也。至于造船，查布政司舊册及舊題稿，上次共用銀三千伍十三兩有奇，今次造船皆臣等躬自稽查撙節，僅僅貳千零三十二兩而已。雖布政司給發尚不止此，然稽其實用與追還實數，總不出此。如指揮葉重光前後領木價銀及廠塢銀共陸百兩，爲其乾没侵用，自是應追之數。即使地方官欲姑息寬縱，曲准開銷，第恐公道難掩，憲法難私，亦當追三四百兩還官耳。總俟提問完日，尚當核實具聞。

惟是護送海軍查歷來取之三衛幾及百人，己卯之役以海防寧静，減用其半，今次前差科臣洪瞻祖以海警時聞，仍題全用，已奉欽依。但查海軍止堪貼駕，不堪禦侮，且軍行又欲議給行糧，殊難措處，故臣等移會撫臣，即議選營兵量帶三十二名隨行，則器與人習，既可緩急備禦，而兵有兵糧，即以發給，又可不勞繁費，此則一舉兩利之術，而諸臣共以爲然者也。此外臣等駐劄支費，往例待臣還日總行查覈會題，則又不必先爲煩瀆耳。伏乞聖慈查照施行，使事幸甚，臣等幸甚。

奉聖旨：據奏使船渡海，知道了。海上情形難測，便行撫按官申嚴禁例，不許地方人交通島夷，擅啓釁孽。該部知道。

欽差册封琉球兵科等衙門右給事中等官臣夏子陽等謹題，爲渡海册封竣役復命事。照得萬曆二十九年十一月内，該禮部題據琉球國世子尚寧上表請乞襲封王爵，欽奉皇上遣臣子陽、臣士楨爲正副使，各賜臣一品服一襲，齎捧詔敕二道，及頒賜冠服等件前往琉球，封世子尚寧爲中山王，仍諭祭前中山王尚永。臣隨於萬曆三十一年三月内陛辭，入福建省城，督造封舟。乃緣地方人情乖謬，百端齟齬，幸再藉天語叮嚀申飭，於萬曆三十四年三月始克成舟，遂以本年五月初四日由福建南臺解纜至長樂縣。十九日至广石，諭祭海神，次日登舟，二十四日黎明從梅花所開洋。時值順風，凡七晝夜兼行即抵其境。次日彼國聞知，遣官來迎，及率夷舟導引入港，遂以六月初二日登岸。世子尚寧遣文武陪臣具儀從拜迎詔敕至天使館安奉。擇本月三十日行祭王禮，七月二十一日行封王禮。是日尚寧俱躬率臣民，跪拜道周，步行前導至開讀，一如儀注，嵩呼舞蹈，執禮彌恭。已而請留詔敕，極其誠懇，臣等令恭捧其先世珍藏者來看，則先後宸章煇煌具在，因如制許之。

大禮既畢，似可遄歸。但琉球居閩之東北，必待立冬後東北風發，始可戒途，因守候至十月十五日登舟。計住彼國凡一百三十餘日，其間宴會餽遺之禮，與人役供應之資，在彼國固皆有相沿舊規，在臣等亦多爲之節約浮費。至於每次宴金，臣等皆却還之。其後臨行復致爲贐，往返再三，臣等卒堅辭不受，然亦見尚寧感戴皇恩，加禮使臣如此。又臣等先未渡海時，傳聞倭警，且恐内地奸謀叵測，臨行疏請申嚴海禁，蓋誠慮國體所係，宜切豫防。比臣等在琉球，果聞倭狂謀洶洶，幸而畏疑中寢。及九月間，有數舶至，稱爲貿易，臣等行令琉球豫爲陳兵備禦，且嚴禁從役，勿與交通。倭知有備，亦斂戢不敢肆。聞之琉人，謂倭酋帖息之狀，大異往昔，此皆賴皇上撻伐餘威，震乎殊域，故臣等不煩指麾而自定耳。

臣等登舟之後，至二十日始得出港。次日開洋返棹，方爾安行，忽二十三日午後颶風大作，連日濤湧如山，繫舵大索爲一船綱維者連斷其四，運舟巨舵爲一船主宰者連摺其二，舟中所存僅一舵矣。亟整理易之，又復爲巨浪擊去舵葉，即合木巨桅亦緣振撼損裂，摇拽欲仆。如此者又經三晝夜，以一無舵之舟，簸蕩于烈風狂濤中，顛危傾仄，幾覆溺矣。幸賴我皇上威福，以致神明默佑，二十九日三易舵後，風伯助順，始得安瀾以歸。三十日抵福建定海所，十一月初一日入五虎門港口。臣等與闔舟四百餘人方私相慶幸，喜遂生還。乃沿海地方官秦越相視，竟違臣等所行之牌，無一舟來引港，遂至封舟迷礁閣破，一番驚恐，又幾没溺。所幸此屬内地，臣等亟覓小舟避去，從行各員役皆扶救登岸，僅以身免。夫瀕危數四，殆而復安，此非仰藉皇上寵靈，其焉能有今日哉！

竊惟環海之外，鱗介之屬，以國稱者何慮數百，琉球亦東海中一夷國耳，自昔不通中華，爰自我明，始慕義來，王世修職貢，遂獲被累朝錫封之典，荷皇上植立之恩，綸章寵賁於遐荒，典禮聳聞於殊域。皇仁有腳，立登儉歲爲豐年；帝德如春，倏令窮陬爲樂國。遂使臣等忻逢盛際，叨被餘榮。封豕長蛇，覩漢官而畏威惕息；馮夷海若，欽帝命而呵護生還。是臣等自今之年，總皆皇上再造之賜。忻感無量，圖報難名。琉球國王遣官護送臣等回還者已隨臣等同舟至閩，其所遣另舟賫表謝恩王舅毛鳳儀等，聞亦于去冬歲暮已抵閩城。除聽其自行具謝外，臣等仰荷天恩，叩首闕庭，曷勝忻躍感戴之至。緣係渡海册封竣役復命事理，備將使事本末，謹具題知。

奉聖旨：「知道了。」該部知道。

琉球國中山王臣尚寧謹奏懇存舊禮，以謝勞臣事。臣寧僻居海國，荷蒙聖育，封臣爲中山王，不勝感戴。除具奏謝恩外，今有使臣二員，正使兵科右給事中夏子陽、副使行人司行人王士楨，奉命遠使，親督造舟，三年勞瘁於閩中，萬里間關於海外，勤勞辛苦，倍踰昔日。自從入境，體恤節省，禁令森嚴，民間胥戴，舉國銜恩。且當倭船之來，風傳洶洶，二使臣教臣以治兵修器，守險戒嚴，倭至貿易，亦憚天使先聲〔九〕，遵守約束，不敢如往年狂跳。凡此使臣之德，悉皆聖恩之廣大也。臣日夜興思，益懷感激。臣小國荒野，無物將敬，宴款之際，代物以金，雖自知乎菲薄，實世緣以爲例。兹蒙二使臣屢宴屢辭，往返書諭，堅持大義不受。至臨行臣復將各宴席金併代土儀諸金，每員共計黄金九十六兩，遣法司、長史等官馬良弼等官臣手書堅懇鑒納，二使臣仍答書返金，固辭不受。竊惟二使臣清白自勵，爲聖朝臣節之光，外國使臣之表，高風大節，信超出尋常萬萬矣。但勞苦數年，風濤萬里，小國情禮，絲縷未盡，臣與通國，誠不自安。謹將原金二封用印鈐記，共計黄金一百九十二兩，令差來王舅毛鳳儀同正議大夫阮國等順齎獻奉，伏乞天語嚀叮，敕令二使臣收受，庶臣舊禮無缺，微敬獲伸。臣無任激切踴躍之至。

奉聖旨：「覽奏，具見該國誠款。但夏子陽等却餽能廉，正得使臣等之體。其禮金還着來使齎回。禮部知道。」

使事紀

萬曆二十有八年正月，琉球國中山王世子尚寧遣長史等官表請襲封，距其故中山王尚永之薨已十二年矣。所以遲遲者，蓋惕於日本關白之亂也。先是福建撫臣許公孚遠議以海警，欲令領封，業有成命矣。嗣以世子表請，議改遣武臣往，而世子又援禮制及己卯例爲請甚懇，禮部上其議，遂得旨仍用文臣二人往。故事，册封琉球正使屬科臣而以行人副之。大行王君士楨序當行，已報部矣，而省中坐兵垣一時皆遷轉去，虚無人，至十月洪君瞻祖以館選補兵垣，命下，遂舉以屬焉。會浙江盤獲夷船，稱琉球人而譯辭頗異，部議令琉球使者質認，且虞海警未定，欲俟查報，以便遣使，故諸君尚有待未行。至次年八月，洪君丁外艱去，正使且缺，陽方承乏户垣，嗣後叨轉兵垣右，遂有補充正使之命，而與王君同事焉。

時事體遞更，人情觀望，諸司辦造儀物既悉未備，而序屬寒冱，遽未可行，因得從總督倉儲大司徒謝綍翁訪求使事要領。綍翁蓋己卯使琉球者，余等乃悉此役所急在造船惟堅，用人惟練，督造有司惟良，而其最喫緊者則尤在地方撫按同心協力，以約束郡邑有司將事，庶乃有濟耳。洪君未丁憂前，已曾循例條列具題請留詔敕、祈報海神、責成有司、選帶人從，而益以探報海警，禮部覆疏，俱一一如議，奉欽依，惟謝繹翁所譚事體，洪君疏中或有未及未盡者，故予等獨摘二款再請，幸聖明在上，渡海事宜責令地方撫按悉心料理，而違玩者許令參奏，則實爲明見萬里焉。

癸卯二月，余等始領詔敕及頒賜儀物以行，蒙各賜大紅一品服一襲，陽以麒麟，楨以白澤，帶以玉則自備云。三月陛辭，由潞河南下。陽抵家後，即以十月驅車入閩，楨亦以十二月至閩。時閩中撫按相繼物故，藩、臬二司及郡邑長又皆入覲，行署司事者爲右伯徐公學聚，署福州府事則推官阮自華也。先是，撫按及藩司承禮部咨文後，凡編派錢糧、措置船廠木料諸務，區畫已周，惟採木之役，往例布政司發錢糧貯建、延二府，就委該府推官一員督之，故功有責成而費可稽核，左伯王公思民已發銀千兩貯福州海防館，移檄建南道劉公毅，令其差官領發，循往例也。有指揮葉重光者，新脱大辟，婪而且黠，意欲窟穴其中，初謀爲造船總督，即豫領廠塢銀一百七十八兩以去，未饜也，乘王方伯入棘闈，夤緣阮推官，復掣去採木銀三百五十兩，比劉公委官來，則固已入重光橐，蓋爲結納費矣。重光藉此得計，欲取償民間，故所在獵詐，甚至綑捉人婦女，逼賣人房屋，而所採木則盡强奪，無分文給也。民間騷然，無異寇攘，而市井無賴之徒傚尤者復趾相錯。民苦封事爲厲，蓋怨聲載道矣。予入境聞之大駭，會重光來謁，詰之，率皆誕謾支吾語，而木主童華等受害最劇，具詞泣訴，予乃批行署延平府徐通判，令其處分查給，以彌民怨。而阮推官者實翼重光，且又恃有爲己翼者，旋以禮節相抗，而主者復嗔予不從，遂多方掣肘，百端齟齬。予念王事靡盬，姑謹持大體，優容之，而修隙者謀益工，窘困且四面至，蓋半載間，地方之精神智計不用之奉公，而用之私鬬，威令權力不用之集事，而用之僨事〔一〇〕，故人心觀玩，事體益弛〔一一〕，所報政和縣合式桅木遂爲刁民張孫鑿毁而壞之矣。時悻悻者陽辭封事不與以抗余，而陰實操阻壞之柄。初牒赴海防郭同知矣，旋即申使署福清篆去。初以錢糧支應屬閩、侯二縣矣，旋復紛紛議革厨皂柴米，革余等鋪陳，革答應驛馬。即修理天妃宫廟及柔遠驛，皆先經藩司批允，動用别項錢糧者，至是亦故爾增入封銀數内，且借交際爲名，欲議額外加派，蓋將爲予輩窘且使速謗也。予以舊額具在，裒益通融，自不詘乏，固不必減亦不必增，下檄止之，二司諸君咸是余言，而悻悻者猶不顧，瑣瑣見侵，殊駭觀聽。於是蒞事各官人人自危，咸欲棄去而事乃益寢閣。

時維六月，予所選七月十五興工之期逼矣，而百無一備，皇皇蒿目。會直指方公元彦將至，余喜甚。而方公入境後，即馳按邵武，予不得已亦就邵武會焉，而告之故，且移文趣之。方公亦訝其所爲，許以身任。余還省，姑以十五日興工。□□□□□□□三司諸君亦循舊例舉酒陪於南臺，然僅僅一艫木在焉，聊舉以應吉期而已。余日望方公之檄，庶可集事。嗣檄下藩司，主者乃故屬之阮推官，則遂游辭舞文，以簧鼓爲戈矛，而主者又附和之，予始不能堪，欲上疏以聞。適徐公新得撫閩之命，慮余疏不利于彼，乃盡委罪于阮推官，而力許以身任。余念論奏祇爲造舟，計業已許矣，其又何求？疏遂止不上。然事既久誤于前，亦難趣督於後，一時所須，船塢未備，廠未成，木未至，夫未募，定艫吉期已再易而又迫矣。諸項錢糧既盡爲葉重光乾没，無從追取，造船各官束手無策。幸而余等前移書與方公，謀得市商木五十根應急，塢廠則令督造各官代爲捐貲，日夜經營，夫役則令選募海軍代爲應用，於是稍稍就緒，始得定艜，蓋八月二十二日也。然物不素具，或作或輟，工匠又皆欲解去，余乃懇之於撫院，求委一官，再從商人市木。時值起建軍門新第，土木方興，人懼有他禍，又避不應，其一時備急得杉木八十餘根應用，實余所遣官自選擇之力也。徂冬涉春，木料漸集，如樟木材大數多，次第麕至，則福寧守洪君翼聖、福安尹金君汝礪、寧德尹區君日振實與有力焉。

余等夙夜拮据，殫厥心力，船工粗就，冀得遄往，乃桅木不得，往往懇之當事，而竟無爲之督採者。時聞安溪縣多材而吴欽江之木最鉅，委官驗之，合式，已移文撫院求取矣，而竟爲砍鋸作板，且扞罔不出，遂致擔誤。會京師訛言島夷叵測，將不利於使事，直指方公會疏議欲止予等行而改遣武臣。時方公駐建寧，予等亟馳書止之，則前疏已發。予乃抗疏，明不可止狀，語具在疏中。臺省諸公咸是余言，相繼疏入，得旨仍舊，且申飭地方令速具舟。赫赫宸斷，度越千古矣，而玩視者復悠悠如故。會方伯范公淶至，憫余輩株守，屬意採桅，檄行延、建、泉、邵四郡，立限立罰，以必得木爲事。而人心陰懷畏忌，卒無應者，僅取具文塞責而已。時督造官計無復之，議欲姑取前所報大田縣木圍長如式而中空未甚者，更擇一木幫之。予念此非舊制，亦非完策，但事勢至此，無可奈何，姑聽之。而方得一幫木，其大田之木又尋爲豪家鑿燬。予乃移會兩院，語稍諷之，於是始行追究，而范公逮限比諸役至，追原誤事之害，實由吴欽江，遂嚴下檄拘治。蓋撫臺經年所不能治之奸，今始就吏正法，閩中遠近翕然，服范公之斷云。向使早遇范公其人者，將乙巳可以完事，又何至多留一年，靡費供應，而復爲此紛紛哉！其後大桅得之汀州寧化縣，復有以道路岌嶪爲詞者，賴延平推官徐君久德勘報，言木可致狀甚悉。迨取道以出，木翻然若馳，似有神助焉。其二桅則侯官縣天僊廟木，雖中空丈餘，姑取裁用之，亦神之貺也。由是丙午三月船工告竣，蓋距癸卯入閩已歷四載，自昔奉使造舟未有若予等之艱苦者也。

將行，予等乃遣家人賫疏以渡海上聞，并請申嚴海禁。蓋前有疑而後有伏，予不得不戒心也。遂卜以五月初四日啓行，撫院餞于南門城樓，三司及鄉縉紳餞 于南臺，酒各數行別去。封舟亦于是日從旺崎發，予等暮抵長樂，宿于舟中。次日入城，循故事舉醮於神宮。十四日，藩司吴君至。十七日，同抵广石。封舟重大，内河水淺，兼值北風難行，引港者戒於己卯之失，故出港遲。十八日，夷大夫金仕歷請先往報，以慰其國，余等許之。十九日，行諭祭海神禮，吴君同與焉。抵暮，封舟始至。先是有傳各員役帶貨多而船重者，予等亟出示諭禁，復行海防館盤驗，至是余等親往驗之，乃長年輩稱船輕尚欲載石，予兩人坐小船親驗水痕，果離水蛇一尺五寸。蓋海船欲穩，故以水平水蛇爲準，即出汛兵船亦必壓石，令水蛇平乃能破浪耳。次日，别吴君登舟，舟人各率厥職，料理舟中器具。已而抵梅花所取水，復取石五船壓重，仍行香天妃宫，并散給照身印票，□□□□逐名清理，而一切影射帶貨者盡驅一空矣。

二十四日，黎明開洋，南風迅發，一望汪洋，渺渺連天，海波起伏，前激後擁，澎湃有聲。封舟初在内港，安然若山，至此隨波蕩漾，飄如一葉。舟中人暈者、嘔者，昏迷欲倒者紛如矣。午過東沙山，有漁船遣小艓獻魚，余令給米賞之。次日過鷄籠嶼，午後過小琉球，相去甚遠，望之如空青一點耳。時風順帆輕，水天一色，余輩登船樓最高處觀之，四顧遼廓，茫無涯際，波翻白浪，風送濤聲，鏜鞳噌吰，乍遠乍近。或時浪拍船欹，人皆欲仆；或時濤湧船立，人似高登。波紋旋轉如織，突兀如沸，迭宕如犇，驚怪如怒。大魚揚鬐鼓鬣，隱隱隆隆，白魚横飛水面數丈，云爲大魚所逐，或見波底魚目如鏡，晶光奕奕，映日射人，則殊可駭。二十六日，過平佳山、花缾嶼。二十七日，風忽微細，舟不行而浪反顛急，舟人以爲怪事，請作彩舟禳之，而仍請予輩拜禱于神。甫拜畢，南風驟起，人咸異焉。午後過釣魚嶼。次日過黄尾嶼，是夜風急浪狂，舵牙連折。連日所過水皆深黑色，宛如濁溝積水，或又如靛色。憶前使録補遺稱去由滄水入黑水，信哉言矣。二十九日，望見粘米山，夷人喜甚，以爲漸達其家。午後有小艕乘風忽忽而來，問之爲粘米山頭目，望予舟而迎者，獻海螺數枚，予等令少賞之，夷通事從予舟行者因令先馳入報。是日舟人喜溢眉端，其暈船嘔噦連日不能興者亦皆有起色矣。三十日過土那奇山，復有一小夷舟來迓，即令導引前行。午後望見琉球山，殊爲歡慰。然彼國尚未及知，比遣官并引港船至時，已夜矣。舟人疑有嶕，不敢進，即從其地泊焉，蓋去那霸港四十里也。次日爲六月朔，世子遣法司、王舅等官具猪羊酒菓來勞從者，并率夷舟十餘隻布左右，以纜挽舟，次日始達那霸港。登岸詢之，夷官金仕歷等船尚未至，蓋漂在北山，越二十日始得還國，計隔封舟匝二旬矣。

越三十日行祭王禮。七月二十二日行封王禮。先是，夷中連年荒旱，至掘草根樹皮而食，疫癘並作，人多夭札，南北山頭貢獻布米者又屢屢飄溺，至是年春米價稍平，始不艱食。及封舟入境，雨暘時若，百穀順成，南北米船飈至鱗集，莫知其所以然而然。民間豐裕，歡若更生，益信天朝之威德廣大，而頌聲洋洋矣。居使館數月，王候問宴會一如舊禮，而余輩唯其誠不惟其物，每次所餽宴金，余輩皆往復固却，語詳在禮儀中。即從行各役供應，亦每稽覈而節省之，且嚴戒無得横擾國中，夷衆皆悦服。

九月間，忽夷屬有報倭將來寇者，地方甚自危。余輩召法司等官問計，惟云恃險與神而已。予等乃諭之曰：「若國雖小弱，豈可無備禦計？幸吾等在此，當爲爾畫策共守。」因命其選兵礪器，據守要害，更飭吾衆兼爲增械設防。夷國君臣乃令王舅毛繼祖率夷衆千餘守于國北之地曰米牙磯仁，蓋倭船所經過處也。無何倭數舶至，則賀國王及來貿易者也。予恐我衆潛通市易，或致生端召釁，乃下令嚴禁絶勿與通，吾衆凜凜奉法。倭聞先聲，且知吾有備，亦惴惴斂戢不敢動。及聞余輩將返，請願一見爲榮。時左右皆曰倭佩刀性如犬羊，請勿與見。予曰：「倭素猖獗不知禮，今以吾天朝之威求見，若拒之是示怯也，如堂堂之體何？」令陳兵衛，開門坐見之。彼一見氣奪，伏地稽顙，再拜而出，語琉球人曰：「吾見吾國王未嘗懼，今見天使，吾膽落矣。」後二日，余輩出，望見前驅即遠避伏覩，不復如曩時之逼視恣睢矣。

是歲十月初八日初冬，風未定，予輩已擇十一日還，國王聞，先遣官奉留，復躬自出餞，令法司官致懇詞款款，蓋慮颶風欲作，海中猶可虞也。予等感其意，改期慰之，遂以十五日祭海登舟，王遣法司等官率來跪送。是夜初宿舟中，見船窗景象，忽憶來時，誠感萍迹蓬飄，韶光隙過也。次早風未定，舟未即發，法司、王舅復來見。十七日，風轉暴，雲霾四塞，與歸心相違。十九日，稍息。二十日，舟遂出港，下椗泊焉。廿一日，向曉開洋，三法司各駕舟追送至數十里，辭之歸，迴望琉球，若雲若霧，而孤舟泛泛恍惚槎在星河也。予輩且喜使事畢，可計日直抵三山矣。廿二日早，過粘米山，有二巨魚逐舟，漳人戲垂釣獲一，重可二百餘觔，予聞亟令釋之，時爲衆蹂躪，業已先仆，遂入舟人釜中，殊爲怏恨。午後風頗逆，舟行倒退，粘米山已過一日矣，暮復遥見之。二十三日，四面無山，忽見一麻雀飛入船，翎羽稍異。衆方疑之，復有斷虹見於西北。旋即北風大發，舟蕩甚，水激入後艙，將晡，繫舵大索忽斷去，一舟皆驚。人來報余，余未之動，而舵工輩咸嗚嗚泣。詢之，乃曰：「船主於舵而制舵惟索，索斷則舵無制，舵無制則擊撞衝突，稍撼金口，而船尾分裂，不可救矣。」予聞之竦然。時夥長李美輩以鐵鈎垂撈，應手而得，因即續焉，衆喜若獲百朋。是夜，風狂轉厲，船欹欲傾，坐臥東西顛越，如蹶如槍，余輩徹曉不能貼席。至次日巳刻，忽霹然一聲，舵摺去矣。舉舟驚怖，長年輩急使下篷，告曰：「舵雖摺，副者尚有二，風定即可易，無憂。但冀神明之祐耳。」各呼天妃求救。少頃風稍定，衆遂扶舵易之。然易未移時，風復厲，舵牙連摺者二，兩木所合成大桅亦爲震撼損裂。至入夜初更，霹然一聲，新易之舵又摺去矣。時當昏黑，策無所施，巨浪翻天，風濤交激，聲若奔雷。船東側西欹〔一二〕，刺刺然若棟宇將傾之狀，人心眩瞀，號哭震天。余輩乃爲致禱於神，丙夜稍定。次早，長年輩復告曰：「今止一舵矣，欲易之則虞風暴，不易則虞船裂，船擺裂則舵亦無濟矣。」乞請筊於天妃，予等從之，而神許。以午時顧緝整爲艱，至酉時始得易，風亦微轉東北，舟稍稍順行，而蕩猶未定也。

二十六日復有麻雀一群飛集船上，頃即飛去，衆異之，疑爲颶徵。次日風果暴劇，倏而舵葉又爲巨濤擊去。衆思船中止此一舵，若此幹復摺則必無歸，亟下偏舵，將舵幹拔起，船從兹無主，簸揚傾蕩，倍甚於前，怒濤山立，湧過船頂，勢如萬騎齊奔，水建瓴而下作灘瀨聲，轆轤運之不能止，此時顛危將覆之狀，真若一髮之引千鈞也。長年亦懼甚，令將鍋竈什物之類盡棄海中，舉舟哭聲騰沸，有剪髮代禳者，有束髮待斃者，有徬徨求死者，有氣息奄奄者，僵仆狼藉，不可爲狀，所恃者蘇道亨及漳人數輩擔當維持耳。余等思朝廷之寵命在，端必無憂，乃勉慰衆人，無爲洶洶，趣令治舵，以安人心。遂於舟中冶鐵爲釘，削木爲板，但風濤翻側，人難立足，一日之功，僅成其半。二十八日，尚未就緒，忽有報船裂入水者，衆決必死，放哭益哀。余亦自思必無生理，顧謂王君曰：「僕與君共使，雖地方抑鬱數年，而於君命已幸不辱，則使事畢矣。今日之遇者天也，當與君慷慨受之。」言未訖，李美至前曰：「艙雖入水，船尚未裂，小人已令人塞其處，幸毋驚。但船所以障水者恃兩舨耳，今舨上灰釘頗脱，勢必分裂，宜速絞之。」乃集取各役所帶綿布數百疋於兩舨節節絞之，而浪大風横，人益恐懼。余等乃爲檄告龍王，詞用嚴切，頃乃波濤稍定，舟亦御風蕩行。二十九日早，隱隱望見一船，衆喜謂有船則去中國不遠，且水離黑入滄，必是中國之界。未刻舵成，風亦稍定，亟令安之，而風復厲然。此數日舟人望山之切，誠不啻饑者之于飲食，嬰兒之慕慈母也。僉曰：「從粘米山至此七日矣，奈何一山莫覩？此一飄也，不知將何所底止乎？」乃令人覘日入處，天際猶未見黑影，蓋謂日下有黑影則明日可見山也。余等益廑憂，乃復向神虔禱，許之立廟，并爲奏聞加封。頃之風忽轉東，浪亦隨平，船行如飛，人心始定。二更餘，忽見對面火光如炬，光處彷彿見山，舟師虞風迅夜昏，迷疑莫辨，恐遂衝礁，復請筊于神，神示以宜南向。乃摺而南，一轉舵而火光遂滅矣。人人驚異，始知爲神護也，不則連日無山，惟風是御，黑夜觸礁，必破没矣。次日黎明果見福寧州山，由是入鰲嶼，遡官塘，泊大嶼，舉舟歡呼雷動，咸謂今日乃得生矣。余輩於此始信神明之呵護非虛，而要皆仰藉朝廷之寵靈耳。雖然，危哉一至是乎！向予以七晝夜抵中山，意謂行路無難者，直以坦途視之，竟不知人間世之有此危險事也。更一事者長一識，吾得之海上矣。

十一月朔日，舟入五虎門，應定海所及該汛地撥船引港護送，時皆玩視不前，而吾舟中任事數人連日困頓，又莫能興，舟忽負于礁石，難以人力勝。已而潮退船欹，復罹一番驚險。予等各覓兵船避去，封舟閣損，水滿其中，各員役扶救登岸，僅以身免，所帶回行李□□盡損失無存矣。予等以初三日進城，當道諸公及諸縉紳皆來慰勞良苦，予見之恍若夢中。而諸君之聞予海上事者又莫不驚詫吐舌，直以余等爲更生云。嗟夫！人皆謂渡海難，余則謂渡海非難，難在於所以渡海耳。夫往返可以夏冬計，而採取不可以歲月程；波濤可以忠信涉，而藩籬不可以精誠破；杳冥可以君命孚，而冠裳不可以大義格；鱗介可以天威懾，而鬼蜮不可以人理測。此余等所以嘆息於時事，興慨於世道、人心，以爲倍難于昔人者也，孰謂兹使也而非有天幸哉！夏子陽記。

禮儀

夫禮，國之幹也。使事既將，國體斯植，禮莫大焉。天威不違顏咫尺，豈其隕越于外，以爲君命辱。海邦雖夷，漸於禮教矣。古之人有行之者，自始會以至終別，秩秩乎其有章也，郁郁乎其有文也，吾謹持而加毖焉。宣上德，操紀綱，嚴取予，而節省其繁縟〔一三〕，此禮之所繇行乎？紀之以著使事之成云。

封舟以六月初二日至那霸港，世子遣衆官大小數十員迎候。余二人捧詔敕登岸，行至迎思亭，置詔敕於龍亭中，衆夷官北向行五拜三叩頭禮，前導入天使館。龍亭設堂之正中，衆官於甬道上行禮畢，問其法司官曰：「世子不出迎詔敕，此係舊乎？」對曰：「舊規也。從受封以來，凡有詔敕至，世子祇候國門外，係天子守土之臣，不敢越跬步耳。」時亦聽其從舊也。世子遣各官承事祇候惟謹，每五日問安，遣法司一員，大夫、長吏各一員，持米餅二盒、酒二缾及牛、羊、海味數物，跽請曰：「天使辱臨，世子以未拜君命，不敢先馳走謁，惟是候館庳隘，懼無以安從者，敬遣下臣躬問無恙。具有不腆，敢爲大庖獻。」又以牛二隻遍犒從人。余等受之，亦循舊例，留夷官一飯。久之，覺其頻也，改令十日一獻，而牛羊間多却之，夷人欣然便焉。凡從行指揮等官廩給并各役船梢人等口糧、月糧，俱比舊例從減，夷官欲增之如例，余等再三諭之，以爲省一分即免一分之擾，吾衆苟可以充用足矣。各官鋪陳并爲裁節，總計省什之二三，夷人又欣然便之矣。

越六月三十日，行祭王禮，豫令戒事於其寢廟，祭品皆欽定之數，其紙馬等項悉准舊例。先一日宿，設焉。是早，世子率百官于廟門候迎，遣衆官請龍亭諭祭文出館，予等隨行。將至廟，世子具素服，衆官亦具素服，跪于道左。世子率衆官行五拜三叩頭禮，進入廟中，置龍亭於正中南向，予二人立於亭之左右。其神主居東西向，世子於廟門外露臺上北向，及衆官序定，俱四拜，宣諭祭文畢，世子及衆官五拜三叩頭謝恩。世子由廟門右入，與予等相見，行兩拜禮，余二人亦答兩拜，揖至中堂，分賓主坐。

世子令法司跪言曰：「海島蝸區，辱天使來臨，尚未敢瞻謁以走下情，今又辱禮於先人，存没不勝感矣。謹奉杯酒銜歡，暫依光於左右。」余二人以世子入廟有榱桷几筵之慼乎〔一四〕，且辭。世子再懇，乃坐，酒數行欲起，世子仍語法司官懇留，予等稍爲款洽始別。次日世子遣法司官同衆官至館謝，法司官持摺席金二封爲獻，代致世子悃，予等訝而却之，貽之書曰：「昨奉諭祭，得覩光儀，兼承華宴，情禮周至。既已覘世子肅慎之恭與款洽之敬矣，兼金之餽，似於貨交，其何敢承之？謹遣官璧上并謝，幸爲照察。使臣之節斷不以利污義，其毋再勤使人，則厚幸矣，諒諒。」世子得書嘖嘖嘆服。又二日復遣法司持書，仍以前金踸懇，予二人復爲書卻之，遂不敢獻。

卜吉於七月二十一日行封王禮。是日黎明，世子令衆官皆吉服候於館外，余捧詔敕置於龍亭中，取頒賜國王及妃服物置於彩亭中，如儀前導之國，路旁皆陳兵爲衛，肅隊而立。國里許有坊，匾曰中山，進之則首里坊矣，今匾曰守禮之邦，志我中國之聲教施及也。自館而東至此，地勢漸平，世子候于守禮坊下，望龍亭至，行五拜三叩頭禮，導之國門。門曰歡會，其故宫居南北向，而其常御之宫則居東西向，别宫皆連楹左右而鈎抱焉。結綵爲幄於宫之前，引龍亭入正中，世子率百官於階下行四拜禮。予等捧詔敕授宣讀訖，仍置龍亭中。復取賜物一一傳授世子，世子更衣服賜服拜舞山呼，由東階升，問聖躬萬福。又復位，四拜禮畢。王升降周摺，肅然如式，蓋習之豫也。復更衣揖余等至北宫，行交拜禮。舊時以受命之初，與國更新，即出臨群臣受賀然後宴賓，王曰：「豈有賓至不陪，且修君臣儀節乎？其以異日。」即手奉酒爲壽，洗爵交錯，乃即席焉。其肴蔌豐潔，皆借我從行厨人爲之者。王復令法司勸曰：「海陬不給於鮮，不堪爲從者獻，第以寸心爲將，願鑒瓠葉兔首之意，幸依光須臾也。」余二人稱謝，小間即辭，令指揮官整儀從迎詔敕返。王再拜曰：「幸藉天子寵靈，以有今日，得續世祚，表東隅，憑恃尺一之恩詔在耳。我君臣翹企懸望十有餘年於兹，今果不棄於覆幬照臨之外，敢不留鎮國中，告廟而珍藏之？」又再拜請，因出其歷代受封詔敕，稱累朝及今皇帝之恩章俱在，願勿疑也。余二人知其誠懇，又先奉有俞旨，遂許之留。別後，王遣法司、長史送宴，予等取其肩猪肩羊牲果及刀布少許受之。復函書曰：「竊聞交際有禮而儀之，近利者終蹈越禮之誚。取予有義，而取之傷廉者，難免非義之訾。此固士君子居身之珍，即平時且不敢少懈檢點，况今日遠將使命，中外觀瞻，其敢苟且冒昧，以壞生平乎？昨册典告成，賓筵既洽，已足爲成禮矣。席金及代扇、布、象牙、木香、諸金果何爲者？謹并璧上，惟賢王心諒而鑒正焉，使不佞輩不愆於禮義之閑，以克完其清修之節，其爲惠大矣。幸甚！」王見書復令法司還報曰：「寧以僻壤窮陬，僅循故典，薄致席金，亦曰少將賓筵一縷之忱耳。伏蒙鼎翰諭辭，益增寧荒菲之媿矣。夫臺下入境以來，即供給之費多荷節省，其所以體卹卑國者甚周，精忠廉察，若揭日月，寧即下愚，亦安敢以貨交哉！遣官再獻，伏乞鑒納，以慰鄙情，幸甚。」余等示以斷然不受之意，原金付回，因爲書以嚴却之，乃止。越八月初五日，王親至館謝。是日早即着欽賜弁服，乘輿而出，以彰君賜，夷人觀者塞道。先拜其寢廟，更衣入館，乃稱觴稽首以謝，見尊主及使意也。余等亦具酌留焉，即以其問安供給之物，遍犒其從官。日暮別去。

又數日，王具啓請賞中秋。時因風雨，辭之。越二日，復遣法司代請，曰：「國王念天使愛之以德，欲時時受教而未敢頻親也。茲逢佳節，正欲借以稟教言，而爲風雨所阻。願再懇一臨，以少遂親依焉。」余等以爲過期矣，又一番擾費也，復辭之。王不敢復請，乃具啓請於九月重陽日。先是，國王欲邀飲水亭爲揷龍舟之戲，予等豫止之矣。時於九日，王仍候於水亭，揖予等觀焉。其亭翼然西向，水渟泓夾繞上下，可泛小舟。旁岸松蕉雜植，綠蔭引涼，青蘋映水，此中之一樂地也。法司官跪言：「遵命不敢揷舟，其棹歌亦不堪聽，但歌音亦已演矣。」令人以旗招之，迤邐而來，俱官家子弟，各簪花被彩，搖旗跳躍，一唱衆和。初歌有「一朝表奏九重天」之句，大抵皆頌德天朝，及祝願使臣語，聽之亦若有抑揚節奏者。由水亭迤邐北上，則圓覺寺也。寺右有亭，其旁爲土山戴石，王令人瀉水爲瀑布之景。時正午，亭中具一飯，令夷人爲夷舞，復爲夷戲，云日本曲調也。迨日少還，復邀入王宮，坐間出其玉爐一枚，云正德皇帝賜也，以見重我中國賜意。是日盡歡而別。

越二十一日，予等應吉出行矣。國王知之，遣法司官具啓，於二十五日請餞。是日適值雷雨，辭之。二十九日，王以累次餽金一無所受，不能恝然，于臨行之際復致所却前金，余復爲書固却焉。書曰：「不佞欽奉使命至此，承賢王宴款綢繆，情文兼至，敬而有禮，已醉心矣。屢次宴金返璧，非敢堅拂雅情，誠謂義利之界限甚嚴，辭受之關係匪細，欲竊附於禮義之交，且以全使臣不辱之節，故寧蹈不恭焉耳。茲承遣官復以前後宴金送至，且遺之書，申意惓惓，雖用情無已，然斷不敢隳素節以背初心也。謹以原金共二封，差官璧上，并以申謝，所祈相成以德，相亮以心，勿復更勤後命，可勝幸甚，幸甚。」王得書乃止。越十月初四日余二人已戒行矣，乃造王城一別。王具小酌，坐移時，復命法司官勸曰：「辱枉駕，感不可勝量，極知盤飱爲褻，但念指日長別，願加爵少伸繾綣之私也。」少頃告別，王持泥金倭扇二柄以贈，予等各以手扇答焉。王脉脉有不忍分袂之意。其法司官并紫巾官各垂淚不能仰視，傍觀者亦爲之嘆息。舊規別王之日，王送之守禮坊遂別，是日王命法司官言其戀戀之意，欲親之那霸港送焉。續於十一日，王親詣館再拜，仍祖餞於館之門外，又再三懇留，同法司等官酌酒致繾綣之意，予等不得已，許以少留，王同百官若歡若悲，至日暮而別。至十五日遂登舟，官民送者蝟集於道。欲以十七日開洋，以連日風未定，又遲至二十日遂出港行。國王遣大夫一員及夷稍數十人護送，又遣法司等官馳餽廩餼，而風濤不便，令却之回。次日法司等官復追送於馬齒山而別。其國王所遣王舅等官進表謝恩，則另駕一舟，未同發也。

夏子陽曰：琉球，我太祖所稱守禮之邦也。以彼累代弗賓，似爲尉陀，不知漢大，乃一旦歸命真主，畢獻方物，有來雍雍，禮可知矣。奕葉相承，其儀不忒，且能愛人以禮也，毋亦先世之教，載在守府乎？奉以周旋，無敢失墜，宜其長爲東藩，以光昭嗣服也。

造舟

水行資舟，古志之矣。第中國之水即險，猶可依山泊岸，不則易而陸焉，舟猶長物也，浩浩滄溟，萬里一碧，舍舟奚從焉？夫奉天子之明命，以撫柔遠人，將國之威德，於是乎布脱有不戒而委君貺於草莽，毋亦惟是綜理之踈略，以自貽伊慼，其何以稱任使德意？故材有宜，制有式，工有所，費有經，凡舉必書，非瑣也，是有最重者也。

按海船形制，與江湖座舡不同。座船前後調停，出入甚便，中間窗户玲瓏，開明爽朗，不異安宅也。此則艙口低凹，上覆平板爲戰棚，下爲官艙，僅高五六尺，俛僂深入，下上以梯，面雖啓牖門，然篷桅當前，外無所見，蓋恐太高則衝風，故稍卑之耳。桅有三，大者居中，餘以次而臚列於前。舵在船後之樞，䑲居其底，爲船之主。凡兩艕交榛，龍艕龍骨通樑參錯鈐束，皆附䑲以起架。龍棚之外有兜䑲鞠，鎖梁釘之，外有米鎚鞠，或鐵或木參用之。官艙之後爲司鍼密室，夥長居之。又後爲梢，舵工在焉。梢尾最高處爲黄屋二層，中安詔敕，上設香火，奉海神也。兩邊設𦨖，自頭至尾如墻壁然，所以障波濤也。登舟之門，左右各一，高可容人。舵備三，用其一，副其二。甲午以四，尤爲有備焉。櫓置三十六枝，大鐵猫四，約重五千斤。大棕索八，每條圍尺許，長百丈。小𦪙二，以藉往來登岸或輸行李。水具大櫃二，載五六百石，如大瓮者十數，以海水鹹不可食，故舟中僅二使盥漱，餘止限給與飲食，懼水盡也。

凡造船必先定䑲。舊例定䑲日三司諸君率府縣官俱往南臺陪祭外，若豎桅、治纜、浮水、出塢亦皆有祭，凡以王事所在，誠重之也。先是甲午陳、高二公使船製不得式，賴舵工謝敦齊臨時區處，始幸免患。辛酉、己卯二使鑒於前事，造皆躬親督之，其制益周。舊爲一層，板厚七寸，故釘不入，後易作二層，每層厚三寸五分，釘艌爲密，意下層或致損漏，猶可恃内一層也。原爲二十四艙，後改爲二十八艙。各艙通用樟木貼梁，艙狹梁多，尤爲硬固。原以籐箍匝船，蓋亦一時權宜之計，後易以鐵條二十座，自䑲底搭之兩舷，則外勢束縛益嚴，而又加以𦨖柱釘板等料，及增重艬頭、極交拴等十二件，以故涉險無虞。大抵海船身太長則軟而不就，舵頭太大則尾偏而損，舵尾太大則墜尾而不前，故今次船式多依漳匠斟酌損益而盡制曲防〔一五〕，頗極周密。船身長六丈一尺，頭艙長二丈七尺八寸，尾艙二丈，連頭尾虚梢共計十五丈。船闊三丈一尺六寸，深一丈三尺三寸。艙數仍用二十八，而附艬加增勾拴，每層倍用龍骨及榀木、串版、轉艬、正艬之類，皆多爲之具而詳爲之制。至於曲艘之内，盡爲眠籬，以棲執事各官，艙爲三層，以安頓。衆小艕安頓棚上，不懸艘外，以免濤浪撼擊。上下金及桅座不用釘，以防引水滲入，更爲得法。以故歸舟舵數摺，風濤顛頓五六晝夜而船不致決裂，則勾連堅固之力也。此皆出於把總蘇道亨云。

封舟所用木桅以杉，取其理直而輕也。舵以鐵力，取其堅勁也。艬以松，取其沉實能久漬也。其他頭尾艙、桅座、鹿耳、馬口、通梁之類，皆須樟木爲之，取其翕釘而堅實也。諸木皆取之閩，惟鐵力木取之廣東。先是，藩司差官戴朝用往採，經年未報。予等慮其遲誤，因令把總陳申再往採焉。後督造官合選之，共備三舵，然率非真鐵力木。而陳申者猶彼善於此，故舵工首取用焉，而返日乃壞，戴朝用者則一用輒摺，而其一猶令人惴惴，懼不免，則幾致誤事。後委買者宜慎，而選用者尤宜慎，不可以司委而曲狥之，或如甲午多備一門，亦不爲過也。艬木採自葉重光，乾没多金，僅僅得此，然又不以時至，余委指揮張維藩守趣之，令其五日一報，始得赴用。惟大桅更多齟齬。初報政和縣者爲奸民張孫鑑鑿毁，且毆報木公差，地方竟寬之，故人人聞風效尤。繼而安溪，又繼而大田，皆攘臂勃興，而安溪者尤爲可恨。蓋此最稱良材，地方官不中阻即可早竣事矣。其次桅則侯官縣天仙廟木，省祭謝景懷所報也，地方官亦多方陰阻，且爲危言聳余，余令祭告於神，伐之寂無他異，惟中空丈餘，不中大桅之程，故取裁用焉。三桅則從商人選買之河下，實醫官何應曉力也。最後寧德之木，有司妄申以爲必不可出，上下信其言，亦以爲必不可出矣。幸而勘驗爲延平推官徐君久德，還報具言近水不難致狀，始獲取用，仍以蕭子衙一木幫合成之，不則又幾廢閣，而丙午行期且當再誤矣。

大抵閩山多材，桅木處處不乏，惟不虧民價，多與之值，而當事者更以共濟真心求之，民間方樂自獻，而有司亦何敢推諉也。玆行議用合桅，蓋地方大材砍鋸略盡，而督造官恐中陰禍，不得已議用之，亦出僥倖計耳。其後遭颶風摇拽，僅如竹杖，而損裂有聲，人皆危之，至不敢掛篷，吁，亦幸矣，後之用者切宜鑒之。其次如棕如鐵，閩産皆有，精粗美惡不等，解役多黠，應封事用者率以濫惡相欺，廠官稍選汰之，輒抗不應，甚且棄擲而去，反誣廠官索勒，蓋皆有所恃而然，此任事各官所以人人自危也。棕産南平諸邑，督催兩年不至，亦賴徐節推之力，始獲解用。而民間每里僅出數觔，不願領價，復還之藩司，尤稱節省。鐵則王君承差許楠所選買，亦多精良云。

造船廠塢地在南臺江邊，中有天妃舍人廟在焉。舊爲林尚書業，額十畝，官府以雪峰寺田十畝五分易之，爲造舟之所，其來已閲數封矣。中深而下爲塢，以頓舟。廟之左爽塏爲廠，以爲科司院道駐臨地。而塢之兩傍則以堆置木料諸物，與工匠人等居之。左有小溝爲界，舊時鐵猫尚没其處。右則抵路爲界，前則臨江，而後有墻脚，界限甚明，居民故老皆能言之。乃己卯封事後，值丈量初起，有通事林鍾和者以舊管廠之故〔一六〕，潛以地盗售之林仲愚開池，而左傍地則陳鄉請佃於官，亦開爲池，遂致材料無所安頓。司廠者屢屢爲言，竟不問及。余移文按院督催中稍及之，而狂妄者反變亂黑白，謬指爲借民間地，後經閩縣尹尹君遂祈審勘明實，始獲返所侵地，而詳司立石焉。吁！以官地而指爲民地，以民佔而反稱爲官奪，則指鹿爲馬，何異乎！予故詳著以告後人，且以見齟齬者之悖謬類如此云。

過海防船器械，如大銃、鏢鎗、盔甲、弓箭、火藥等項，舊規設有定額，余初欲借用之軍庫，以省此一費，後海防許君申議，謂庫中軍器火藥率皆久頓不堪，而防備海外不測，尤宜精製，予等乃聽其另造。後至夷國，聞有他警，亦藉此爲有備云。

造船額派銀三千兩，而今次所費僅二千三十二兩，則實余輩躬自稽覈而節省者也。去時經海防館許君册報止此數，回時又據藩司吴公移會手本，亦止如許君之數而已。廠中剩料，樟杉諸木并桐油、荒鐵皆檄令海防館變價還官，即木屑、棕邊，督造官俱不敢入私橐，故所省寬然有餘。而指揮葉重光所侵没銀數百兩，至今尚未追還，此則又在所剩之外者也。

往例使臣地方交際酒席皆取諸綱銀，蓋院司道所通用也。予輩此行，時異勢殊，簸弄者方以術紿人，藉口加派，故一切應酬酒席，竟如予初議，即以其人之儀還答其人之禮。如撫院、税監、總戎、司道諸公宴會，每以原席、原儀答之是也。即郡邑諸君經會城謁諸當道，有少致程者，亦莫不如是答之。其或遇舊公祖、舊上司而勢不免于那用者，則即令扣日用廪銀補還。頃藩司吴公以廪銀出諸上賜，且封銀餘剩頗多，差官將余二人所補廪銀一百九十餘兩送還，并以渡海所用金銀酒器共二百三十餘兩追送諸境上，予等皆固却之。蓋寧省費以儉於身，毋寧糜用以累地方而速之謗也。

封事文移凡屬封事者科、司二使皆得下檄於有司，而有司隔屬難行，勢不得不檄於藩司，經歷、司令之呈堂轉行者，則惟科使得以行之，此皆相沿舊規。予閲福州府己卯舊案有藩司印信劄付一紙，乃轉奉科使之檄令其委官採木而劄行於福州府者，是固一明徵也。至於有司奉檄從事，或有害事作奸，應究擬而具詳者，余以封使無罰贖之例，檄令止免。其或法難末減，則令其徑申當道詳行。此亦造船中文移一事，故附記之。

八月間颶風大作，飄瓦摺木，夷人皆以大繩維屋，恐爲風所拔，且陰霾四塞，暴雨傾盆，那霸港水漲浪横，封舟幾爲蕩損。余等亟令指揮、把總率船衆守護，而國王亦遣數百人至，協力助守，即淋漓風雨中，不避也。其後連次皆然，相救如左右手，乃獲無虞，予等每令給牛酒勞之。蓋舟雖在港安泊，而所患之大又如此，可不慎乎？故列記於造舟。

按舊録載船之尺寸，一以官尺爲定，蓋民尺一尺僅官尺八寸故也。今次仍依辛酉、己卯議，俱用官尺爲準。艙身長六丈一尺，舵長三丈一尺。大桅長七丈二尺，圍七尺五寸。二桅長六丈五尺，圍六尺二寸。然大桅舊式須足官尺八丈乃爲中程，今次如式者既屢爲鑿燬，而長不及數，與尾圍尖小不滿四尺者又不堪用，故臨期倉皇，不得已取兩木幫爲合桅，外以鐵箍束之，然回日遭颶摇拽，竟不免損裂之患，乃知前人之必用全桅者良有以也。

夏子陽曰：夫封舟，費之大者也，然以終王事，義實在焉。市井之徒何知好義，以嚮其利者爲有德，故費在官則競爲饕，費在民則朋爲匿。使臣者載義而行者也，義不能狥人以欲，則任怨；狥之不可而拮据卒瘏，躬爲經畫也，則任勞；經之而不得柄之，必須以日矣，積日不能無積用，誰實爲之，而且以爲口實也，則任謗。此三任者，義之所不能辭也，使臣所遇之不獲已也。而要之以共王之大義，則必有任其責者耳。

用人

任事在人，授事在擇人。海艘之役，其需人也多矣。始而營之惟工師，終而操之惟長年。其間總理而分效之，則惟有司與諸執事，是皆有事者也。雖然，是非直事也，吾身以之者也。聽群不習之人而以使事戲，一旦有急，雖欲悔，吾其如人何？夫慮其卒，安得不慎其初？是吾所以擇也實見得是，何恤於人言，吾求濟吾事而已。濟吾事所以濟吾身也，濟吾身所以濟君命也。志用人。

按造船以用人爲要，故必擇有司之賢者而以指揮副之，此已卯題准新例也。有司屬之海防館，初爲同知郭君立言，亦能效力，往復計議，而爲上下所制，不敢盡露其長。後又去而署篆，其事益弛。郭尋歿，而臬幕李官來署事，處於兩難，然猶知大義，以王事爲念。後得同知許君在廷，則毅然任事，從中調停，故事無掣肘，功有成緒，此其品最高而其勞最著，時以人情乖異，綱紀凌夷，渠獨率幕屬丞簿，令其朔望參謁，守禮不失，謂外夷所觀，安可不示天朝體統，則所見尤得其大者。至於選報舟師，召募衆役，同心相濟，期于得人，則漳州海防館陶君拱聖、海澄尹姚君之蘭。督採樟木，搜羅巨材，孜孜奉公，舳艫相望，則福寧州守洪君翼聖、福安尹金君汝礪、寧德尹區君日振。查勘桅木，驅馳山谷，先之以大田，繼之以寧化，不辭勞瘁，克秉公忠，則延平節推徐君久德焉。此數君者，著績使事，於法皆得不泯。而大桅斯得，封事斯完，徐節推之功尤爲獨著云。

封舟督理分任，皆有員役，余輩未至之前，司府皆已派委。但此事歷數十年間一舉行，當道所不經見，而議事者與出海者利害不相關，又往往賄囑是狥，故所用盡無賴子，即顯犯大辟，遣戍、城旦舂之徒概議用議允，此輩盡爲身謀，谿壑是饜，一切海上事固懵如也。余曾見舊録言，甲午用人多由府縣，縣取具吏書，欲行者行，欲免者免，所以不能得人。讀高公《操舟記》，可爲寒心。辛酉鑒於前弊，遂躬選義民馬魁道、陳孔成、陳宗達等數人，授以名色把總，令之各舉所知，而參以訪論，皆事屬使臣，而于其主事者每厚之以恩。初時人猶疑之，而卒賴其力。己卯亦用此法，時陳孔成、馬魁道尚在，遂仍用之，所揀舟工皆出其手，故稱得人。然是歲已增添指揮一員，專理其事，而謝繹翁爲閩人，人與事又其習知，故所選指揮覃顯宗、邢端兩人皆可託，而都中爲予等言，猶念之不置，及抵閩，詢其人則俱已物故，無復有識途之馬矣。故今次所苦其難先在用人，訪之二司諸君，又莫肯舉。後訪一張維藩，復以齮齕委而去之。時兩指揮俱虛，余移會按院，另行取用，而司府竟不報。及後撫院莅任，始以維藩補焉。而綜理稽覈船務，終始兢兢畏慎〔一七〕，則亦不負所委者也。把總蘇道亨精於造船，熟於航海，則曩在都中從太常博士陳君處偶聞之者。及半載後，工匠、舟師迄無端緒，始檄漳州海防館陶君取之，道亨懼而他匿。予爲陶君言其繇始，强致之，見其貌朴而言皆鑿鑿中窾，遂令充把總以造舟，擇人委焉。凡指畫工匠，選辨長年，勘驗桅木，與一切船務，鉅細率皆賴之。臨行撫院徐公檄海防館令其以指揮體統行事，止予等勿復選補指揮，或亦念其勞耳。後海洋連值風濤，舟竟無恙，雖神靈默相，而舟堅人練，不可謂非其功也。第賈人習氣，不免於費防範，則駕馭尤貴於得法云。

篙工、舵師舊録皆用漳人，蓋其涉險多而風濤慣，其主事者能嚴能慎，其趨事者能勞能苦，若臂指相使然者。但精能者往往爲海商私匿，予因檄漳州海防館，令其俟洋船回日，從海商查報籍名送至，復使蘇道亨等辨認其真僞能否，稍汰其老者及冒名者，依原額取用夥長六名，内惟李美、柯鎮爲最，真勤有膽智，艱險時多賴焉，亦危中之最得力者也。舵工十六名，皆稱所職，而潘沂、陳誠、黄安、賴友尤爲最。此二役船中關係甚重，誠不可不慎擇者。唯是此輩多樂于商船而不樂于隨封，蓋商船募資厚而獲利倍，官府則僅僅工食銀六兩餘耳。况一經籍名，數年不得出海，既苦守候之艱，而官船帶貨有限，且又禁其貿易，不免撂資之怨，此精良者所以匿不肯應，即官府嚴拘之亦徒得其贋者耳，其孰從而辨之？故選擇之任不可無漳海之人，而此輩既藉其力，亦不可不卹其私而體念之也。然兹行失利，大拂其情，後雖欲招徠之，恐精良者亦未易得矣。

造船艦匠有二，在河口者能知尺寸，守成規，而不能斟酌時宜；在漳州者善用料，務堅緻，而不能委曲細膩，皆各有短長。余仍舊兩用之，而使其互相參酌，以集其長。至于扶艕拽木以幫助，艦匠又廠中之最要者。時此項工費已爲乾没者侵糜，無從指處，予乃用中軍百户林鳳鳴之議，選鎮東衛及萬安、梅花、定海所軍共六十二名代之，以軍有原糧，工食可免，而他日出海貼駕，即以所選者充之，庶稱兩便，而扶拽勞苦，則日給鹽菜銀一分，以少資之。軍既樂趨，而較之募夫尤省，此最稱良便云。至於催運艫木則指揮張維藩、主簿劉文楷，催採樟料則經歷李應霈，趣運則主簿熊立、李文熹、典史孫朝遇、張秉彝、杜惟忠，而把總鍾元和奔走廠務，朝夕勤勞，至洋中危險，水湧入艙，乃巡視調度，督軍戽水，與把總王萬化俱連夜目不交睫，則尤爲得力云。

過海人數，指揮、把總、夥長、舵工之外，省祭三名，林有源、林一淇、金廷楷，在廠則收放木料，至琉球則充爲讀讚官、引禮。通事一名，鄭璽。譯語通事三名，鄭仲和、陳仕順、馮應隆。民梢總甲哨官四名，班手十四名，水梢總甲八名，護鍼總甲并管水火旗幔總甲共九名，椗手共八名，繚手共十四名，櫓頭共十六名，車手共三十二名，管小艕四名，聽用水梢共四十七名。其貼駕軍梢并總小甲四十七名，即鎮東、萬安、梅花、定海扶艕軍也。此外，醫、畫、書辦、門皂、行匠亦俱照舊。其行糧惟夥長、舵工則給以六兩餘，班手亦稍優，餘則概給以五兩三錢。大抵此行人數悉如己卯之役，而所給行糧較之己卯猶少省焉。雖帶防禦牙兵三十四名，亦惟自支營中本糧耳，行糧不與給也。至於萬安所軍仍量帶七名者，則以謝繹翁言此不宜革故也，語具在使録補遺中，兹不復贅，然亦即在衛所軍四十七名内伸縮通融，非額外增設也。

夏子陽曰：封舟之用人，其良有司操其紀綱者也。吾取其德，且取其才，其他皆以長試而已。有長則不能無短，舍其短所以集其長也。善哉乎子思之比于用木也，杞梓連抱，不棄於尺朽，吾得之以用桅焉。中稍空者，裁而用之，末稍纖者，幫而用之，吾非不欲用其全，無可奈何而姑取焉。能使長爲吾用，而舟卒賴以濟，其用人也亦若是則已矣。故吾之所棄必臃腫不任繩墨與最爲蠹者也。嗚呼！其長足以濟矣，吾取其能渡海而已，而又安能必以君子概責之小人哉！

敬神

神無不在，而於海最靈，非神獨靈于海也，人之神至海而靈也。吾所大患謂吾有身，有身而生死順逆、夷險交乎前，其外闘故其中馳，神弗附也。渡海則身直寄耳，遺汝形，歛汝精，收視却聽，而一稟於固然，吾之神凝而觸則通之，神告我矣。在海言海，其爲靈之昭昭也亦宜録，曰敬神，志神所由通也。采集往事，并得以覽焉。

嘉靖十三年，使臣陳侃、高澄行至古米山，舟刺刺發漏，群譟呼天妃，風定塞衂，得免于溺。歸國時值桅舵俱摺，舟人哭聲震天，無不剪髮設誓，求救於神，已而紅光燭舟，舟果少寧。翼日風劇，不能易舵，乃請珓得吉，衆遂躍然起舵，舵柄甚重，約二千餘斤，平時百人舉之而不足，是時數十人舉之而有餘。舵既易，衆始有喜色。忽一蝴蝶繞於舟，疑者曰：「蝶質甚微，在樊圃中飛不越百步，安能遠涉滄溟？此殆非蝶也，神也。」復一黄雀立於桅上，令以米飼之，馴馴啄盡而去。是夕疾風迅發，白浪拍天，巨艦漂蕩如葦，風聲雷吼，而水聲助之，真不忍聞，船欹側，流汗至踵矣。二人乃遂冠服默禱，矢以立碑奏聞于上。言訖風若少緩，徹曉已見閩之三山矣。神明之助，詎偶然哉！

嘉靖四十年，使臣郭汝霖、李際春行至赤嶼，無風，舟不能行。當晝有大魚出躍如鉅舟，旁有數小魚夾之。至暮，舟蕩甚，皆謂無風而船如此，事誠可怪，乃施《金光明佛經》一部，并作彩舟舁之艙口，而風忽南來，得保無虞。居無何開洋回國，中見麻雀一雙，宛宛來泊艙篷，須臾巨颶大發，舵忽摺去。郭乃爲文告曰：「霖等欽奉上命册封琉球，仰荷神祐，公事既完，兹當歸國，洋中摺舵，無任驚惶。惟爾天妃海若，皆國家廟祀正神，今朝使危急，華夷五百生靈所係，豈可不施拯救？若霖有貶身之行，請即殛之於床，無爲五百人之累。若尚可改過而自新也，神其大顯威靈，俾風恬浪静，更置前舵，庶幾可以圖全。神其念之。」告後風稍息，遂易新舵。嗟乎！鬼神冥邈，譚者未有不疑，然四無邊岸之中宛弱雙雀何從而來？易舵之後，又一鳥常據于桅尾，孰謂世間事可盡以恒理臆决哉？

萬曆七年，使臣蕭崇業、謝杰出洋，東風相左，鍼路舛誤，舟倀倀莫知所之。連行七餘日，而窾闊窅無山嶼，但惟孤燕飛繞於前後，一細蜻蜓入神舍不去，衆咸異焉。陳孔成等懑然悒熱，乃令艦匠作彩舟以禳之，又聽習於巫者諠金鼓降箕，又俯伏神前，求珓窮祈，祝事一無所吝，後二日得至葉壁山。比歸舟，將至台洋之前一夕，舵葉失去，舟漂蕩震撼，卧者幾不能貼席。時扶二使君登棚理之，二把總問珓卜舵何時可易，神許以巳時。及期風猛如故，諸役恐起舵牙致危，不敢任，謝乃從神之許，主令起之，風隨息。至易新舵抵水，風乃厲如故。然舵方易新，雖風不妨矣，次日即望見台洋之山。蓋神標其奇如此。

夏子陽曰：余覩海神事有感焉。夫天妃誕自莆陽，五代至今，歷著靈異，載在祀典舊矣。凡國崇祀，以庇民也。國以庇民報祀，神以庇民食報，神無日不爲民庇也，特人心自爲有無耳。頃者，余從海上行，初時人猶凜凜，及過花缾嶼，無風而浪，一禱輒安，風起天末，七晝夜即至其國，人視涉滄溟猶涉江耳，蓋不知其爲神之庇也。歸舟且稍懈矣，乃中洋斷舵索者四，失舵者三，合木大桅亦震撼損裂，人始日夜呼救於天妃，備極誠懇，然而撈舵索則水面現燈，示颶徵則異雀再集，東風助順而一瞬千里，昏夜迷山而火光燭之，其應也如響，神果在人心外哉！嗚呼！曷其奈何弗敬。

使琉球録卷下

群書質異

大明一統志

琉球國在福建泉州之東海島中，其朝貢由福建以達于京師，國之沿革未詳。漢、魏以來不通中華，隋大業中令羽騎尉朱寬訪求異俗，始至其國，語言不通，掠一人以返。後遣武賁郎將陳稜率兵至其國，虜男女五百人還。唐宋時未嘗朝貢。元遣使招諭之，不從。本朝洪武中，其國分爲三，曰中山王、山南王、山北王，皆遣使朝貢，嗣是惟中山王來朝，其二山蓋爲所併矣。

風俗：男子去髭鬚，婦人以墨黥手爲龍虎文，皆紵繩纏髮，從頂後盤至額。男以鳥羽爲冠，裝以珠玉赤毛，婦以羅紋白布爲帽，織鬬鏤皮并雜毛爲衣，以螺爲飾，而下垂小貝，其聲如佩。無君臣上下之節，拜伏之禮。父子同床而寢。婦人生乳必食子衣。食用手，無匙筯。得異物先進尊者。死者浴其屍，以布帛纏之，裹以葦草，上不起墳。無他奇貨。尤好摽掠，故商賈不通。不駕舟楫，惟縛竹爲筏，急則群舁之，泅水而逃。俗事山海之神，祭以殽酒。戰鬬殺人即以所殺人祭其神。王所居壁下多聚髑髏以爲佳，所居曰波羅檀洞，塹栅三重，環以流水，樹棘爲藩，殿宇多刻禽獸。無賦歛，有事則均税。無文字，不知節朔，視月盈虧以知時，視草榮枯以計歲。

山川：黿鼊嶼在國西，水行一日。高華嶼在國西，水行三日。彭湖島在國西，水行五日。落漈，水至彭湖漸低，近琉球謂之落漈，漈者水趨下不回也。凡兩岸漁舟至彭湖，遇颶風作，漂流落漈，回者百無一二。

土產：鬬鏤樹、硫黄、胡椒、熊羆、豺狼。

按：琉球以一統輿圖視之，則在東南，以閩省視之，則實在閩之東北，故去必仲夏，乘西南風也；回必孟冬，乘東北風也。古無文字，其詳不可考。但隋兵刼之而不服，元使招之而不應，及我皇祖統一寰區，慕義向風，首先效款，可謂超出諸夷而恭順足嘉也。國昔三分。今中山併而爲一。其人狀貌與華人不甚相遠，但深目多鬚，上髭剪與唇齊，稍爲異，未嘗盡去也。額任質而髻居右，其束網而髻居中者，則洪、永間所賜閩人三十六姓之裔也。貴賤所別，閒居以簪，公謁以手巾。手巾者，纏首色布圈也。紫黄爲貴，紅、緑次之，青爲下。簪則金爲貴，鍍金與銀次之，銅爲下。俗尚白，男女衣俱純素，間有男子服青者，則以治事於公者也。内衣短狹，袖僅容肘。外衣寬博，制類道士服，卑下者則以兩袖翻結背中。貴人腰束文錦大帶，價可三四金，賤者惟束布而已。凡屋地多板，簟上復薦以厚席，故無貴賤皆着草履，入室則脱去，一則不欲塵污其席，而一則以跣足爲敬。故王見神，臣見王，及賓主相見，皆若是也。惟謁余輩，悉遵中國禮制，服冠裳次第謁見，跪拜唯諾惟謹，然往往苦之，若桎梏不堪狀，一出使館外輒亟去冠裳，赤脚乘馬去，亦以素所不習故也。婦人至今猶以墨黥手爲花草，文髻肖總角兒，絶無簪珥粉黛飾，足著草履，與男子無異，衣亦似道服，出見華人則挈領覆頂至眉，復引襟爲便面，止露兩目。下裳褶細而制長，使可覆足。名族之妻出入皆側坐馬上，以數尺白布巾蒙其首，隨以女僕三四人，無羅紋織皮毛衣螺貝之飾。詢其俗，産乳亦未嘗食子衣，但爲牝鷄之晨者十室而九，蓋以男子多仰給於婦人也。國王之下，法司最尊，制立三人，國事操縱皆出其手，從來率以王親任之，不用三十六姓，今用之則自鄭迵始，亦彼國制之更新云。察度非官名，唯俗呼公子爲察度奴示，舊録謂司刑名，誤矣。司刑名者，毘那官也。那霸官惟司貢獻之船及管理使臣并從官各員役供給，遏闥里官則王近侍之臣，耳目官雖云備訪問，亦托之空名耳。此皆隨事任官，非有文武之别。惟大夫、長史、都通事等官，則爲文職，以其由秀才歷仕而專司貢獻及文移表章也。秀才擇三十六姓中識漢字、漢音者爲之，土人不與焉。王視朝，群臣具夷服搓手膜拜跪，移時不起。遇聖節、長至、元旦，王統衆官肅冠服嵩呼祝壽，亦彬彬然有禮。聞元旦行禮後，各官易常服，而王亦衣寬博錦衣，戴五色錦圈，坐閣二層，衆官跪堦下，唱太平曲，卑者按拍和歌，尊者奉觴爲壽，王亦等級賜之酒殽，則夷俗之禮也。父子同寢，亦以幼時，長則異處。食用匙筯，削素木爲之。舊録謂得異物必先進尊者，居親喪者數月不食肉，亦未必盡然。人化者浴屍去腐然後收骨，布裹置土穴中，若王及陪臣之家亦以骸匣藏之林谷，裁木板爲牖户，祭掃則啓鑰觀之，至今不改。俗有待月之願。凡月二十三日夜，修香菓立以待月，月出則拜，拜竟乃敢坐，謂可益壽延禧。朔望皆向竈拜。中元亦請僧誦經薦其先祖。過前王廟輒下馬，搓手而行。道遇尊者，隨伏地下，不敢視。對上官言事必具酒二壺，至其家跪而酌之地。無貨殖，一切所需貿於倭國。邇來那霸、首里二處亦聚女僧交易，然不過蔬穀魚鹽之類。女子適市，以貨頂戴於頭而行，不用手扶，亦不墜也。國法竊盜者死。今法漸弛，間有犯者，惟加榜罰，然剽掠之事則絶無。舟船制與中國頗同，如小艇則刳木爲之。陪臣入貢横海，必創以巨舟，縛竹爲筏，未之見也。國中敬神，神有女王者，乃王宗姊妹之屬，世由神選以相代，選時神附之言，送入女王宫，遂倏然靈異，雖適配者亦不再合焉。惟國當播種，先一日，王詣其宫拜竈，女王以酒觴之，餘亦不相見也。五穀成時，女王必渡海至孔達佳山，採成熟者數穗嚼之，各山乃敢穫。若女王未嘗而先穫者，食之立斃，故盜採之奸，不禁自息。聞昔有倭來寇，神輒化其米爲沙，其水爲鹽，或時人忽爲盲啞，而舟倏爲崩裂，倭反見困解去。每宴請余輩之時，女王夜命女君一二百人，各頂草圈，攜柳枝入宫遍視，意恐物有誤毒。所謂女君者，皆良家女，女王欲命之，即降異其身，遂能去來不測。當入宫時，閩役爲王所倩作宴者親目擊之，謂過聲隱隱若蚊鳴，凡夷官夷人遇之悉叩首拜。如國有不良，輒指名告王擒罪之。如此類皆於其國頗有功，即不窮其妄誕，而殺人以祭，問之無是也。國無城池，王宫建於山巔，國門榜曰歡會，府門榜曰漏刻，殿門榜曰奉神，並無波羅檀洞之名，闉堞亦無聚髏者。殿墻二重，矗矗石壁，望之頗似一城云。入國門有石梯數層，左下甃一小池，水自龍口中噴出，上榜曰瑞泉，水極清泠，專給王宫之用。後王聞余輩需清水烹茶，亦令夷人日給焉。國門外路皆芰夷可容軌。設塹樹棘，在民居近山者或然。王所居殿宇朴素渾堅，而樓閣與門則間飾以金碧雕繪。山頗多，名亦未詳，據其相近而稱名者，東則有孔達佳山。南則有太平山，俗呼苗菰，復有古米山，即往來經過處。西則有馬齒山，俗呼溪賴末。北則有葉壁山，狀如丫髻。復有土里臣馬山，即産硫黄處也。過則七島，半屬日本矣。凡山皆星散海中，雜出魚螺、海菜之物。其人倶種禾苧，獨太平一帶貢獻布米爲多。彭湖非其所屬，且相距甚遠。黿鼉、落漈，詢之人人不知，豈别國島耶？土産闘鏤樹問之亦不知，或言其國有小橘可作醯者，方言音頗相類，意即此物，然亦無足據也。有鳳尾蕉，以葉蹁躚似鳳尾，故名，今閩中亦多有之。野鮮惟鹿，其餘則馬、牛、羊、豕、鷄，族類多而價亦廉甚，但食之有腥。鵞、鴨蓄之不蕃，故無蓄者。絶無犬，惟好養異色猫。有奇蛇，色黑，可愈瘋。所見鳥惟烏鴉、麻雀，至九月鷹至獨多，云風飄從日本來，人争繳而弋之。穀則稻、秫、黍、稷、麥、菽，蔬則瓜、茄、薑、蒜、葱、韭、菔、芋，更有波菱、山藥、冬瓜、薯、瓠之屬，皆閩中種，而味實不逮。菓則芭蕉、甘蔗、石榴、葡萄、橘、柚而已。木有羅漢杉，質堅而美，宫室器用皆資之。松、柏、棕、樟、竹箭、楊柳，列植岩圃蕭寺間，稍鬱葱可玩。花亦少見，唯茉莉、佛桑最盛，香艷亦遠過於閩中。地不宜茶，凡茶皆從日本至也。蟲類不繁，獨有壁間蝎虎，而聲似麻雀，則大異焉。海錯龍蝦、蠔螺頗大，余亦未見異種。惟魚有緑鱗而紅章者，實中國所未覯也。至於賦斂，稍寓古人遺法，上下各食其土，無他誅求，惟遇世及請封則從其始日即派取穀米苧布於各山頭，豫爲積貯數年，以供宴犒，事畢乃止。視月知時，視草計歲，必非奉吾正朔之後，要之紀者採聽傳聞，多失實，或琉球漸濡文教，今昔異習，亦自不可執一論耳。但聞邇來又漸有機械，閩人亦往往墮其術中，風氣雖開，渾朴已雕斲矣。

夏子陽曰：琉球一單弱國也，去閩萬里，懸立海東，地無城池，人不習戰，即所屬諸島，浮影波末，自若，傳世永永，豈非聖神御極，威德廣被，俾爲屬國者世守帶礪，安若覆盂耶？日本素稱强狡，與之爲鄰，數數要脅，眼中若無之，顧山海如晨星錯落河漢，其不能爲常山蛇勢明矣。

羸蟲録

琉球當建安之東，水行五百里，土多山峒，峒有小王，各爲部隊而不相救援。國朝進貢不時，王子及陪臣之子皆入大學讀書，禮待甚厚。

按：琉球必自福州梅花所開洋，風順六七晝夜至，否則淹蕩且踰旬矣。以水程計之，相去殆將萬里，乃謂當建安之東，水行五百里，抑何謬戾耶？況建安爲建寧屬邑，在福州西北，與海原不相通，不知何據而云然耳。山多峒不可知，第無小王各爲部隊之説。聞昔山南、山北均有王號，與中山鼎峙，所謂小王，意或指此。今久併於中山，各以王親轄之，他所屬海外諸山，亦分統以黄手巾官，蓋均是夷屬，必非不相援也。國初入貢無定期，今定以二年一舉，則率以爲常。其王子入太學，僅創見於洪武二十二年，嗣是惟遣陪臣之子進監授業，大司成處以觀光之館，教以學禮誦詩，而冬裘夏葛，朝饔夕餐，則加内地儒生一等，禮待亦殊厚矣。余每覩諸夷官進謁中有拜起雍容、禮度不忒者，皆嘗北學南雍者也，乃知禮教之關係甚大，即夷土不可無也。

夏子陽曰：余聞諸琉球昔遣陪臣之子進監者率皆三十六姓，今諸姓凋謝，僅存蔡、鄭、林、程、梁、金六家，而族不甚蕃，故進監之舉，近亦寥寥，大夫、長史昔以誦詩學禮者充之，故多彬彬禮讓，今僅取奔走濫觴匪人，則末流漸失矣。三十六姓者所居地曰營中〔一八〕，今强半丘墟，過之殊可慨焉。

星槎勝覽

琉球國山形抱合而生，一曰翠麗，一曰大崎，一曰斧頭，一曰重曼。高聳叢林，田沃穀盛，氣候常熱。酋長遵理不科民下。釀甘蔗爲酒，煑海爲鹽。能習讀中國書，好古畫、銅器，作詩效唐體。地產沙金、黄蠟。

按：琉球諸山雖迤邐聯綿，而形勢不甚抱合，所謂翠麗等四山之名，俱無可考，即國人咸不識也。麗林峻谷間亦有之，然田多瘠磽，穀亦豐歉不齊，俗傳受封之後必大有年，頃予駐節日諗之，果歲豐時和，家給人足，雨露之澤，良不偶耳。氣候常熱，以海地卑濕而近於東，然聞隆冬時亦間有霜雪焉。又云酋長不科民，稍爲篤論。以國中令甲本簡，而操枋者復不責小文耳。百姓釀酒非甘蔗，惟以米舂爲末，置水中，仍用麯，越宿狀如米汁，食之頗甜，名曰米奇。新穀登時，家家釀此相餽，然初釀時必婦人將米先嚼數口而後繼之以舂米之末，傳謂始自女神所製，故取類如此。燒酒釀與中國同，第氣烈則倍耳。僧識番字，亦識孔氏書，以其少時嘗往倭國，習于倭僧。陪臣子弟十三四歲皆從之習字讀書，如三十六姓者復從舊時通事習華語，以儲他日長史、通事之用。作詩惟僧能之，然亦曉百韻，弄文墨已爾，許以效唐則過也。古畫、銅器貴家大族頗相尚，然所同好者惟鐵器、綿布，蓋地不産鐵，炊爨多用螺殻，土不植綿，織紝惟事麻縷，此二者必資中國。今進貢之使稍貿以往，其用亦稱不乏焉。國未諗産金與否，往見王府亦有金鉼臺盞之類，即匙筯亦然。黄蠟聞古米山略產，而未知果否。國中所用黑銅錢極輕小，如宋季之鵞眼綖環，千不盈掬，每五貫摺銀一錢。女僧于市交易者，日獲二貫，則稱利藏，有二三百貫則爲中産之家，琉球稱貧，信然矣。

夏子陽曰：余聞琉球國王宫之右有寺曰圓覺，制頗弘敞，其中所藏有國初所賜《四書》、《五經》、《韻府》、《通鑑》、《唐賢三體詩》諸書，佛經如《華嚴》、《法華》、《楞嚴》之類亦間有之，但其僧所識誦則止一《心經》，而所以教陪臣子弟則一《論語》也，要亦文字之闕未廣耳。圓覺寺僧視法司尤貴，大夫而下見之長跪稽顙，則亦尊師意云。

集事淵海

琉球與泉州之島曰彭湖者烟火相望，其人驍徤，以刀稍矢劍鼓爲兵器。旁有毗舍那國，語言不通，袒裸盱睢，殆非人類。

按：琉球去彭湖不知幾千里，無論海蜃作霧，光景晦冥，即雲浄天空，一碧萬頃，而淼茫浩蕩，亦莫可窮極，詎有烟火相望而近易若斯者。閩中士大夫常曰：霽日登鼓山可望琉球。蓋所望者小琉球也，其去梅花所水程僅七更耳。若夫琉球則去閩將萬里，雖離朱之明亦安能獨見於無涯之外耶！云其人驍健，亦未然，但能耐飢寒，任勞苦，且尚血氣，不平則露齦裂眦相忿争，或持刀剚人腹者，亦間有之，然自度不免，輒引反自斃，否則即下於理決抵償，而無繫獄。如法司、紫手巾等官極稱貴倨，聞昔有犯者，亦抵法，止令坐地，而不綁縛，輕則流徙太平山，錮之終身。今國王仁厚，自爲世子至今，未嘗殺戮一人，故刑罰亦甚簡焉。民間所用兵器，惟盔甲與刀，頗稱堅利，餘諸矛戟皆脆弱，徒具文耳。弓長如握檐，射則樹于地，以兩手彎之，發矢不甚遠。是年九月間，夷屬傳報有倭船若干艘將至，問之法司等官，曰：「此事傳有數年，而未必確然。國有靈神，可恃以無虞。」余以倭懷封豕長蛇之心，不可無備，因稍畫策，令之選兵礪器以待之，仍命隨行鐵匠多備堅利器械以資防禦。後倭來，知吾爲備，亦竟銷萌，故夷人深德予輩爲徙薪也。其國西南雖云暹羅，然相去極遠，東北則日本，頗相近。聞東隅有人，鳥語鬼形，不相往來，豈即所謂毗舍那國耶？

夏子陽曰：余觀載記及舊録，言人人殊，皆稱琉球强，意其孤立海島，必有所爲彊者。比至觀之，則殊未然。詢其所以守曰恃險與神。夫險安足恃，神亦豈必能據我？然則所恃爲安，毋亦效順天朝而山川神靈實助其順歟？

杜氏通典

琉球國王姓歡斯氏，名渴剌兜，土人呼之爲可老羊。妻曰多拔荼。居舍大十有六間。王乘木獸，令左右輿之。凡宴會執酒者必得呼名而後飲，上王酒者亦呼王名然後銜杯共酌，歌呼蹋蹄，音頗哀怨，扶女子上膊，搖手而舞。又曰民間門户必安獸頭。

按：琉球國王姓尚氏，其源委不可得而考，惟册封自尚巴志始，故著焉。其命名則取漢字之美者爲之，如尚忠、尚思達之類是也。妃選自貴族。土人稱王曰敖那，稱妃曰札喇，乃云可老羊、多拔茶，豈方言或以世異乎？王之居舍入門向北者七間，乃其前王之殿，以堪輿家不利，乃稍摺而東，深數十丈許；又西向者七間，則王所居。王殿閣二層，上爲安奉詔敕并藏貯儀從之所。中爲朝堂，臣下傳言，侍立閣下簷前。凡閣門以五色燒土珠爲簾櫳，卓圍如之。中三間略加金碧，承塵下覆以綵繒。地鋪重蓆寸餘，行之綿軟無履聲。左樓二，皆貯錢穀之屬。右有平屋七間，名曰北宫，拜祝聖壽、筵宴使臣俱於此，義取南向也。大都廣闊弘爽，可擬寺觀之制，而比中國王府則遠不逮矣。王出入乘肩輿，狀類中國大神轎，扛俱十六人，非有木獸。傘用五色，亦有青碧土珠傘，從者千人，皆執戈矛先後之，輿前伶人鼓吹，從官乘馬，執小團扇并鳥羽扇者各四人，提貼金胡蘆者二人，復有武士，面蒙銅鬼貌，身服漆甲，而腰佩刀者數十輩，蓋以備不虞耳。部臣遇吉每稱觴壽王，王亦與之坐而酬之，雖近似親狎，亦必搓手叩頭然後飲，豈有上王酒者輒敢呼名耶？樂器有金、鼓、三絃等樂，但多不善作，嘗借吾隨從者教之。亦有土戲，聞皆王宫小從者及貴家子弟習之，登臺戴大笠，加以皂帕蒙面，着彩色夷服，群以二十餘輩，傴僂宛轉，同聲而謳，皆如出一人。至所謂蹋蹄歌呼扶女子膊上，則所未覩也。人居不甚聯比，往往星散於巖谷中，跡若寥落而生聚亦盛。聞曩時貴族大姓始得翻瓦屋，邇來營窟漸易，棟宇斯興，周遭疊石爲墻以爲防衛，望之宛然一睥睨堡也。至云門户必安獸頭，則無是事矣。

夏子陽曰：嘗稽諸夷之俗雖不同軌，而其鄙陋朴野則無甚相遠，如雕題、鑿齒、反踵、貫胸、裸袒、沮顔者可數也。琉球亦一夷耳，詎能與之甚異哉！顧其超然面内，歷世弗渝，漸漬文教，頓洗夷風，而蹋蹄媟主之陋或亦浸浸乎爲化所移矣，寧可盡詆杜氏之謬耶？

使職要務

洪武、永樂時出使琉球等國者，給事中、行人各一員，假以玉帶蟒衣極品服色，豫於臨海之處經年造二鉅舟，中有艙數區，貯以器用若干，又藏棺二副，棺前刻天朝臣之柩，上釘銀牌若干兩，儻有風波之惡，知其不免，則請使臣仰卧其中，以鐵釘錮之，舟覆而任其漂泊也，庶人見之，取其銀物而棄其柩於山崖，俟後使者因便載歸。邇者鑒汩没之禍，奏准待藩王繼立，遣陪臣入貢丐封，乃命使臣齎詔敕駐海濱以賜之。此得華夷安危之道，雖萬世守之可也。

按：琉球遣文臣往封，由來舊矣。即議者謂鑒汩没之禍，欲令領封海上，而畢竟往封如故，則以祖制在焉故也。余輩此行已抵閩二年，臺使者乃因訛言，議欲改遣武臣，余輩念使臣銜命久出，無畏難中止之理，況天朝不可爽信於屬國，中國不可示怯於外夷，上疏請行，而禮部則主領封之議，聖明在上，遂兩用之，予輩得以仍往頒封，而以後則領封著爲定制云。

夏子陽曰：琉球之役，以海爲程，以鍼爲路，出梅花所東湧山則窅渺汪洋，茫無涯際，一日二日或見絶島孤山，亦惟一點空青半落天外，夫幸而濟則濟矣，苟不幸而遇不測風濤，則我躬不恤，遑恤我後？而乃欲以藏棺懸牌，冀萬之一乎歸骨也，亦迂矣，是以前使者久矣去之。要之此役只在造舟、用人處最爲喫緊，其所足恃則惟式憑國家寵靈，與仗平生忠信兩者而已。如曰設桴翼、造水帶，則又淺之乎其爲見也。

大明會典

琉球自洪武年間，其中山王、山南王、山北王皆遣使奉表箋貢馬及方物。洪武十六年，賜國王鍍金銀印并文綺等物，山南、山北王亦如之。永樂以來，國王嗣立，皆請命册封。自是惟中山王來，每二年朝貢一次，每船一百人，多不過百五十人。其貢馬、硫黄、蘇木、胡椒、螺殼、海巴、生紅銅、牛皮、櫂子扇、刀、錫、瑪瑙、磨刀石、烏木、降香、木香。

按：球琉貢物惟馬及硫黄、螺殼、海巴、牛皮、磨刀石乃其土産，至於蘇木、胡椒等物，皆經歲易自日本，轉販於暹羅者，所謂櫂子扇即倭扇也。蓋任土作貢，宜其惟正之供，遠取諸物，亦其獻琛之意，不必求備焉可也。二年一貢，今以爲常，第人役過多，亦不勝糜費，倘每船能省其什之三，則庶幾無濫矣。

夏子陽曰：海島之國惟琉球最稱貧瘠，蓋地無物産，人鮮精能，商賈又復裹足不入其境，故一切海上奇詭靡麗之珍詘乏焉。其貢獻方物寥寥，固宜爾也。然明王慎德，不貴異物，彼抵珠投璧，却駿焚裘者，至今千載而下猶艷稱之，誠以王者富有四海，所重在此不在彼耳。故我明於琉球入貢，惟録其效順之悃誠，不責其方物之良窳，毋亦惟是堅其向風慕義之心焉耳。《書》曰「不寶遠物則遠人格」，信哉言乎！

附舊使録

嘉靖甲午使事紀

嘉靖丙戌冬，琉球國中山王尚真薨。越戊子，世子尚清表請襲封，下禮部議。禮部恐其以奚齊奪申生也，又恐其以牛易馬也，令琉球長史司復覈其實，戒毋誑。越辛卯，長史蔡瀚等覈諸輿民勳戚，同然一辭，僉曰尚清乃先王真之冢嗣，立爲世子有年矣。具文申部，宗伯韙之。越壬辰春，禮部請差二使往封，給事中爲正，行人爲副，侃與澄適承乏焉。命下之日，時夏五望也。六月，各賜一品服一襲，侃以麒麟，澄以白澤，俱大紅織金羅爲表，絹爲裏，緑羅褡護，青羅褶子，裏亦用絹，帶以玉則自備。又各賜家人口糧四名。八月，侃等始治裝戒行。越癸巳五月，侃至三山，澄亦以六月至。閩三司諸君承禮部咨文，已將過海事宜會裁已定。

七月二日，定艤修船。十一月，琉球國進貢船至，余等憂閩人不諳海道，喜來得詢其詳。翼日又報琉球國船至，乃世子遣長史蔡廷美來迓，則又喜其不必詢諸貢者而有爲之前驅者矣。長史進見，道世子遣問外，又道世子亦慮閩人不善操舟，遣看鍼通事一員，率夷稍善駕舟者三十人代爲之役，則又喜其不必藉諸前驅，而有同舟共濟者矣。越甲午三月，舟始畢工。四月十八日，舟先發於南臺。二十六日，余等啓行，三司諸君送至南臺，酒三行，予等起謝曰：「曩時海國之役，必數年始克竣事，聞之舟不易成也。今未及期月而有航海之期，誰之功也，敢不再拜？」諸君皆歌《烝民》之詩以贈，亦再拜，遂別。是晚宿於舟中。翼日至長樂，長史舟亦隨行。

五月朔，予等至广石，大舟亦始至。二日，祭海登舟，守巡諸君設宴爲餞。是日遂別諸君，慨然登舟。連日風逆，五日始發舟，不越數舍而止。海角尚淺，至八日出海口，方一望汪洋矣。風順而微波，濤亦不洶湧，舟不動而移，與夷舟相爲先後。出艙觀之，四顧廓然，茫無山際，惟天光與水光相接耳。雲物變幻無窮，日月出没可駭，誠一奇觀也。九日，隱隱見一小山，乃小琉球也。十日，南風甚迅，舟行如飛，然順流而下，亦不甚動。過平嘉山，過釣魚嶼，過黄毛嶼，過赤嶼，目不暇接，一晝夜兼三日之程，夷舟帆小，不能及，相失在後。十一日夕，見古米山，乃屬琉球者。夷人鼓舞，喜達於家。夜行徹曉，風轉而東，進寸退尺，失其故處，又竟一日始至其山。十三日，風又轉而北，逆不可行，欲泊於山麓，險石亂伏於下，謹避之。長年執舵甚堅，與風爲敵，遂上下於此山之側，相持至十四日夕，舟刺刺有聲，若有分崩之勢。大桅原非一木，以五小木攢之，束以鐵環，孤高衝風，摇撼不可當，環斷其一。衆恐其遂摺也，驚駭叫囂，亟以釘鉗之，聲少息。原舟用釘不足，艌麻不密，板聯不固，罅縫皆開，以數十人轆轤引水，水不能止。是時惟長年數人色不少動，但云風不足懼，速求罅縫而塞之，可保無虞。於是有倡議者曰：「風逆則蕩，順則安，曷回以從順？」有一人執舵而云：「海以山爲路，守此尚可以生，失此恐無以救。」但衆股慄啼號不止，姑從衆以紓其懼。旋轉之後，舟果不蕩，執燭尋罅塞之，水不能入，衆心遂定。

計十六日旦當見古米山，至期杳無所見。執舵者曰：「今將何歸？」余等亦憂之。忽遠見一山巔微露，若有小山伏於其旁，詢之夷人，乃曰：「此葉壁山也，亦本國所屬。若更從而東即日本矣。」申刻果至其地泊焉。十八日，世子遣法司官一員具牛、羊、酒、米、瓜、菜之物爲從者犒，通事致辭曰：「天使遠臨，世子不勝忻踊，聞風伯爲從者驚，世子益不自安。欲躬自遠迓，國事不能暫離，謹遣小臣具菜菓將問安之敬。」予等愛其詞雅，受之。時予之舟已過王所之東，欲得西風爲順，夏月誠不易得。世子復遣夷衆四千人，駕小舟四十艘，欲以大纜引予之舟，通事乃曰：「海中變出不測，豈宜久淹從者？世子不遑寢食，謹遣衆役挽舟以行，敢告。」船分左右，各維一纜，迤邐而行，若常山蛇勢，亦一奇觀也。一晝夜亦行百餘里，十九日風逆甚，不可以人力勝，遂泊於移山之㟓。法司官率夷衆環舟而宿，未嘗敢離左右。泊至五日，余衆苦之，在舟日久，鬱隆成疾，求登岸以避之而不可得。二十四日，世子復遣長史來曰：「世子聞至移山，刻期拱俟，六日不詹，中心孔棘，恐爲從者憂，謹遣小臣奉慰。」予等謝之。二十五日，方達泊舟之所，名曰那霸港。計广石登舟至此幾一月矣。

越既望，行祭王禮。七月二日，封王。九月十二日，登舟而回。泊舟之港出海僅一里，中有九曲，夾岸皆石，惟滅風而後可行。坐守六日，王日使人侍於側。至十八日，風少息，挽舟而出，亦斜倚於岸。衆恐其傷于石，大驚，幸前月親督修艌，不爲所傷，復止。二十日，始克開洋，夷舟同行。二十一日，颶風陡作，舟蕩不息，桅舵俱摺。二十三日，黑雲蔽天，風又將作，卜珓易舵。二十六日，風大作，相與叩神，風若少緩，舟行如飛，徹曉已見閩之山矣。二十八日，至定海所。十月初二日，入城。痛定思痛，不覺傷感，凡接士大夫，叙其所以，無不爲之慶幸。陳侃記。

嘉靖辛酉使事紀

嘉靖三十四年六月，琉球國中山王尚清薨。三十七年正月，世子尚元差正議大夫、長史等官到京請乞襲封王爵。禮部以請勘俱係彼國官民，乃不復行勘，奏請如故事，差正、副使二員齎詔敕、皮弁冠服等往。時科中應行者吴君時來，行人司則李君際春也。命下，二月十六日矣。部咨翰林院撰文，各衙門造該用儀物，延之三月終未行，而吴君有戍事，汝霖乃同李君承乏焉，四月初二日也。部中鑒前畏避之嫌，促日起程。霖等亦以重命不可再緩，遂請詔書易名，改賜品服，初八日慨然解舟南下。七月初抵江西地方，霖意海警連年，事須巧速，因一面差人至福建布政司，令作速委官伐水造船。九月中親至閩坐督，刻次年春汛必行。奈地方多事，賊報交馳，當事者已疑不能必往，管工官亦泄泄，於是船自十一月起工，至次年四月僅完其半，賊報緊急，不俟工完，四月初四日出塢。尹參將令百户嚴繼先等接至鎮駕守，十一日午刻方至鎮，未刻賊已接踵，相望數里，不爲所奪倖也。是年倭奴輳集福州城外，稱數萬，城門閉者三月，余等亦日日上城，同有司巡守。先是，戊午冬琉球世子差來迎迓長史梁炫等住柔遠驛，盡爲所掠，聲息轉聞琉球。三十九年正月，蔡廷會等來修貢，傳其國有領封之情，呈文該司。該司以時事艱難，國體所係，遂爲轉奏，本下部議，以舊典難遽變，俟海警稍寧，必期渡海終事。時勘合到遲，將届六月，倭寇伺候海口者又比比。予召漳州夥長、舵工等役，中途又爲賊阻，各役依山緣逕而來，動經月餘，至則又七月矣。前船既有傷損，久住內港，烏蜍叢生。烏蜍者，生於淡水則墜於鹹水，生於鹹水則墜於淡水。內港淡水也，一至海則垂垂而墜，船板精華俱爲所蝕，油灰不能復住，水從罅隙而入，何可止也。予時與諸司議，但挾數十人從夷舟往。夷舟頗小，舉動敏捷，既不爲賊覬覦，又可藉以濟事。有司固執以堂堂天朝，爲此舉動，何以威臨四夷？若事不易濟，寧修船俟時，欲從權濟事，亦須上聞，不然他日誰任其咎？李君亦曰：「既不能行，毋徒躁動，不若專意修船，事大非一手可掩，他日當有人諒也。」余然之。夥長、舵工等因呈乞有司改造前船。八月再定艎，至十一月畢工出塢。越嘉靖四十年四月，忽值內地廣兵之變，五月初六則有賊二百餘至閩安鎮之下江。時各役告請行糧，余亦牒有司漸次散給。兵道楊君來言曰：「今事急，且不論行，即船將如何守？」既賊乃從下江口由長樂入福清，而船始報安焉。五月十九日，船至長樂取水，予與李君二十五日起行，撫按三司餞於南臺，府縣別於新港。二十六日，辰刻至長樂。

時自二十三日起連有南風，遂決而行。二十七日，至广石。二十八日，祭海登舟，別三司諸君。二十九日，至梅花開洋。幸值西南風大旺，瞬目千里，長史梁炫舟在後不能及，過東湧、小球琉。三十日，過黃茅。閏五月初一日，過釣魚嶼。初三日，至赤嶼焉。赤嶼者，界琉球地方山也，再一日之風即可望古米山矣。奈何屏翳絕驅，纖塵不動，潮平浪静，海洋大觀真奇絕也。舟不能行，住三日。初六日，午刻得風，乃行，見土納己山。時東南風旺，用舵者欲力駕而東，至申刻乃見小古米山。夷人望見船來，即駕小艕來迎，有二頭目，熟知水路，且曰：「既不能從大古米山入，何可傍土納己山而入？其中多礁。」予等聞之駭。二頭目一面令夷船入報，渠遂躬在予船道駕，從小古米山而入，且云：「得一日一夜之力，即未遽登岸，可保不下葉壁山矣。」予等厚賞賜之。晝夜趕行，初七日未刻，望見王城那霸港焉。然東風爲多，相隔僅五十里，不能輒近。世子遣法司官來迓，夷船凡五十餘，輳集封舟前後，欲用先年輓入故事，然竟弗能行。至初八日午刻，有衝風暴雨，予曰：「可整舟挽而行。」初九日辰刻，遂達岸焉。既抵岸三日後有傳賊船從其境上過者，蓋篷力小，大洋中自不相及。

擇六月初九日祭王，二十九日封王禮畢，守候風汛回國。往者九月終交初冬則東北風旺，是年九月内風氣不定，日東日南，守之至十月初，颶風大作，夥長等皆以颶風既過，可以遂行。十月初玖日登舟，及登舟之後，方圖舉帆，而風雨驟至，阻於那霸港口。蓋港口險隘，僅容一舟，稍有偏側，船輒不保。船之泊港口也，兩旁繫以大纜，至十五夜右纜忽斷，陳孔成忙吹號舉砲，夷人二千餘來牽轉，再加新纜。至十八夜，天忽朗霽，月光如晝，四更時諸人與夷官、夷稍乃導而出。出港後東北風旺，舟行如飛。二十日，午後忽有黑雲接日，冥霧四塞，舟人懼曰：「此颶徵也。」頃刻果颶風旋至〔一九〕，舟人守之益慎，至夜二鼓，劈烈一聲，舵已去矣。余一家人跑入窗傳報，舉舟哭聲振天。時陳孔成傳將各艙所載重者一面丢抛，一面令吴宗達等倡言：「舵雖摺尚有邊舵，决保無虞。」余詒之曰：「静以御變，極是。但舵何時可換？〔二〇〕」達等曰：「天明可換。吾不舉大篷，但張二篷、三篷，任其漂流，至後可補鍼也。」陳大韶、曾宏俱從陳、高過洋者，亦來大言曰：「往年亦如此。然往年船不固，今此船固。往年船發漏，今不發漏。往年無邊舵，今有邊舵。往年摺舵併摺桅，今舵雖摺而桅尚存。」予聞其言，心亦頗定。

然波蕩反側，無頃刻寧，風濤之勢與天上下，舟亦虢虢如裂屋響，呼吸存亡，茫然不知何所在也。至次日，風又不息，予乃口爲文令吏陳佩床前書之，以檄天妃。適一晨刻，風稍定，始得換舵。舵既定，諸人頗有生望，但牽舵大纜兜之自尾至船首者又忽中斷，則海水鹹厲，繩纜不能久。舵工等又懼舵不能穩，稍擺動金口，船分兩片矣，此尤危也。乃用銀重賞一夷人，係其腰，令下海接之，竟不能接。吴宗達來禀，欲穿二艙、三艙透繩繫舵，而不能決。予聞即慨然是之，乃鑿而度繩，舵始得安行之。至二十六日〔二一〕許嚴等來報曰：「漸有清水，中國山將可望乎？」二十七日果見寧波山，歷温、歷台，閩人未能盡曉浙中山嶼，疑迷莫測，仍懷憂思。至二十九日，忽至福寧，見定海臺山，心始安焉。從五虎門入，十一月初二日入省城。追想前迹，爲之惻然，凡士夫相會，真同再世。郭汝霖記。

萬曆己卯使事紀

今上萬曆改元之冬，十二月，琉球國中山王世子尚永表請襲封，若曰：「先臣故中山王尚元於壬申夏溘先朝露，臣不穀當嗣守外藩，謹遣波臣伏闕下，冀制詔遠賁，爲封疆重。」先是，以有司行查例虚文，亦恐規避者緣此得成其計，故輒遣封，乃是年復行查，蓋緩之也。舊規副使屬大行，然猶差遣無常名，而省中則坐次户垣，人人知必余無疑矣，咸恐之。延至丙子秋，國大夫、長史等報曰：「世子永免衣縗綵而齒於嫡嗣久，諸臣曷敢以不類奸天王之大典乎？」於是不佞業遂叨正使命，而副則大行謝君杰焉。如故事，各賜一品服，即以九月十一日齎詔敕出潞河〔二二〕，傳遽入閩。閩中比年求鉅木造戰舟，餘復斬爲高名之麗，美材略盡，而間有中繩斧者，往往産於崎巖邃壑之側，致之甚艱。一時閩撫按又新故相代未視事，督無其人，以故採木經年，迄丁丑秋七月始定艫，乃艦匠弗恪，適壞裂之。於是馳介四出取，復於十月再興工，得艫者把總林天贈也。至於桅之取尤難。桅必杉木而後如式，第杉之材故可爲樿傍者，以是民間率隱不以聞。余先遣李應龍往壽寧伐三木，一最鉅，里豪利其可材，遂於梢半潛鋸五六寸欲短之。然嫌有小傷故置，乃紛紛林藪中，旁搜逖括，務遴其全，而龔大德報出閩清者又道路岌嶪，力不可猝致，畢竟皇皇垂成之時，仍取壽寧之桅而用之，採督之使良亦苦矣。而撫中丞龐惺菴氏代到，故擅風裁，乃矯矯好約縮，出教不欲私役其民，凡木之伐自山者，輸及水者，截爲舟者，絲忽皆公帑云，費已不貲，而絲忽又公帑出，予心内弗自安，時時與謝君商之，舟從汰其什一，軍器損其十五，交際儉其十七。先是諸具物率治之以官，今令平賈，而精黠奸户故求多於有司，諸具物往往以醜惡相欺售。謝君爲閩中人，素曉暢其事，乃一一璅條其大小，詔余不然者，輒奉三尺隨其後。於是舟之庀也，大都多謝君指畫焉。舟完例趣治行，而彼國夷船以汛期宜候於境上，乃戊寅年獨爽不至。長年三老僉謂海洋風濤叵測，與陸路不同，須竢嚮導行之便。余與謝君又念事關國體重，萬一取輕致僨，爲患非細，於是輒具疏以改期請奏可。久之，正議大夫梁燦等至自琉球，詢其故，乃知船因風逆，打入别港，遂坐失汛，非敢違玩有他意也。

于是卜在已卯年五月初六日封舟先發旺崎。予等初十日啓行，撫按三司祖道南臺，重王命也。次日抵長樂。十三日，广石廟行諭祭禮，守巡亦在焉。忽傳封舟出閩安鎮，引港民船有司弗夙戒，乃迷道閣淺發漏，人言嘖嘖甚危〔二三〕。撫按風聞，輒夜走使留督造官，爭出長筴爲處，已而裂者復合，稍稍修葺，無大損毀，故又鋭然有行志。二十二日，從梅花所開洋。海似鏡面，漁舟數點可黑豆大。自此睇望，汪汪萬頃矣，予於是而知江河之惡沱也。二十三日，風少東，舟摺而南下。二十四日，東風益劇，水與舟相吞搏，有噌吰鏜鞳之聲，而欹側簸揚，舟中鉼甕門椅皆仆，人人惴恐。於是有食而嘔者，步而蹶者，暈而卧者，問之舌舉而不下者，答之口呿而不合者，顧獨漳人則夷夷弗爲動耳。風既相左，鍼路遂舛誤，倀倀莫知所之。運行七餘日，而窾闊窅無山嶼，但唯孤燕飛繞於前後，一細蜻蜓入神舍不去，衆咸異焉。陳孔成等澸然悒熱，乃令艦匠作彩船以禳，又聽習於巫者諠金鼓降箕，已又俯伏神求珓，窮祈祝事，一無所吝。當是時舟人望山之切，真不啻朝饑之匃粱穀，又如弱孺思慈媪而弗得親也。三十日，予令夷稍上桅以覘，輒欣然白曰：「雲間隆隆起者非古米即葉璧山也。去此可五六百里許，當無慮已。」於是舟中人無不拍手大歡，各排愁破慮，舉觴相慰勞，稱見山酒云。予二人望之亦舞于眉端，萬水中高嶺獨出，何止中流砥柱耶？躊躕四顧，輒見三龍並起于海。其起處水乃轉湧旋騰，滾滾上天有聲，聽如獅吼，如千乘車過，又如殷雷軒鼓，轟轟徹地，碧氣三道，礫入雲霧内，長百丈有餘，峙猶鼎足然。舟中人畏慄不敢迫仰，率揚赭鞭，燒毛羽穢物以厭勝之。須臾，雨四面至矣。傳云玄龍迎夏則凌雲而奮鱗，樂時也，豈有據耶？即是觀之，則海上光傀可駭之事，固人世所未覩哉！六月初一日，過葉璧山前，有小舠駕八九人破巨浪來，遠睆封舟，婆娑胡盧笑，至則持二螺獻，少賞之。於是隨舟夷總管附去薄山下，先騎報世子，由此陸路入國，猶兩日程也。余二人倚舫而觀，一篙工謂有魚數頭，逐舟遊，夷稍熟海者往來常具鉤餌行，於是垂六物取之，輒獲鮮鱗二，頷下中數創，尚跳躍不即僵。顧其色青緑，閃爍有光耀，較中國恒魚異。予欲生之，選間僵，不可放矣。庖人强烹之，味果佳，第終詑，不欲多食也。初三日，世子始遣法司官具牛酒以勞從者，亦如例分左右維一纜以挽舟，逡巡至初五日而後泊那霸港口。詢之國人，梁燦等尚未寧家，然彼十八日先予舟開洋，今故何後耶？居有頃，報舟漂北山，又十二日，得抵國，隔封舟浹一旬矣。

越二十九日行祭王禮，七月十九日行封王禮。余嘗念世子産於沈斥，必一切疎簡不可入，今觀其貌雖不盈五尺，而言儀恂雅，大與庸俗人相萬，蓋庶幾鞠躬君子耳，豈凡統攝群元者其體具固自不偶然哉。余二人寓此久，王子餽問贐餞，每每不失禮，而禮有過腆者輒却去不受，語在儀注中。旋國時卜以十月十三日，因旬内雨頻，風又東西忽易，無可準，守候至念四日始出港口。頃刻數里，回盻琉球若有若無，而葉壁、馬齒等山，眇猶覆盂。時雖冬季，然氣候朗肅，都無纖翳，望之霽宇澄徹，塊噫潛噓，天吴遁跡，陽侯屏怡。彼一時也，歊暑溽蒸，情悰甚惡；此一時也，凉颸媚瑟，景况頗佳，上下巨浸，宛如圖畫中人，第媿無河朔量少酬之耳。且四圍俱碧，水天一色，輒欲罄所指顧，亦復渾浩荒邈，涣無津涯。時時出樓舫外肆目，奇詭瑰異之覽，應接不暇，有平平者，突突者，鷗狎波者，鱗鼓鬣者，鰍呼風者，蜃作霧者，霳若嶺者，纖若縠者，濴滐若沸羹者，綿邐若疋練者，蹲若伏虎者，奔若飛鼺者，步驟而來若喜者，驚號而至若怒者，恢張點綴，即神工鬼筆，無可名狀。然寧惟是哉，乃至闌夕淒清之際，月舍參井間，空明虛白，可別淄素，露下天高，尤非塵境，星漢流光，雲霞隱曜，微風細浪，交激成聲，其鳴乍急乍徐，乍大乍小，居然有笙簧金石之韻，正昔人所謂如天上坐也。優而游之，曠襟爽骨，飄飄便欲僊去，更不知人世復有娱心極意之事矣，海之壯觀一至是乎！二十六日，風益助順，令楫師五帆並張，搖颺披拂，獵獵不可御，蓋與歸心飛相送也。但抵暮陰雲四塞，乃大雨，於是西風爲梗，終食弗進尋丈，幸一日夜輒轉而北矣。然北又多暴，舟迅而蕩甚，欹側簸揚，時戛軋爲裂帛響，頹然若屋宇將傾之狀。人如磨上行，四方易位，頭目眩迷，顛躓嘔暈，避匿艙内不出，咄咄自嗟者十人而五，今十人而九已。此皆孱夫不習水，且漫不知降伏其心，故稍涉驚危可愕之事，神竟爲所奪耳。漳州長年極力捩柁，堅與風爲敵，舵牙數數摺傷，舵葉亦爲巨濤擊去，獨柁以鐵力木得存，更再易之，人人愈益惴恐。二十九日晚見台州山，於是無不讙呼舞蹈，閧然色笑焉。當是時，即臞儒之取一第，窶子之拾千金，猶未喻其喜也。三十日，由台歷温，遡官澳，望晴嶼。十一月朔日，經臺、奎二山，福寧在其北，夜無風，舟不能行。初二日，午薄黄崎，進定海所，顧其地漸近，其境漸逼，而洋中奇詭瑰異之覽，無復陳於前矣。譬之適都邑者一旦返乎故廬，雖其桑梓在念，時時欣悦，而轉憶聲名文物之盛，又未始不縈結於懷也。初五日，入閩城，撫、按三司俱出勞於郊，譚往道舊，髣髴夢中，凡舃之縱險嘗囏，歡奇適勝，指星測水，校雨量風者，允矣木榮之飄塵，好音之過聽，浮雲之點空，翔鳥之馳隙，殆驀然倏然忘其然而然耳，又何以知蹈海之足以定至危之倪，又何以知宇宙之足以窮至大之域乎？於戲！海哉，海哉，此固孔子之所欲桴而未能，季路之所欲從而未許也。彼有眎爲畏途，乃僅僅取足於几席襟帶間，而不復以上下四方爲度内者，誠漆園吏所謂井蛙不可語于海耳。若夫保生重己之説，尤淺之乎其爲丈夫者哉！

操舟記

高澄

高澄操舟記曰：甲午歲四月朔，海舟造完，戒行有日。鄉宦謝活水、黄青崖、高文溪、李百竹、林榕江、龔雲崗諸公餞余烏石山，詢及從行人幾何，余曰：「聞前使人各一舟，舟各三百人，計料值三千兩有奇，募值亦三千兩有奇。兹行欲共一舟，不唯省費，抑亦可以共濟也。何如？」諸公以爲善，但曰：「二公以千金之軀，奉九重之命，百凡慎重，庶可無虞。盍審諸役，孰至琉球備知海道，立之以司一舟之命可也。」余曰：「諾。」次日至舟，徧詢無有應之者。初意此輩必通番，恐律有禁，故諱之不言也，孰知皆河口無賴，徒取募值，而不知操舟之法者乎？復問諸公，諸公咸笑曰：「知之久矣，第未爲二公告。宜速差人至漳州，訪知海道者二三人，廼可。」遂持檄至府。

時南風已便，通番者俱開洋矣，惟一舟姑待明日，乃獲其持舵者三人，咸驚惶無措。持檄者曰：「適天使琉球封王，募汝輩駕舟，至則有賞無罰，不必懼也。」遂來見。予問其姓名，曰謝敦齊，曰張保，曰李全，「曾至琉球否？」曰未。予曰：「亦不濟事。」敦齊對曰：「僕雖未至其地，然海外之國所到者不下數十，操舟之法亦頗諳之。海舶在吾掌中，鍼路在吾目中，較之河口全不知者逕庭矣。但不知所造之舟善否，盍往觀之？」至則見舟且哂且戚曰：「幾敗乃公事。」求其所以，曰：「此舟不善者有三。蓋海舶之底板不貴厚而層必用雙，每層計木三寸五分，各錮以鐵釘，艌以麻灰，不幸而遇礁石，庶乎一層敝而一層存也。今板雖七寸，而釘止尺餘，恐不能鈎連，而巨濤復衝撼之，則釘豁板裂〔二四〕，雖班師弗能救矣。此一不善也。聞前使二舟則艙闊人稀，可免疫痢之患。今共一舟則艙止二十有四，除官府飲食器用所占，計三十人共處一艙，炎蒸抑鬱則疫痢者多，雖盧醫弗能療矣。此二不善也。海濤巨而有力，舵桿雖勁木爲之，然未免不壞，亦不免不換也。今舵孔狹隘，移易必難，倉卒之際，誰能下海開鑿以易之？舵不得易則舟不得行，雖神人亦弗能支矣。此三不善也。三者未善，何以利涉大川乎？」聞者悚之。於是思齋忿詈不已，若曰是孰阿諛權奸，殘我輩性命也。一時藩、臬、府、縣董舟諸君心咸弗安。先是巡按方公以封王重事也，正月歲首即以五月舟完使臣過海行禮之事題知，至此雖欲別造一舟，恐踰時違制，亦弗敢也。思齋怒甚，諸公相顧無可奈何。敦齊廼跪而言曰：「僕愚民也，今既來此，敢不盡心？願公息怒，待僕處之。」衆人憂少釋，乃取藤竹各五千斤，製作巨箍，舟首至尾凡七處束之，艙之縫隙復釘以鐵鋦，開其舵孔旁各寸餘。又於船面搭矮涼棚，使艙居者更番上坐以乘風，與夫應用器物治之靡不精好。

五月八日遂開洋，十三日至古米山，夜半颶風作，遮波板架及箍所不到處盡飄蕩無遺，惟船身及艙底屹然不動。使非謝某，則此舶瓦解久矣。踰旬不至，天氣頗炎，船面雖可乘風，艙口亦多受濕，染疫痢者十之三四，竟不起者七人。使非謝某，則此輩物故必多矣。海水颶風勁不可敵，鐵力木之舵葉果蕩而不存矣，遂以榛木者易之，亦幸其孔之有容也。使非謝某，則舊者不能出，新者不能入，未免覆厥載矣。謝非天授而何哉？然其功之可取者不特此耳。如觀海物而知風暴之來，辨波紋而識島嶼之近，按羅經而定趨向之方，持柁柄而無遜避之意，處同役而存愛敬之心，其所可取者亦多矣。及舟回桅摺之夕，衆方驚仆，彼獨餐飯自如，問之曰無恙也，余等懼甚，慰之曰無恙也。嗚呼，微斯人則微斯四五百人矣，謝非天授而何哉？至閩泊岸日，反痛哭流涕，向予等曰：「公之不死者天幸也，僕之慰公者勉强也，詎知琉球之行若是其險哉！蓋西南諸國行不二三日，即有小港以避風，豈若琉球去閩萬里，殊無止宿之地，惡能保其行不遇風，風不爲害也哉！一舟之人不死者，真天幸也，真公庇也。」言訖，若有苦楚狀，詢之，乃持舵時身爲鹹水所拍，北風裂之，故痛不可忍也。遂命醫人吴念三療之，用蜜半斤、淡酒三十觔，防風、當歸等藥末半斤[二五]，煎湯浴之，一夕而愈矣。察院三司諸公以渠有勞，厚賞之，得金十餘兩，語人曰：「我每歲爲人募而通番可獲千金，今所得幾何？」緣諸國皆富而琉球獨貧故也，盡出所有與同役者飲酒，惟求一冠帶，倩閩人以鼓樂送之，自誓再不通番，以延殘喘也。

敦齊約年三十有餘，膂力驍勇，識見超絶，彼二人則庸瑣無足道也。嗚呼！天下之事惟在得人而已，苟得其人，則危可使安，險可使平；苟非其人，則安亦危也，平亦險也。予于操舟之術而悟任賢之理，故僭爲之記。

琉球録撮要補遺瑣言附

長樂謝杰著

《琉球録》，爲使琉球作也，業已備矣。然就中有文而煩者，有闕而略者，余爲撮其要而補其遺，蓋期於簡要，工拙非所論云。

原委

琉球於古爲流虬，地介萬濤間，遠而望之，蟠旋蜿蜒，若虬浮水中，故因以名，後更名曰琉球。所轄有古米、太平、馬齒、七島諸山，並隔海外，不相聯屬，合而計之，亦不當倭什之一。自古不與中國通，隋煬帝時曾命將一再至其國，僅俘百十人以還，不能臣服，以其憑險，雖武無所用之也。明興，慕義來貢，高皇帝嘉其款誠，封爲中山王。以其國有三王，曰山南王、山北王，後爲所併，故獨稱中山封之者，仍其舊號也。錫以麟袍、犀帶，眎二品秩，若嫌其與宗藩並者；永樂間命使爲蓋宮殿，制頗閎敞，然以板代瓦，亦若嫌其與宗藩之宮殿並者。洪、永二次各遣十八姓爲其紀綱之役，多閩之河口人，合之凡三十六姓，並居彼國之營中。子孫之秀者得讀書南廱，俟文理稍通，即遣歸爲通事，得累陞長史、大夫。今所存者僅七姓，緣所居地狹，族類不能蕃故也。每科司出使，必以河口土著人充通事，謂之土通事，七姓充者謂之夷通事。土通事能夷語，夷通事能華語。七姓言語衣服與夷無別，僅以椎髻別之，髻居中者七姓，居偏者夷種也。七姓男雖賢不爲國壻，女雖美不爲王妃，蓋其祖訓然爾。

國之政事分委於職官，其最尊者曰三法司，即國相，率王之母舅、妻父任之。其次有察度官以司刑名，有耳目官以資訪問，有那霸官以理錢穀。其法似以親親兼賢賢云。大夫、長史則專主封貢，不與其政事。等威以手巾別之，手巾者裹首帛也。紫手巾最貴，即國相、大夫之類，黄手巾次之，紅、緑等手巾又次之，青者爲下，王手巾則兼用五色。我使往封，彼皆易華服來見，不復用彼服色。洪、永時使者多用内監，不時往使，有至二三次者。宣德間改用科、司，始定世及一封，至今因之。關白之亂，閩撫臺曾請停封，予有疏從臾之，比得允，閩人皆向予賀，予曰：「未也，關白存，我不遣封，彼亦不敢請。關白若平，政須别議耳。」今果然。予固知夷之必請，又知高廟神靈之必不欲廢此典也。

使禮

二使之往也，衣則科賜麒麟，司賜白澤，玉帶則俱自備。己卯之使，科使玉帶贈自六科，約六十餘金，時省垣官全，且玉價未甚高也。予玉帶本署力不能備，曾多方轉借，絶無應者，不得已私市保定石帶以行，然温潤去玉遠甚，觀者咸以爲不雅。後本署先輩有任臺省者，累累爲余嘆息。其同差張中貴號中山者聞之，慨然曰：「謝使君所封中山王偶與吾别號同，得非有前緣乎？」遂解所束帶借予，同寅德之，群然造謝，渠復盛筵相款，蓋勞且費云。予歸，仍禮而還之。入閩，科、司之禮稍異，以予父母之國，不得不異也。入夷而後，科、司之禮同。封舟抵滸，國相以下跪迎，王時爲世子不迎，以倭舶在近，不免戒心故爾。至往祭、往封，世子始出郊迎，然迎封拜，迎祭不拜，詰之輒以舊典爲解。予二人諭之曰：「禮可義起，拜封不拜祭，是重己不重親，此自關世子忠孝彝常，使者何與焉？」世子聞言，瞿然亟拜，因志爲例，其賢有足多者。甲午、辛酉二使凡六七赴王城，王濱行僅一造謝，科使語予曰：「拜祭，上命也，不敢不往。兹事竣矣，宜謝却諸讌，高卧館中，以待風汛。」余曰然。王知余二人意，遂往拜，親致請啓，而後予二人如例應之，重其款誠也。然王來，百官空國以從，人役約以千計，犒犒之需不貲，非久積亦不能辦，實則可一不可再也者。王受封後，遽束玉帶以出，詰之曰：「帶賜犀而腰玉何也？」長史跽稟曰：「王之玉腰相延已久，不然國相、大夫束花金，長史束光金，王如腰犀，下人驟見者似爲王之服飾反出國相、大夫之下，願稍存國體，以釋衆惑。」予輩姑仍之。譙之日，拜位、坐位俱分賓主，王至使館亦然。國相等拜二使則並四拜，二使不還拜，其體與待中國屬官稍略。王每譙，國相每問安寒暄等語，皆長史輩代致，惟議事緊要語，國相方自言，然數十句，譯者僅以數句了之，以華音一字，夷音皆三四字，此不得不簡，彼不得不煩也，故始疑而終釋然。若王跽問聖躬萬福，及呼萬歲萬歲萬萬歲則備及清朗，蓋習之旬月而能，雖操華音者不能過之矣，餘則片語不通也。

封舟

使夷航海必資於舟，以余所憶，舟帶虛艄長十七丈、闊三丈有奇，艙分二十八，與録所載異，造時宜酌之。詢之，每艙多用龍骨，欲實而密，令堅緻可久。底必須厚，分爲二層。釘必須堅，務擇精鐵，其鐵須買之尤溪，價必多給，方得上好，慎勿輕買輕收。己卯之使曾買下鐵到廠，造船官不收，買鐵者反訟之軍門，謂彼索賄刁蹬之，軍門恚，幾欲以軍法綑打。予不得已，親往白之，曰：「每鐵百斤，上鐵價若干，中鐵、下鐵價若干。今給上價不翅而反得下鐵，宜造船者之不收。」乃具二釘以進，上鐵釘鑿斷如紋銀，下鐵釘鑿斷如蜂窩，以蜂窩之釘釘板，不太半摺矣，船安能堅？軍門悟，乃釋造船者不治而改委官另買。後船被傷而渡海猶得保全者，則以堅厚故也。船之材採諸近山處所，而建寧爲多。船之役招諸近海處所，而清漳爲多。艣木必用松，桅木必用杉，舵木必用鐵力，餘若樟木、雜木，亦皆隨宜而用。但材既大，非數百年之木不中程；木既巨，非數萬人之力不能運。如木過一鄉，即以一鄉之夫拽之，隔一程有夫來換，前夫即遣歸，二程、三程以後皆然。衆輕易舉，原不甚勞，但驟覽其名，則一鄉用夫三四百名，十鄉即三四千名，沿途所經府縣，似有十萬之數，實則各片時數刻而已。軍門驟聞，不勝大怒，盡數裁革，撥兵六百人代之，每日厚給以工食，即鋪夫亦代以機兵。此輩初往甚喜，一日、二日運甚捷，三日、五日稍遲，十日以後俱憊告退。其言曰：「從今以往，雖三錢一日亦不願領。」蓋散十萬之衆於數百里間，借其朝旦之力則人樂於易集，雖不給且不怨也。萃十萬衆之事於數百人，責以旬月之久，則人苦於難繼，雖給以厚直不堪也。此事之理無足異者。又不得已，往白之軍門，幸悟而得稍仍舊。蓋從容和緩，婉己道之，未有不入者也。予後序中所云「功雖遲不失爲君子」，正使録中所云「舟之庬大都多謝君指畫者」，並以此。

用人

航海以船爲命，故舟人急焉。造船所急在船匠，行船所急在船梢。船匠有二，漳匠善製造，凡船之堅緻賴之。福匠善守成，凡船之格式賴之。船梢有三夥長司鍼者，舵工司舵者，阿班司篷繚鎜櫓及諸執事者。司鍼密室在柁前，其室穴一孔與柁相對，鍼左則舵左，鍼右則舵右，舵工一聽命於夥長焉。去時向東北鍼，用單卯、甲卯、乙卯，回時向西南鍼，用單酉、庚酉、辛酉。吾輩急在擇人，夥長得人，鍼隨所用可也。舵工用舵亦然。舵工名數倍於夥長者，以把舵勞而主鍼逸也。人必足數乃可行，己卯軍門欲裁其半，予懇請得免。及後台洋失舵時，舵工八人俱蹶不起，向非次班者代之幾危矣。密室看鍼即白晝亦燃燈，總名之曰十更，船晝五更，夜五更也。

然福、漳二匠雖兼用，而漳匠可量多數名。夥長諸役雖多用漳人，而福人亦不可盡棄，以其各有所用也。如梅花、定海、萬安各所軍，當事者初欲概革，余争之力，乃得存梅花、定海，而獨革萬安。後歸至台洋，阿班等禀曰：「過洋事畢矣，此後礁之有無、水之深淺，某皆不知。」吾輩愕然。忽梅花、定海諸軍躍出曰：「某等幼隨父兄釣魚於此，其夷險備知之，從此抵家，萬萬可保無虞。」余歎曰：「誤矣，誤矣，設使當時不挾此二軍以行，今將安歸乎？」比南行不數程，予忽心悟，因召梅花軍一人，詰之曰：「假使我舟飄入南，由閩入廣之海路，汝知之乎？」曰：「不知，此萬安軍知之。」予又憮然嘆曰：「誤矣，誤矣，萬安軍可盡革乎？我舟之不飄而南，天幸也。」大都海爲危道，鄉導各有其人。看鍼、把舵、過洋須用漳人，由閩以北熟其道者，梅花、定海人，由閩以南熟其道者，鎮東、南安人，至夷熟其道者，又須用夷人，夷王遣夷稍三十人來接，正爲此也。南路雖非正途，天風不測，似不可不豫防者。初使夷時曾因南風勁而飄入北，則又安知歸時不北風勁而飄入南乎？彼萬安軍之熟於南路者，安可去也。雖然，兵不貴多貴精。船中擇漳人須試其諳於過洋者，擇梅花、定海人須試其諳於閩、浙海道者，擇萬安人須試其諳於閩、廣海道者，又不可徒狥其名而浪收也。

啓行

啓行由南臺渡馬江入長樂，至广石下船，至梅花開船。離梅花三十里用鉛墜測水，繩長百二十丈猶不及底，其深可知。馬江中流闊四十里，餘亦十里、五里不等，足稱巨浸，封舟行其中，日不能數十里，歷一百八十里程，五日方至。初甚訝其遲，且疑舟之太巨，及泛大洋，瞬息數百里，時而遇風簸弄如一葉，方詫其速而猶恨其小也。故事，引港用閩縣縣丞或簿尉一員，引至長樂界上，樂丞來接，閩丞方歸以爲常。時疏新添造船指揮二員，當事者即以指揮代之，而縣丞不行，予以爲言，不見聽。比舟入港，偶閣淺渚，傷其四艙，余正愁苦待葺間，一父老皤然進曰：「今次封王，縣佐貳何不來？」予告以故。父老答曰：「指揮但能造船，豈知行船？所以用縣佐貳者，以其便起鄉夫也。所以起鄉夫者，以其善知水性也。」且問此船入水幾何，余曰：「一丈八尺。」其人遽呼曰：「幸潮未退，此地潮退僅深一丈四五尺，舟傷如此，可堪再傷乎？」余懼，亟敕舟人移避深處，始得免。葺完將發，議者不一，或謂海洋天險，舟傷宜再造；或謂封船材料倍蓰戰船、鹽船，以此易彼，實稱兩利。予頗難，初議頗主末議，欲易鹽船以行，以鹽船無冒破，堅於戰船也。適又一父老進曰：「某習知船事，希借一觀。」予許之，比引入艙，其人喜曰：「不須易也，此船堅甚，所傷不多，稍加粘補，虛其四艙即可徑渡。若易船，毋論戰船，即鹽船亦不可。凡船行海中，雖若汪洋無際，實由南而北，或北而南，率循涯不遠。惟封船自西徂東，自東還西，乃衝橫浪萬餘里，去由滄水入黑水，歸由黑水入滄水，此豈鹽船力量所能勝乎？」於是決意不易，竟得無恙。時冗且悴，不及詢二父老姓名，歸而訪之，不知所在，果父老乎，抑神祇之相予也？舊録所不紀，舊役所不知，何二父老立談片言，歷歷中款也。

夫縣丞之引港，軍牢之兼用，皆係故事，但載其事而不明其故，以致不知者輕有更張，予因詳推其始末以告來者，庶後人知前事之可循，不敢輕於變易也。

敬　神

航海水神，天妃最著。天妃者莆陽人，生於五代，封於永樂間，以處子得道，以西洋顯蹟，莆人泛海者輒呼爲姑娘，蓋親之也。使者往還，每值風發，必有先徵，或爲蜻蜓、蛺蝶，或爲黄雀、紅燈籠，令人得豫爲之計，然亦頗標其奇，信之不篤者往往受其驚恐。己卯之使，衆役初往，事神頗虔，因得晏然抵湝。歸日稍有易心，不復如前之敬信，於是將至台洋之前，一夕舵葉失去，舟飄蕩震撼，卧者幾不能貼席。黎明陳孔成、馬魁道二把總潛白余曰：「舵去矣，餘人見之必憂悸周章，幸其尚卧未起，禁令毋出，惟率漳人扶二使君登棚理之。」予如其言，二把總問珓卜舵何時可易，神許以巳時。及期，風猛如故，諸役曰：「船雖欹而無虞者，恃有舵牙插水也。今欲易舵必并起牙，顛危之時，誰敢任此責乎？」久之，予應曰：「吉凶在此一舉，宜如神所命。君子素位而行，又將誰怨？」二把總曰唯唯。亟起舵牙，風亦隨息，如坐密室中，從巳至未，柁易方完，一抵水而風厲如故。然柁方新易，雖風不妨矣，次日即望見台洋之山。向使神不標其奇，歸日必各矜其能，不復歸功於神。予是以知神之當敬，又不必待標其奇而後敬也。

夷中之神，其靈異亦率類此。方舟之將至夷也，忽海波頓裂，深黑不可測，役之老成者曰：「此龍神迎詔也。」頃之涎湧如白塔，高可數十丈，涎盡處突起白虹，直至天表，且不翅千餘丈，如是者三，有若鼎足然。虹盡處結成黑雲，大可盈畝，須臾騣廣。衆請發牌止之，正使以爲幻，人心洶洶懼甚，嘖有煩言。予以安衆心爲請，始勉爲書「詔敕在船，龍神免朝」八字，牌一發即雲散於天，涎歸於海，其去來若可呼而應者，蓋皆朝廷之寵靈使然也。威震殊俗，百神訶護，古語不信然乎哉！

國俗

琉球雖夷俗，然漸染於中華，亦稍知禮義。有子居喪數月不食肉者，有寡婦不嫁守其二子者，每諄諄對華人道之，風尚似勝北虜遠甚。其人儉而不勤，貧而不盜，渾樸而有等，職官之家有彌旬茹蔬素者。女力織作，男子反坐而食之。耕不用糞，衣不用染。曾見衆役砌墻十餘丈，歷四五旬不完，其嬾緩可笑。民犯剽掠，無輕重輒加開腹之刑。民房蓋用草，官房則用瓦。王宮外閭閻服色八千爲群，皆縞素可厭。土無木綿〔二六〕，隆冬亦衣苧。苧較閩加密者，用以禦寒故也。富且貴者或衣絲綿，貧子衣苧五六重即過一冬。我衆十月西歸，身猶衣葛，由氣候之煖也。天無霜雪，或數年而一見。產無鵞、鴨，即雞、豚亦不堪。所産硫黄最多，直且甚賤，從人多竊販以歸。然性善傳火，臨行不可不嚴禁。每讌會，或雜用夷樂，童子按節而歌，抑揚高下，咸中度可聽，中有「人老不得長少年」之句，可譯而知，亦及時爲樂之意，餘不審爲何語。居常所演戲文則閩子弟爲多，其宮眷喜聞華音，每作輒從簾中窺之。長史恒跽請典雅題目，如《拜月西廂》、《買臙脂》之類皆不演，即「岳武穆破金」、「班定遠破虜」亦嫌不使見，惟姜詩、王祥、荆釵之屬，則所常演，夷詢知咸嘖嘖羨華人之節孝云。

山多蛇無虎，前使役人曾擊殺蛇，後衆多傷於蛇。余初至，夜有蛇蟠鼓上，鼓人以聞，余戒勿擊，以後竟無至者，若有知然。山形迴曲，亦多似蛇。夷中怪異事甚衆，姑紀其可述者。書籍有四書無五經，以杜律虞注爲經，其善吟者絶句僅可通，律與古風以上俱閣筆矣。教書、教武藝師皆倭人，聰警雄俊則不逮倭，器械亦鈍朽，具數而已，苟非恃險與中朝之神靈，爲倭所圖久矣。彼國未封之前，歲多凶，船多壞，封後則常豐常寧，所以外侮既除之後，知其必請封不已也。

御倭

夷與倭爲鄰而民貧國小，有所不足輒假貸於倭。每遇封使遠臨，在他國或至或不至，倭無不至者，名稱往賀，實則索逋於其國也。所居舍館去天使館不二里而近，夷慮我衆之不善於倭，又慮倭衆之不利於我，每爲危言以相恐，欲遷我衆於營中。科使問予，予曰：「此非故事，但須嚴禁諸役，勿擅與通，自可無虞。若無故而亟遷，是避倭也，豈有堂堂中國而避外夷乎？」科使如予言不遷。久之，颶風大作，我衆與倭各衛其舟，致有争競，倭傷首役一人，血流淋漓，衆遂大怖，扶歸哀愬，狀頗倉皇。余驗其傷乃刀背，非刀口，喜曰：「此急而自捄，非亂而相戕也。宜收衆役入館，徐敕彼之館伴往諭倭衆，必不爲禍。」科使然之，少頃王亦遣彼衆二千餘人馳來護舟，舟各獲完，倭亦隨息。蓋其時之天幸如此。先是辛酉之使，前導驅倭不退，以鞭鞭之，倭怒，操利刃削其鞭立斷，然亦未嘗傷人。己卯繼往，戒諸役曰：「我使儀衛入城，倭夾道而來者，樂觀其盛耳，勢不必驅，亦不待驅。」皁輩咸唯唯，比往還竟無它釁。蓋倭號倭奴，其曰奴者，有主之者也。時無主者，故不爲亂。後之遇此當思所以馭之，嚴於自治而勿與校可也。餘詳《日東交市記》。

以上八條，多前録所遺，予懷之二十餘年不以告人，今乃復諄諄者，亦舊政告新之意也，覽者亮之。

附日東交市記録未刻故補之

使節抵夷，適倭船通市者先期至。倭故嘗入寇爲中國患，夷知輒舉以相恐，仍請遷群役入營避之。營去署甚遠，且非故事，予輩公出，倭或夾道縱觀，又輒斥曰疾去，毋令華人驚，蓋其意欲錮我衆以便己私，姑假倭爲詞，然往來飾説，徒示弱耳。余嘗其有巧，白於諫議，諫議曰：「足下世海上居，宜洞倭情。」予曰：「倭性悍而遂無他腸，然上下山阪，風雨疲勞，疾鬭操利兵，中國之人弗能與也。囮則盜，敵則殺，非囮與敵，固弗盜弗殺也。瀕海諸惡少者欲愚用其力，亟奇貨居倭身爲之囮，嗾與華人敵，倭業已鷹犬於人，遂肆剪戮無少忌，是直倭罪哉！世目倭爲奴，倭誠奴也，固有主之者也。比倭大創去，又舶通西南夷，利更什倍，倭患遂彌，斯其故可知已。今吾以封臨，倭偶以市至，期與事會，無所怨德，非敵也，又孰爲之囮者？可無恐。第境外無私交，制也，宜葺群下勿與通足矣。」諫議然余言，召長史迥諭之曰：「甲午之使，倭亦嘗至，衆弗遷，遷衆非便，其勿聽。且胡越一家，倭人吾人耳，各事廼事，其勿拒。」復號於衆曰：「倭者國家所棄，外禁弗與通，諸有輒通倭者罪無赦！矧夷伺察甚周，若屬宜自愛，毋貽僇，爲使君羞。」令下，衆奉法凜凜，迄倭去無敢與交一譚，倭弗爲害，居亦卒得弗遷云。

謝生曰：嗟，使難哉！方夷之以倭讐我也，詞甚張，義亦近正，直其心私耳。於時少爲動即墮夷術中。乃吾嚴爲禁，徐爲之圖，不急倭釁，不中夷巧，不違衆情，静重而周悉，於使事足稱不辱，則正大夫之略，衆庶之共也，不佞有餘豔焉。敢漫爲之記。

瑣言二條

瑣言，本不欲言，勢有不容不言者，故仍言之。

事　權

天下事假之以權則易集，權不在手則難成，况使夷航海，大事危事乎？甲午之使，閩未設撫臺，事皆藩司主之，府縣任之，而統之於按臺。按臺多巡歷，且於科使情密分均，權蓋不代假而專者，辛酉則又專於甲午矣。以其時倭方内訌，破城破所，無日無之，軍門自捄不暇，且慮爲人所齮齕，乃更假以便宜之權。其示於民間曰：封船、戰船，事同一體，諸有違誤作弊者，並以軍法從事。故其時事皆不令而行，不期而集者，以下之有所畏而奉命也。己卯則異於是。世值昇平，官多節省，一水一料，一夫一役，皆軍門操之，不使科司獨專其柄。其所在告示曰：採木雖係封事，不無騷擾民間，科司人役不許伐人墓樹，不許伐人風水樹，不許拆人籬舍，不許傷人田禾，有一于此，并以軍法從事。夫此一軍法也，昔以治乎不事事者，今以治乎事事者，則其利害難易之相懸，豈但天淵哉！于是民間刁頑之徒，但有木爲有司所號者，並累土其旁，争以墓樹、風水樹爲解，而傷田禾、拆籬舍之訟于有司者無日無之。論曲直則直常在群姦而航海者爲曲，論功罪則功常在捕緝而效勞者爲罪。以故役之在官者，日就驚危，使之在事者，日就局促。廠中人役得不概坐株連，即爲天幸，自有使事以來未有掣肘如當日者〔二七〕，似亦其遭之陽九使然也。此番奉使計不至如己卯，亦不必如辛酉，得如甲午足矣。蓋己卯有所爲而爲，不念遠使之苦，失之太過；辛酉有所畏而蹙，亦非憲體之宜，失之不及。惟甲午使事，官箴兩得其中而無失真，令人敬且慕焉。今之縉紳大夫所存所行豈殊甲午，必能各去成心，各存厚道，期於共濟王事，不至矯矯爲名高，則前使所苦者其免矣乎！其免矣乎！

䘏役

利者君子所不道，故曰天子不言有無，諸侯不言多寡。然所不言者己之有無多寡也，若其爲下爲民則《周禮》周官所載蓋諄諄乎言之矣。航海危役，吾役即吾民也，吾鄙迫於大義，分當致身，彼役何知焉？苟非利以驅之，何以結其心而得其力。洪武間許過海五百人，行李各百斤，與夷貿易，實以利啗之，亦以五萬斤實所載也，著爲絜令。故甲午之使因之得萬金，總計五百人，人各二十金上下，多者至三四十金，少者亦得十金、八金，於時莫不洋洋得意。辛酉諸役，冀仍如前，其往者率皆工巧精技，二使之警於倭而獲免者，未必非得人之效也，比所獲利僅六千金，以五百人計之，人各十二金耳，多者可二十金，少者或五六金，不無稍觖所望。是以己卯招募，僅得中才應役，不能如前之精工，然猶冀其如辛酉也。不意值夷貧甚，所獲僅三千餘金，雖時所帶止四百人，亦人各八金耳，多者可十五六金，少者或三四金、或一金亦無，不免大失所望，吾輩至捐廩助之，而後得全師以歸。蓋甲午之使，番舶轉販于夷者無慮十餘國，夷利四倍，故我衆之利亦倍。辛酉之使，番船轉販於夷者僅三四國，夷利稍減，故我衆之利亦減。己卯之使，通番禁弛，漳人自往販，番一舶不至，夷利頓絶，故我衆之利亦絶，勢使然也。今次所招衆役，精者未必可致，似應稍優其直，量加其賞。且夷王之立已過十年，其所蓄積必已稍充，不至如前之貧甚，宜示以此意招之，庶巧者、能者、前次效勞者，咸樂於趨赴，而後可竣厥事也。不然群諸海濱惡少年而聚之曰是可爲夥長，是可爲舵工，是可爲阿班、軍牢，而疏於鍼法、舵法，拙于操舟，懵于海道，則亦將焉用彼哉！此事人所難言，諸録不載，而今敢於直言而弗隱者，時勢至此，有不得不言者也。

奏疏

欽差吏科等衙門左給事中等官臣陳侃等謹題，爲出使海外事。切照嘉靖十一年五月内，琉球國世子尚清上表請封，欽蒙差臣侃爲正使，臣澄爲副使，各賜一品服一襲，齎捧詔書一道、敕書一道、諭祭文一道，并頒賜儀物等項，前往琉球國祭中山王尚真，封尚真子尚清爲中山王。臣等隨即陛辭，先至福建造船。船大而費亦巨，經始於嘉靖十二年五月，至嘉靖十三年四月始克造完。船完之日，遂至長樂縣广石地方登船。先期尚清已遣長史蔡廷美等過海迎接，令通事林盛帶夷稍三十人爲臣等駕船。在五月初八日解纜開洋，洋中偶值逆風，船不可往，放回數百里〔一八〕，後遇順風復往，因失鍼路，漂過琉球國交界地方名曰葉壁山，遂泊於此。尚清聞之，差大臣一員，帶夫四千餘名，駕小船四十餘隻至葉壁，將船挽回，五月二十五日方到彼國。尚清即遣儀從及文武陪臣隨龍亭迎詔敕、諭祭文至天使館奉安，擇日行禮。六月十六日行祭王禮，七月初二日行封王禮。是日尚清皆迎至國門外，一見龍亭，先行五拜三叩頭禮，步行前導，迎至正殿，一如儀注。行禮開讀已畢，設宴款留，禮意懇至。臣等令儀從迎詔敕回館，尚清令通事致詞，欲留爲鎮國之寶。臣等猶未允，復令長史捧先朝詔敕來看，臣等始知留詔敕爲先朝故事，況已奉有明旨，始許其留。行禮既畢，似應即回，因海中風浪不測，惟順風而後可行，非可以人力勝者。琉球在福建之北，去以南風，回以北風，故至九月二十日方可開船，計在彼國停泊一百十五日。日有廩餼之供，旬有問安之禮，月有筵宴之設，隨行人役皆給口糧，使之安飽。行時復具黃金四十兩爲贐。臣等在福建時例有金帶、銀器等物送用，尚不敢妄受，況外國之物乎？故責以大義，陳以國法，彼亦知敬而不敢强。仍遣通事林盛帶夷稍十人爲臣等駕船，又遣王親寧古、長史蔡瀚、通事梁梓等另駕一船進表謝恩。開舡之後，二十一日晚颶風陡作，將臣等船中大桅吹摺，舵亦損壞。舟人皆震恐無措，荷皇上威福，以致神明默祐，得保生還，在十月初二日入福建省城。同行夷船今尚不到，或未免漂溺之患矣。除彼自行補謝外，臣等切思三代以降，聖王不作，治化陵夷，以文德被海内者尚不多見，況覃敷海外者乎？若越裳氏之重譯而來，以中國之有聖人耳。琉球國在海外無慮數千里，漢、唐、宋時皆未嘗内附，至元時遣將伐之而亦不從，至我太祖登極，首先臣附，率子弟來朝，此豈區區勢力所能服哉？要必有所以感之者耳。我太祖悦其至誠，待亦甚厚，賜以符印，寵以章服，遣閩人三十六姓爲彼之役，又許其遣子弟入國學讀書習禮。彼亦感激，久而匪懈。迨今皇上御極以來，制禮作樂，聲教四敷，彼知中國之聖人復生，故欲竊餘光以誇耀他國，是以不避風濤之險，貢獻益勤，請封益篤。今日之舉，尤出誠懇，聞欽命奔迎於海曲，見龍亭匍匐於道周，非但不敢如緬甸之倨傲無禮，而亦不敢如尉佗之較量勝負也。臣等忝與使事，亦竊尊榮，無任感荷慶幸之至。緣係出使海外事理，備將使事顛末，謹具題知。

禮部一本，爲周咨訪以備採擇事。該吏科等衙門左給事中等官陳侃等題，切念臣等奉命往琉球國封王，行禮既畢，因待風坐三閲月而後行，無所事事，因得訪其山川、風俗、人物、起居之詳，杜撰數言，遂成一録。録之意大略有二：臣等初被命時，禮部查封琉球國舊案，因曾遭回禄之變，燒毁無存，其頒賜儀物等項，請查於内府各監局而後明。福建布政司亦有年久卷案，爲風雨毁傷，其造船并過海事宜，皆訪於耆民之家得之。至於往來之海道，交際之禮儀，皆無從詢問。特令人至前使臣家詢其所以，亦各凋喪而不之知。後海道往來，皆賴夷人爲之用。其禮儀曲摺，臣等臨事斟酌，期於不辱而已。因恐後之奉使者亦如今日，著爲此録，使之有所徵而無懼，此紀略所以作也。又嘗念國家大一統之治，必有信史以載内外之事，如《大明一統志》者是已。志中所載琉球之事，所云落漈者，水趨下不回也，舟漂落漈，百無一回。臣等嘗懼乎此，經過不遇是險，自以爲大幸。至其國而詢之，皆不知有其水，則是無落漈可知矣。又云王所居壁下多聚髑髏以爲佳，臣等嘗疑乎此，意其國王兇悍而不可與言也。至王宫時，遍觀壁下，亦皆累石，國王則循循雅飭若儒生然。在彼數月，雖國人亦不見其相殺，又何嘗以髑髏爲佳哉！是志之所載者皆訛也。不特志書爲然，杜氏《通典》、《集事淵海》、《嬴蟲録》、《星槎勝覽》等書，凡載琉球事者，詢之百無一實。若此者何也？蓋琉球不習漢字，原無志書，華人未嘗親至其地，胡自而得其真也？以訛傳訛，遂以爲志，何以信今而傳後？故集群書而訂正之，此質異之所以作也。兼以夷語、夷字，恐人不知，并附於後。臣等學問粗疎，言詞鄙俚，勉成此録，實不足以上塵睿覽。但念海外之事，知之者寡，一得之愚，或可以備史館之採擇，是以不避譴責，陡膽進呈，伏惟陛下恕其狂僭，下之禮部，詳議施行等因。奉聖旨：「禮部看了來説。」欽此。欽遵抄出到部。

看得吏科左給事中陳侃等題稱奉命往琉球國封王禮畢，訪其山川、風俗、人物、起居，撰《使琉球録》一册上進，乞要詳議，備行史館採擇一節。爲照琉球國遠在海濱，華人鮮至其地，是故國俗、風土知之者寡。今按《一統志》等書所記，事本傳聞，殊有該載未盡者。據左給中等官陳侃等親歷其地，目擊其事，山川、風俗之殊，往來聞見，悉出實録，因採擇事蹟，撰述成書，既以正載籍之所未盡，且俾後之奉使者有所考定，足見各官留心使職，誠可嘉尚，似應俯從。合候命下之日，本部將所進《使琉球録》付之史館，以備他日史館採集，伏乞聖裁等因。奉聖旨：「是。」

琉球國中山王尚清謹奏，爲謝勞事。伏念臣清僻居海邦，荷蒙聖育，封臣爲中山王，不勝感戴。除具表謝恩外，今有差來使臣二員，正使吏科左給事中陳侃、副使行人司行人高澄，冒五月之炎暑，衝萬里之波濤，艱險驚惶，莫勞於此。臣等小國荒野，無以爲禮，薄具黄金四十兩，奉將謝意。此敬主及使，乃分之宜，酹德報功，亦理之常。二使懼聖明在上，堅不敢受。微臣情不能盡，無以自安，令陪臣順齎貢奉，伏乞天語叮嚀，賜彼二使，庶下情盡而遠敬伸。無任激切感仰之至等因。奉聖旨：「覽奏謝，足見敬慎。金着陳侃等收了。禮部知道。」

光禄寺等衙門少卿等官臣陳侃等謹題，爲謝勞事。侃原任吏科左給事中，高澄原任行人司行人，於嘉靖十一年蒙欽命差往琉球國封世子尚清爲中山王。往返三年，已於今年五月二十四日復命。訖近中山王尚清差陪臣謝恩，順齎臣等所却黄金四十兩，具本進呈，欲天語叮嚀，下賜臣等。節奉聖旨：「金着陳侃等收了。」欽此。欽遵。切念臣等奉皇上之命，遠使琉球。琉球乃素知禮義之國，臣等至彼，正欲敷揚聖德，恪守臣節，爲中華增重，安敢受彼非禮之餽？故筵宴之設，必陳方物，具書固却至再至三，書備於《使琉球録》中，已塵御覽矣。臨行以金四十兩爲贐，堅不肯受，彼心不自安，冒瀆天聽，蒙皇上鑒彼敬慎之心，特下收受之命。臣等聞命自天，措躬無地，敢不拜受，以爲家寶？但奉使奔走乃臣等職分之常，自揣無功，曷敢受兼金之惠？伏乞皇上將此金收儲内帑，或命彼帶回，庶遂臣等之初心，而於君命斯不辱矣。無任感激敬懇之至等因〔二九〕。奉聖旨：「已有旨了，不准辭。該衙門知道。」

欽差吏科等衙門左給事中等官臣郭汝霖等謹題，爲渡海册封復命事。切照嘉靖三十七年正月内，琉球國世子尚元上表請乞襲封王爵，蒙差臣汝霖爲正使，臣際春爲副使，各賜一品服，齎捧詔敕併頒賜冠服、儀物等件，前往琉球國，封世子尚元爲中山王，仍諭祭中山王尚清。臣隨即辭朝，至福建省城，督有司造船，渡海行事。適值連年倭患，阻遲海口，未得開洋。至今年五月内，海口頗靖，臣等乘隙而出。五月二十八日，在於長樂縣梅花地方開洋。閏五月初五日，行至赤嶼山，阻風三日，漂過琉球山一日，幸彼處夷人在山哨望，知爲封船，乃發艓牽引回其境内，至初九日登岸，到於彼國。尚元即遣儀從及舉國臣民迎導詔敕至天使館安奉。擇六月初九日行祭王禮，六月二十九日行封王禮，世子皆躬率臣民迎導跪拜，踴躍嵩呼，歡聲洋溢，儼恪懇至。開讀既完，世子仍乞留詔敕以爲國寶，臣等令其捧前者來看，因如制許之。大禮既成，臣等在天使館守候風汛回國〔三〇〕。十月初九日登舟，緣風阻哪霸港口，至十九日始得開洋。二十一日在於洋中摺舵，荷賴聖靈，得保生全，十一月初二日歸至福建省城。其琉球國王尚元遣王親原德、長史蔡朝器等另駕一舟隨同臣等上表謝恩，亦以初十日到於福建海口。除彼自行具謝外，臣惟唐、虞、三代之盛，四夷來王，漢、唐以下雖有屬國，叛服不常。琉球在海島中，乃能永堅一心，歸化無渝。臣等到彼，供應廪餼，趍走承順，如郡縣然，非聖朝文德漸被之極，何以致此？我皇上十三年既册其父，兹者又封其子，聖壽萬齡，聖威萬里，視祖宗有光而軼唐、虞、三代不二矣。臣等雖當海警風波之險，猶得周旋使事之榮。臣無任感荷欣忭之至〔三一〕。緣係渡海册封事理，謹具本題知。

户科等衙門左給事中等官臣蕭崇業等謹題，爲出使海邦竣役復命，以紓宸慮事。照得琉球國世子尚永，於萬曆四年七月内請乞襲封王爵，欽蒙皇上命臣業、臣杰充正、副使往封世子尚永爲中山王，復蒙賜臣業麒麟衣一襲、臣杰白澤衣一襲，詔敕二道，并王妃衣服、表裏等物。隨即陛辭，赴福建督造封舟，業於萬曆六年已完。頃緣該國接封夷船未至，臣等曾具疏以改期請。今陪臣正議大夫梁燦等率通事、夷稍諸人來迎，臣等謹以本年五月初十日由福建南臺解纜，十六日泊广石，二十二日梅花所開洋。次日東風劇作，舟摺而之南，因是遂迷鍼路。連行數日，茫無一山，周覽徬徨，深切疑悚，掣掣洩洩於巨浸之中，汎汎悠悠於狂瀾之上。猶賴神明默祐，漂流不遠，三十日望見葉壁山，自此去國可五六百里許，乃挽舟而上，進寸退尺，爲力甚難，至六月初五日始檥舟哪灞港口。世子遣文武陪臣導引如儀。越二十九日行祭王禮，七月十九日行封王禮。在世子登降揖讓之間，固能恪遵成度而不敢失，在使臣辭受取與之際，亦知謹守大閑而不敢違。鉅典已修，若可遄歸矣，又以北風未届，故爾遲遲，於是以十月二十四日自哪灞港出洋。比日風愈順，舟疾如飛，二十八日颶發輒止，三十日即抵台温地方，至十一月初五日，僅十一晝夜，仰藉國家威靈，凡四百餘人俱無恙，旋於閩之三山矣。計臣往還海上之期，歷年將半，寒暑儵更，雖微有波濤小警，然以井蛙曲士，獲縱大觀，所謂塵宇壯遊，諒無踰此，要之皆聖明之間寵，儒弁之奇遭也。臣等竊惟寰海之外，封界寥闊，以國稱者萬數。琉球固上仁之所不綏，而彊武之所不讋者〔三二〕，廼獨於皇祖統馭之初，褱誠奔附，被服裳纓，繼今敬畏秉忠，不墮臣節。陳書奏表，有華士之風；履繩蹈規，爲夷王之冠。翼翼然恭而有禮，郁郁乎文而不慙。膺朱芾之章，三錫有光於殊俗；捧絲綸之重，一字何止於百朋。驚覩漢官，忻逢周典。允矣海國中千載一時也。臣等又惟在昔使臣渡海，屢罹艱危，譚及往事，令人不寒而慄。今二臣無摺桅損舵之虞，而安流利涉，得以竟使事之榮，豈非中國有聖人，使海若效靈，馮夷助順，則亦何能徼厚幸如是耶？此尤見帝德之顯宣，真足以軼越前徽，馳騁哲躅，而陋輓近世於不居矣。臣等曷勝歡欣仰戴之至。緣係出使海邦，竣役復命，以紓宸慮事，理備將使事本末，謹具題知。

光禄寺衙門少卿等官臣蕭崇業等謹題，爲謝勞事。業原任户科左給事中，謝杰原任行人司行人，於萬曆四年蒙欽命差往琉球國封世子尚永爲中山王，往返四載，已於本年五月十九日復命訖。近中山王尚永差陪臣馬良弼謝恩，順齎二〔三二〕臣所却黄金四十兩，具本進呈，欲賜臣等。奉聖旨：「禮部知道。」欽此。竊念臣等奉皇上之命，遠使琉球，正欲喻德宣譽，爲天朝增重，故凡一切燕饗餽問之儀，必斟酌裁省，期於不辱。臨行復以黄金四十兩爲贐，此雖彼國酬勞之典，但揆之大義，實所未安，故臣等堅却不受，原非矯飾。况彼國素稱守禮，臣等即有微勞，要不過率循常職，奉行故事而已，初非有昔人批難解紛之功，歸疆服叛之烈也，曷敢受非分之物，傷不取之廉，以貽外夷口實哉？伏乞皇上敕下該部議，將此金收儲別用，或仍命彼帶回，庶使節以明，君命不辱，而於風厲臣工之道未必無小補矣。臣等不勝激切敬懇之至。奉聖旨：「准辭，付該國使臣帶回。禮部知道。」欽此。

夷語附

天文門

天甸尼　日飛陸　月都急
風嗑濟　雲姑木　雷刊眉
雨嗑也　雪由旗　星波世
霜失母　雹科立　霧氣力
露禿有　電波得那　霞噶嗑尼
起風嗑濟福禄姑　天陰甸尼奴姑木的　天晴甸尼奴法立的
下雨嗑乜福禄　下雪由旗福禄　明日阿者
昨日乞奴　風雹嗑濟科立

地理門

地只尼　海吾乜　江密乃度
河嗑哇　土足止　山牙馬奴

水民足　冰谷亦里　路密集
石依石　井依嗑喇　墻拿別
城繞　泥乜禄　沙是那
灰活各力　橋扒只　磚牙及亦石
瓦嗑哇喇　岸倭　遠它加撒
近即加撒　長拿嗑失　短密失拿失
前馬乜　後吾失禄　左分達里
右民急里　上吾乜　下世莫
東加失　西尼失　南米南米
北乞大

時令門

春法禄　夏拿都　秋阿及
冬由福　冷辟牙撒　熱嗑子撒
寒辟角禄撒　暑奴禄撒　陰姑木的
陽法立的　晝皮禄　夜由禄

早速多
晚約姑里的
時吐急
氣亦急
年多失
節些谷尼即
正月燒哇的
二月寧哇的
三月撒哇的
四月升哇的
五月惡哇的
六月禄谷哇的
七月式的哇的
八月法只哇的
九月谷哇的
十月柔哇的
十一月朱木都及
十二月失哇思

花木門

茶札
花法拿
米谷米
樹拿急
果吾乜
松馬足
柏馬足拿急
竹達急
筍達急
棗那都乜
草谷撒
瓜吾利
菜菜
梅吾乜
葉尼
香槁
蓮花花孫法拿
龍眼龍暗
荔枝利是
甘蔗翁急
胡椒窟受
蘛木司哇

鳥獸門

龍　達都　　虎　它喇　　鹿　加目

馬　吾馬　　獅　失失　　牛　吾失

兔　吾撒急　　熊　谷馬　　象　喳

鷄　土地　　鵞　喈哪　　猪　嗚哇〔三四〕

驢　同　　騾　同　　狗　亦奴

皮　嗑哇　　鼠　聶　　鶯　打荅噶

魚　游　　羊　匹托喳　　蛇　密密

猴　撒禄　　龜　嗑乜　　雀　由門都里

鳳凰　呼窩　　麒麟　其莽　　孔雀　枯雀枯

獬豸　害宅　　仙鶴　司禄　　象牙　喳冷其

玳瑁　嗑乜那各　　牛角　吾失祖奴　　喜雀　孔加查思

鶴頂　它立奴谷只

宮室門

門郁　窗牙　房亦棄
樓塔嗑牙　御路密集　丹墀密集
御橋扒只　皇城窟宿枯　館驛館牙
瓦嗑喇亦棄牙

器用門

盔嗑塢吐　甲幼羅衣　刀嗑荅拿
箭牙　弓由乜　弦子奴
鎗牙立　卓代　盤扒執，一名桶盤
盆大篘　鉼匹胡平　床墮各
船莆尼　桅花時　舵看失
櫓羅　蓬賀　箣麥匙
帶文箪　晝葉　書佐詩
筆忿嗹　字開第　墨司默

紙堪批
硯孫司利
鎖插息
碗麻佳里
屏風飄布
香爐稿爐
花餅抛拿
香盒福法各
倭扇杠其
箱子凱
酒鍾撒嗑子急
茶鍾茶麻佳里
棋子戲其
玉帶衣石乞各必
金鍾孔加尼麻佳里

人物門

皇帝倭的每
王妃倭男札喇
國王倭王嗑吶尸
王子倭奴鬱勃人誇
朝廷倭每奴
大夫大福
長史丈司
使者使臣
通事通資
正使申司
副使付司
唐人大刀那必周
師父失農褒
和尚褒子
父親一更加烏牙
母親倭奴姑吾牙
兄先扎
弟屋都
妻同之
子枯哇
女爲男姑
琉球人倭急拿必周
日本人亞馬吐必周
朝貢使臣嗑得那使者
大明帝王大苗倭都每
琉球國王倭急拿敖那

人事門

跪匹舍蠻資之　説嗑荅里　拜排失之
興星起里　走迫姑一其　行亞立其
去亦急　來吃之　你吾喇
我瓦奴　有阿力　無妳
好幼達撒　歹哇禄撒　買科的
賣屋的　睡眠不里　請來子蓋失之
見朝大立葉亦急　入朝大立葉密達　鞠躬曲尸麻平的
底頭嗑蘭自之　立住荅止歪　叩頭嗑藍自之
謝恩溫卜姑里　朝貢密加妳吸之　平身度漫思吾
慶賀密由烏牙　表章彪烏　賞賜吾一加每奴
起來揭知　進貢嗑得那　進表漂那阿傑的
報名包名　辭朝畏之謾歸　回去悶都里一其
早起速都密的　下程司眉曰尸　筵宴札半失
敕書倭眉脚都司墨　拿來嗑子密的枯　好看丘達撒

不好哇禄撒
放下由六尸
作揖利十之
給賞烏鴉没谷古里
方物木那哇
多少亦加撒
言語麼奴嗑答里
曉得識達哇
不曉得失藍
聖旨由奴失
御前謝恩惡牙密温卜奴里
且慢走慢的
上緊走排姑亦急
上御路惡牙密即約里
再叩頭麻達嗑藍子其

衣服門

段匾受里
紗撒
羅羅
綢柔
絹活見
布木綿
綿布奴奴木綿
夏布拿都木綿
紵布達急木綿
葛布嗑布
彩段抛拿匾受里
改機蓋乞
官絹活見
倭絹活見
西洋布尼失木綿
靴匹藍加
襪乎韈子
鞋皮夜
帽冒
紗帽沙冒
帶文必
網巾網巾
員領員領
衣服豈奴
衫冷今
裙嗑甲莓
褲嗑甲馬

飲食門

酒撒其　茶札　飯汪斑尼
菜菜　菓刻納里　粉由諾沽
麵皿其諾沽　肉失失　魚游
酒飯撒其汪班尼　喫茶札安急弟　喫飯汪班尼安急弟
喫肉失失安急弟

身體門

頭嗑藍子　耳米米　眉馬山
目乜　口窟之　牙諾其
鼻抛手　手剃　脚匹奢
心起模　身度　髮嗑十藍其
鬚品其　鬍子胡品其　齒扒

珍寶門

金孔加尼
銀南者
銅押里嗑尼

鐵窟碌嗑尼
錫石碌嗑尼
錢惹

鈔支尼
玉依石
珠撻馬

石一實
瑪瑙吾馬那達馬
珊瑚牙馬那達馬

珍珠撻馬
水晶血子撻馬
玉石撻馬一實

琥珀它喇
犀角吾失祖奴
硫黃油哇

數目門

一的子
二荅子
三膩子

四由子
五一子孜
六乪子

七拿納子
八鴉子
九酷骨碌子

十吐
十一吐的子
十二吐答子

十三吐密子
十四吐由子
十五吐一子孜

十六吐乪子
十七吐拿納子
十八吐鴉子

十九吐酷骨碌子
二十答子吐
三錢山買每
一錢一止買每
二錢尼買每
六錢六谷買每
四錢申買每
五錢吾買每
九錢枯買每
七錢式止買每
八錢法止買每
一百兩撒牙姑
一兩就買每
十兩撒姑每
萬萬歲麻由吐失
一萬箇麻就吐失
千歲森

通用門

看密只
求討荅毛里
説話麽奴嗑達里
知道識之
不知道失藍子
不敢揚密撒
東西加尼尼失
閑漫圖押里
不閑漫鬲奈
説謊由沽辣舍
實話馬訟沽夷
不見迷闌
快活括其
辛苦南及之
笑瓦喇的
啼那其
叫院的
痛一借沙
瘂課沙
明早起身阿者速鬲拖枚榻支

夷字附

以	路	罷	尼	布
比	度	知	利	奴
而	倭	哇	加	有
他	呂	甦	子	尼
那	剌	武	烏	倚
怒	窩	古	牙	末
去	不	孤	依	的
惡	沙	其	又	未
美	寔	泄	庇	母
世	是	敲		

夷國上下文移往來書札止寫此數字，凡音韻略相類者即通用也。

校記

〔一〕爲，原誤作「謂」，據抄本改。
〔二〕頒賜國王，抄本下有「冠服等物」四字。
〔三〕按：依《殊域周咨録》等書載，是年册封副使爲阮鼎。
〔四〕一，原缺，據抄本及下文例補。
〔五〕寇抄，原作「寇杪」，抄本同，據文意改。下同。
〔六〕俟候，原誤作「似侯」，據抄本改。
〔七〕無所，原倒，據抄本乙正。
〔八〕憚，抄本作「懼」。
〔九〕憚，抄本作「懼」。
〔一〇〕事而，原誤倒，據抄本乙正。
〔一一〕弛，原作「施」，據抄本改正。
〔一二〕歆，原作「歌」，據抄本改正。
〔一三〕繁縟，原誤作「繁褥」，據抄本改。
〔一四〕慼，原作「感」，據抄本改。
〔一五〕損益，原誤作「揖益」，據抄本改。
〔一六〕廠，原缺，據抄本補。按抄本凡缺處與刊本全同，知所祖本爲一，抄本後出，或即據此本所抄，則此字當爲抄者以意補。
〔一七〕兢兢，原誤作「競競」，據抄本改。

〔一八〕者，原缺，據抄本補。
〔一九〕颶風，原作「颶徵」，據抄本及郭汝霖等《重編使琉球録》改。
〔二〇〕舵，原誤作「船」，據抄本及郭録改。
〔二一〕日，原缺，據抄本補。
〔二二〕齎，原誤作「齊」，據抄本及蕭崇業等《使琉球録》改。
〔二三〕此下原本錯簡一葉，據蕭録乙正。
〔二四〕豁，原誤作「谿」，據蕭録引高澄《操舟記》改正。
〔二五〕防風，原作「防丰」，據抄本及蕭録引高澄文改正。
〔二六〕土，原誤作「二」，據抄本改正。
〔二七〕掣肘，原誤作「製肘」，據抄本改正。
〔二八〕里，原誤作「運」，據陳侃《使琉球録》卷下改。
〔二九〕此下抄本缺頁。
〔三〇〕臣，原缺，據郭汝霖等《重編使琉球録》補。
〔三一〕欣忭，原作「之忭」，據抄本及郭録改。
〔三二〕彊武，原作「疆武」；礱，原作「襲」，均據抄本及蕭録改。
〔三三〕以下抄本殘缺多頁，不再一一出校。
〔三四〕嗚哇，「嗚」原缺，據陳侃《使琉球録》補。

附録

柬夏鶴田省垣

黄克纘

門下正直忠厚，當在朝廷以維持國是，區區中山島嶼間一侏儒耳，何足勤天子耳目之臣，涉萬里波濤而寵異之？誠知門下事不避難，使不辱命，如敝鄉謝常伯能將雨露而灑扶桑，然區區私心以爲此何時也，中國腹心之地，百孔千瘡，當與賢人君子挽回氣運，何必以彼鱗介而勞我冠裳哉！使節且按敝省，造舟爲梁，倘未即行，于宗社隱憂、生民禍亂且目覩之，此非直某一人過慮已也。不腆程儀，聊以餼客，仰惟炤存，幸甚。

（明天啓刊本《數馬集》卷三十三）

柬王旭陽行人

黄克纘

側聞使節渡海而歸，業已抵家。夫涉萬里之波濤，揚中國之恩信，舟楫不驚，册函無恙，此雖仗天子威靈、海若效順，而忠信涉川，孚及豚魚，使臣之勞不可泯也。異時敝鄉謝司徒曾履此險，歸來即躋九列、登八座，今日之事可謂後先媲美矣。不知往來海外，次止閩中，山川風俗，民生利病，形之歌咏者亦鑴爲奉使録，使朝士得聞之否？不佞久叨大邦，澤則不究，而齒益增，今且倦飛思返故林矣。然讀史見張騫遍歷外國，時復思慕，昔人乘槎得織女支機石，以問嚴君平者，决非虚語，于使節歸，不覺踴躍而願有聞也。

柬夏給諫諱子陽

黄克纘

往言奉使外國者，如徐福入海訪三神山，將至即爲風引去，其難如此。以台臺使琉球觀之，夏去秋還，如履平地，無亦國家威靈所暢，海若潛踪，風伯效順，而使者精誠可格豚魚，利涉大川，海不揚波耶？夫萬里巨浸，渤澥自異，數月往返，變態靡常，夜望星斗，晝看雲山，神龍巨魚，鼓舞出没，世外奇觀，必有可喜可駭、可賦可傳者，非使臣彩筆鋪張其盛，孰能播之來禩哉？竊願有聞也。報命後，八座開府，次弟陞遷，然皆台臺分内物，未足侈爲盛事。惟陳旅獒之章，申越裳之戒，以輔佐聖天子盛治，是所望於諫諍之臣者耳。

（以上明天啓刊本《數馬集》卷三十八）

送夏黄門元甫之流虬序

謝廷諒

本朝度越千古，臣所未臣，澤南洽而威北讋矣。頃以北虜之黠，詘體受封，散繒帛塞下，荷負而去，一二邊圉之臣，申約束，嚴斥堠，歲以爲常，朝廷晏然不知，蓋未有邀寵沐恩，命金閨之彦，動樓船之衆，如此其隆重者。夫流虬顓顓在海外東南一隅，不足以當漢一大縣，非利其貢賦之饒也，又非慮其擾邊境爲中國憂，而始用羈縻之聽其請也，特憐其一念嚮風慕義之誠，恪守臣節，蓋二百五十餘年于兹矣。一旦絶勿與通，弛天統，悖祖德，失遠人心，殆將不可。於是玅選一二端亮周慎骨鯁不二心之臣以往，當是時同年友夏公元甫適珥筆侍皇闈，忠存軌迹，義形風色，人皆屬目焉。

曩從元甫赴公車，察其襟宇疎亮，神情玄定，有過人者。理會稽，探禹穴，所造詣日深，恢淵博量，騰嶮峻邵，善其持冲以守盈，蓋才雄九奧而德鍾三懿矣。直禁以來，日習國家故事，獻納當上意，此即出入禁闥，淮南慴伏寢邪謀，婉婉幙中，摺衝尊俎，奈何以干城重寄，經途瀴溟萬餘里哉！柄國者念海上久無使臣，必以公之重儼而臨之，乃足以壯皇威，宣德意。於是天子特賜玉帶、麟袍，敕大行王君與俱往。往之日，祖帳東都門者車數百輛，一二三兄弟幸相從而聽《鹿鳴》之歌，又幸相祖而賦《皇華》之什，攬袂執爵，有餘榮焉。

或謂使臣之職，安國家、利社稷可也。西域諸夷勞費中國最多，然以其斷匈奴右臂耳。流虬叢爾何能爲？余曰：唯唯否否。諸君計利害耶，王者無外亦無私，蔀屋之下，一隙可通，曜靈望舒，却而不内，普照之謂何？諸夷在海島，隔萬里而遥，石爲橋而不足，車同軌而有餘，當其無，有車之用，此之謂也。居夷之想，豈薄中華，中華之教行矣，施及蠻貊，有遐思焉。君等亦知使臣之重乎？宣尼論士，以使節爲稱首。孝弟通于神明，猶以爲次。蓋延陵之風概可睹已。涉歷疆宇，芳韻彌鮮，彼固由夷入夏耳，況用夏變夷者乎？是役也，夷夏之脈絡于是乎聯合，列祖之精神於是乎涣揚，應乾象最著，關國體最大，繫四夷之觀望最多。高皇帝武節猋逝，所在獻琛，獨以倭夷之反覆不情也，却其來，計以爲倭介在海東，左流虬而右朝鮮，利舶一帶，聲息相聞，是故帶礪兩國以掎搉其山川，褒寵二王以歆動其天性，二百餘年，海内安瀾，鯨波不興，孰非帝力耶？自東南之海防加密，睥睨者不得生心，遂竭力而困朝鮮。朝鮮之告急也，天子爲遣大將，發軍興，費不貲，海内騷動。倭故與流虬通，以我行人覘彼虛實，老成謀國，意深遠矣。夫古之倜儻非常之士，願立功異域以自效者，不可勝數。樓蘭、月支，斬首獻捷，代不乏人。我輩邀天幸生盛明之世，雖欲請纓亡繇路。今以中山之役，泛博望之槎，布司馬之檄，可不謂非壯遊哉？都門叱馭，海嶠揚帆，沖瀜沆瀁之觀，所以發皇耳目，暢達機神者不可勝原。蕩精舉於玄區之表，攄紗節於九垓之外，宣皇慈於遐闊之津，而使春回落漈，膏潤彭湖，黿鼉之嶼，闓澤昆蟲，有不回首面内者乎？晻昧昭晰，得耀乎恩暉，侏儷效華語，嵩呼徹天，中山王叩擊洪響，聞所未聞，驚以爲河漢而無極已。黑齒文身，仰視天使，却步而不敢前，真大臣威重哉！昔洪忠宣之使還也，外國争梓其文，太后垂簾欲識其面。其後使臣之來中國者，必詢其起居官爵。官爵之貴不足爲使臣榮，而實繫四夷之瞻仰。子卿歸漢，朔望優寵，圖畫麒麟閣，列於方叔、召虎、仲山甫間，其重如此。夫以元甫之才，即優游都城，以登台鼎何難，涉歷遐陬，濴洄島嶼，勞苦而功高若此其甚也，天之所以降大任，國之所爲需異才，豈筐篋簿書是役，倫黨帷房是適耶？有包括華夏之氣象，而後有挽回天日之精神。元甫行哉！彼旦夕引領望君，而相與清敝皇衢者滿巖廊也，二三兄弟什伯恒情，計日以竢。

（明萬曆刊本《薄遊草》卷十七）

送夏掌科册琉球

郭正域

朝辭瑣闥暮閩關，天末東夷聆珮環。海若望風朝案下，女君計日舞庭間。揚帆萬里憑針路，返棹移時見鼓山。共羡題名歡會府，波臣早報使臣還。

（明萬曆刊本《合併黄離草》卷十二）

送夏給事使琉球

費元禄

帝寵樓船出海方，龍袍玉帶御爐香。碧雞使節開西蜀，白雉夷歌起越裳。日出東南知地少，潮生晝夜覺天長。雕題遣子知文學，宴坐從容咏隰桑。

（明萬曆刊本《甲秀園集》卷十五）

送夏鶴田諫議使琉球序

陶望齡

萬曆辛丑，中山世子尚寧上書言，臣恇懦怵於疆事，限匿幽遐，靡告於有司，旦夕怦怦焉。若流梗罔屆，屏處側聽，不敢見先臣之廟者十有餘祼。伏惟鱗介陋族，世世被冠冕，幸天子哀憐，使使者封植之。禮官議宜如故事，於是大諫議鶴田夏公以其副將命往，其同年友四十四人醵而觴之。有執爵而言者曰：「昔者先王之於荒服，其君世而一覲，象胥傳王言，諭説而已，未聞有行李之勤。至漢五葉，騖於遠略，使者四出通道，博望之倫，鑿空釣奇，而所適多大國，壤地接比，又善馬奇物，足以奉人主豐大之好，然聖世猶絀而不談。今琉球島嶼孤陋，道路絶險，地不當中國有市之鄉，物産墝薄，無齒角之貢，國家幸獎誠順，存掌故，昭示無外。第如曩者所畫，因乃還舶授命於海濱，以無廢舊章足矣，廼煩侍從涉海波，勤於蕞爾之國，而無服强大受珙獻琛之名與寔焉。雖累朝所常行，殆其可已。」夏公曰：「如子所云，是功利之規，而豈王者覆載之宏略哉？夫王者之於遠人固不當算名寔、商險夷，差擇於巨細强弱之數也。蓋受之也如海，臨之也如神。故一蹄之流，有潏然而東者，海必仰而茹之。蘊藻錡釜而薦於明神，夫非以誠信耶？明興威鬯，於海内外，靡不臣服。然日本擯而中山封，則誠狡異焉。夫琉球之爲國也，歷世弗賓，隋、元之威，敝兵海上而弗能服。至於聖人作玄化翔，於是稟朔效物，越世彌謹，其明信著矣。是故列聖寵而懷之，英蕩之使、圭弁之賚，相踵弗絶，所以褒賞誠節，採掇細微，而無所利焉。且王者固非獨兼容竝納而已也，且將録善而討奸，撫順而鋤逆。故西伯至仁也，遏密存阮，詩人歌之。天子方興六師，援三韓，驅掃蛟鱷，復箕封之舊域，强鶩既誅，宜宣布大公，明至信，令鞮譯所隸，較然知順逆偭嚮之效。夫中山者順等於穢貊，而義同於共阮。且故府之命在焉，固不可一旦廢也。」

於是望齡甫拜而言曰：「大哉鶴田子之言！揚盛明之洪業，振當代之遠策。仁以綏遠，信以守官，是行也，四善具焉。昔者匈奴嘗爲漢患矣，於是不憚重使，計通西域，名斷其右臂，終漢世戍屯弗輟，誠謂其邇胡也。今中國盛大，北狄解辮受號，遠邁漢氏。日本小夷，跂踵思附，敂關伏闕，請命者首尾數歲，終見殄絶。而中山壤域邇倭，積其信順，雖天威燀震，無所藉助焉，顧用以風動海外，令惛族嚚黨，睊目而相尤，曰曷榮於共，曷瘁於兇，中山獨戴天哉！而吾烏用自絶。於是悔往罪，效新悃，豚魚輸其中孚，虵虺歛其餘螫。蓋將濯腎腸，革志慮，寧直斷厥右臂而已哉！《詩》曰：『剛亦不吐，柔亦不茹。』仲山甫所以將明德音，光昭於使命也。惟鶴田子明允而誠篤，外朗而中勁，理於會稽，百吏得職，群黎大和，抏强淳澆，靡者植，幽者宣，所謂不侮矜寡，不畏强禦，鶴田子有焉。既入爲諫議，則竭忠而不阿，獨立而靡懼，嬰難犯之鋒鍔，抉宵小之邪謀，所謂衮職有缺，仲山甫補之，鶴田子有焉。率是義也，將之明之，以懷弱國，讋强寇，建安攘之上略，藉銷萌釁於永永，直頒瑞握節，修故事云爾哉！鶴田子行矣，式遄其歸，以上佐天子，升於大猷，憲萬邦也哉！」

（明萬曆刊本《歇庵集》卷五）

送夏給諫王大行册封琉球還朝

徐　㶿

李郭乘舟去，風帆入島夷。俗知周典禮，民識漢官儀。使命榮朝野，皇恩遍海涯。艱危赴王事，歸不過瓜期。

仙槎乘漲海，絶域到中山。王貢通窮髮，皇風被百蠻。乍臨鮫蜃室，久别鷺鵷班。遥見星文動，雙雙使節還。

（明天啓刊本《鼇峰集》卷十一）

送夏給諫册使琉球

徐　𤊟

銜命趨王事，暫辭供奉班。孤帆浮巨浸，萬里到中山。漢詔殊方下，皇恩異域頒。鯤溟寰宇外，鰲極海門灣。北斗低堪摘，東暘近可攀。洪波摇雪色，遠嶼抹烟鬟。威震華夷表，名齊李郭間。官儀宣上國，文教格南蠻。服賜蒼麟去，航通白雉還。歸朝仍晉秩，咫尺近天顔。

（明天啓刊本《鼇峰集》卷十二）

送夏給事册封琉球還朝

徐　𤊟

絶島曾乘貫月槎，歸帆咫尺到中華。諫垣復命方焚草，王事如期正及瓜。使節近沾天上露，朝衣新染海東霞。萬方禹服咸修貢，白雉争飛入漢家。

送王行人册封琉球還朝

徐　𤊟

使臣元不畏馳驅，溟海風帆一片孤。萬里雲山窮地軸，半空烟浪見天吴。槎中帶得葡萄實，槖裹裝無薏苡珠。帝問蠻荒風俗異，歸來王會有新圖。

（以上明天啓刊本《鼇峰集》卷十六）

酬歐世叔見訪次韻時自琉球歸

徐𤊹

祇爲如蘭臭味深，每勞雙屐遠相尋。茶林此日聞初響，卉服當年寄短吟。十五懷中藏趙璧，三千市上碎胡琴。致身欲向青霄去，莫漫人間笑陸沉。

（明天啓刊本《鼇峰集》卷十九）

大行王君册封琉球序

顧起元

歲在壬寅，琉球世子尚某以嗣封請，上詔循故事，命使者渡海册某爲中山王。于是旭陽王君以行人副給事中夏君往。

夫海王之國，絜贄獻琛，受封號者衆矣，朝不爲命專使也。命使册封，遂軼諸蠻夷歸義者而出其上，何也？豈非以其學于中國，爲能用夏變夷，習禮義，奉上法哉！夫古者四夷咸賓，八蠻通道，來享來王，未嘗有爲之報使者也。琉球之事，陪臣請命于京師，王人致命于海上領封，亦奚爲不可？而廼勤封使于彭沙蕩颷之間，此豈徒以外夷勞中國哉！鄭端簡公固言之矣。辨華夷者王道也，均覆載者天德也。不如是不足以風遐圻，使曶闇奥渫得燿于光明，而吾如天之度，猶爲有所閡焉爾。且夫異日者，倭奴之不度而與朝鮮搆也，海南諸島夷有不爲其恫喝者幾希，而區區琉球獨堅守臣節，罔有貳志，以陛下之神聖，倭奴之首旋竿槖街，而琉球始得秉介圭以請命。夫爲不善者訖天誅，而爲善者蒙上賞，則又威懷之略，所以風示四夷，非獨爲一琉球也。使者雖勞，固不可以已矣。

于是王君戒行有日，諸同年友之官京師者壯君之遊而思擇言以誦也，乃辱而使不佞。夫不佞則何以爲君贈哉？蓋嘗習君之爲人，而知其長于使矣。其神静以恬，其思慎以密，其識練以敏。夫恬則大浸稽天而不驚也，慎則忠敬可以行蠻貊而不窕也，練則周旋登降、辭受進反之節彬彬乎質有其文，一出而可爲國體重也。操是三者，與夏君左右而行之，夫亦何難之有焉？而不佞猶願竊有請也。今上之丙子，琉球嘗請封矣。時大司徒謝公賓以行人副給事中蕭公往，其歸也，遂踐卿寺，歷開府，登八座，至今爲國家所倚重。乃君子則謂公之可大受者，實于奉使時徵之。今君之使，實繼謝公，其器識閎遠可以大受又甚類謝公，然則上所爲推擇而使者，亦豈獨爲一琉球哉！不佞生而兩見朝廷絶域之使，乃既幸以年家父行事謝公，而又幸以同年兄弟友君，不可不謂遘之奇也。故論次使指與所爲望君者附焉，而序之如此。

（明萬曆刊本《嬾真草堂集》文集卷九）

夏黄門奉使琉球四首

顧起元

九天玉節下琳琅，東泛鯨波萬里長。縱使輶軒通絶域，也思羽獵諫長楊。

其　二

南溟渺渺接天河，鷁首乘風汗漫過。自是川祇争嚮化，年來滄海不揚波。

其　三

使者雙旌日下來，樓船東去海雲開。已卑博望乘查事，更小玄虚作賦才。

其　四

共看青瑣侍臣親，手捧龍章下紫宸。借問漢廷諸屬國，幾人横玉繡麒麟。

（明萬曆刊本《嬾真草堂集》詩集卷二十）

送夏黄門使琉球還朝

謝肇淛

金函寶册出蓬萊，滄海茫茫一鏡開。使節疑從天上下，仙槎應拂斗間迴。射空鼊眼看如日，薄浪鯨髻聽若雷。萬里風波君莫歎，清時須爾濟川才。

送王大行使琉球還朝

謝肇淛

袞衣擁傳古皇華，萬里扶桑浪作花。詔灑夷王天外露，裝輕使者海中霞。龍迎玉節衝波起，雁引牙檣帶雨斜。自有越裳隨獻雉，豈同博望遠乘槎。

（明末刊本《小草齋集》卷二十一）

贈歐全叔山人曾使琉球

謝肇淛

瘴雨蠻烟冷不勝，逢君如對玉壺冰。身騎南霍峰頭鶴，跡寄中山海外僧。十二闌干春半臂，三千雲水夜孤燈。酒酣擊劍談詩罷，白馬翩翩向五陵。

（明末刊本《小草齋集》卷二十二）

送夏兵垣使琉球

鄭以偉

劒掛扶桑日，查浮博望年。波臣方月候，瀛海正波平。上策夷爲守，中山節頗堅。皇風披穆穆，湛露滴娟娟。國是波羅舊，名因隋史傳。王乘木獸輦，女奏躡蹄篇。氣候如江表，君臣長潫涎。羅紋知異俗，鬭縷織花絟。浪説枯髏聚，空聞布甲旋。何如舞干羽，自可格紘埏。既見梯山至，時聞貢舶連。玉關塵絶滅，金葉表纏綿。帝撫要荒地，新煩侍從僊。羽服生懷玉，風雲起月川。霜飛青瑣闥，花重紫薇纏。焚草扃幽室，披麻歷御筵。孤鳴如鸑鷟，逐惡似鷹鸇。守禮嘉箕服，華風入舜絃。海邦用龍節，夙駕涉鼉淵。縹眇星爲客，滄茫水是天。麟衣明島月，羽騎擁樓船。昏曉分潮汐，滄桑問海田。進檣看鋮路，作賦凌木玄。一開唐主詔，永浄日南烟。花洞蠻歌響，螺衣膜拜虔。蕉陰結鳳尾，蔗酒釀春前。聞笛關河淚，看山眉髮妍。出門無難色，報國有天全。每憶蓬懸矢，長思水墮鳶。安能破巨浪，相共弄潺湲。祖帳梅花發，驪歌柳葉圓。漫悲易水曲，相贈繞朝鞭。見説長鯨齒，時吹白浪顛。知君奮雄劍，功就斗間還。海中看山如眉髮，又夏奉使時有倭警。

（明崇禎刊本《靈山藏》卷五）

送夏給事出使琉球

鮑應鼇

瑞節雙懸出海東，紫泥宫錦耀春風。名高瑣闥批鱗壯，地盡炎荒歷覽雄。縹緲扶桑看日浴，蒼茫大壑與天通。封珪萬里宣皇澤，不數乘槎博望功。

送王大行出使琉球

鮑應鼇

冠蓋聯翩赴異方，共持圭策錫名王。斗邊星使乘槎出，日下天書渡海將。萬里一航空宇宙，九重雙節照炎荒。人推典客山東妙，譯得風謡奏建章。

（明崇禎刊本《瑞芝山房集》卷十三）

送夏給諫使琉球序代

陳一元

我國家再闢混元，威德震耀於東南，海外諸部落交臂稽首請臣亡慮十數，琉球其一云。文皇帝嘉厥葵忱，至厘使臣頒之册命、章服，于是龍編梟壤之長，裒然爲漢寵王矣。今上緈序三十二載，孤臣尚其請封如令甲，制下，秩宗簡優皇華任者二人，都諫夏公以正使往，治艘于閩歲餘，予適承乏，得朝夕焉。頃且解纜，祖餞江滸，則見文鷁凌波，旌枻抗霄，佽飛駪駪，鉦音轟轟，邪許訇磕之聲，與江流交沸。

予擊節起曰：壯哉，使君兹行也！嘗讀史至司馬長卿建節西南夷，道蜀，守令郊迎，負弩矢先驅，乃朝冉從駹，定筰存邛，然後結軌還轅，使事榮矣。博望侯騫以一介使通大夏，抵烏孫，凌絶島，航殊域，歷古未譯之國，抑又有星槎牛渚肆說，何其奇也。當其時，人主方嘉意邊功，遂令牂牁沫若之區與中國竝，故葡萄、天馬、邛竹、枸醬皆得中其欲而恣侈心，爲之臣子，其所景嚮又可知已。明興二百餘禩，脩文德如一日，來享來王之休，直陋漢而比商湯。夏使君以青瑣侍臣，特膺封屬鉅典，瑞節所臨，從都下暨里門及閩，士綰墨綬者莫不委蛇周道，實與負弩先驅争榮。今者發無諸，渡金鑠，横海而下，望彭湖，指中山，仰觀扶桑所自出，俯瞯鼉鼊鮫人諸怪窟宅，艤舟而登，彼羽冠螺飾、帊首冠韠之種，羅列悚息，忙舞踴躍，僉謂我天使從天而下，斯不亦奇男子擅六合之壯游哉！若古所稱探勝尋源，開疆拓土，方斯篾矣。長卿有言曰：天下有非嘗之人而後有非嘗之士，非嘗之原，黎民懼焉。及臻厥成，天下晏如也。先是使君司理予會稽，全活人無筭。繼晉台垣，建白多軍國生民大計，昂霄聳壑之度，望之知非嘗人。茲揚帆天際，人怔怔伀伀，使君油油于于，從茲而賦觀海，賦日升，奇詞瑋藻，與雲漢相昭回，皇靈宣罔，環瀕海諸酋屬承沫仰流，晏如之業，直拱揖樹之。歸紓聖天子宸慮，必陳四牡，賜勞問，三事九列之寵命，穰穰至矣。夏使君起謝曰：抑子陽渺躬，何敢居。惟是國家之神靈是憑是依，此即徼下執事之賜。于是予請酭爵浮白，歌《采菽》之五章以侑。

送王大行使琉球序代

陳一元

國家威德覃播，自日域月竁，以及雕題辮髮悉主，蓋二百餘年如一日。琉球介海島東，國屬中山，向脩職貢率道閩，即易世嗣封，亦附封疆吏以請，著爲嘗。有詔曰俞，則簡廷臣二人，仗瑞節，航海臨之，異時數還往，安恬亦如一日。頃中山復當請封，大行旭翁王公用譽望貳都諫夏公往，不佞濫竽疆吏，獲聆謦咳，茲發艦有期，禮應脩酌者詞。

竊惟昔稱灝溔潎洌莫如海，故《元命包》有海王之説。粵稽玄虛所賦，天輪地軸，前使君所録，蜃作霧，鰍呼風，種種諸靈奇怪異，令人飋然欲舉，第恨無繇乘長風破萬里浪，一窮覽爲快耳。公胸吞雲夢八九，度又汪汪千頃也。先時中山數譯逆干旄于境者，望風羅拜，咸啞然驚漢官威儀，相率舞忭以去。即海上馮夷，早已戢狂飈，瀕海諸名王部落，又靡不先乘亭幛以望，先聲所至，業燀赫盛哉。是行也，浮文鷁，駕巨柮，以徘徊于天輪地軸、蜃霧鰍風之中，波濤萬頃，招摇一葉，正襟賦詩，聲琅琅與雲漢相上下，奇矣，奇矣。中山雖魋結殊俗，然屈指四藩，自箕子舊墟外，懷好音而向王化，無先之者。邇奸人煽利，磯易之山有金穴焉，遂令海波沸騰，聖天子灼見域外不難付于理外，臣尚某越伏鼋鼊，天子嘉念爾世世效誠，用厘一介，以先昭遐裔，亦唯是爾藩爾屏是賴。其環向則象，永率王休。此用夏變夷大概也。公不吐不茹，則有文告之詞，其閩土數世寔加賴之，用以上紓南顧功烈，且與海天共永矣。

按史紀博望侯使月氏、富鄭公使契丹二事，迄今豔談。不佞謂泛渚取石，事出附會。若弼之煉金煅鐵，言傾人聽，第名爲交媒，不名爲炤臨，方之兹役，不懸霄壤哉。乃或者又云涉海蹈險，人多危色。先生獨于于油油，養可知矣。不佞唯唯，更端進曰：聞諸《説命》：「若濟巨川，用汝作舟楫。」其航海之昉歟？公與夏都諫皆作楫異材，兹特試利濟之一筏，行者汎鷩濤如安流，馭長年三老輩如陸軒軺也。功成報闕下，將鼎鉉立躋，丕顯麴蘖，鹽梅之業，寧論涵養，此第一班耳。王公聞言，避席曰：抑士楨何險之敢避？亦何功之敢徼？惟是上之有聖天子之寵靈在，勉竣使事。幸矣。于是次第不佞言以質于夏先生。

（以上明崇禎刊本《潄石山房集》卷十）

送人使琉球

熊明遇

彤庭分遣節旄新，萬里長風送使臣。詔捧金函摇海嶽，槎浮銀漢犯星辰。携將雨露天邊灑，記取詩書域外陳。切莫臨岐嗟路遠，請看正朔共王春。

（清順治刊本《文直行書》詩集卷十）

杜天使册封琉球真記奇觀

〔明〕胡靖　撰

校點説明

《杜天使册封琉球真記奇觀》一卷，明胡靖撰。

胡靖，字獻卿，號卧廬、荆胡子，福建南平人。工詩畫，後出家，僧名澄雪。崇禎元年（一六二八），朝廷遣户科左給事中杜三策、行人司司正楊倫爲正、副使敕封尚豐爲琉球中山王，杜三策邀胡靖同行。使舟於該年六月四日出五虎門，九日至那壩港；十一月九日返，二十日至五虎門。明代自陳侃後，歷次出使均作有使録，唯此次使臣未見有關出使記録，故胡靖所作是唯一親歷者的著録。

本書現存崇禎六年版清胡靖八代孫刷印本，書前自序有爲杜公作中山圖事，今不見。全書猶如一篇遊記，着重寫琉球地理景物。因作者爲從客身份，未參加諭祭、封王大典，故書中於使事很少涉及。胡靖長於繪事，故全文於景物工於點染，詞雋語美。然所作雖云親歷，實多臆説，如起首便云中山東南行可數千里，西北行可數千里，即與事實不符。清汪楫《使琉球雜録》序云：「崇禎中杜三策從客胡靖所刻《琉球圖記》則荒誕謬妄，百無一實。」雖言之過甚，然不爲無理。此外，本書有夾評及總評一條，總評署「雅軒」，不知何人，待考。

清順治十年（一六五三）又有另一刊本問世，書題《琉球記》，一卷，前有署「古雄王孫蕃題」之小引。次琉球圖，從胡靖所作圖跋，知此圖乃應孔使君請重繪，較舊圖「廣而再詳之」。將此本正文與崇禎刊本比對，知此本已經重訂，改正了不少初刊錯誤，且删去了評語，書後附《中山詩集》一卷，則係胡靖所作有關琉球及出使事之吟詠。

此次校點，以崇禎初刊本爲底本，校以順治刊本。同時將順治本多之「小引」、「琉球圖」、「中山詩集」附後，以成全璧。另附同時人贈杜三策、楊倫、胡靖詩文十一篇，以供參考。

（李夢生）

目録

序

胡靖

人生遇合，緣也。歷名山巨川，尤緣也。至於身居中土，俄而異域飽閱其山川風土，尤緣之至奇者也。緣奇則傳，地奇則傳，此從遊琉球記所由作耳。余壬申冬遊金陵歸，明年春讀書曹觀察先生三石亭中，時循呫嗶，攻舉子業，每讀東坡海外文字，見其淜湃洶湧，胸中自具一觀海想。適友人以扇繪赤壁圖者索楷書後賦，勉臨池應之，不期歸於册封杜給諫案間。未浹旬，杜公召書辱至，值病足，弗獲登龍。嗣愈，曹先生急余請謁，作書先容焉。一見甚款，輒爲評論書法，時呈山水圖，覽竟喜甚，欲拉爲海外遊。退以書達曹先生，先生出其書，謂余有觀海之招，中有「丰神秀瑩如裴叔」云云過譽，時且駭汗盈背，求爲固辭。曹先生曰：「杜給諫奉王命册封異域，君挾善書畫給掖省之劄佐行，歸來臨軒慰勞，自宜寔任是職。矧丈夫壯遊，正在斯乎？」詰朝，杜公使來招飲黄雪軒座上，楊大行傾蓋投飲，於是始决從遊之志。嗟夫！書生迂拙，裹十日糧離鄉井輒作數日思，且慼慼不寧，一旦乘風破浪爲天外之遊，寧非緣耶？遂爾五閱月於中山，得追隨杜給諫、楊大行兩天使。時善畫者崑山顧西樵、建州陳仲昭，善操者姑蘇周鳳來〔一〕，每共酣於書畫詩酒間〔二〕，興到則偕諸君登山眺遠，臨海觀濤，故指點群勝，歷歷如几席間。適爲杜公繪中山圖，遂約略其言以誌之。

琉球記

琉球直直起筆，先寫琉球，最奇。居南山、北山之閒謂之中山，更有姑米、馬齒諸山，皆其所屬，東海閒一大島嶼也。一總先諸山。地勢東南行可數千里，西北行可數千里，又一總次地勢。兩總下并不承，最奇。余從天使轉筆方寫從天使遊。五月二十三日自三山起行，由樂邑抵广石，建醮天妃，祈靈水聖，然後登舟。記登舟。舟與尋常規造迥別，廣六丈，長二十一丈，入水約五丈。中有大堂，上置詔敕。左右官房，引道直出兩旁，共二十四房，頂設天妃殿。首尾五帆。記舟制。柁公十六人，水手百六十人，習登檣入水者謂亞班，亦三十人，計從行員役約七百有奇。記舟中人數。一開帆則晝夜乘風破浪，利不得泊，憑指南針向爲準。風順數日可到，否則數月不能。記舟行疾遲。時六月四日，從广石解纜，沿山帶河，觀者填道。江小舟巨，弗敢揚帆，率梅花所水軍將數百小艇於江中以巨纜牽之，寫揚帆先作一頓，不敢揚帆。由五虎門出大海，始掀五帆，乘浪如飛，真有一瀉千里之勢。始揚帆。次早風順如故，舟鎮不前，欻見吞舟之魚，翅類旌旗，金光閃爍，左右旋繞，餘則大小隱躍，或鱗或鬐[三]，或方或圓，或赤或黑，如狗如豕，如駁如麃，如豸狙犀象者，莫可名狀。人咸駭異，請天使觀焉。督造官稟曰：「此龍王朝耳。」天使揭免朝牌，倏忽散去。龍王朝。舟行益疾，若有神人扶之而走。八日薄暮，過姑米山。夷人貢螺獻新，乘數十小艇滅没巨浪中，遠望一番如畫。北至繫纜船旁，左右護駕。深夜舉燈[四]，如江干漁火，上下零亂。

近覷一番如畫。鎮守姑米山夷官遠望封船，即舉烽聞之馬齒山。馬齒山聞之中山，世子爰命紫金大夫泊三法司統通國夷人詣那壩候接。接封船。次日舟到海涯，即那壩港口，遂卸風帆，卸帆。夷官群擁出迎，各投稟謁，接天使。率夷人千餘拽船入港。

港不甚廣，深窅叵測。港口有巉石兩當若門，夾岸築長堤一帶，風景迥殊，非人間世矣。初入國。初見夷婦，且駭甚，裹頭跣足，長衫細裙，與吳文仲所畫大士無別。記其人物并衣飾婦人。男子盡欹髻左衽，官長則戴頭箍，名曰首巾，有紅、紫、黃不等，紫色爲上，黃色次之，紅色又次之。至於王府奔走差使者盡頂紅首巾，男子。中有數方巾長袖雜處其間，詢之，乃彼國荐紳，曾遣入貢者。又於衆人中抽出一句另寫。由長堤百餘武，有寺曰臨海，無佛像，惟僧舍，東一小殿中懸古銅物，形類雲板，硃砂盈斑，寶色璀璨，旁垂一槌，風動自響如龍吟，空中與濤聲相應。以上皆舟中遥見，天使、從人俱未下船。

進里許，乃官埠，封船到此，群接天使涖公署，隨行皆登岸散處於夷居別室〔五〕。天使從人下船。自官埠登岸，有迎恩亭〔六〕，昔給諫夏言辭金之所也，又謂却金亭。嗣是天使咸以辭金爲例，於是紫金大夫賫七宴金上之於朝廷，陳天使却金之意，上仍發御賜，然後受之。趁便帶入却金亭，并注却金事。自却金亭進乃天衢，至天使館。館倣中國規制，巍峩壯麗。堂後構小樓，渾樸工緻，有郭公菊咏十首，將寫天使詩，先寫郭公詩作引。杜公賦中山懷言四律，有「一帆多藉乘風力，萬里常懷捧日心」之句，自謂得意，余喜其「興來欲泛張騫斗，歸去羞言陸賈金」〔七〕，用事尤切。楊大行亦附一律，名其樓曰聽海。時召飲咸集於斯樓，樓前曠眸無翳，雲岫蜃台，突出旋没，不暇應接，每對此則心神暢怡，雖淹留異域，頓忘故國之懷。記天使館。趁便夾入天使詩，最爲巧妙。須知此處不插入，再無插入處矣。

出天使館，前乃米是庫，亦有樓，較聽海尤精，王謁天使駐此更衣，謂之更衣臺。天使館前。左右盡夷居，其屋皆矮伏，乏翬麗壯，方柱板壁，悉用黄楊木，文理如牙，精若几榻。天使館左右□居室。鋪席於地，謂之脚踏棉。概據席地而坐，客至脱履以進。始知「坐」字兩人從土，《禮》云「門外二履」，其謂是耶？坐次。飲食則二餐〔八〕，餐以一碗爲度。凡肴饌盡乾製無調羹，或宴會則以乾肴數碟，各盤貯而不相共。飲食。飲酒則以一杯相傳，有我合而彼分、我分而彼合之别〔九〕。飲酒。國王設宴例用貼厨，則天使自帶十五人爲王辦宴。玆封大宴者七，如朔望、逢五及十皆小宴，則輪遣三法司詣那壩相陪，必以梨園演劇，悉用隨行者，若彼國者則不知爲何物也。略寫設宴，下方詳言。

屋前後各築墻垣，縱横百十巷〔一〇〕，有那壩館，館中悉備供給物及床棹橙椅之類，特爲待封而設者。供給館。凡議市價〔一一〕，僉至玆所。從行員役各帶土物，王令通使詣那壩館評之〔一二〕，造二册〔一三〕，盡歸於王，然後發直，不爽其物。八月初旬，日本薩師人馬至〔一四〕，市利三倍矣。我國土物貨賣。由館前横道左行則天妃廟，創自嘉、隆間，覺傾頹，略加修葺。廟前空曠，爲往來通衢。日昃則夷婦頂戴雜物，鋪置於地，爲唐人交易，至暮拾歸，故通國無市廛。彼國土物貨賣。前面臨大湖，瀠洄曲摺，不成方圓，隘者揭衣可踰，寬處舟行亦艱。有塊石出自水中，岧嶤層叠，細木蓊薆其上，小石點綴水湄，錯落不可枚舉。古柏雜木，一一映影清波中，致可樂也。天使館前大湖。嗟夫！中山諸景流峙皆奇，惜不令騷人墨士徧詠耳。昔人謂遇異境如讀異書，異境難得，異書難窮，斯喻得之矣。總上結住。

那壩近岷山，山迴水繞，比户多殷厚者。紫金大夫蔡堅亦家於是，背山面湖，其居甚弘廠，姬妾數十人，無子，王以子賜繼焉。蔡堅者，國之望也，昔曾入南雍習業數年，屢過閩，習閩風景，悉解閩人及中原語，百凡要務藉其主持，至於國王宴會儀節，尤所諳練，由乎前封之有鄭同也。紫金大夫疑即通使。沿湖而東，陟山半，有天妃新殿，造自郭公，凡册使往返，皆於斯起福醮五晝夜。湖東半山。越山梁摺而南下，曠然平野，一望無際，四邊皆夷墓，從行武士演武於此。山南。過平坡里許，即海涯，有輔國寺。輔國寺。以下詳寫輔國寺。僧舍在半嶺，躡數十級有三乃殿，殿宇闃寂，僅懸古銅物形似鐘而寔底，如商周法物，《博古圖》之所未載者也。詳記。循墻背有古樹數株，榮枯雜半，盤根錯節，與怪石古木圖無異。詳記。樹傍即臨海，涯壁削數千仞〔一五〕，驟履之，下瞰蒼茫，恍惚心目俱悸，縮足不能自前。寫絶。少憩神怡〔一六〕，見無數石筍森立其上，嶙峋⿰谷艮谺，如奇峰錯出。寫絶。風急則浪濤湧於岸半〔一七〕，轟宏厲怒〔一八〕，聲若雷霆；波恬則若潭渚焉，水清如練，魚游可指尾而數。深處甚黑，余疑其無底，投以數小石，見白點如梅花斑，始知其石底也〔一九〕。寫絶。仰望則萬里雲濤，浪湧如雪，余曾有「浪湧千重雪，潮來一片雲。胸中吞地闊，眼底極天深」之句〔二〇〕，故諸景之勝，以輔國寺爲最。頓住。

降寺而東乃大明街，即從輔國寺轉落而下。兩邊夷居櫛比，有劉姓者，年百餘，意致風雅，類我輩人。屋邊構别室，四壁圖書，中懸張學士草書。舍左築高臺，手栽杉松數十株，屈曲蒼古，垂蘿可愛。臺高能望海，下多列海石，嵌空玲瓏，怪異奇絶。有石盆渾然天成〔二一〕，如人工斲就者，畜游魚數百。余喜而頻過，過輒踴躍呼童烹茶〔二二〕，每相款接，侏𠌯覯此，可謂陽春白雪。劉氏居。不謂夷中乃有如此人物，看他住筆法。然其百餘歲者固多，即從百餘歲轉落而下。蓋此國無名利營心之累〔一二三〕，官人以世家計口而給俸，民則爲王助耕，計口而授糧〔一二四〕，不設科，以世家子弟俊秀者選其人而上之朝入國學，民間無市利之所，無有餘不足之憂。人無事事〔一二五〕，亦不群然嬉聚，或一二静對，自朝至夕，惟清言茹烟而已，或彈棋則極其巧〔一二六〕，是以人無勞心，多致天年，不獨一劉氏之壽耉者。從百餘歲轉下，趁便記其家世耕作登進居處，末仍繳還劉氏者，惟恐文章不成其片段耳。看他住筆法。劉氏居前即從劉氏居轉落而下。石橋一帶虛寔相續〔一二七〕，長可二三里許，遠望若長虹。橋頭國王家廟，祀祭前王即其所也。王家廟。

由玆登王城通道，海石粧砌，嫩草不生。八字好。夾道結頂長松，狀若虬龍，皮細色丹，與文待詔所畫者無別，故謂之松嶺。徑紆迴升陟，王城夾道。比至王城，有坊曰守禮之邦，即名守禮村。至此街衢更坦闊，兩邊盡立短垣。王城。封王日，徧國夷女雲集萬億，皆疊坐垣上，觀中國人物。自不可少。是日黎明，王發馬數百至那壩相迎，隨行員役，無論持戟執桁之徒，皆乘駟赴宴，祗有八座輿夫從地而走。迎赴宴。余則辭宴不赴，偕顧、周諸子着健兒選輕騎趁清晨馳至守禮坊。見兩垣夷女，裹頭露臉，覿面駭笑。先寫守禮坊夷女一番。至王城，歷數殿，略。下補寫。觀其設宴，輝煌盛美，開宴。自天使以及皂役、水夫，皆備酒席。先總，下細列。從行二人共席，各番布二疋，詳。有稟給者一人兩席，白金十兩，倭刀一口，扇二柄，番葛二疋。詳。若辭宴不赴者，加摺席二兩。詳。至於天使，凡飲器概用金玉寶犀之類，送席則並餽之，外具宴金三十六兩，倭刀、金屏、番錦、金扇極其精巧。詳。嗣後七宴，亦復如是。觀畢，復至守禮坊，再熟看夷婦，約友人各取其美者幾人，而尤美者幾人，皆渾然莫解，任意品題，如入浄寺數阿羅漢〔二八〕。妙人妙事。

守禮村皆國戚世臣聚族而處此，此處人物多端莊俊偉，女子尤都麗，比之那壩又若殊方而異域矣。仍歸到守禮坊夷女，妙妙。收住，下倒補上文。踰此即天界寺。寺寥落無景，左列王塋，右通王居〔二九〕。天界寺。從寺前摺而上道，有古井，水從螭頭流出，滔滔漭漭，晝夜不竭，稱曰瑞泉，王則汲之。寺前水泉。摺級而上乃國門，榜曰都會，府門榜曰刻漏，殿門榜曰奉神，圜堞儼然，石壁矗矗〔三〇〕。國門榜額。殿前一曠坪，可容數千人，中建接詔臺，殿前接詔臺。臺與王殿正門相對。層閣有三，類閩省鼓樓，巍峩高聳，足躡雲根。中層環垂簾〔三一〕，簾綴龍鳳文。受封日不數彩女聚觀簾內，如月中素娥簇擁而出。詳寫臺。殿前兩石龍，高可數丈。東左新構殿堂，繕以虬桂，梁蝃蝀而瓦鴛鴦，榱雲霞而棁藻荇，天畫神鏤，極其巨麗，乃宴天使所也。宴所前不曾詳寫，此則從天界寺一路寫來，乃倒補法也。或問寫此在前得否？答曰亦可，但太直遂耳。循殿高崗盡鳳尾蕉，陰蓊成林〔三二〕，宛然屏翠。略寫。

從第一門摺武而左乃圓覺寺，寺中殿奉彌勒佛一尊，右僧室甚寬敞，國中童蒙皆從師於上人學寫番字〔三三〕，即爲習業焉。上人諱薩師盧南，頗曉暢，每面余索書畫，輒餽以銅鼓及藤篗、漆瓶之類。一段情事。左祀中山歷王神位，僧衆晨夕誦經不輟。又一段情事。寺内有古松一株，高不滿三四丈，枝柯古勁，屈曲盤旋，大可四丈，團儼若張蓋，觀者羡奇。以上圓覺寺。寺前有龍潭，長可十里許，上下兩石橋，欄杆雕畫如碧玉鋪砌，水窪然深靛，望若墨汁，云此潭與海相通，嘗見黑龍出没其內。寺前龍潭。時重九宴天使，觀競渡於斯潭。爰從潭高埠新架亭臺，八面玲瓏，柱以錦毡纏飾。地迥在東，氣候甚暖，四時俱花，盡羅致之，四邊紅緑圍繞。時請天使登臺，先用隨行梨園雙演雜劇，遂有六龍競渡潭中，龍舟。每舟置歌童十人，頭戴扇面，團製如金笠，垂一金蝶，羽如鶯翅，身被珠瓔珞，飛帶雜垂，如仙童樣，各執一描金杖，支手立舟中，齊唱夷調。歌童。兩傍坐夷人，以短楫輪轉拍浪，比合相鬭，如鬧然争勝狀〔三四〕。再寫龍舟。薄暮始散，則滙六舟歌童五十餘，高歌低舞，共演夷戲，不知其唱何調而演何記〔三五〕，第見其群聚翕如，高低不亂，自有一段校習然者。再寫歌童。於是賓主盡竟日之歡，極斯潭之盛矣。又重寫宴一番。蓋上宴王殿前，此宴龍潭前也。王殿居琉球衆山之最高者，叠嶂層巒，上得涓滴寒流，已自叫絶，孰期有潭於斯，深可潛龍，長可行舟，天開王居，洵非偶也。結住。

自那壩至王城十五里，余每閒登殿後遠眺，望東北則千山起伏，林樹窅茫，宛然圖畫〔三六〕。望西南則微茫萬頃，蕩漾千峰，日到景賒，莫可究極。中山固大海一卷石也，澄湖石樹，曠壠高岡，種種奇拔〔三七〕，坊閣橋塋，在在精良，人巧天工，兩擅其美。總結前文。余從諸公駐匝於那壩五閲月，候東南風作始掛帆言歸。雖夷遊日久〔三八〕，殊覺倏忽易邁，復消故國之懷，賴有諸景寓目而怡情也。寫歸矣，却又翻轉前文，筆墨有左顧右盼之樂。

天使駕旋時仲冬月八日登舟，登舟。九日揚帆，揚帆。雖北風迅厲，而舟行無恙。先寫無恙。至十八日〔三九〕，忽颶風大作，遂斃一柁公。日摺柁牙凡九十數，崇朝不息，急殺。督造以龍王護送，稟天使則着一品服登座，大書免送，第一層免送。適欲張掛，忽念曰：「前有御敕在舟，書免朝乃代天子詔也。今無敕書而示免送，深恐海上諸神職尊於我者，因而觸怒。」亟令滌去，潔誠禱許醮願可耳。於是告許諸願，第二層許願。颶風仍作，舟中勒腹索爲一船之總要，其大如斗，斷而復續者至再至三，竟乏此物矣。更急。柁無此而不敢持，任其蕩漾，自註一句。衆且駭問督造張子：「舟險至此，畢竟若何？」有此一問，更急不可當。答云：「船無柁如車無輗軏，任風浩蕩，吉則飄至粵東，凶則飄泊外番，更急，更急。尤恐船非鐵鑄，飄久自壞。」聞言怖甚，人人自危。内有中軍官三人，共得一奇楠〔四〇〕，大可滿尺，高可三尺餘，可值千金，公舉捐出，刻天妃聖像，鳩直償之。聞諸天使〔四一〕，天使即登戰臺，告許是願。第三層許刻天妃聖像。俄而有奇鳥集於檣杪，翠羽籠雲，宛若翔鸞，寫得恍惚不定。時乃十九日也。是夜將半，殊覺舟行如飛，簸揚異常，比至黎明，滿船喊聲如雷震，故作驚人之句。余驚謂舟破人呼，又跌一句，然後轉出。督造官曰：「望見中國之山，是以衆踴躍歡聲耳。」始落下。少頃霧開，見數漁舟隱躍目前〔四二〕，爲鎮海口，即前日出海之所是也。直縮到前文。於是卸五帆，收到五帆。仍從五虎而入。收到五虎。倘非神護，能致數千里於俄頃耶〔四三〕？天使呼巨觴，互相慶曰：「得及第不如望見此山。」喜悦之心，洵非言喻。寫天使一慶，益見前文之急殺。遊至此奇絶矣，如許長文，一句總結。聊記之以誌生平之一快云。找作記。

其事奇而確，其文峭而古。雅軒。

附順治刊本文

小引

朱蕃

余初識荆胡子獻卿，見其矯矯雲鶴，森森喬松，即許獻卿爲天際異人也。及觀其文如銀濤雪浪，一瀉千里，詩若雲蒸霞舉，蛟龍繞舟，雖巨浸之㵎漭，不能喻文海之波瀾，相吟情之浩蕩。更以書擅籠鵝，墨妙摩詰，鄭虔三絶，於斯再覯，奇哉獻卿！倘非眼具大觀，胸涵異致，能易臻此耶？頃接閲其《琉球圖記》，則知獻卿浮槎殊域，遨遊於十洲之島，故若文若書若詩若畫，種種奇情遠韵，殆畢露於濡毫之間。昔趙季仁云生平有三願，願識盡世間好人，讀盡世間好書，遊盡世間好山水，而獻卿已爾，窮幽極遠，長驅海外，則海内名勝靡不涉歷而至也，寧有足跡遍天下猶不識世間好人而讀世間好書者乎？余許獻卿爲天際異人，良不迂哉！

古雄王孫蕃題。

琉球圖

山

天使館
迎恩亭
演武場

漫湖
長虹橋

中山王殿
天界寺
龍岡
瑞泉
勒馬岩

圓覺寺
龍潭

琉球諸勝，余别之廿載餘，覺雲濤縹緲，嶼色蒼茫，一回思宛在心目間，則乘風破浪，怪怪奇奇之狀，歷歷可數。甲申春，爲吾友林賁子徵記付梓，率爾擬圖，錯舉其略，殊有未盡諸景之嘆。頃承孔使君觀圖瀠想，欲余廣而再詳之，殆若乘槎泛斗，胸中已具有滄溟之大，自見斯圖之跼蹐。爰廣斯圖，恍又置身於海光島影中。是招余始遊者杜公，而令予再遊者使君也。余徒造鮫人之室，使君則投予以驪龍之珠矣。

癸巳梅月獻卿胡靖寫并跋。

中山詩集

广石揚帆

傾都物色屬相望，此日維揚出漢疆。丹詔飛須雲吐彩，碧溪解纜日重光。舟經五虎分殊域，地轉三江入巨洋。多藉馮夷扶帝力，波恬不見颶風狂。

其 二

樓船掀飽五帆風，萬里波濤在眼中。總爲皇恩深浩蕩，自成節使奏膚功。回看縹緲三山秀，坐擁溟濛九島崇。何幸追陪稱勝事，壯游能得幾時同。

同劉章甫濟川談俠

乘風破浪幾千層，片刻遂成萬里登。島嶼看來天外杳，翺翔自奮九霄鵬。

臨海寺聽濤

蕭蕭蘭若海門懸，物古音奇漫紀年。時與濤聲相節奏，一天秋水月孤圓。

其二

海邊寥廓白雲高，嶼色蒼茫映碧滔。忽送金聲風上下，如龍吼月和寒濤。

輔國寺觀海四首

幾年觀海志，此日始登臨。浪湧千重雪，潮來一片雲。胸中吞地闊，眼底插天深。頓覺乾坤裹，波濤自古今。

其二

數頃看無際，徘徊望莫從。微茫但一水，蕩漾是千峰。遂爾煩襟滌，逌然豪興濃。臨崖思大道，萬派總歸宗。

其三

寺古依松竹，巉巗石筍懸。洪濤衝岸畔，乳燕巢峰巔。下上天成兩，東西水並圓。平臨增悵望，每嘆説桑田。

其　四

蕩跡似何極，探奇絶險中。䨓鰲翻雪浪，海馬御天風。興與雲飛遠，情同鶴唳空。置身聊不邇，已比扶桑東。

月夜聽夷女搊二絃

朔風吹落舞衣寒，笑把琵琶對月彈。此調不期夷地有，低回猶作漢宫看。

聽海樓和杜給諫中山懷言二律

夜聽魚龍出水吟，一尊對月酒頻斟。寒濤濆洒連天雪，殘菊飄零滿地金。數曲歌縈孤客思，幾回夢繞故園心。平生浪跡知多少，此處夷猶可再尋。

其　二

支離遊況此來豪，萬頃波光入彩毫。潑墨煙雲龍出海，臨池朗月鶴鳴臯。浮槎欲泛天河斗，乘興猶疑雪夜舠。千飲中山渾是夢，不知身寄海天高。

題圓覺寺古松

知是天工巧自栽，遥分海色通蓬萊。孤根勁挺亭三尺，古幹横斜蓋二臺。夜静龍鱗明月照，天空鶴影倚雲來。菁葱已濕千年露，曾見三花幾度開。

九日龍潭觀競渡二首

自喜夷王禮遇賢，開筵九日唤撾船。金尊共映黄花酒，又聽侏童唱採蓮。

其二

緑紅爛熳鬬東籬，異地花開無定期。故就登高看競渡，蒲觴又醉菊觴時。

壽楊大行

水國風雲壯彩毫，松清鶴潔一仙曹。歲星長映槎星拱，茆屋曾添海屋高。節使中山儀鳳羽，光瞻異域醉蟠桃。皇恩應看飛丹詔，砥柱中流萬頃濤。

贈杜給諫還朝

聲名久矣推梧掖，累疏朝端知抗直。海天萬里使臣勞，玉節金函帝親敕。茫茫夷島接中山，遥看乘槎霄漢間。禮樂威儀震殊域，春風又入紫宸班。自喜追陪一何幸，平安更伏風濤静。顧愷由來入畫禪，少陵隨處生詩境。明霞尚染早朝衣，遥傍前時禁闥飛。聖主正需霖雨望，九重新見沐恩暉。

送杜給諫取道嵩溪值誕辰賦祝

駘蕩春風動瑣闈，送君別緒轉依依。極星正自尊前映，使節初從海上歸。暖入禁城新柳密，晴催驛路早鷺飛。佳辰喜值稱觴會，萬疊嵩丘碧四圍。

送楊大行還朝

追陪萬里上星槎，爲喜歸程正及瓜。名□却金傳外島，班聯鳴佩入東華。主恩重沐先瞻日，王會新圖尚染霞。君是漢廷台輔望，三公原自屬楊家。

秋月行

秋月白，離海邊。燭華夷，麗中天。皎團扇，滿弓弦。竇素娥，徹籠煙。蕩漾波濤兩明鏡，始臨空谷挂山巔。照來島嶼重重碧，分偏人間玳瑁筵。客邸岑寂爲誰語，浩歌把酒問君前。清輝奇瑩逢者福，雖處異邦亦云然。去歲曾記清輝好，倏忽風光又一年。對景陡起離家緒，覺及孤影還自憐。亦有伊人逢今夕，深深下拜囑嬋娟。但思人生浪足跡，殊方領概亦前緣。遂爾超瀚海，跨樓船，偕侏㒧，雜偏襹，猶向海天對此月團圓。光□花影瘦，静照朗鳴蟬。獨坐空堦邀□□，□來窗前伴我眠。

附曹能始先生贈句

日出扶桑迴在東，樓船高駕侍名公。觀於海者難爲水，祝彼蒼兮送好風。重譯車書王制外，結交人物畫圖中。知君韋布存清尚，應與胡威問絹同。

校記

〔一〕周鳳來，順治本作「周泰來」。

〔二〕詩酒，順治本作「文酒」。

〔三〕或鱗或髻，順治本作「或鱗或介或髻」。

〔四〕深夜舉燈，順治本作「夜深各舉燈」。

〔五〕別室，原誤作「列室」，據順治本改。

〔六〕迎恩亭，原誤作「去思亭」，據順治本改。

〔七〕喜，順治本作「取」。

〔八〕則二餐，順治本作「日則二餐」。

〔九〕我分而彼合，原誤作「彼分而我合」，據順治本改。

〔一〇〕縱横百十巷，順治本尚有「越數巷」三字。

〔一一〕議市價，順治本作「議事市價」。

〔一二〕評之，順治本作「公評之」。

〔一三〕册，原誤作「舟」，據順治本改。

〔一四〕薩師人馬，順治本作「薩師馬人」。

〔一五〕涯壁削數千仞，順治本作「崖畔壁削數千仞」，較順暢。

〔一六〕神怡，順治本作「神恬」。

〔一七〕岸半，順治本作「崖半」。

〔一八〕轟宏厲怒，順治本作「轟洪贔怒」。

〔一九〕石底也，順治本作「石底苔蒙也」。

〔二〇〕極，順治本作「插」。

〔二一〕渾然天成，順治本無「渾然」二字。

〔二二〕烹，順治本作「煮」。

〔二三〕營心，順治本作「縈心」。

〔二四〕計口而授糧，順治本作「計夫而授口糧」。

〔二五〕人無事事，順治本作「人無所事事」。

〔二六〕則極其巧，順治本作「則有極盡其巧」。

〔二七〕橋，原無，據順治本補。
〔二八〕浄寺，原作「静寺」，據順治本改。
〔二九〕通，順治本作「邇」。
〔三〇〕矗矗，原作「轟轟」，據順治本改。
〔三一〕環垂簾，順治本作「環垂珠簾」。
〔三二〕陰蓊，順治本作「陰翳」。
〔三三〕上人，原作「土人」，據順治本改。
〔三四〕鬧然，順治本作「鬨然」。
〔三五〕何調，順治本作「何詞」。
〔三六〕順治本此下多「極目遠窮，如南山、北山，左右輔相，姑米、馬齒，皆環拱點綴」。
〔三七〕種種奇拔，順治本下多「殿臺祠宇」四字。
〔三八〕夷遊，順治本作「夷猶」。
〔三九〕十八日，順治本作「十一日」。
〔四〇〕奇楠，原作「棋楠」，據順治本改。
〔四一〕聞，原作「問」，據順治本改。
〔四二〕隱躍，順治本作「隱顯」。
〔四三〕俄頃，順治本作「頃刻」。

附録

送楊青六同年册封琉球

石文器

日邊誰肯册名封，自請浮槎壯國容。忠信矢心凌海若，冠裳襲我效璜琮。皇靈濯洗蛟宫靖，天語宣揚鵷首從。轉眄歸來刊異紀，雲臺博望擬勛庸。

聞楊青六册封琉球還朝

石文器

捧册中山五載旋，逍遥漢槎斗牛邊。蛟蜃競奏靈鼉鼓，文斷欣瞻寶曆天。飲餞青門雙策馬，拜恩丹陛特登仙。兹回莫道風波險，平地風波更凜然。

（以上清順治刊本《翠筠亭集》卷五）

送杜給諫册封琉球

邵捷春

丹詔銜將渡海東，襲封夷服典偏隆。帆飛鼇背通華使，帶束麟袍寵上公。孤島秋雲連漢碧，殘更曉日漾波紅。殊方景物收詩史，入告君王備采風。

送楊大行

邵捷春

聖代聲靈闡八荒，錫圭珍重到夷王。樓臺蜃氣通天闕，島嶼人烟簇水鄉。曆朔尚循唐位號，威儀重覩漢冠裳。土風瀕海猶相習，九譯還看貢上方。

（以上明崇禎刊本《劍津集》卷六）

送杜毅齋給諫使琉球

陳一元

風清烟浄海如池，彩鷁中流自在移。鮫室喜聞天子詔，蠻方欣睹漢官儀。津連析木登天問，山出蓬萊向日窺。贏得孤忠明主眷，旋看動烈震華夷。

送楊青六大行使琉球

陳一元

梅花城出即滄溟，絶島夷王待使星。御册捧來天語重，仙槎泛去海神靈。黄龍復見扶周舫，白雉重看入漢庭。更喜關西清節遠，還朝應構卻金亭。

（以上明崇禎刊本《潄石山房集》卷六）

送杜給諫册封琉球

曹學佺

草奏曾如杜拾遺，濟蹌猶是報君時。星經候得東西景，風信便於潮汐池。禹貢原包荒服制，夷人重覩漢官儀。直聲海外相傳久，不用通名譯使知。

送楊大行

曹學佺

主恩爲重此身輕，慷慨聞君一請行。漢使却金亭尚在，人生腰玉遇殊榮。家居滇服原稱海，島近蓬萊似到瀛。漫道無期嗟此别，長風應即是歸程。

贈杜拾遺

曹學佺

風傳樂善自東平，閩嶠欣瞻漢節榮。壽日正當春日永，台星遥傍使星明。祇憂時事丹衷切，漸覺霜華兩鬢生。今歲封藩應報命，廟謨虚席待持衡。

楊青六册使招飲即席賦

曹學佺

古驛皇華傍使星，開尊與客對芳亭。石間綴草參差碧，竹裏看山遠近青。繞座薰風鶯度曲，揮毫明月鶴梳翎。仙槎指日凌牛斗，還似酣歌過洞庭。

送胡獻卿陪册使之琉球

曹學佺

日出扶桑迥在東，樓船高駕侍名公。觀于海者難爲水，囑彼蒼兮送好風。重譯車書王制外，遠遊人物畫圖中。知君韋布存清尚，應與胡威問絹同。

（以上清乾隆刊本《石倉詩稿》卷三十二《西峰集》）

使琉球紀附中山紀略

〔清〕張學禮 撰

校點説明

《使琉球紀》一卷，附《中山紀略》一卷，清張學禮撰。

張學禮，字立菴，鑲藍旗漢軍人。歷官兵科副理事、江南道御史、廣西道御史。順治十一年（一六五四），琉球國王尚質請封，差張學禮及行人王垓爲正、副使往，時海氛未靖，滯閩四年而返。康熙元年（一六六二）復奉命往，於次年五月七日出海，二十五日至那壩；十一月十四日返，二十四日至福建五虎門入口。康熙三年至京覆命而作此書。

《使琉球紀》述出使琉球事，詳於出使前事及往返海中所遇，於册封事甚簡。《中山紀略》記中山風土人情，及自己在琉球所見所歷，所涉不廣。按汪楫《使琉球雜録序》云：「國朝康熙三年，使臣張學禮歸自中山，有紀事一書，質實無支語，已鏤板行。後爲所知誚讓，謂海外歸來，稍夸謾以新耳目，誰相證者，而寂寥如是。學禮乃毁所鏤板，而他客輒以意爲之，今刻遂與原本大異。」今所見書是原板抑他客所爲，無從校核，然書中記海魚如山，首尾長千丈，顯爲夸誕，或爲「他客」所作。

本書據《龍威秘書》所收校點。按張學禮此行攜琴師陳翼（字友石）同行，汪琬有文記陳翼所述見聞，可與本使録相互發明；葉方藹有贈陳翼詩一首，兹附後。此書重刻時，厲鶚有序一篇，今亦附後，然所刻本今不見。

（李夢生　賀聖遂）

目録

序

趙廷臣

古者使臣不越甸服侯服之内，而皇華四牡，歌咏慰勞無窮焉。今立菴張公遠使絶域，海若、陽侯皆識御史驄矣，其爲歌咏慰勞，宜何如哉。迺甫登陸解裝，輒書其道里風濤之險，述其奉揚休命、下國輸誠委順之情，美哉，一何其實而不華，文而有體也耶！立菴歸朝，公卿故人，勞苦問訊，當把玩是編，感其忠摯誠悃，可格神明，而又無乘槎鑿空之語，即以此當成周盛時，郊勞贈答可也。異日相天子成郅隆之治，重譯來者，報曰海不揚波，已三年矣，則今日所記波濤風雨之鄉，安知非異日鏡水石帆安流呼嘯之地也哉，其可以慰立菴矣。讀畢聊書其首。時康熙甲辰端月，欽差總督浙江等處地方軍務兼理糧餉、太子少師、兵部尚書兼都察院右副都御史趙廷臣頓首拜題。

使琉球紀

琉球，東海小國也。唐宋以來，世奉正朔，王姓尚名質，自明季請封未果，使者留滯閩中。順治三年，福建平，通事謝必振至江寧，具投經略洪承疇，轉送進京，禮部題敕印未繳，不便遣封，必振取繳敕印，飄流日本，十一年七月始來部請册封。循舊典，應差科員行人，學禮與今副使王垓實膺是選。召對太和殿，正副使俱賜一品麒麟服，玉帶東珠頂，賜御酒敕印，差官護送前往。辭朝，蒙世祖召詢家世，學禮奏臣弟學聖忝任福建巡撫，臣有子六人，長子思明見任江南分巡道，次子思恭見任參領，管佐領事，三子思齊廣平知縣，四子思行吏部筆帖式，五子思信廕生，六子思任廕生，似補筆帖式，嫡孫景方世職阿達哈哈番。世祖聞奏大悦，「卿乃鉅族老臣，福禄來崇，子孫繩繩，此去無妨。」賜茶畢，辭行。十月抵江寧，因遴選隨行醫官趙政之、熊耀陵。次年正月至武林，天文生朱廷樞病故，移咨督撫請補。三月入閩留閩四載。新補天文生黄道隆又故，仍請補。奉旨海氛未靖，欽差官暫行掣回，俟平定之日另行差遣。因造船，藩司詳稱舊例舵木用鐵力，其木産於廣西，由海道運，今遊氛未靖，未可計程至也，敢請緩期。十五年進京繳敕印，世祖宣至殿上，賜茶，謝恩，仍入兵垣辦事。是年裁左右科員，改授江南道御史，掌河南道，奉差河東巡鹽，事竣，值鼎湖昇遐，今上即位，維新出治，考核臣工，奉旨：張學禮已差册封琉球，爲何不去？禮部回奏奉世祖掣回。上念遐方盼待日久，員役物故多人，遲延或有隱情，再奏再駁，竟議革職，所以勤遠略也。

元年十月，忽奉上傳張學禮、王垓仍差册封琉球，事竣之日，以原官用。棄故圖新，所以勵臣勞也。補差天文生李光宏、太醫吴燕時，聘請從客陳翼等，於十一月就道。二年四月抵閩，督撫設席於南臺，閱視船隻。其船形如梭子，上下三層，闊二丈二尺，長十八丈，高二丈三尺。桅艙左右二門，中官廳，次房艙，後立天妃堂，船尾設戰臺，桅杆衆木湊合，高十八丈，俱用鐵裹，杆頭有斗，可容數人觀風瞭望。艙内有水井二口，設官司啓閉，不妄用涓滴。船底用石鋪壓，上層列中砲十六位，中層列大砲八位。是日設祭封桅砲訖，詢舵之所來，云有紅毛國進貢，請兵船數隻已回，留三隻現泊江上，因購得鐵力木舵。隨往泊所視之，有侍郎、總兵二員，從役三四十人，其人面白髮黄，眼緑鼻高，戴黑圓帽，執紅棍者爲尊。官穿紅哆囉呢，從員穿青緑，高底木屐，前高後低。其船底用鐵包縫，以鉛灌，桅杆三節，如風大用一節，風小用二節，再微用三節，每節有盤無斗，盤容數人。其船堅而且穩，左右前後俱有大砲，過海最善。所造二舟雖堅固不及，而寬廣過之。督撥水師守備王祚昌、魏文耀，千總陳蘭、施恩，兵丁二百五十餘名，長隨五十餘名，傳宣一員，聽用四員，管水井二員，通事二員，管舵、管羅鏡二員，書吏、門皂、轎傘役百餘名，吹手十六名，舵工二十餘名，水手六十餘名。

擇吉於五月初四日登舟。初八日，迎供天妃像。十一日，靖藩設宴。次日，督、撫、藩、臬出餞於南臺，從官以下籩豆有加，以光使臣，昭國體也。十七日泊林浦。十八日過鼓山。十九日過羅星塔。二十日過閩安鎮，鎮將李遣遊擊鄭洪以鳥船百餘、兵三千護送出海。次猴嶼，祭天妃。二十二日候風广石，風汛不定，復回猴嶼，再過閩安，避風羅星塔下。閱十日，風汛定，再過猴嶼，見梅花所故城，荒榛瓦礫，滿目凄然。通官謝必振禀云：「天妃姓蔡，此地人，爲父投海身亡，後封天妃。本朝定鼎尚未封。」於是上廟行香，許事竣請封。初七日西南風微起，向闕叩辭。時長子思明已解任，送至海口，不忍分離，必欲隨侍，再四拒之乃止。出海口，中流風作，護舟遊放左右礮，流旌掣電，閃虹飛砲，聲轟動空海如沸。坐戰臺顧而喜曰：「馬之罄控在人，舟之旋摺亦復如是，有軍如此，何煩朝廷南顧憂爲。」是日至白洋，大風息，雲霧散，忽見賊船一隻，隨令遊擊領兵發砲擊碎賊船，殺賊百餘，遂開舉帆長往，鄭之舟師亦辭歸矣。

初九日，浪急風猛，水飛如立，舟中人顛覆嘔逆，呻吟不絕。水色有異，深青如藍。舟子曰：「入大洋矣。」頃之，有白水一線，横亘南北，舟子曰：「過分水洋矣。此天之所以界中外者。」隨見群魚鬐鬣，有人立者，有飛舞水面者，有作相撲狀者。魚之脊翅竪如大桅，周圍旋繞。舟子曰：「水族聞封舟過海，歡忭來朝，此祥徵也。」海洋之水緑白紅藍，歷歷如繪，汲起視之，其清如一，不能解也。十一日早，忽見一山横於舟前，首尾約長千丈，隨將洋鏡照之，非山非雲，乃巨魚耳。於是令僧道設醮施食，其魚漸沉，與水相平，猶如沙嶼蘆葦，至晚潛消。十二日，過糠洋，風恬浪静，天水若一，日出則海水皆紅，月現則碧天皎潔。時有大沙魚二，尾長二丈餘，隨舟左右，每一尾有小魚二尾隨之，亦不離左右，形如河魨，花緑可愛。又見一魚，長丈餘，身黑尾紅，腦上方白如玉印。是夜飲於戰臺，宵深無風，忽聽船傍咂水聲，其船動摇，繼噴水滿船。舟子曰：「此乃大魚戲水，勿驚。」連日無風，船浮水面，膠滯不前。通官謝必振禀已離梅花所七日，不見一山，舟中水米且盡，枵腹三日矣。惟有順流七島，冀活兩舟。予聞七島去中山遠，有覊王命，不可，令舵工上斗瞭望，見東北一山，形圓，卑如覆盂，四面無址，諒無居民，心甚疑。

十五日有風自北來，又見一山如長蛇蜿蜒水中。至晚抵山下，見柴薪堆積，知有居民，恐有礁石，不敢近，繞山行以待天明。居民驚疑，遯入深山。差王大夫鄭通使上山探問，云是琉球北山，與日本交界。舉舟歡忭。隨有地方官進水薪，居民亦至，問所見小山，云乃尤家埠琉磺山也，北去日本，東去弱水洋矣，過此當飄蓬萊扶桑，不知何日西還矣。倘神不假北風，引舟南行，過此將安之乎？痛定追思，喜逾望外。泊一宿，差琉人破浪先往。十八日南風起，風逆不能起椗。地方官撥小船百餘牽挽出口，十九日將近伊藍埠，有二龍懸掛，尾鬣俱見，風雲四起，彯播蕩颺搖曳，大桅決，鐵箍已失。二三舟中人怖絶恍惚，晦冥似有天吳、海童奔逸左右者。守備王祚昌、魏文耀告曰：「皇靈遠降絶域，百神來集，速出免朝牌示之。」牌懸如故也。頃之乃悟，易墨以硃，一懸鷁首，一投海中。天漸開，雲漸散，風仍大作，土人稱此是龍潭，不可泊，轉至山南。予因連日受驚而病，登岸調養三日方愈。

廿五日次温鎮，抵那壩港。法司等官來迎，士民歡闐，金鼓不絶。國人先年請封到閩有六十人，故者四十餘，家屬來問詢，知人在者喜逾重生，已故者哀慟欲絶，不覺傷感。是日中山王備龍亭恭迎敕印，稱舊館毀敗，已備民房，現在修理，因在船守候六日。七月初一日進館，王差法司呈供應舊册，云向來供應俱照此册，因三年不雨，五穀不登，不能如前。予念其困窮，一應供應十減八九。擇十七日行册封禮，鼓樂導引，傾國聚觀，不啻數萬，歡聲若雷。王出城三里，至守禮坊下，具朝服行九叩禮，乘轎進城，至中山殿前，將敕印供奉，行九叩禮，付官張宿耀上左臺宣讀。王跪聽宣畢，將敕印并恩賜蟒緞、裝花絞綢四十八疋付王收受，行九叩禮。王妃敕諭付官孟道脉上右臺宣讀，王妃跪聽，宣畢，將蟒緞、裝花綾綢四十八疋付王轉付妃收受，又行九叩禮。事畢，與王交拜，更衣赴宴。舊例器用金銀摺席，予仰體朝廷柔遠之意，概行除免。使臣例有七宴，重陽有龍舟。國無優伶，笙簫擊鼓而歌者大夫以下等官，舞則十齡幼童，皆各官子弟爲之。歌章大義首祝天子萬壽，繼頌使臣有光海邦，此大較也。次日大雨三日，通國加額，云聖天子恩澤霑霈，奠我海邦，世世戴之。

大典既竣，戒員役宿館中候風回舟。舊例過海以夏至前後兩三日，歸以冬至前後兩三日。是月十一日冬至，十二日登舟，王率屬詣署餞送，不忍别，至晚方回。十四日東北風起，出那壩港，暮抵馬齒，過孤米。十六日颶風大作，暴雨如注，船傾側將危，與副使王公登戰臺，匍匐風雨中，亟禱天妃。風愈大，桅搖撼將倒。桅右欹則龍骨現於左，桅左欹則龍骨現於右。龍骨，船底定艕木也。忽摺半截，相連不斷，船愈側，哭聲震天。余曰：「兩人奉使無狀應死，爾等葬於魚腹何辜？」衆應曰：「大數已定，同死無怨。」桅出入波濤，蓬半浮水面，半罩戰臺，相繫牽帶。舟人曰：「桅不速斷，舟必中裂。」於是再禱以請，風勢如故。余仰天大呼曰：「皇帝懷柔百神，天妃血食中土，不在祀典内耶？使臣願投海中，桅可速去，冀活餘人，歸報天子，神之賜也。」隨有火光熒熒自風雨中起，霹靂斷截其桅，即令守備魏文耀、千總陳蘭割去篷索。篷桅逝而船始平，但風浪搏擊，舵不能定。舵左轉舵右者隨而仆，舵右轉舵左者隨而仆。浪由船尾進，從鷁首出，嚴冬凜冽，舟皆裹冰，榜人凍沍，不能施力。亟易其衣，初以布，次以綢緞裘襖。凡一晝夜，十七日雨雖止，風仍大作。通官曰：「昨險不死，或有可生，須再禱，各許願設簿登記。」時黑雲密布，上下晦冥，心寒膽裂，問必振曰：「汝言可生若何？」云：「大桅雖去，頭桅尚存，可生者一。舵乃二繩没於水底，夾於龍骨，一繩斷，舵即浮，今勒索無恙，可生者二。」十八日，舟子忽報曰：「勒索斷，舵浮于水，危在頃刻矣。」予令曰：「如能下水者賞銀五十兩。」有一人出應，令飲酒而下，入水即起。予又曰：「能换繩者賞銀百兩。」有一二少壯者出應，皆隨下隨起。入水不能，起舵不可。船從風順流，隨波上下，又一晝夜，不知幾千里也。十九日，風息，禱神起舵，三禱三從，易繩下舵，風乃止。設使易舵時風起，則船必覆，今禱而隨心，人舟無恙，神之佑也。

二十日，東北風起，修整篷桅。東風大作，拆帳房爲帆，繼以被，皆可翼風，舟行如飛。二十一日，有一鳥緑嘴紅足，形若雁鶩，集戰臺，舟人曰：「天妃遣來引導也。」相狎如馴鳥。二十二日，海水漸渾，中國相近，但恐過閩，或抵粤耳。行至申刻，望見一山浮於天際。二十三日，舟子曰：「是浙江之定海。北是普陀，西是九山也。」喜甚，隨犒勞舟人。午後忽見賊船四隻，揚帆從東北來，不遠數里矣。通官謝必振、守備王祚昌告曰：「我船篷桅俱無，若調風對敵萬不能，奈何？」余曰：「豈可束手待之？」急令各官督内司長隨各備弓箭、銃砲、手鎗，其餘舟人取壓船石貯備對仗。忽天際雲霧蓊蔚，垂蔽我舟，有頃復霽，賊帆滅迹矣。晚至福寧，舟人曰：「悉是賊窩，不可近。此去閩安只有兩潮，再出大洋可以直進。」又恐西北風起，傍九山下迤邐而進。日晡，遠望山上隱隱有火光，山下船桅如林，不敢近。二十四日，舟子報曰：「船已到五虎門矣。」正遇落潮，隨放砲。守口兵丁驚疑，亦開砲迎敵。急令鼓吹揚旗示之，然後官役出迎，直達閩安。李總鎮慰問曰：「舟中人口無恙乎？」余曰：「前朝舊例，封舟過海，恐飄流别島，不能復回，隨帶耕種之具。又慮員役損失，後事俱備。今隨行數百餘人，無一損失，皆朝廷之福也。」詢二號船，隨風飄至江南崇明之鳳尾山南，行一晝夜，將至廣東，始得順風而轉，已至閩安二月矣。謝恩船遲半月到，因風壞船，復回修艌，故來遲耳。

大船進口，先用小船剥進，南臺、靖藩、督撫、司道出郭迎，情禮歡洽，倍於去時。二十五日進城，至天妃廟行香。余與副使王公各出貲酬謝，如所許數，員役亦然。督撫委王守備修葢廟宇，余仍置金冠懸匾，答神惠也。季冬二十二日起行，督撫餞送，至建寧度歲。正月至衢州，長子思明來迎，云拜别後不敢歸，坐待于浙耳。抵杭州，督撫、司道置席西湖，與表弟王大哉盤桓數日。三月過姑蘇，至京口。五月過山東，河水涸，船不能進，日行不數里。七月抵通州，初十日同副使王公率琉球陪臣并隨封官謝恩，復命琉球進貢土物綿盔甲一副、鏤金鞍鞊一副、琉鎗刀、琉黄、磨刀石、蕉布、琉扇、琉紙、胡椒，赴禮部交畢。奉旨宴犒，并隨分官員。臨行中山王贈金百兩，副使九十兩，兩臣固辭，王另疏上聞，奉旨着張學禮、王垓收領。又與副使赴繳一品服色，部云此係恩賜，不必繳。

是役也，去程三月，歸僅一旬。其間涉險至再，皆獲安全，皇靈遐暢，感格幽顯，甘雨隨車，百神效職，溟渤奇觀，山川風俗，筆不能載，聊紀一二，傳示後人。至熙朝盛典，曠世遭逢，余兩臣亦忝竊焉云爾。

欽命册封琉球正使、賜一品服兵科副理事、前欽差巡鹽河東監察御史臣張學禮恭紀。

中山紀略

琉球，海中小國也。所出土産，惟蕉布、硫磺，其烟刀、紙張、摺扇、漆器之類，皆來自日本國。有米麥，祇可供應王府，民皆食番茹，狀如薯蕷。宴賓客席甚簡薄，觔肉樽酒，可享數人，叙款洽而已，一席不過一二器。即夫妻兒女從不同飡，食之所餘皆棄之。客來相訪，不分上下東西，任隨客意自坐，盤膝于地，坐下方叩一首，烟酒茶湯接踵而至。如客返亦叩一首竟出，主人不送迎，若無聞也。

官宦之家俱有書室、客軒，庭花竹木，四時羅列。架列《四書》、唐詩、《通鑑》等集，板翻高闊，傍譯土言。本國之書亦廣，但不知所載何典，所言何事耳。

設官之法，自唐、宋至元，王之長子應襲爵者至中國入國子監讀書習禮，其父薨始歸國受封。至洪熙時，憫其來往風波，驚險不測，特免之，賜三十六姓人教化三十六島，子孫世襲通使之職，習中國之語言文字，至今請封、謝恩、朝貢皆諸姓之後，俱有姓名，若土官有名無姓也。取士之法，不尚文，不考試。舉賢良方正，由秀才歷法司，設官長，無衙門從役，惟百姓輪直。其執法甚嚴，不狥情面，即官長父子兄弟犯法，輕則徒流，重則處死，不曲庇絲毫也。百姓見官長經過，男女皆去簪脱屐，俯伏道傍，俟過而後敢行，小心畏法若是。道不拾遺，夜不閉户，甚有太古之風。有犯罪者，大夫聞之法司，法司察其因由曲直，令曲者死，亦不敢遲留也。有犯法重者，竟自刎頸投繯，不敢妄辨求生。

男女不剃胎髮，男至二十成立，娶妻之後，將頂髮削去，惟留四餘，挽一髻于前額，右傍簪小如意。如意亦分貴賤品級，國王用金而起花者，王之伯叔兄弟用光金，三法司、紫金大夫用銀起花者，大夫、通使等職用光銀，百姓用玳瑁、明角、竹簪而已。婦女亦然。衣服敞袖長袍，腰繫全幅錦緞，長丈餘，兩傍插扇子、烟袋、小刀之類。足穿無根皮鞋。冠以紙爲胎，綢布裹之，分貴賤，長七寸，闊二分，週迴三轉共爲一圈，王用五色花綾，王之伯叔兄弟子姪用黄花綾，宗族用黄光綾，法司、紫金用紫光綾，大夫、通使等官用紅絹。初進王府者爲秀才，用紅光絹。王府役人及雜職用紅布，百姓皆用青緑布。此定制也。

彼國人雖與中國同而語言大別。金曰額膩，銀曰客難，爺曰安知，大曰倭捕煞，小曰彌煞，紅曰呀噶煞，白曰十六煞，男曰會耕噶，女曰會南宫，幼小曰蛙籃璧，父母曰倭牙，吃曰米小利，飯曰安班，酒曰薩几，好曰優噠煞，不好曰挖煞，醉曰威帝，睡覺曰殷帝。人名俱有四五字者，如馬爛敏達羅，如喀難顧司姑之類，惟有阿彌多、夜弗蘇二名呼唤者甚多。

國中有迎恩亭，即天使登岸之所，離海口三里許，在那壩港地方。其間里巷相連，人居稠密。過此則天使館，向來册封員役俱駐於内。館中有廳堂、廊房、樓閣、亭園、臺榭、書室、小軒，週圍寬廣，與燕中報國寺相類。館内鋪設桌椅牀帳及碗碟什物，俱照中國制度，設專司收貯在庫，俟天使至日方敢動用。今館雖傾頽，後樓上尚有故明使臣杜三策題梅花詩百首於壁間，其餘吟咏甚多。外有匾額，字畫皆故明歷代名公之遺跡也。館前有空地百畝，每日午後婦女或老或少携筐挈筥，聚集於此爲貿易，實遊玩也，傍晚方歸。其間亦有殊色，摇曳而來。

風俗女子自幼即刺黑點於指上，年年加刺，至十二三歲出嫁時竟成梅花，至衰老手背皆黑矣。髮長四五尺，頭梳一髻，光如油，黑如墨。不修眉鬢，不帶釵鐶首飾，不施脂粉。穿大領衣，色尚白。有時以手扯裳，有時以衣覆腦若兜衣之狀。如有夫之婦犯奸淫，男女俱死。亦有女子不嫁人者，竟離父母自居，專接外島貿易之客，女之親戚兄弟毋論貴賤，仍與外客親戚往來，不以爲耻，若遇本處有室者亦不苟合也。

那壩港至中山王城約二十餘里。殿在山頂，其殿康熙元年冬天火焚，至今尚未建。殿後有一小峰，名虎崒。下有小廟，無像，但設香供於地。殿前有石壁高數丈，闊二十餘丈，平如斧削。中間有一穴，穴口嵌一鐵龍頭，龍口内有泉水噴出，從空注下，即大旱之年，水亦不竭。王城西北里許有一大池，池内有鯉、鯽魚。又一山，松柏參天，名花四布。王城之西南有中山王之祖塋，塋中無塚，惟石碑上刻琉球中山王祖塋。塋前五峰相對，左右有情，後有靠山，沙水相映，明堂廣闊，可容萬馬，遠山圍抱。中山王家廟離那壩港數里，官民經過，下馬步行。廟前有海水來朝，金碧相映。前後殿中所供牌位，自唐宋以來，子孫不替，守廟是僧。

那壩之東北三里有三清殿，殿前一松，大數圍，高二十餘丈，枝葉茂盛，勢若飛舞。三清殿東有天妃廟，廟雖窄隘，幽邃可觀。廟東有演武塲，塲南有長虹橋，闊有丈餘，長五里。橋下大水名曰曼湖，通海。過橋有松嶺，嶺長二十里許，松楸滿目，蒼翠鬱然，亦琉球之一景也。

舊例使臣有七宴：迎風宴、事竣宴、中秋宴、重陽宴、冬至宴、餞别宴、登舟宴，器用金銀摺席，琉刀、小刀、蕉布、琉烟、苧布、琉扇、琉紙、琉鎗并摺席，已上俱免，祇領席，從員役亦然。守備、千總、通官等三十餘員，每員廪給免去九分，每日支米麵各一斗，牛、羊、猪肉各十觔，鮮、乾魚各十觔，雞、鴨各十隻，燒酒、油、鹽、醬、醋各十觔，柴十束。長隨、内司、聽用各官五十餘員，俱半廪給，每日支米麵各五升，牛、羊、猪肉各五斤，鮮、乾魚各五斤，雞、鴨各五隻，燒酒、油、鹽、醬、醋各五斤，柴五束。僧道及各項匠作、吏書、門皂等役百餘名，口糧每日支米、麵各三升，牛、羊、猪肉各三斤，鮮、乾魚各三斤，雞、鴨各三隻，燒酒、油、鹽、醬、醋各三斤，柴三束。兵丁及各官隨役二百餘名，俱月糧每日支米、麵各二升，牛、羊猪肉各二斤，鮮、乾魚各二斤，雞、鴨各二隻，燒酒、油、鹽、醬、醋各二斤，柴二束。

封舟過海例有從客偕行，姑蘇陳翼，字友石，多才藝，王持帖請授世子等三人琴。世子名曰彌多羅，王之壻名曰啞弗蘇，三法司子名曰喀難敏達羅，寓天界寺習一月，移至中山王府又月餘。授世子思賢操《平沙》、《落雁》、《關雎》三曲，授王婿《秋鴻》、《漁樵》、《高山》三曲，授法司子《流水》、《洞天》、《塗山》三曲，求詣無虚日，皆稱曰友石先生。西湖吴燕時，字羽嘉，業岐黄，切脉知生死，國中求治者無不立愈，亦有數人受其傳。

八月中秋節，王設宴。是日席設正殿，兩使上座，從客向西，中山王向東北陪，其欽天監、太醫院、守備、千總各官設席别院，俱三法司、紫金大夫陪，内司、長隨、中軍聽用各官設席别院，俱大夫陪，册封吏書、僧道各役俱長使、通使陪，其兵丁、跟役俱秀才、雜職陪，其通官二員時在左右傳遞問答，不預席。

設鼓樂，有走馬、弄刀、刺鎗、舞劍、踘毬、走索諸戲，至晚方散。

重陽節，王又設宴如前。早至王府小飯，次看龍舟。中國午日競渡，琉球在重陽。於城西之龍潭，潭中二山並峙，一名石筍，一名龍崗，崗上設小席，湖水澄清，微波不動。舟有五，各分五方旗幟，每船用水手四十八人，往來飛轉，金鼓震天。午後上宴，幼童百餘人，皆貴戚子弟，又一少年僧，生成頭長尺五，眉髮雪白，頰綴霜髯，佇立庭中。一童子挽雙髻，杖掛葫蘆，次於壽星之右。一童子生成背駝，眼細，戴笠冠，穿錦服，手擎蟠桃，如東方朔於壽星之左。有黑鹿一隻，排於壽星之前。鳴鑼擊鼓，衆童子環繞歌舞。內穿錦衣，外白綾半臂，繡菊花，以應佳節。

瀕行王請留匾額，正殿「東南屏藩」，家廟「河山帶礪」，三清殿「蒼生司命」，天妃廟「中外慈母」，王公亦有贈匾。其請封各官，王念其遠出多年，各加俸米不等，惟紫金大夫蔡國器年老加俸米，以原官致仕。

其國南北約三千餘里，四面濱海，無盜賊，爲治簡朴，頗有華風，敦尚禮教，宗族親睦。余留日無多，見聞有限，略存其概，以俟後賢廣爲考訂，以備采風之助云。爾時康熙三年，歲次甲辰，書於閩之公署。三韓張學禮識。

附録

題使琉球記

汪琬

陳翼字友石，常熟人。略通琴書，既從張御史學禮往使琉球，嘗授琴於其王世子，還至京師，爲予備言海中魚龍之變幻，日月之出没，煙濤雲浪之倏忽有無，與夫琉球風土之醇願，人物氏族之喬野，儀文器數之樸略近古，可喜可愕，多記中所不載者，予聞而羨且慕之，爲之拊掌起舞，恨不能經行眺覽其間也。昔蘇明允有言：大丈夫不爲相，得爲使，摺衝口舌之間足矣。今陳生雖不爲使，幸得附王人以行，出其技能，遠自暴著於數萬里外，爲予所羨慕，雖蹈海奚憾哉！

於是陳生又言，往返海上，蓋瀕死者數矣。其始遇盜於海口，則幾以兵死。既而逗留大洋中，所貯水米告盡，則又幾飢渴死。夜見大魚浮海面，揚鬣噴水，水涌起數丈，所乘舶震撼欲覆，又幾沈溺死。隨風引至琉球北山，得登岸，稍逾數十丈即當墮入落漈洋中不可上，又幾死。越北山，遇風雨卒至，兩龍夾舟飲於海，又幾死。及歸而復遇大風雨，桅裂颿壞，柁繩中絶，飄蕩三晝夜，不知所之，又幾死。抵閩界上，輒潛行賊島間數百里，懼爲所得，又幾憂悸疾病死。顧得仗天子之芘，中國之威靈，數瀕死而不死，天吴海若實陰相之，蓋其自以爲幸者如此。

然予猶有憾焉。求諸古人，如游輞川，泛渼陂，周覽洞庭、彭蠡、沅湘、雲夢之旁，此其蹟之所涉，耳目所經見者，以校大海，直比於梧水勺泉耳，然且作爲詩文，相與張大而稱説之，况乎奇觀異聞，什伯於此，不有雄偉恢閎絶倫特出之作以述其事而陳其狀，歸而上諸史臣，藏諸藝苑，以媲美齊諧志怪之書，將何以誇示後世，爲無窮之傳邪？惜乎陳生者方沾沾以琴書自喜，猶未暇及此也。

（清康熙刊本《堯峰文鈔》卷三十八）

贈琴客陳生生嘗從張御史渡海使琉球

葉方藹

一曲南風始奏薰，碧空飛盡海山雲。莫言古調無人賞，猶有魚龍曾識君。

（清鈔本《葉文敏公集》卷十）

使琉球記序

厲鶚

皇清受命，奄有區宇，仁風義問，扇被萬國，戴斗比景之域，文身鑿齒之倫，無不悉主悉臣，奔走恐後。琉球遠在東南海中，恭順夙著，冀霑聖人寵靈，世爲外藩，以奠卉服，延頸鶴望，請封者至再。康熙元年，張侍御學禮銜命以行，遠涉鯨波，踰年後歸中朝，著有《使琉球記》二卷，上卷言使事，下卷言風土也。侍御嘗鏤版，歲久漶漫，曾孫賓善謀重授之剞劂，而屬鶚爲序。

按「琉球」之名始見《隋書》，字作「流求」，《元史》作「瑠求」。《隋書》言國王姓歡斯，居波羅檀洞，多鬬鏤樹，條纖似髮，王乘木獸，所居聚髑髏壁下，異俗可駭如此。《元史》但言彭湖嶼已下，漁舟颸漂落漈，返者百一。自隋至元，慰諭不服，浮海擊襲，虜其民人而還。明洪武五年，中山王察度始遣使入貢，而山南、山北二王相繼受封，其後爲中山所併。朝臣奉使者陳侃、蕭崇業、夏子陽、客胡靖等各有撰述。《明一統志》仍《隋書》之舊，而侃等所書類多浮飾紕繆，其言不實，君子弗尚也。侍御之記魚龍風雨，變怪百出，其奇險有不止於落漈者。自正副使臣以至黄頭赤幘輩，皆仰天家威德所芘，克全無恙，而禮儀之虔恪，民俗之樸略，絶無荒誕可駭之狀，則至化之漸者遠，故録之象胥，掌之舌人者，簡且質也。且夫人臣出使外國，多以口舌摺衝，若陸賈、張騫等爲比，無論南越、大宛，非唐虞盛世事，而賈等方緩頰吐吻之不暇，又豈能條其見聞，一一筆之於書。若琉球國貧而俗儉，侍御減供却金，上體朝廷恤小柔遠之至意。而中山久旱，册禮既畢，大雨三日，聖澤滂流，瑞應尤卓越萬古。《周禮》大、小行人之職，所以撫邦國諸侯者歲徧存，三歲徧頫，五歲徧省，而又録其禮俗政教、札荒厄貧、康樂和親之類，各爲一書，以反命于王，以周知天下之故。侍御之記，其猶比物此志也夫。嗣是出使者汪檢討楫則有《使琉球雜録》、《中山沿革志》，徐編修葆光則有《中山傳信録》，皆本侍御而增益其未備，惟侍御能舉其大者以有待也。

（清光緒振綺堂刊本《樊榭山房集》卷二）